中华文明圣地
昆仑丘

华仁葵　李立政　宋泽霞　著

世界图书出版公司

图书在版编目（CIP）数据

中华文明圣地昆仑丘 / 华仁葵等著 . -- 北京：世
界图书出版公司，2018.8
ISBN 978-7-5192-5013-3

Ⅰ . ①中… Ⅱ . ①华… Ⅲ . ①文化起源（考古）- 研究
—中国 Ⅳ . ① K871.04

中国版本图书馆 CIP 数据核字（2018）第 180637 号

书　　　名	中华文明圣地昆仑丘
著　　　者	华仁葵等
总 策 划	吴 迪
责 任 编 辑	齐 雪
装 帧 设 计	刘 陶
出 版 发 行	世界图书出版公司长春有限公司
地　　　址	吉林省长春市春城大街 789 号
邮　　　编	130062
电　　　话	0431-86805551（发行）　0431-86805562（编辑）
网　　　址	http://www.wpcdb.com.cn
邮　　　箱	DBSJ@163.com
经　　　销	各地新华书店
印　　　刷	北京广达印刷有限公司
开　　　本	880 mm×1230 mm　1/16
印　　　张	24.5
字　　　数	593 千字
印　　　数	25 001—30 000
版　　　次	2018 年 11 月第 1 版　2019 年 10 月第 3 次印刷
国 际 书 号	ISBN 978-7-5192-5013-3
定　　　价	99.00 元

《中华文明圣地昆仑丘》书稿专家意见征集讨论会

济源市专家讨论会场　2016 年 3 月

阳城县专家讨论会场　2016 年 7 月

　　本书稿初名为《中华开天史》，后更名为《中华初始文明昆仑丘》，经专家和本书顾问提议，最终定名为《中华文明圣地昆仑丘》。在此，本书撰稿人对多年来提供帮助的各位专家、学者表示衷心感谢！

海峡两岸学者共同考察中华文明开创者伏羲女娲诞生地——晋豫边界昆仑丘华虚部落风姓氏族成己村落及其风姓氏族宗祖地凤凰台

本书著者华仁葵现场讲解伏羲、女娲母亲羲王母由原居地华虚部落风姓氏族成己村落迁居昆仑丘南天门外西王母神像旁"羲王母洞"的前因后果

前言

中华开天史问

开天，犹创始，创世。特指文明初开或初始文明。

史，记载过去事迹的书。历史，泛指一切事物的发展过程。通常仅指人类社会的发展过程。

中华开天史，指中华初始文明史，主要指我国从部落联盟早期（约公元前六千年）至国家形成之初（约公元前两千一百年）近四千年间的社会发展史。其主要特征大致包含：原始社会末期"道法自然"的原始科学的出现；定居农业的产生；部落联盟的形成；象形文字的发明和使用；以家庭、家族为单元的社会形态及其以和合包容、共同发展为核心的社会化管理（通称大同世界）理念的形成。

不过很遗憾，就中华开天史的开创年代、发生地域、主要代表人物及其重大历史事件和文明时代标志等重大历史问题，学界至今说法不一。一般认为，中华文明没有明确一指的发祥地，而是分散发祥于北起松辽，南抵珠江的各大流域，故称"中华文明多源说"。

正是这"文明多源说"影响了中华文明探源工程的正常开展。由此，本书在全面讨论中华开天史前，就当前开天史研究中若干相互矛盾的说法提些看法，期望学术界、考古界和广大中华子孙各抒己见，深入探讨。目的在于还中华初始文明史以本原本貌。

一、关于中华文明八千年　华夏文明五千年

辛亥革命后，学界据信史、口史反推，尤其据《史记·孝武本纪》"汉兴复当黄帝之时，

汉之圣者在高祖之孙且曾孙也",便认定"中华文明肇启于公元前2697年(《江苏民报》)",由此概称"中华文明五千年",或称"上下五千年"。但是,仅据某些远古及汉后不实信史、口史便认定初始文明年代似乎缺失些科学性。

据天文岁差反演,又据古冰川、古天象、古海岸线、古生态、古城邑与古道观方位及朝向等科学反推,伏羲在宛丘—昆仑丘推演天地双龙太极图、八卦符(实为观象测天,定方正位,授时推历,告民农时)的年代为公元前六十世纪,故此应该科学地认定"中华文明八千年",中华人文始祖是伏羲,认定华夏文明五千年,华夏人文初祖是轩辕。

二、关于伏羲故里

史界据西汉《遁甲开山图》"伏羲生成纪,徙治陈仓",西晋皇甫谧《帝王世纪》"庖牺生于成纪,今天水郡有成纪县",南朝宋范晔《后汉书》"今天水郡有成纪县",北魏郦道元《水经注》"成纪水故渎,东迳成纪县,故帝庖牺所生处也"等,误认为伏羲故里在甘肃天水成纪。

实际上,所谓伏羲故里天水说,只是颛顼"绝地天通"后被迫迁居天水一带的太皞伏羲部落后裔。后世文人误把太皞部落后裔当成了伏羲、女娲本人。那么真实的伏羲故里在哪里?

真实的伏羲故里在左青龙昆(Hun)仑丘,右白虎不周山,前朱雀凤凰台,后玄武鳌背山"四灵神兽"山体之中央的华虚部落风姓氏族洞龛式村落成己(今河南省济源市邵原镇鳌背山南坡)。

三、关于伏羲王都、墓地

自《左传·昭公十七年》"陈,太皞之虚也",《五帝德》"帝伏羲氏,都宛丘""伏羲,都于陈"之后,史界误把春秋时陈国,今河南淮阳当成伏羲王都,并追建伏羲陵。

实际上,所谓伏羲王都、墓地淮阳说,只是颛顼"绝地天通"后被迫迁居淮阳一带的太皞部落后裔因思念故地、思念先祖先圣王而追建的"宛丘"(本书中称"淮阳宛丘")和伏羲衣冠冢,并仍以原先昆仑丘的"陈"称呼淮阳谓"陈"。

真实的伏羲王都、墓地在中华神龙龙首宛丘—昆仑丘,今山西省阳城县横河镇析城山圣王坪(远古时称宛丘、陈,又称昆仑丘、悬圃、析津山、龙首山、龙池山等)龙池(又称华池、鼎湖、瑶池,俚称娘娘池)北高台(史称:"伏羲台")。伏羲仙逝后,后世道家人士将其化神盘古,在圣王坪开天辟地。至今阳城县横河镇南门河(又称银河)银洞坪仍留有"盘古开天辟地石"和"盘古庙"等遗迹。

四、关于黄帝故里

西汉《史记·周本纪》:"武王乃褒封黄帝后于祝。"西汉《焦氏易林》:"黄帝,有熊国君少典之子,有熊,即今河南新郑是也。"

由此,自西汉武帝至今,史界便始终把周武王封黄帝后裔于祝地的今河南新郑误认为黄帝本人出生地。

真实的黄帝出生地，在今河南济源市思礼镇玉阳山东侧姬沟村形似"有熊"或"天鼋"（俚称饿虎山）山北麓。

五、关于黄帝墓地

《史记·孝武本纪》"还祭黄帝冢桥山，泽兵须如。（武帝）曰：'吾闻黄帝不死，今有冢，何也'。或对曰：'黄帝已仙上天，群臣葬其衣冠'"。

据此，自西汉武帝至今，史界把陕西黄陵县桥山的黄帝衣冠冢误当为黄帝真身墓地。

真实的黄帝真身墓地在中华神龙龙尾，古称昆仑峤山轩辕西台，今济源邵原镇大罗岭（俚称待落岭）的"玉皇顶"。因道教尊奉黄帝为"玉皇大帝"，故黄帝墓所在地便称"玉皇顶"。此名沿袭至今。

炎帝真身墓地疑在轩辕东台，今俗称"双合寨"。

炎黄结盟碑归藏在轩辕东、西两台之间的"连山"。周穆王时在"炎黄结盟碑"之上覆盖七十二块巨石，象征"七十二地煞"，意在震慑"反寇"蚩尤。

六、关于"天中地中"与"天龙地龙"

天中地中、天龙地龙，本是充满中国元素的文化符号。可自周公测影建东都成周后，便把神圣的天中地中错安到了嵩山；南北朝时又把神圣的天龙地龙错解为毫无意义的蛇；闻一多先生又将龙讹解为由马的头、鱼的鳞、蛇的身、鹿的角等合成的部落图腾。还有人把"龙身人首"的圣王伏羲说为"蛇身人首"。

"天中地中""天龙地龙"观念，本原于文明初创时期龙形昆仑丘（今晋豫交界王屋山区析城山、峤山）与龙形北斗七星。龙形北斗七星围绕北天极旋转，永驻天空而不落入地平面以下，古人称这一天区谓天帝所在的"天中"，相应地，便称龙形昆仑丘谓帝王所在的"地中"。

《山海经》载：昆仑"百神之所在"。天中地中是古时人们心中的天宫、仙宫。故从有巢氏、燧人氏、伏羲氏起经由炎黄直至尧舜禹，近四千年间的百余代远古帝王，皆立都、归藏在这神圣吉祥的天中地中和天龙地龙护佑的宛丘—昆仑丘；伏羲时代，上天北斗七星之斗杓，上中天时与北天极（天中）之夹角为北偏西21°，后世周公营建洛邑时，经占卜（实为测定方位），定鼎路至王城大道间的纵向街路，北偏西21°同是指向"地中"昆仑丘。由此可知，春秋时老子所说"人法地，地法天，天法道，道法自然"原本于此。

天中地中、天龙地龙是中华文明初始时期伏羲"仰观天象，俯察地理，定方正位，授时推历，告民农时"的物象基础。没有天中地中、天龙地龙，远古人类就没有时间历法概念，中华文明也许还要迟来数千年。

远古、上古中华核心理念与精神支柱"天中地中""天龙地龙"的失落，是中国历史上最大的文化失落事件之一，很让国人痛心！

七、关于"中华"

"中华"一词，见诸春秋，史界误释"中"为"在四夷之中"，误释"华"为"光华""荣华"。

　　然如此解读"中华"，一则失去了取名"中华"神异神圣之原始本义，二则错解了取名"中华"的时代背景与自然环境，当然也就失去了光辉灿烂的中华远古文化、远古历史。那么，"中华"一词果真首创于春秋时期吗？否！

　　就中国文化而言，当先有"中"后才能有"四方六位"之概念。所谓"四夷"，当就"中华"而言。故"中华"谓在"四夷之中"，明显颠倒了主从、先后关系。

　　"华"，甲骨文本义与"花"同义、同音、同字。所谓"光华""荣华"，仅是后世引申义。

　　真实之"中华"，造字于八千年前伏羲时代，本义系在天中地中、四方地域宛丘中央大花园里建立的太皞部落联盟的复名。即太皞部落（联盟）又称中华部落（联盟）。

八、关于太极八卦

　　"太极八卦"，本是人类刚进入人文初始，八千年前圣王伏羲在昆仑丘贡献于世人的重大科学发现。可如今却把"太极八卦"讹解为"占卜命算""相互推诿""胡说八道"的负面词。

　　实际上，太极图是八千年前由伏羲以天龙地龙推演的，表达"开天辟地"原始宇宙观和用于定方正位的龙形图示形象；八卦符是八千年前由伏羲以北斗天龙绕转天极，在北天夜空留下八个虚拟时位，用以授时推历，告民农时的龙形图解符号，是人类最早掌握的科学知识，是开创中华文明的基础。据天文岁差反演结果得知，唯有公元前六十世纪时的天龙地龙之位相，才能推演出太极图和八卦符。

　　然而，周文王以后，尤其北宋以后，原本科学的太极却演变为谶纬筮占；伏羲"先天八卦"乾位天，坤位地却变为乾位西北（左上），坤位西南（左下）；明朝初年又演变为"阴阳鱼太极图"。

　　原本，八千年前伏羲推演的太极八卦（后世易家称其谓"先天八卦"）主要用于观象测天，定方正位，授时推历，告民农时，是伏羲发明的预测预报时历的原始科学。而周文王"后天八卦"只是为了宣扬以周灭商的正统性、神秘性，便把"乾天位上"改换为"乾位西北"。明初赵撝谦的"阴阳鱼太极图"并无实质意义。

九、关于西王母

　　《山海经》等记："西海之南，流沙之滨，赤水之后，黑水之前，有大山，名曰昆仑之丘，有神，人面虎身……有人戴胜，虎齿，有豹尾，穴居，名曰西王母。"

　　为何仅凭这些神化了的故事而未做深入的考证，史界就认为西王母是青海、甘肃及新疆，甚至说是"不知斯齐国几千万里"两河流域的女王？

　　其实，所谓的西王母，只是我国早期道家人士对穴处王屋山区圣王伏羲母亲"羲王母"华虚氏的神化。如今羲王母华虚氏在昆仑北居住的岩龛和"羲王母化神人面、虎齿、豹尾、蓬发、戴胜的'化神石'"还屹立在昆仑南天门外（今山西省阳城县横河镇析城山圣王坪南门外）。

　　据长期以来的考察研究，本书在此提出一个学术观点供学界评说：中国道家文化中的神、仙，都是曾经在历史上有功于天下、有功于社会、有功于后世的古帝王、古贤哲的"化神""化仙"，而不是虚构、虚拟的所谓神仙。

十、关于象形文字

史书记，我国最早的象形文字仅见于殷商甲骨文，且甲骨文仅记载商王朝利用甲骨占卜吉凶时，写刻的卜辞只与占卜有关的记事文字，而无记夏朝及原始三皇五帝时期之史事。这便要问，夏朝及三皇五帝时的史事，后人是如何知晓的？又要问，文字创生与应用是一个民族进入文明时代的标志，难道我国到殷商时才进入文明时代？还要问，传说黄帝臣"仓颉造字"，黄帝早于殷商一千五百年，为何考古界没在"黄帝故里河南新郑"挖掘出仓颉所造之字，也没看到仓颉造象形文字时所依据的有代表性的象形物体？

实际上，"文字"是生产力与生产关系发展到一定程度的必然产物。当社会由氏族、部落进入部落联盟之时，必然会产生文字，否则社会就很难进行信息交流并向前发展。而炎黄时代已进入以社会私有制、帝王世袭制为特征的部落联盟时期。

其实在公元前六十世纪，当华虚部落进入太皞（中华）部落联盟之后不久，圣王伏羲已于王都昆仑丘创生了首批独体象形文字。从此人类智商开化，跨入了文明时代的门槛。

十一、关于"四大发明"抑或"七大发明"

"造纸术、印刷术、指南针和火药，都由中国人发明，然后相继传入世界各地，是中国对世界文明的四大贡献，通称四大发明"（《辞海》）。

以上"四大发明"，只是我国从战国至唐宋年间有文字记于史书的发明。

实际上，从更远年代起算，我国重大的发明并先后传入世界各地的，并非仅四大发明，而是七大发明。

公元前六十世纪前，人类与动物一样尚处生食时代，故多伤脾胃。其时，有巢氏在宛丘开创钻木取火，燧人氏在宛丘发明了燧石取火。从此人类进入了光明、熟食时代。远古时取火的发明是中国对世界文明的一大贡献。

公元前六十世纪前，人类尚无东、西、南、北、中，上、下、左、右、前、后等"五方六位"之概念，亦未掌握时间、历法等方面的知识。何时该播种，何时该收割，一概不知，故常因贻误农时而歉收、绝收。其后，圣王伏羲在宛丘观象测天，授时推历，告民农时。从此人类掌握了时间历法等原始科学，人们不再挨饿。这一科学知识早在炎黄后期已经遍传北半球多地。故此说，远古时伏羲在昆仑丘发明的斗纲授时、六爻授时、日晷授时，是中国对世界文明的又一大贡献。

史界普遍把文字的创生与应用认为是文明时代的首要标志。故此说，八千年前太皞伏羲时代创生的中国象形文字是中国对世界的又一大贡献。

原始时代发明的燧石取火、授时推历、象形文字，是远古中华的三大发明。连同后世的四大发明，应称中华对世界文明的七大贡献，统称"七大发明"。

十二、关于中华文明与华夏文明

近现代，学界把"中华"与"华夏"混二为一，把中华文明与华夏文明混为同一历史时期，其实不然。

中华文明，肇启于公元前六千年，其时，尚处于天下大同的部落联盟初期，联盟开创者是百王先伏羲，王都所在地位于昆仑北。

华夏文明，肇启于公元前三千年。其时，处于社会私有制、帝王世袭制初期，开启于战胜炎帝、蚩尤的轩辕黄帝，王都所在地位于昆仑南。

中华与华夏的共同点是同处文明初期的部落联盟时期，不同点是前者处八千年前的原始公社制和帝王禅让、推举制，后者处五千年前社会私有制和帝王世袭制。

类似上述的中华开天史问不计其数。因早年间科学尚不发达，很难明确、正确地回答种种"史问"。如今，掌握了现代高科技的中华子孙已有能力回答这些"史问"。故此正本清源，还中华初始文明本原、本义、本貌，正是我们这代人义不容辞的责任。这便是海峡两岸学人耗时十七年著述本书之目的所在。

当有朝一日明明白白回答清楚了这些史问，那么开创于公元前六十世纪至前二十一世纪晋豫边界济水之源王屋山区宛丘—昆仑丘的中华初始文明史，也就大白于天下了。

目录

壹

任一古老文明都有发祥地，为何我中华文明不知其所宗；任一文化皆有原创地，为何我中华文字、中华易道、中国风水等中华早期文化不知其本原、本义。

《左传·昭公十七年》记："自颛顼以来，不能纪远，乃纪于近。"此义谓从颛顼起，古事便"不能记远而只能记近"。为何"不能纪远"呢？史书记："轩辕战涿鹿，杀两暤、蚩尤而为帝"[1]，"上帝（按颛顼）命重黎绝地天通"。

以上两记史，是指在中国原始社会晚期三场"争帝大战"（《淮南子》载"争为帝"）之后所发生的重大政治性事件。梗概如下：

炎黄时代，中国社会私有制开始出现，帝王亦由原先的禅让推举制改行世袭制。炎帝、蚩尤、共工部落不服黄帝、颛顼世袭政制而发生"炎黄""蚩黄""共颛"三场部落战争。占据天下正中王屋山区昆仑丘（今析城山）的黄帝、颛顼战胜各自对手后便采取三项强力措施：驱杀蚩尤、太暤、少暤部落后裔出昆仑丘；为巩固世袭政制，从颛顼起，禁止使用原太暤、蚩尤、少暤部落的龙、火、鸟（凤凰）图腾标识[2]；"不能纪远"古史，"乃纪于近"的黄帝、颛顼史事。（有学者认为"不能纪远，乃纪于近"是指因远古口史早已失落，不足采信而不能纪。）

以上三项强力政治措施是黄帝以前的中华远古历史、远古文化很少见诸《尚书》《国

[1]引自（汉）桓宽撰《盐铁论》，上海人民出版社，1974年版。

[2]引自张岂之主编《中国思想史》，西北大学出版社，1993年版。

语》《左传》《史记》等正史的历史原因，也是中华初始文明及中华文明发祥地失落的直接原因。

不过，所谓"不能纪远，乃纪于近"这一强制措施只限制了史官们追记黄帝之前的远古史，即只能限制官修正史，却限制不了广大民间人士对远古史、远古文化一代又一代的口史传承。故直到今天，虽然在正史中难以见到黄帝以前的远古帝王史，但在诸多野史（亦有少量正史）中却大量记载着自有巢氏、燧人氏，尤其伏羲氏至炎黄、尧舜间有百余代古帝王，自公元前六千多年至前两千多年的近四千年间始终都立都并归藏于王屋山区昆仑丘。

黄帝"驱杀蚩尤、两皥部落后裔出昆仑"和"颛顼绝地天通"给中华远古史、远古文化造成了毁灭性打击。中华远古史的失落是世界史上重大的历史失落事件之一，也是导致当今文史界讹传中华文明多源说，中华文明五千年说、三千年说、两千年说等的历史原因。

显然，"中华文明多源说"不符合社会发展规律。之所以产生"多源说"这类说法，除远古文化失落太久外，在研究远古文史理路方面存在某些误区也许是其原因之一。这些误区在一定程度上影响了人们对中华远古文化和对中华初始文明的正确认识，同时也误导了"中华文明探源工程"的开展。以下就中华远古史研究中十个方面的议题展开讨论，同时从不同角度提出一些研究思路，供国学研究者参考，诚请批评指正。

一、关于远古史研究之析理、考据、修文

研究、复原"已失落"的远古文化，通常必须一阐析义理，二据典考证，三修辞文章。析理、考据缺一不可，缺则无理无据。又若缺失先期之义理分析，则后期考证（包括考古挖掘）将毫无目的、目标。当前的所谓"抢救性发掘"多属缺失前期义理分析而采取的被动措施，常常落在盗墓者之后，致使历史文物惨遭盗挖。国人不希望被动地"抢救性发掘"，而希望文物部门积极、主动地做好科学的前期义理分析，进而实施目标明确的考古挖掘。

限于时代局限性，我国早期修史，包括《尚书》《左传》《史记》等在内，通常不须做析理、考据，由此给后世识别记史之真伪留下诸多悬疑。这也是许多失落的文化至今难以寻找的原因之一。

按人类认知规律，应先据文献记录和历史传说认真分析所指事物、事件存在和发生的时间、地点、人物与机理过程，而后方可有目的（说"有目标"更好）地做考证（包括考古挖掘），最后据分析、考证的结果修辞章。不能不加分析、不做考证便下结论。

例一，明洪武年间有道士赵撝谦者，没深入地做义理分析和考证便在其《六书本义》

中轻言传说于远古的太极图是"阴阳鱼式太极图"。赵撝谦的一句话湮没了中华文明八千年的代表性文化——天地双龙太极图。

例二，同样，明中后期的王圻把先秦昆仑（hún lún）丘与汉后昆仑（kūn lún）山混为一山，仅凭意想便在其《三才图会》中编造龙首在昆仑山（藏疆青）的中国"三大干龙"，从而湮没了真正的昆仑（hún lún）神龙。

例三，西汉易学家焦延寿没析义理，未做考证，仅凭"周武王封黄帝之后于祝"便在其《焦氏易林》中提出"黄帝，有熊国君少典之子。有熊，即今河南新郑是也"二十字黄帝故里说。后世又据焦氏之说在新郑一带附会出"三爪金龙""少典坟""轩辕丘""西泰山""风后岭""具茨山""嫘祖洞"等等所谓"黄帝遗址、遗迹"。其实，就中无有一物为本真。

例四，有学者未做原理分析，便修文曰："公元前7713年伏羲女娲迁居王屋山，乘盘古夽兹梭罗天表，是年正月二十日（或二十三日）又恰值日全食、月全食同时发生，天地黑暗，万民皆惧，女娲认为是天道不满，于是登王屋山……设坛祭天，采……五色石'布天'……同时颁布岁末5日补天历，……遂以女娲补天成功"的所谓"女娲补天新说"[1]。这显然不符科学原理。

类似上述四例未析义理，未做考证便一言误天下者甚多。清朝时历主江宁、扬州等书院四十年的姚鼐先生曾在《述庵文钞序》中提请做学问者曰："学问之事有三端：曰义理也，考证也，文章也。"[2]

一当辨析义理，便能明了当年是"伏羲推演天地双龙太极图"，闻名古今中外的天中地中昆仑丘是龙的化身（原形）；黄帝故里不在新郑，黄帝墓不在陕西桥山、河南灵宝、北京平谷。据古文字、古文献和地图遥感图像解读，并经现场考证，黄帝墓在王屋山区昆仑丘峤山轩辕台，至今黄帝墓、祭天宰牲池犹在，且古本《史记》所记为"黄帝崩，葬峤山"。唐法琳亦在《辩正论》中提到："注皇览云，黄帝冢在峤山，老子冢扶风也。"而非"黄帝崩，葬桥山"。从常识看，伏羲、女娲再神圣，日全食、月全食也不可能发生于同一天；龙与昆仑丘、太极图之间存在着必然的因果关联。

二、远古史研究必须重初、重原、重物

我国文史界通常把古代文化划分为原创文化与转移文化（亦称扩散文化）两类。毋庸置疑，原创文化具有极其珍贵的历史价值。"绝地天通"后，随着太皞、少皞、蚩尤部落后裔被迫逃离昆仑丘（有巢、燧人时称宛丘），原创于远古时期昆仑丘的许多文化亦随之转移、扩散到东（夷）、西（戎）、南（蛮）、

[1] 引自王大有著《三皇五帝时代》，中国社会出版社，2005年版。

[2] 引自姚鼐撰著《述庵文钞序》，中州古籍出版社，1997年版。

北（狄）四面八方。

思乡之情使得这些远离昆仑丘的夷戎蛮狄部落民众无限思念他们的宗祖地和先皇先祖，于是便在被迁徙地仿照（昆仑丘、宛丘）形状堆筑"宛丘"，建祭祀伏羲、女娲的神庙，并一代代传颂原创于昆仑丘的如龙虎凤龟四灵神兽、羲王母华虚氏、天中地中、龙身人首伏羲女娲、太极八卦、盘古开天辟地、女娲补天造人等有趣的故事。这些就称作转移文化。

尽管转移文化是原创文化的移植，但因原创地与转移地之间在历史背景与自然环境方面存在着巨大的时空差异，所以今人若把转移地误当成原创地并以转移地的时空环境解读原创地文化，则必然导致误解误读。而实际上，这种"误当成"或"误解读"几乎充斥着我国对远古文化认识的很大部分。可以说，这是中华文明不知其发祥地的主要原因之一。那么如何才能正确地解读和认识原创于远古的文化呢？中国道家提出解读和认识原创文化的"三重"原则：重初、重原、重物。兹举数例：

例一，距今八千年前的伏羲不可能葬在距今四千五百年前才开始有人类活动的淮阳。所谓淮阳伏羲陵、淮阳宛丘等，只不过是"绝地天通"后，东迁的太皞部落后裔中定居在淮阳的一支，因怀念其先皇先祖而追附追建的纪念性建筑物。甚至所谓"建都淮阳宛丘"的陈国，亦是沿用原始时期太皞部落所在地的古名"陈"。陈，老也，久也，旧也。如陈年，陈地，陈迹，陈久。这种后世所追建的建筑物和转借他地的地名不能作为"伏羲都陈，陈有宛丘，宛丘在淮阳"的直接证据。本初的陈、宛丘不在淮阳，而在昆仑丘北部圣王坪。伏羲墓在圣王坪鼎湖（伏羲时称龙池）北侧高台，后世称其谓伏羲台。墓，远古时亦称台。伏羲台周边还有帝尧、帝喾、帝丹朱、帝舜等群帝、众帝之台。本书吁请国家文物部门立项昆仑丘考古，以正视听。

同样，追建于汉、晋、南北朝时的天水成纪城、女娲庙等也不能作为伏羲故里在天水的证据。本初伏羲故里也在昆仑丘西侧凤凰台北的鳌背山南坡岩洞岩龛式村落成己。古时风、凤同音同字同义同源，所以华虚氏、伏羲、女娲等皆因凤姓风。至今凤凰台北仍有伏羲、女娲及其母亲华虚氏居住过的洞穴式村落。

例二，天中地中，本是流传于原始社会的一种原始宇宙观，春秋战国时期的许多古籍多有记载。大概意思是，人们看到昆仑丘与北斗七星形同龙，古称北斗七星为天龙，昆仑丘为地龙；北斗天龙携周天星河绕天极旋转永不落入地平面下，周天星河皆围绕其旋转，故当时的人们认为这里是天之中，是天帝所居；昆仑是地中，是帝王所居。天中地中观念由此而来。故西周前，道界已封昆仑为中岳（《道经》）。

出于皇权政治的需要,汉武帝、汉宣帝封嵩山为中岳;唐明皇李隆基又竭力宣扬嵩山南告成为周公测景处,是天中地中。直到当今,国人仍误以为嵩山是"天地正中",这明显是扭曲了天中地中观念产生的机理及其原始本义。其实西汉前,嵩山既不闻名也非中岳,且其根本不具备能被称为天中地中的天象地形。

伏羲王都、墓地淮阳说以及后人对天中地中观念的误解,从根本上扭曲了中国原始文化的根基。可见,远古文史研究必须强调遵循重初、重原、重物原则,切忌混淆、颠倒原创文化与转移文化的主从关系。

三、远古文化中的神话与史实

远古时代,颛顼绝地天通,驱杀蚩尤、两皞后裔出昆仑,是中华远古史失落的直接原因。同时,其时无文字载体可以留世,远古文史多靠口耳相传留存于世,直至周代以后方有文人陆续将其记录成书,后世将其中大部分文史称作野史或民间传说。又因这些口耳相传的野史或民间传说很难验证其真实性,于是又把这些本是与远古帝王有关的真实的文、史误当成或讹变为神话,或多以神话的形式表述。

因此说,所谓远古神话大多是发生在远古王都一带并与古帝王有关的远古文化、历史的神化表述,远古神话中包含着大量极其珍贵的历史信息。今天的人们研究远古文、史,切忌不分是非、不做考证地把远古神话一概看成"传统神话",而应善于透过"神话"发现真实的历史。

例一,昆仑丘,长期以来人们都认为是虚构于古时,且客观世界并不存在的神话、仙话中的神山、仙山。因此,深藏于昆仑丘的中华文明被湮没了几千年。今天,国人可以自豪地说,昆仑丘是开创八千年中华文明的正宗源头。

例二,西王母,几千年来几乎成了中国神话中的代表人物。说她穴居昆仑北,状如人,豹尾虎齿,蓬发戴胜。实际上,西王母确有其人,即"羲王母亲"。(详见本书第八章中华创世神话原创地·第四节从羲王母故里到西王母神话)

例三,以神龙为核心的龙、麟、凤、龟"四灵神兽",以前多被认为是古人所虚拟的、现实世界中并不存在的神物。实际上,"四灵神兽"是生活在昆仑丘一带的远古先民以昆仑神龙为核心的远古部落图腾的原型山体,是中华文明初创时期包括开创大道文化、风水文化在内的文化源泉和精神寄托。这些龙、麟、凤、龟原型山体至今仍屹立在王屋山区。

例四,"绝地天通",本是真实发生在颛顼时代昆仑丘的一次重大政治性事件。许多从燧人氏、伏羲氏到连山氏、轩辕氏三千多年间的中华远古文化皆因"绝地天通"而遭湮没。乃至今天，学界仍误以神话论处"绝地天通"，以至于今天在昆仑丘仍深埋着发生在八千年前至五千年前乃至四千一百年前不为人知的光辉灿烂的中华远古文明。如今，在昆仑丘仍存有被颛顼之孙重、黎拆毁的祭天台、宰牲池等"绝地天通"遗迹。（详见本书第八章"中华创世神话原创地"）

四、首批象形文字蕴含真实的远古信息

中国象形文字是世界四大古文字之一，虽至今仅发现殷墟中刻于甲骨上的象形文字，但首批象形文字必定原创于商代前不知多少年的原始社会末期，只因当时的文字载体很难留存至今，或更早刻写于其他材质之上的象形文字至今尚未发现，才误以为殷商甲骨文是中国最早的文字。

首批象形文字的创生是中华文明进入文明时代的重要标志之一。那么首批象形文字是在何时何地创生的？（详见本书第十七章首批象形文字的创生）

五、中华文明"多源说"抑或"一源说"

世界上许多古老民族都有明确的文明发祥地，然近几十年来我国学界却传中华文明发祥于松花江、辽河、海河、黄河、淮河、长江、珠江等各大流域，称中华文明"多源说"。在"多源说"的影响下，各地多在斥巨资争相打造五花八门的古代文化原创地，中华文明探源工程亦迷失了探源目标，多年来耗巨资却收效甚微。

应该说，文明发祥地必须具备以下条件：文明启祚最早；有闻名于世的代表性人物（通常是古帝王）；有能推动当时社会前进的代表性文化；其代表性文化对这个民族的历史、文化、社会、思想产生过长期的、普遍的、深刻的、积极的影响。否则就不能称其为文明发祥地。

但在我国，对文明定义、文明标志至今缺乏科学的统一的认识，由此出现了二千年文明说，三千年文明说，三千六百年文明说，五千年文明说，九千年文明说以及中华文明多源说，等等。甚至把发端于原始时期，全盛于周朝的"易"和被扭曲的"河图洛书"作为中华文明的源头。

本来，只要承认唯物史观，承认社会发展规律并客观分析远古传说，不刻意把一些远古传说当作远古时的"愚昧无知"，就不难找到中华文明发祥地。

譬如，世界上许多古老民族都认为独流入海的大河之源离天帝最近，所以都把本民族域内独流入海的大河之源作为本民族的发祥地，中华亦不例外。这原本就是不以人们意志为转移，而是由人类认知规律和社会发展规律所决定的。所以，寻找中华文明发祥地理应从独流入海的大河之源开始。

古时，中国称四条独流入海的大河为四渎，即江（长江）、淮、河（黄河）、济（《尔雅·释水》）[1]。渎，取谐音"独"，独流入海之大川也。淮为东渎，江为南渎，河为西渎，济为北渎。江、河源于"西岭"（青藏高原），淮、济源于中国（中原）。古时认为，淮水多灾异，源头无神异，唯济水"胡为来自古，列渎宗诸侯。……至清远外浊，有本何其修。……一道截中贯，肯随浊河流。……惟独是清济，万古同悠悠"（白居易《题济水》）[2]。故古时视三起三伏、清徐济世、源出昆仑、朝宗到海的济水为神水、圣水。

按此推理，很快便发现：济水之源王屋山区昆仑丘就是中华文明发祥地，昆仑丘被古人视为天地正中神龙的化身，中华文明的稚身华虚—太皞部落早早于八千年前便生息、繁衍于王屋山区昆仑之丘。

圣王伏羲久居昆仑，从推演时间历法、推动定居农业、创建太皞部落联盟、创生象形文字、规范对偶婚到倡导和合大道观等，奋斗一生，终于开启了独立于世的中华文明，开创了独异于世的中华和合大道文化。

和合大道文化对几千年中华历史、文化、社会、思想产生了长期的、普遍的、深刻的、积极的、重大的影响。而其他各种文化都没有这样巨大的影响力。

按理，"古老文明发祥地皆在独流入海大河之源"的观点早已成为世界各国学界的共识，同样，"独流入海的古济水之源王屋山区是中华文明发祥地"的观点亦应成为我国学界的共识。因此，学界、考古界本可集中一定的人力、财力在古济水之源深入探讨文明初创时期的文化，如此或可在不太长的时间内便探明中华文明正宗源头。

然而，当前似乎过多地把某些地方出土的诸如房址、硬化地面、灰坑、墓葬、灶台，骨、石、陶器等一般性文物当作证明伏羲故里的依据；把后世所建的女娲庙，后世所堆筑的宛丘等纪念性建筑物作为伏羲王都所在地的证据；把各大流域出土的只能证明其有过人类活动的一般性文物作为中华文明多源说的证据。

这些所谓证据，模糊了一般性与特殊性、共性与个性的辩证关系。原始人类共性的、一般性的生活用具的出土，不能作为进入文明时代的标志。从哲学、社会科学层面讲，同一文明不会同时发祥于多地。

文明多源说束缚了人们的思想，阻碍了人们对中华文明的正确认识。

六、回归原始环境才能认识远古文化

文化的产生离不开具体的自然环境，也离不开当时的时代背景。这称作地缘文化。

现代人研究远古文化唯有把自己对自然

[1] 引自（晋）郭璞注《尔雅》，商务印书馆，1919年版。
[2] 引自政协济源市委员会编《济源历史文化精编》，中国文史出版社，2005年版。

界的看法回归到史前时代，才能看懂看透远古文化的来龙去脉。这就如同《史记·周本纪》中所说的"周公复卜申视"。复卜，即反演从前的天象地象，周公"卜"的不是西周时的天象，而是"复卜"伏羲时的天象。古人尚且知晓必须"复卜"，况今人乎！

譬如，伏羲时代的黄淮海平原西部刚刚出露海平面不久，尚处不适宜人类居住的盐滩沼泽地；黄河下游河道尚行走于太行山东麓并于今临清东注入渤海；古济水黄河以南段河道大致行走于现代黄河下游河道，并于菏泽东入海；北天极位于武仙座与天龙座之间，并非在现时的北极星附近；北斗七星斗柄几乎正指北天极。其时，昆仑丘之巅几乎无树木覆盖，人们可方便地行走于昆仑丘巅，且可很容易看清昆仑神龙全貌：龙首、龙眼、龙角、龙须、龙鬃、龙身、龙脊、龙尾、龙肢、龙爪尽收眼底；还可欣赏神龙身上美丽无比的五花草甸景观；登临龙尾轩辕台可极目远眺"全天下"；可观赏夜空千姿百态、东升西落的星座。只要用心，也可欣赏北斗天龙似《易经》中所记：时而"飞龙在天"，时而"群龙无首"；或如《说文解字》所记："春分而登天，秋分而潜渊"等天象奇观；还可像远古时的人们一样在天地中央"晨考日出"，"昼参日景"，"夜考极星"。

于是，当人们回归远古时代的自然环境，就很容易看懂看透发生在远古时代的历史事件：八千年前伏羲不可能立都在盐滩沼泽地淮阳；昆仑丘是古人心目中的地龙，北斗星是古人心目中的天龙；北斗星围绕北天极旋转而不落入地平面下，是古人心目中的天中，昆仑地龙形似北斗天龙，是古人心目中的地中；天龙地龙无时无刻不在相对绕转，当北斗天龙转到上中天时便能与昆仑地龙意合（推演）成天地双龙太极图；北斗天龙绕北天极旋转，一天中，一年内便在北天夜空留下"天道左旋，地道右行"的视迹线，伏羲便取北斗天龙上、下、左、右、左上、左下、右上、右下八个时段的位相，并将其画制成用于记时记历、授时推历、告民农时的龙形图解符号，这就是后人所说的"八卦"。人们懂得了时间、历法，就能按时播种，及时收获；有了好收成，人们感恩天龙地龙，感恩天地，便把天地双龙及其双龙太极图视为本部落的祖先和保护神，并作为本部落的图腾。

由此可见，把现代人的视线拉回到远古时代，对研究、发现、复原远古文化是至关重要的。如果把二十世纪七十年代初人工飞播在昆仑神龙龙体之上的华山松林移走，复原原始社会伏羲时代昆仑丘的生态环境，那么龙身龙首长满艳丽鲜花的中华神龙将重新回归中华大地，国人将可如燧人氏、伏羲氏一样亲眼观瞻、亲手抚摸这美艳绝伦又无比神圣的天地真龙，亲自祭奠归藏（归葬）在神龙之上的先皇伏羲、先帝黄帝和原始社会百余代远古帝王。我中华确是八千年前乘天龙地龙从天中地中昆仑丘走到现在，走向未来。

很遗憾，我国学界多以当今的天象地象寻解原创于远古时期的文化，故多讹解。例如把中原的昆仑丘讹为西方乃至中亚西亚的昆仑山，把中原的羲王之母讹为西方的王母，把最远到过泾河上游的周穆王讹为到达新疆昆仑山或天山博格达峰，把天中地中昆仑丘讹为嵩山，把伏羲在昆仑推演天地双龙太极图讹为在尚处盐滩沼泽地中的淮阳，把神圣的天龙地龙讹为假想龙、虚拟龙……

那些讹解的主因犹如顾炎武所言："三代以上，人人皆知天文。七月流火，农夫之辞也；三星在户，妇人之语也；月离于毕，戍卒之作也；龙尾伏辰，儿童之谣也。后世文人学士，有问之茫然不知者也。"[1]

故，若脱离具体的自然环境，仅从书本到书本，将永远无法破解中华远古史。（详见第二章"远古上古中原古天象、古地理、古生态环境"、第五章"天龙地龙"）

七、原始科学的出现是跨入文明时代的门槛

目前，我国文史界多采用中华五千年文明说。原委如下：

西汉司马迁《史记》记自黄帝，所以民国初年学界以中华文明自黄帝始为五千年。

不过，为何以黄帝为文明之始，学界并未说明更多理由。相反，《史记·孝武本纪》却道明了司马迁《史记》为何记自黄帝的主要（非全部）原因。原来是西汉武帝时得一宝鼎，鼎书曰"汉兴复当黄帝之时，汉之圣者在高祖之孙且曾孙也"。高祖曾孙武帝很高兴，由是司马迁写《史记》便自黄帝始。然同时期的淮南王刘安却在《淮南子·览冥训》中说"昔黄帝治天下……然犹未及虑戏氏之道也"，认为黄帝不及伏羲，伏羲才是始祖。于是唐代司马贞便补写了《补史记·三皇本纪》，明确了伏羲在中华文明历史上的崇高地位。可见，《史记》记自黄帝，一因颛顼"绝地天通"后"不能纪远"，黄帝之前的远古史久已失落，司马迁已无从考证；二因司马迁不得不屈从汉武帝高压，否则《史记》不可能存世。故此，今人无须非以黄帝作为中华文明起始点。

唯物论认为："生产力是社会生产中最活跃最革命的因素"，而"科学是第一生产力"。这是适用于古今中外的普遍真理。因此说，原始科学的出现才是一个民族（其时尚处部落联盟阶段）脱离愚昧，进入文明时代的首要标志。那么，促进人类社会首次生产力发展的原始科学是什么？

中华早在八千年前伏羲时代就已经在昆仑丘率先采用"晨考日出""昼参日景""夜考极星"等观象测天科学方法以定方正位，授时推历，告民农时。这是人类史上具有划

---

[1] 引自（清）顾炎武撰《日知录》，陕西人民出版社，1998年版。

时代意义的首次科学大革命，从此我中华进入了原始科学指导下的定居农业时代。可见，观象测天，授时推历，告民农时就是最早的原始科学。（详见本书第十四章"太皞伏羲时代原始科学的出现"）

八、重新定义"史前文物"

史料，区分为文献史料、文物史料和口传史料。文物史料定义为"人类社会历史遗物和遗迹"。

王国维、罗振玉先生"主张以地下史料参订文献"，这是对的。但假如把文物史料绝对化地界定为人工遗物和遗迹等"地下史料"则有待商榷。

例一，因误传伏羲王都在淮阳，于是当考古队在淮阳挖出 4 500 年前大汶口晚期文化层遗迹，有学者便据此"敲定"伏羲生活于六千年前大汶口文化早期的淮阳。其实，六千年前出土的文物中并无一件可证明淮阳与伏羲时代的文化有直接相关。另外，淮阳虽有许许多多与伏羲有关的如伏羲陵、伏羲庙、太极门、统天殿、八卦坛等后世人工建筑，但这些只不过是"绝地天通"后迁居淮阳的太皞部落后裔或《史记·周本纪》"武王追思先圣王，乃褒封……帝舜之后于陈"的帝舜后裔的追附之作，并不能作为伏羲生活于淮阳的直接证据。实际上伏羲与淮阳无直接关联。据古地理、古海岸线反演，伏羲时代的淮阳尚属成陆不久的不宜人类居住的盐滩沼泽地，不可能是伏羲王都。

例二，考古队在天水大地湾挖出约 7 600 年前的裴李岗文化层，有学者便据此又"敲定"伏羲生活于七千年前的天水成纪。实际上这些出土文物仅能表明那时的天水大地湾一带已有人类活动，但当中并无一件文物可证明大地湾与伏羲直接相关。其实，太皞部落后裔在公元前两千六百年以后才迁居天水，并与天水原住民和睦相处。上述裴李岗文化层当是天水原住民遗迹，而非太皞部落后裔之遗物。

例三，近几十年从辽河流域到海河、黄河，直到长江流域，出土了许多八千年前至五千年前人工的石堆龙、玉猪龙（后又称"C形龙"）、蚌塑龙等，据此有学者便认定中华龙原创于辽西，并认为中华文明开始于玉文化。

以上认识显然有失偏颇。一则，并非只要有地下文物出土就能证明文明时代的到来。上述前两例中虽有出土文物，但只能证明当时当地有人类活动，却不能证明是伏羲文化，亦不能证明文明到来；后一例中虽出土有与伏羲有关的龙形文物，但只能证明其受过龙文化的影响，却不能证明辽河、黄河、海河、长江流域都是太皞部落龙图腾的原创地。

二则，根据"人们的认识是物质世界的映象、反映"，上述各地人为的石堆龙、玉猪龙、蚌塑龙只能是当时人们因崇拜自然界中具有重大影响力的某原形龙而追制的仿制品。如果这种原形龙没有重大影响力，那么各地就不会前后仿制长达三千多年，龙也不可能成为中华民族的文化标识，显然这些石堆龙、玉豕龙、蚌塑龙并无重大影响力。于是就产生了一个问题，原形龙是什么？

现已明确，原形龙就是龙形山体昆仑丘与龙形星象北斗星座和龙形闪电、龙形卷风等四种自然物象的集合；昆仑神龙又与不周山、凤凰台、鳌背山等组成龙、麟、凤、龟"吉祥四灵神兽"。"四灵神兽"中，尤其是昆仑神龙在中华民族历史上产生过极其伟大的功用，同时也成为原始部落的图腾标识。所以后世部落民众在迁离昆仑原住地到他地后，因怀念其宗祖地才长时期仿制龙形标识，以示纪念，以供祭祀。

"四灵神兽"并非"人工文物"，但在中华历史上却起到人工文物无法与之相比的巨大作用。我们或可称其谓"天然文物"。

天然文物，指由人为赋予了文化内涵，又在人类文明进程中发挥过巨大功用的天然山体、天然星象等自然物。原始时代，尚无后世意义上的人工建筑物，所以期望挖出"人工文物"以证明中华文明的到来，从原理上就讲不通。相反，只有这种人们赋予了高度智慧并为社会进步发挥过巨大推动作用的"天然文物"才能证明中华文明始于八千年前伏羲时代，才能代表那个时代的科技、文化、经济、社会、思想等发展水平。

因此有理由、有必要将史前文物区分为"人工文物"与"天然文物"两大类。否则中华文明将永远被湮没在传统的"文献史料"和传统的"人工文物"之中。

九、关于划分远古史史料文献轻重等次的商榷

当前，凡涉及中国远古文史，学界多主张将史料文献划分轻重等次。《中国古史的传说时代》[1]把商周到战国前期的史料，如甲骨、金文和《易》《今文尚书》《诗经》《左传》《国语》等先秦著作定为第一等；战国后期到西汉末的作品，如诸子百家以及《山海经》《战国策》《淮南子》《史记》等著述列为第二等；东汉后著作可补前人记载之不足，列为第三等。且认为第二等文献不能推翻第一等文献；第三等文献不能否定一、二等文献。

按记书年代之早晚将史料文献人为划分几个等次，也不是不可以的，但不应成为束缚思想的教条，也不应成为必须照办的法规，更不能以分明是错误的"高等级"史料否定正确的"低等级"史料。否则错误的历史观将永世得不到纠正。当前学界过于偏执于史料文献的轻重等次或有违唯物史观。那么如何才是正确做法呢？

其一，清代魏源《圣武记》曰："准其地望，皆与古书相合。"这也可反过来说，唯有发现了与史料文献所记完全一致的地

[1] 徐旭生著《中国古史的传说时代》，广西师范大学出版社，2003年版。

望（地理环境、地貌特征），才能证实该史料所记之正确，而不是教条地依据史料的等级高低。

其二，研究技术手段在不断提高，以往难以解开又难以证实的历史悬案如今应用古天象、古地理、古气候、古文字反演等多学科、高科技手段已能找到正确答案，再也不必仅仅停留在各等级史料间盲目寻找谜底，也不必仅靠挖掘地下文物这种单一手段。在多学科、高科技面前，区分史料之等级高低已非必须要求，天地自然与史料记载之间的相互印证才是最重要的依据。在常规考古手段与高科技考古手段的合力支持下，天中地中、昆仑、龙、太极八卦、伏羲等中华远古文化、远古历史与中华初始文明不久将大白于天下。

综上，中华远古史研究中存在的多个问题告诉我们，研究远古史一定要从正本清源开始，端正研究理路也须从正本清源开始！正如《国学》杂志原总编徐峥先生所言："目前我国文史学界最迫切需要的，是一场研究理路的大变革。"

上章探讨了中华远古文化、远古史研究理路，提出正本清源必须重初、重原、重物，必须回归原始环境，本章着重探讨远古上古中原古天象、古地理、古生态环境。

地缘文化认为，"存在决定意识"。文化的产生离不开地理环境，什么样的地理环境当产生什么样的文化。没见过大海的人编不出大海故事，没见过沙漠的人写不出沙漠文化，没见过冰雪的人研究不了冰雪文化。同理，没见过中原地域原始时期的天地自然环境，就不可能开创出独具中原特色的初始文化，也不可能正确解读中华文明初始时期的文化。

然，时光流逝，今之自然环境已非昔比，企望认识数千年前远古时期的文化历史，首先必须把人们的思想意识和视野拉回到远古时期。若以后世或现时之思想意识去解读远古文史则可能导致历史颠倒，误解误读。我国学界在远古文史研究中存些误解，其因或出于此。学界研究认为，中华文明发祥于八千年前中原地域济水之源王屋山区昆仑丘（今晋豫边界析城山），为此，在本书开篇之际先请读者回归到公元前六千年至公元前两千年时的中原天地，亲眼看看中原地区及其济水之源王屋山区昆仑丘远古时期的天地自然环境。

一、远古、上古中原古天象

所谓天象，旧指天文与气象方面的现象。此处主要指星象。

星象，指星体的明、暗及位置等现象。古天象，指古代的星象。此处主要指与人类早期文化有关的远古、上古星象。

那么古代的星象与现在的星象有什么不同，为什么会不同？这必须引进一些"天文岁差"方面的知识。

地球是一个赤道半径长、两极半径短的椭球体，同时地球自转的赤道面与绕太阳公转的黄道面并不一致，与月球绕地球旋转的白道面也不一致。于是，太阳、月球对地球上各点的引力场分布并不均衡。这种主要由日月对地球的摄动而产生的地轴进动引起春分点向西缓慢运行，使回归年比恒星年短的现象称"岁差"。因岁差运动，天极（地球自转轴延长同天球相交的两点称"天极"。在北半球的叫"北天极"；在南半球的叫"南天极"）（图2.01），以约25 920或25 865或25 776年（至今天文界对此数值的说法不统一，上下相差约144年。概称25 800年）的周期绕黄极运行，由此在天极位置上的星座也不断变更。公元前八千年史前时代在北天极位置上的是武仙座；公元前六千年伏羲时代是武仙座与牧夫座间；公元前三千年黄帝时代是天龙座；公元前一千年文王时代是小熊座β星附近；公元两千年即现在是小熊座α星附近，中国人称它北极星；公元一万年是天鹅座；公元一万四千年是天琴座α星，中国人称它织女星；公元一万八千年几乎又回到武仙座原处。人们把天极在恒星际间移动的轨迹叫作岁差轨迹。

为便于读者从古代星象中读懂历史文献中所记载的与古天象有关的文化，图2.02标示岁差运动原理；图2.03标示公元前八千年到现在再到公元一万年的岁差运动轨迹。从图中可以看到，传说中的天中地中、天龙地龙和由伏羲推演的太极、八卦以及《周易》《说文》等许许多多古籍文献中所记载的"引日月以指极""飞龙在天""群龙无首""龙尾伏辰"等都是以远古（公元前六千年）时星象为原形而衍生的文化。以下就岁差运动轨迹图中所标与本书有关的最具代表性的几个历史时期的星象及其由这些星象所衍生的文化做一简介：

1. 本岁差轨迹图的观测点设在北纬35°的中原地域，图中赤纬55°线即为中原地域的拱极圈，又称恒显圈。（恒显圈，天球上北极距等于观测地纬度的赤纬圈称为该地的

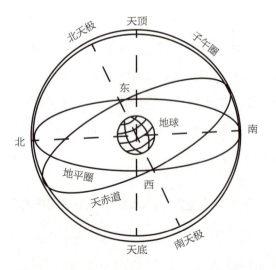

图 2.01　天极

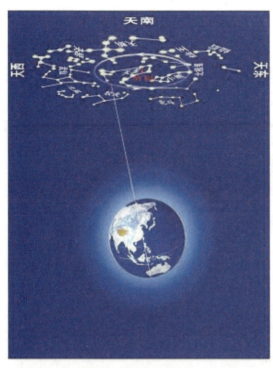

公元前六千年（伏羲时期）

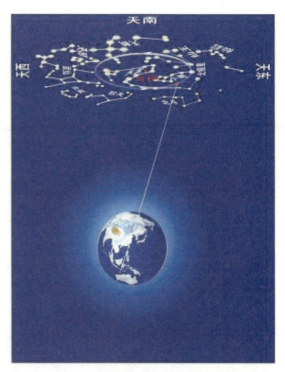

公元前一千年（文王时期）

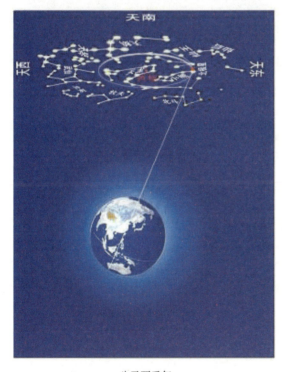

公元两千年

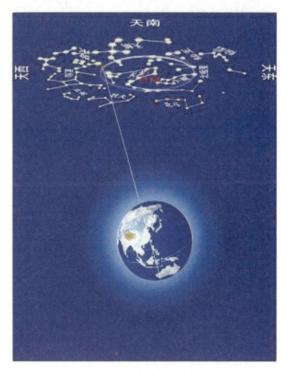

公元一万四千年

图 2.02　岁差运动原理图

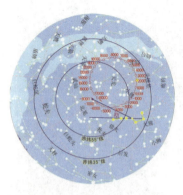

a　公元前八千年（史前时期）北斗星位相
杓极夹角：25°　　赤纬：摇光58°，天璇37°
斗极角距：摇光32°，天璇53°

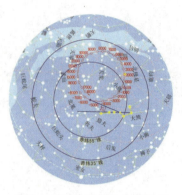

b　公元前六千年（伏羲时期）北斗星位相
杓极夹角：21°　　赤纬：摇光72°，天璇49°
斗极角距：摇光18°，天璇41°

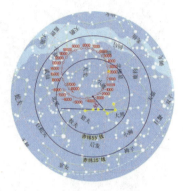

c　公元前三千年（黄帝时期）北斗星位相
杓极夹角：44°　　赤纬：开阳79°，天璇64°
斗极角距：开阳11°，天璇26°

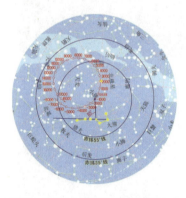

d　公元前一千年（文王时期）北斗星位相
杓极夹角：85°　　赤纬：天权70°，摇光64°
斗极角距：天权20°，摇光26°

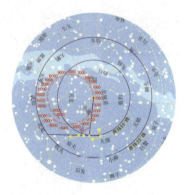

e　公元两千年北斗星位相
杓极夹角：97°　　赤纬：天枢60°，摇光47°
斗极角距：天枢30°，摇光43°

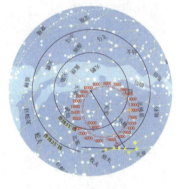

f　公元一万年北斗星位相
杓极夹角：49°　　赤纬：摇光43°，天璇28°
斗极角距：摇光47°，天璇62°

g　北斗星

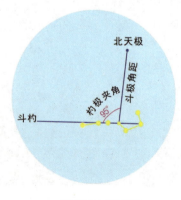

h　杓极夹角与斗极角距

图 2.03　岁差运动轨迹图

恒显圈。）凡位于此圈内的星体，皆永不落入地平面以下，故古时称恒显圈内的天区为"天中"；图中赤纬35°线即为中原地域的"天顶圈"（观测点的铅垂线与天球上方相交的一点，俗称"天顶"），凡位于"天顶圈"之北的星体，上中天（天体经过观测者的子午圈。天体每天经过子午圈两次，离天顶较近的一次叫"上中天"，离天顶较远的一次叫"下中天"。）时皆永不超越天顶。反之，凡位于"天顶圈"之南的星体，上中天时则皆超越天顶。

2. 公元前六千年时的北斗星座恰位于拱极圈两侧，故古时称北斗星座以内的天区为天中，乃天帝所居之天宫，又称紫微宫。北斗星座好似天宫大门，因其上中天时位于天宫之南，故又称南天门。因北斗七星形同昆仑丘，故又引申昆仑丘为天下中或地中，直呼天地正中，乃天下帝王所居之皇宫。

3. 北斗七星（图中以黄色标示的星座）斗柄指向线与北斗"天权星"（天权，犹喻权柄、权轴、权力之极至）至北天极连线之间的夹角在本书中称"杓极夹角"（图2.03-g、h）。在所有历史时期中唯公元前六千年伏羲时代的杓极夹角最小，北斗斗柄似乎正指北天极（参见图2.03-b）。故古书载北斗七星好似"引日月以指极兮"[1]"玉衡杓建天之纲"[2]，其意为北斗七星引领周天日月星辰

[1] 引自（汉）刘向撰《九叹》，上海辞书出版社，2000年版。
[2] 引自（汉）班固撰《汉书》，内蒙古人民出版社，2009年版。

齐指天极。由此北斗星又常被比喻为"总领百司而掌邦教，以佐帝王安邦国"的宰相。而黄帝时期，尤其周文王时期的北斗斗柄指向已远离北天极且两者几近直角相交。故史书载"斗为帝车，运制四乡"（《史记·天官书》），其意为黄帝、商周时的天极与北斗星座的位相好似天帝乘坐车辇巡视四方天官（参见图2.03-c、d）。

4. 北斗星座天权星与北天极之间的角距在本书中称"斗极角距"（图2.03-g、h）。在所有历史时期中唯公元前六千年伏羲时代北斗星座在下中天时横跨拱极圈两侧（参见图2.03-b），构成龙首位地平面以下，龙身龙尾位地平面以上的"神龙见尾不见首"（所谓"神龙见首不见尾"只是清朝赵执信《谈龙录》中比喻某些人行踪诡秘的说辞）之天象奇观；而在上中天时则很靠近天顶，如在表2-1中可见北斗星座天顶距（观测点的天顶方向线与目标方向线的夹角）仅为14°（90°~76°），构成"飞龙朝天"之天象奇观。因古时称北斗星座为"天龙"，所以《易经·乾》据北斗天龙之形与踪便记"飞龙在天，群龙无首"，《说文解字·龙》记龙："春分而登天，秋分而潜渊""能幽能明，能细能巨，能短能长"。而黄帝、文王时期的北斗星座均完整地位处拱极圈之内。如表中北斗星座之赤纬已达64°~79°，其已远离天顶而紧挨着北天极，故不可能发生"飞龙在天，群龙无首"之天象（参见图2.03-c、d）。

表2—1　不同地理纬度带所见北斗天龙的不同形与踪

年代	杓极夹角	北斗星赤纬	不同地理纬度带观察北斗星的地平仰角（从北天极起算）						由北斗星赤纬变动导致北斗天龙天象之变化。
			北纬23°		北纬35°		北纬60°		
			北斗星位于上中天时	北斗星位于下中天时	北斗星位于上中天时	北斗星位于下中天时	北斗星位于上中天时	北斗星位于下中天时	
公元前八千年	25°	49°～72°	55°～76°	地平面下	67°～88°	地平面下~3°	9°～113°	7°～28°	北斗星距北天极太远，北斗星赤纬太低，于中纬度带观察，上中天时北斗天龙几乎已达天顶，下中天时天龙已全部潜入地平面下。
公元前六千年	21°	49°～72°	41°～64°	地平面下~5°	53°～76°	17°～地平面下	78°～101°	19°～42°	北斗星跨越拱极圈两侧，于中纬度带观察，上中天时北斗天龙似"飞龙在天""春分而登天"。下中天时天龙似"秋分而潜渊""龙无首""潜渊""潜龙"。杓极夹角仅21°，似"执斗柄以纲领周天星河""玉衡杓建天之纲"。
公元前三千年	44°	64°～79°	37°～58°	地平面下~9°	49°～70°	0°～21°	74°～95°	25°～46°	北斗星距北天极太近，于中纬度带观察，下中天时北斗天龙无"潜渊""潜龙""龙无首"。杓极夹角已达44°。
由观察点地理纬度变动导致北斗天龙天象之变化。			下中天时北斗天龙几乎全部潜入地平下，已不见"龙无首"。		上中天时北斗天龙位于天顶以北14°，所以自古以来称其为"北"斗星。		上中天时北斗星位于天顶以南，已不能称其为"北"斗星。		从北斗星赤纬和杓极夹角两个方面看，公元前6000年±300年是伏羲创龙图、推太极、演八卦时期，昆仑丘是伏羲王都。

5. 当公元前六千年的北斗天龙运转至上中天，则龙首呈昂首朝天顶，龙尾呈伏压北天极状。古时又谓北天极曰"北辰""大辰"。子曰："为政以德。譬如北辰，居其所而众星拱之。"[1]即指此。因伏羲时代的龙尾上中天时呈伏压北辰状，故其时民谣曰"龙尾伏辰"（参见图2.03-b）。

然斗转星移，天象巨变。数千年后，伏羲时的"龙尾"不再"伏辰"，甚至连同当年的

天龙、地龙、北辰等名词的原始本义都已不知。故至殷周时，原本的"龙尾伏辰"被讹解为把"天四象"中的东方青龙七宿中的第六宿作为青龙的尾宿（又称天鸡）（图2.04），把日月交汇于月朔之点作为"辰"。于是，殷周时童谣云："丙之辰，龙尾伏辰。"意谓农历月朔之晨，东青龙龙尾伏隐于日月交会处。

显然，伏羲时的龙尾伏辰与殷周时的龙尾伏辰根本是两个概念：前者所说是伏羲时

[1] 引自（春秋）孔丘撰《论语》，中华书局，2006年版。

的星象和伏羲时的农事，星象与农事完全相吻。而殷周时"龙尾伏辰"中的"东方青龙"根本就不像龙，"第六宿"也不像龙尾，"日月交汇于月朔之点"与"辰"也无关，且与农时不相关。

6.前文已简单讨论了太极图、八卦符是伏羲以八千年前北斗天龙推演而得，用于表示原始宇宙观及其观象测天、定方正位、授时推历、告民农时的图解符号，是中华文明对全人类的伟大贡献。如若没有八千年前的北斗星象，那么人类在八千年前就不会懂得时间历法，人类文明也许要推迟百千年。

很遗憾，以上史前时代、伏羲时代、黄帝时代、文王时代之所有古天象如今已不复存在。故今天的人们再也看不到"飞龙在天，群龙无首"，再也见不到"引日月以指极，玉衡构建天之纲"，再也看不到"龙尾伏辰"，再也见不到伏羲当年推演太极八卦的天龙等等奇异天象。这是今人难识远古文化、远古史的根本原因之一。

然当年伏羲的确是根据公元前六千年的天象才开创出光辉灿烂的科学、文化和独具中国特色的中华文明。离开了那个年代的天象便再也无法开创出伏羲时代的文化，甚至古中国不会有《易经》这本书，也很难产生易、道、风水等文化。

中华远古文化多系肇启于天地自然，产生并形成于生产生活实践，而绝非异端妖妄之说。

二、远古、上古中原古地理

这里所说的古地理，指与人类初始文明有关的古代地理环境或称地象，通常局限于一万年以来全新世地理环境变迁对人类文化的影响。主要体现在因海平面涨落、大河改道、泥沙堆积成陆等因素而引发的地理环境变迁及其由此影响到人类文明的进程和人类文化的发展。

因海平面涨落和黄河、淮河、海河泥沙堆积等因素，远古、上古时期黄淮海一带的

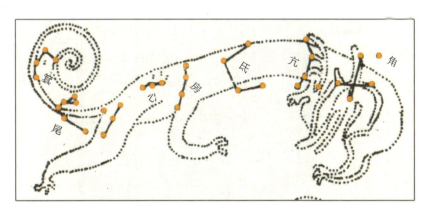

图2.04　殷周时所谓"东方青龙"与"龙尾伏辰"

地象与今相比有很大不同。因此研究不同历史时期的人类文化发展首先必须研究不同时期的自然地理环境。否则很容易发生"伏（羲）冠淮（阳）戴"等错误。以下结合图 2.05 就远古、上古时期中原地区气候变化及受此影响的黄淮海平原、古海岸线、古黄河与古济水河道之走向等问题展开讨论。

图 2.05 援用中科院青藏高原综合科学考察队 1973—1976 年在西藏地区科学考察的第四纪地质专题研究报告《西藏第四纪地质》第三章第三节全新世古气候"西藏全新世古环境和气候变化图式"并添加部分考古文化层，以此建立人类文化与古气候、古环境之

间的相关关系。

解读《西藏全新世古环境和气候变化图式与考古文化层之相关性》，可明确中华远古、上古史的发展进程与全新世古气候、古地理环境之间存在高度相关性：

其一，距今约一万年前的早全新世前期，地球中纬度带尚处第四纪冰川末次冰期影响之下，人类尚处蒙昧期，多居相对温暖的沟谷平川。

其二，距今约一万年至七千五百年（或八千年）前的早全新世中晚期、中全新世早期，地球进入转暖期。中纬度带中低山区冰河开始解冻和降水量渐增。其时约相当于裴李岗

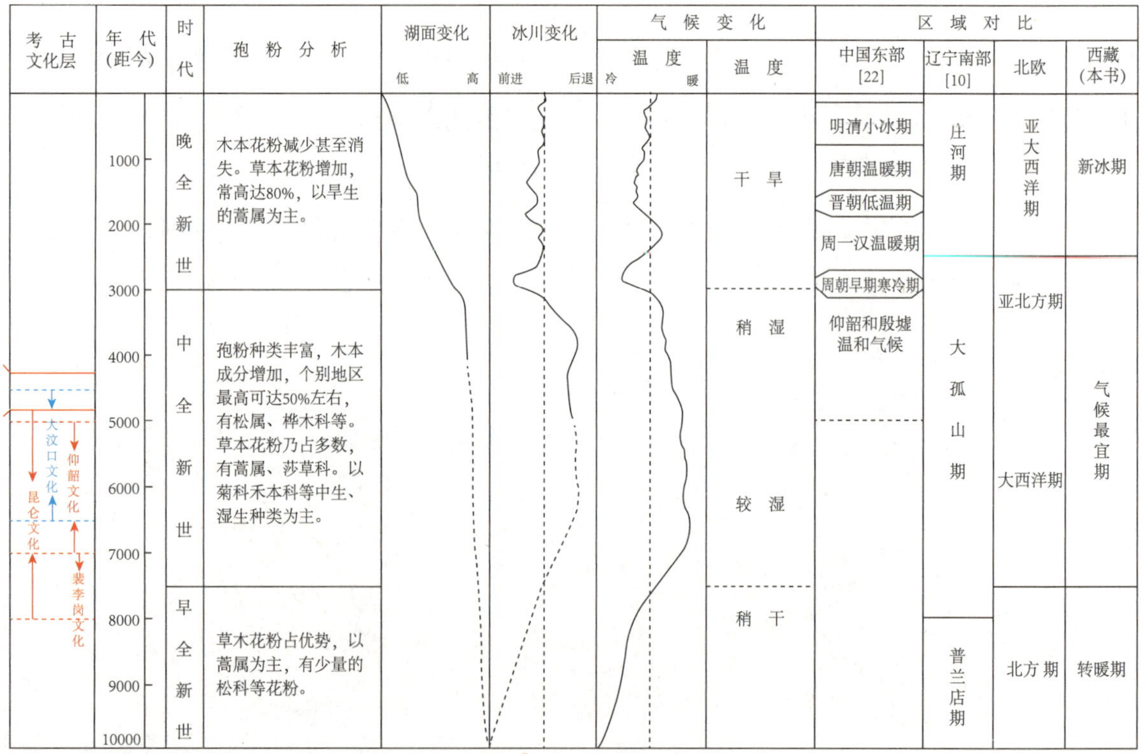

图 2.05　西藏全新世古环境和气候变化图式与考古文化层之相关性

文化早中期。随着中低山区冰川解冻和降水量渐增，沟谷平川屡发洪水，人类活动便逐渐向附近海拔较高的山丘区转移。中华先祖有巢氏及其氏族民众亦转移至地势较高、洞窟较多的王屋山区高丘地带。因该丘形似四周高中央低，便取名"宛丘（今析城山圣王坪）"。又因可供居住的宛丘之巅盛开鲜花，宛丘之内洞穴空虚，便又取名该部落谓"华虚"（后世讹译"华胥"）。其时尚处母系氏族社会的裴李岗文化中期。

其三，距今约八千年（或七千五百年）至四千一百年间的中全新世早中期，地球气候进入暖湿盛期。地处中纬度带王屋山区的宛丘一带，年平均温度较现代约高3℃~5℃，冬季温度较现代约高5℃~7℃，年平均降水量达1 200 mm~1 500 mm，宛丘气候大致与今粤北韶关一带相同。丘顶年花期长达9个月以上，后世文人美称宛丘曰悬圃，即空中花园。此时约相当于裴李岗文化晚期、仰韶文化早期。先祖伏羲"代天而王"继燧人氏为华虚部落首领后，便据天龙地龙（其时地龙称"燧皇之图"）推演太极八卦（开天辟地、定方正位、授时推历、告民农时），并在太极八卦基础之上又增名宛丘为昆仑丘；紧接着在"近者阅，远者来""协和天下，共同发展"等理念之下开创了太皞部落联盟；创生中华、龙凤、太皞、昆仑等象形文字；倡导族外对偶婚；倡导和合治天下的大道理念，把伟大的中华推入文明开化新时代。

之后历经百余代帝王辛勤耕耘，积累大量资源，社会分工专业化，由此私有制应时而生。

其四，距今四千一百年前始，中全新世晚期至晚全新世早期，地球复又转入冷干期。虽其降幅远不如第四纪冰期全盛时那么剧烈，但昆仑丘又逐渐变为不适宜远古人类长久定居的冷凉环境。原先一年九个月花期的悬圃渐渐退化为六个月、五个月，如今花期不足四至五个月。

期间，中国社会已进入私有制日臻成熟的炎黄、颛顼时代，帝王亦由原先的禅让推举制改行世袭制。由此发生了中国历史上三次"争帝大战"和杀戮、驱离蚩尤、两暤部落后裔出昆仑的"绝地天通"政治性事件。

在一连串天灾人祸的摧残下，炎帝部落、蚩尤部落、太暤部落、少暤部落后裔纷纷逃离昆仑丘，流散到各地成为所谓夷、戎、蛮、狄、三苗、氐羌等。

其五，"夷戎蛮狄"是占据中原的黄帝、颛顼部落对周边部落的贬称，成为当时的"少数民族"。

这些"少数民族"便在远离昆仑丘的东西南北各方定居，建立新的定居点。其中较为著名的有两支：一支为沿济水流域东迁并与当地原住民融合后定居于济水中下游及淮水一带的俗称"东夷"。

距今约四千五百年前后的中全新世晚期、晚全新世初期，黄淮海平原中西部已经成陆，西部的太行山脉、伏牛山脉与东部的山东丘陵已经相连但不久远。这些东夷部落民众主要活动在成陆不久的东部平原的高丘高阜地带，其时的先民仿照宛丘、昆仑丘的样子，称呼这些高阜地带谓"丘"。东夷部落在丘阜地带开创的文化今称"龙山文化"。四千五百年前从昆仑丘东迁的这些太皞部落后裔即东夷部落民众便是龙山文化尤其是龙山中后期文化的开创者。可见龙山中后期文化主要是昆仑文化的转移或延续，东夷部落以伏羲出生地昆仑丘西南侧的凤凰台（凤）作为部落图腾以及大汶口、淮阳一带出土的龙山文化中后期文化层中赋存与伏羲有关的遗存便是明证。

其六，距今四千五百年始直至现在，其中尤其距今四千一百年至二千八百年夏末至周初地球处在以冷干为特征的晚全新世。昆仑丘已基本不适宜古人定居，夏朝早期已成无人定居的"无人区"。夏商之际地球处于深度冷干期，旱灾频仍，"汤王焚身祷雨"便发生于此时之昆仑丘。

其七，据全新世气候变化图式、牡砺礁测年技术和黄淮海平原纵比降及其泥沙堆积速率反推，并据黄河、海河等河道输沙量和黄渤海大陆架地形等推测：距今五千年前的天津尚系浅海；距今七千年前的沧州、德州仍是浅海；距今八千年前的海岸线基本上位于今京九铁路东侧，八千年前的山东丘陵和昆嵛山脉是海中两大群岛（图2.06）。

距今八千年前淮阳一带系刚出露海平面不久，海拔大约3米，不适宜远古人类居住的潮间带或盐滩沼泽地；距今四千五百年前的大汶口文化末期、龙山文化中期，淮阳高丘地带才首次有人类活动，其时的地面尚在现时地表以下23米，海拔约22米（据《伏羲与中华姓氏文化·太皞伏羲考辨》和1978年淮阳电影院勘探数据反推）。

其八，八千年前黄河河道行走于今卫河河道，并于河北大名一带入海（参见图2.06）。

其九，八千年前古济水黄河南段河道行走于今黄河河道两侧，约于今山东菏泽一带入海（参见图2.06）。

其十，以上表明，中华初始文化、中华文明不会产生于黄淮海平原而只能发端于黄淮海平原以西的黄土台地带。

其十一，黄帝杀蚩尤、两皞，颛顼"绝地天通"，驱离蚩尤、两皞部落后裔出昆仑后，其中另一支则向西逃亡至今甘肃天水一带，并与当地原住民融合后定居于今大地湾一带，成为氐羌族的先祖。

氐羌族的民间传说和考古文物亦证明其乃太皞部落之后裔，乃昆仑文化之转移或延续。（详见本书第二十一章关于伏羲故里甘肃天水成纪说的讨论）

三、远古、上古中原古生态环境

这里所说的古生态，是指与人类文化有

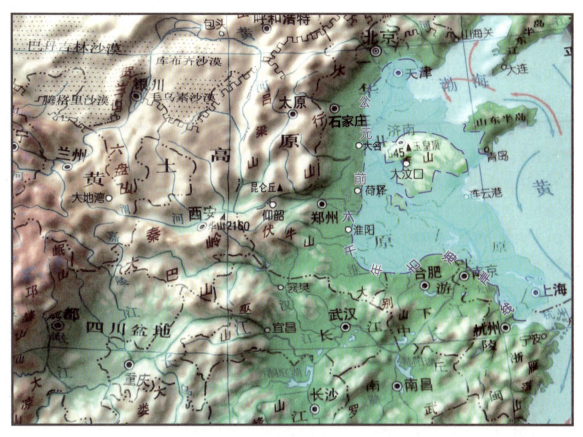

（据中国地图出版社 2005 年版《中国地形》编绘）

图 2.06　公元前六千年黄淮海平原（华北平原）古海岸线示意图

关的古代生态环境。

　　远古时期，中原局地的古生态环境与今天相比有很大不同。不同的生态环境将产生不同的文化，因此今天的人们研究远古文化必须首先认识远古时期的生态环境。否则便很难读懂那些远古文化。以下就黄淮海一带的古生态环境做一简单分析。

　　1. 一万年前，地球第四纪冰河期尚未结束，气候处于冷干期，中原地区尤其地势较高的山区基本上处于冰河期而不适宜人类定居。而此时广阔的黄淮海平原绝大部分尚未成陆，平原西部虽已成陆但仍属不宜人类定居的盐滩沼泽。因此，其时本就稀少的人烟主要生活在相对温暖的山间河谷地带，过着以采摘、渔猎和极其原始的自在式农耕生活。距今约一万年后，第四纪冰河期的末次冰期逐渐退去，地球慢慢转入暖湿期。至八千年前，中原地区已出现适宜人类定居的生态环境。

　　2. 距今约八千年前，中原黄土台地带开始进入暖湿盛期，有巢氏、燧人氏及其部落民众发现王屋山区宛丘有取之不尽的灰黑色燧石，有用之不竭的泉水、洞水、野果、禽兽，更有满山遍野的天然岩洞和黄土窑洞可供人栖居。这样的生态环境对原始时期的人们来说无疑是极佳人居环境。从此有巢氏、燧人氏所在华虚部落便世代生息于宛丘、峤山、轩辕台，伏羲后又合称宛丘—峤山—轩辕台谓昆仑丘。

3.昆仑丘为断块状山体，山体突兀，四周悬崖绝壁，相对高差八百至一千米。北部为灰岩地貌，南部为砂岩地貌，发育有许多千姿百态的奇峰怪石和活灵活现的蚀余残岩。

灰岩质地坚硬，但却极易融蚀，昆仑丘北部圣王坪本身即为一座丘体溶空的喀斯特陷落洼地。洼地内发育有数不清的溶洞、暗河、漏斗、落水洞。

以上为远古人类编创各种美丽而动人的神话故事提供了广阔的舞台空间。

灰岩地貌极易漏水，土层浅薄，原始森林一经砍伐，便不可恢复。所以在伏羲时代，昆仑丘已成无树林覆盖、一望无际的五花草甸景观。故春秋之前便有先人取其名曰"昆仑悬圃"，《竹书纪年·穆天子传》记载"舂山之泽，清水出泉，温和无风，飞鸟百兽之所饮食，先王所谓县圃"，其意皆言昆仑丘是一座空中花园。又因无树木遮挡，所以昆仑丘本身的神龙形态及其周边各式各样的美丽景色一览无余。

以上之环境是八千年前远古先民在昆仑丘开创中华文明，缔造中华民族，开创独具特色的中华文化的重要基础。可以说，没有这些古天象、古地理、古生态环境，就不可能开创出独特而伟大的中华文化。同样，今天的人们也只有把思想回归远古时代，认识这些古天象、古地理、古生态环境，并将其与人类文化建立有机联系，才能发现、认证伟大的中华文化。

以上研究为证实古之昆仑丘即今之析城山打下了重要基础，下章就昆仑丘与析城山的历史渊源展开讨论。

昆仑丘
——
析城山

叁

　　昆仑丘（今析城山）于远古时代已名震
寰宇，乃天下第一神山、圣山，开创的中华
文明远早于、有别于其他文明。为便于叙述，
以下分别从昆仑丘地望、文望展开讨论。

　　地望，地理方位，兼指地形地貌、生态
环境；文望，流行当世，流传后世的文化声望。
昆仑地望、文望，指昆仑丘的地理位置、文
化声望和昆仑文化的历史地位与世界性影响。

一、昆仑地望

　　清代魏源《圣武记》谓："准其地望，
皆与古书相合。"以昆仑为例，此意谓：假
若所指某山的地理位置、地形地貌与生态环
境三者皆与古书中所记昆仑丘相符相合，则
此山准是昆仑丘。

　　那么昆仑丘到底在哪？文献记载中有诸
多不同的说法：

　　（1）西北说："海内昆仑之虚，在西北，
帝之下都。"（《山海经·海内西经》）

　　（2）东南说："昆仑虚在其东，虚四方。
一曰在反舌东，为虚四方。"（《海内南经》）
毕沅注云："此东海方丈山也。"

　　（3）海外说："禹杀相柳，其血腥，不可
以种五谷，乃以为众帝之台，在昆仑之北。"（《海
外北经》）郭璞注云："此昆仑山在海外者。"

　　（4）祁连山为昆仑山。《后汉书·郡国
志》："临羌有昆仑山。"《括地志》："昆
仑山在肃州酒泉南八十里。"

　　（5）《方舆纪要》卷一百一十《广西·南
宁府·昆仑山》载，今广西南宁东北境在唐
代"有山名昆仑"

　　（6）《大明一统志》卷三十五《山·登州府》
载，登州也有大、小昆仑山："大昆仑山，
在州东南四十里，其连者为小昆仑。"

（7）滇西中缅边界的高黎贡山亦名"昆仑隅"。

（8）东海方丈山《水经注》河水条云："东海方丈亦有昆仑之称。"

（9）近代以来，对于昆仑地理位置的推论，更是众说纷纭，如《释氏西域记》以阿耨达山为昆仑（唐时称呼昆仑谓阿耨达山），丁山以须弥山为昆仑；有的附会《穆天子传》，如顾实谓昆仑在波斯，丁谦、刘师培说昆仑在迦勒底；有据《禹贡》以定昆仑者，如洪亮吉定为天山，张穆定为冈底斯山；有的则以昆仑地理地望与某山相验证或从神话人物特征等对昆仑地理位置加以确定，如何幼琦和何新先生根据记载中昆仑山环以赤水、弱水、流沙等特征将其定为泰山；根据昆仑山西王母神话，李文实先生将其定在青海境内；毕沅认为："《尔雅·释丘》云：'三成为昆仑丘'。是昆仑者，高山皆得名也。"袁珂先生也同意毕沅的看法；而茅盾先生则由于古史资料中有关昆仑山既是帝之天堂，又为魔之冥狱这一相互"抵牾"的记载，认为昆仑山神话为后人所"伪造"。

以上第（9）转引自汤惠生《山岳与象征·神话中之昆仑山考述——昆仑山神话与萨满教宇宙观》。

由是，苏雪林《昆仑之谜·引言》曰："中国古代历史与地理，本皆朦胧混杂，如隐一团迷雾之中。昆仑者，亦此迷雾中事物之一者。而昆仑问题，比之其他，尤不易董理。"[1]顾

实曰："古来言昆仑者，纷如聚讼。"[2]

造成以上"昆仑之谜""不易董理""纷如聚讼"的主要原因，似乎出于昆仑文化的过早失落和后世对昆仑本义的误读误解。为此，凡寻找昆仑丘者，首先必须正本清源，从准确解读昆仑本义始。

（一）解读昆仑本义确认昆仑位在中原

从"昆""仑""丘"等古文字解析知，本义昆仑（hún lún），指盘古开天辟地前与开天辟地后的天地"从'昆'沌未分到'仑'理有序"的创世过程。此明显为中原地域原始文化，而非北方游牧部落"喀喇"之转音，非满族人"天"（库仑 kù lún）之音译，也非古巴比伦"大地唯一之山""世界之山"（khursagkurkura）的翻版。（引自《山岳与象征》文集）

恰恰相反，上述"喀喇"也好，"库仑"也罢，还是所谓"世界山"等，实则都是昆仑（kūn lún）山的转音。表明上述各种文化是在远晚于本义昆仑（hún lún）文化五千多年的西汉以后才由中原转移至他地。因此寻找昆仑（hún lún）丘没有必要到中原以外甚或到中国以外的地方按昆仑（kūn lún）山的思路去"对音入座"，也不应历史颠倒地按后世论义、演义了的文义去"对义入座"地搜寻原始社会的文化。那是不可能找到的。那么昆仑丘在中原何处呢？

---

[1]引自苏雪林著《苏雪林文集》，安徽文艺出版社，1996年版。

[2]引自游琪等著《山岳与象征》，商务印书馆，2004年版。

（二）解读"中邦之居在昆仑东南"确认昆仑丘位在洛邑西北王屋山区析城山

原始先民普遍存在崇天崇山观念，认为独流入海大河之源傍天帝最近，是交通天地的天梯。故昆仑丘必为古四渎中某渎之源，是古人心目中的天梯，否则不会选择昆仑丘作为王都。然古四渎中既发源于中原又独流入海的有淮水和济水两条，昆仑丘到底位于哪条河的河源呢？这可从古籍文献中找到答案。

战国列御寇《列子·周穆王》在叙述周穆王游历昆仑之丘并会见西王母的故事中曾记："已饮而行，遂宿于昆仑之阿，赤水之阳。别日升于昆仑之丘，以观黄帝之宫，而封之以诒后世。遂宾于西王母，觞于瑶池之上……"

西汉刘安《淮南子·览冥训》记："今夫赤螭、青虬之游冀州也……凤凰之翔至德也……翱翔四海之外，过昆仑之疏圃，饮砥柱之湍濑，遭回蒙汜之渚，尚佯冀州之际……"

解读《周穆王》《览冥训》可明确以下几点：

其一，昆仑位在中原冀州，位在黄河三门峡砥柱山和解州盐池不远处。"砥柱"，当为三门峡黄河中流砥柱山。"蒙汜"，当为解州盐池，因蒙汜位"天中地中"昆仑丘西，故常比为日落处。《楚辞·天问》："出自汤谷，次于蒙汜。"是证。"冀州"，《尔雅·释地》谓："东西两河间曰冀州。"《周礼·职方》谓："河内曰冀州"。"河内"，战国时俗称今风陵渡至郑州段黄河（其时称"河水"）以北，东西两河间为"河内"。"东西两河间"，战国时称晋陕之间黄河为"西河"；郑州至出海口段黄河，因其时该段黄河行走于今西南、东北向的卫河，故俗称其为"东河"（图3.01）。

其二，古代五行说或"五方色"以赤为南方（夏）之色，玄为北方（冬）之色，青为东方（春）之色，白为西方（秋）之色，黄为中央之色。中央，即天中地中昆仑丘（帝轩辕居中央，故称黄帝）。《山海经》中之洋水谓之大川，弱水谓小溪，黑水谓北方之水，上引文中之赤水谓南方之水（取自《中华大词典》）。黄河，西汉后之称谓，三代乃至秦时称河水（有学者认为西晋时尚称河水，南北朝时方改称黄河。）史界据《禹贡》《左传》，习惯将"河水"之名上溯至禹时。古时山南水北谓之阳，故《庄子》谓："黄帝游赤水之北，登乎昆仑之丘而南望。"由此断定昆仑位在黄河（赤水）北岸不远处的中原冀州古济水之源。

其三，上引文中所谓"黄帝之宫"，因其时尚无后世之宫室，故所谓"宫"，本指黄帝当年居住的山丘洞龛，或指黄帝之墓。据"黄帝居轩辕之丘"说，黄帝之宫当在轩辕台。轩辕台，位昆仑丘南端（详见第十一章"神圣昆仑之三　黄帝故里　黄帝墓地"）。台南侧为万丈深渊，登临轩辕台可极目全天下，故《庄子》谓黄帝"登乎昆仑之丘而南望"。此明确轩辕台是昆仑丘的一部分。

归纳上述可知，昆仑丘当位于距砥柱、蒙汜不远的黄河以北冀州地界济水之源（参见图 3.01）。

其四，《说文解字·丘》谓："中邦之居在昆仑东南。"中邦，周朝时专指王都洛邑。《尚书·召诰》谓："王来绍上帝，自服于土中。注：洛为天地之中。"这是说洛阳位在昆仑东南，居天地正中。反之则谓昆仑位在洛阳西北（参见图 3.01）。

于是，顺着以上古籍文献所示方位，便可确证昆仑丘位于洛阳西北，黄河北岸，古济水之源的王屋山区包括圣王坪、崤山、轩辕台在内的今析城山。

（三）解读典籍记载确认今之析城山即古之昆仑丘

按《圣武记》"准其地望，皆与古书相合"的史地观，如果洛阳西北黄河北岸济水之源

王屋山区某座山体的地貌形态与古书所记昆仑丘皆相合，则此山便是昆仑丘。《中国文化大学中文学报》第十五期《先秦昆仑地望考》一文中据地形图、卫星遥感图像并经实地考察，证明今之王屋山区"析城山"便是古之"昆仑（hún lún）丘"并非称"昆仑（kūn lún）"。以下以《楚辞·天问》等古籍文献为典籍，解读昆仑丘与析城山之"相合"处。

其一，比对析城山与昆仑丘之地形地貌。

（战国）屈原《楚辞·天问》曰："昆仑悬圃，其尻安在？增城九重，其高几里？四方之门，其谁从焉？西北辟启，何气通焉？"

（战国）列御寇《列子·周穆王》曰："天子升于昆仑之丘……先王所谓悬圃。"

《尔雅·释丘》谓："三成（三层）为

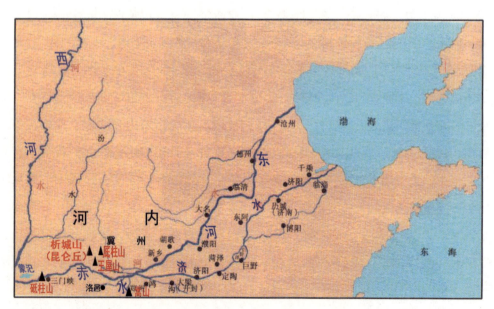

《禹贡》："厎柱、析城至于王屋。"毛佩琦注释：厎柱，即三门山，位于今天的河南。
《史记》："砥柱、析城至于王屋。"《辞海》：厎柱，即"砥柱山"。

图 3.01　先秦昆仑（hún lún）地望

昆仑丘"。

《山海经·海内西经》云："昆仑之虚，方八百里，高万仞。上有木禾，长五寻，大五围。面有九井，以玉为栏。面有九门，门有开明兽镇之。"

（汉）司马迁《史记·律书》谓："不周风居西北，主杀生。"

（汉）刘安《淮南子·地形训》曰："昆仑之丘，或上倍之，是谓悬圃。""掘昆仑虚以下地，中有增城九重。""北门开以内（纳）不周之风"。

（汉）东方朔《神异经·中荒经》谓："昆仑之山（丘）……围三千里，周圆如削。"

以上诸多古籍文献，从不同角度共同描述了昆仑丘之"悬""圃""四门（九门）""增（层）城""木禾""九井""开明兽""五城十二楼""不周山"等多种地貌形态。

1. 据考察，为纪念伏羲等圣王在此开创中华文明，析城山北部便称圣王坪（有巢时称"宛丘"）。圣王坪系周圆如削，相对高差达400~800米，顶部系8.6平方千米准四方形岩溶洼地，土层平均厚度仅20厘米，系典型的暖温带亚高山草甸景观。如今，雨水多的年份，5月中至9月中草甸繁花似锦，平均每平方米花株达120株（图3.02）。远古暖湿时期，昆仑悬圃的花卉更加艳丽，年花期长达9个月。此即所谓"昆仑悬圃"之由来。

2. 描述析城山有"四方之门"者，主要集中在原住民自古以来的口传和国测大比例尺地形图之上。自古至今，山西阳城人和河南济源人始终称呼析城山圣王坪南北东西四缺口为南门、北门、东门、西门。除四门之外，析城山顶另有五条下山通路，与四门合称"九门"，与《山海经》所记相符，此即"昆仑四门""昆仑九门"说（图3.03）。

a　昆仑"悬"

b　昆仑"圃"

图3.02　昆仑悬圃（空中花园）

3. "增城"，昆仑丘多层城楼。诸多典籍对析城山地貌形态描述皆如此。如《辞海·析城山》记："以山峰四面如城，高大险峻得名。"《山西通志》[1]谓析城山"山峰四面如城，高大险峻，迥出诸山，幅圆四十里"。《太行山猕猴自然保护区科学考察集》[2]谓析城山"各个山体互相紧密连接，远眺其峰峦有峰如利剑，有峰如城堡，高低起伏，层层叠叠"。《阳城县志》[3]谓析城山"山峰四面如城"（图3.04）。皆言析城山

[1]（清）觉罗石麟等撰《山西通志》，中华书局，1996年版。
[2] 宋朝枢主编《太行山猕猴自然保护区科学考察集》，中国林业出版社，1996年版。
[3]（清）项龙章修，（清）田六善纂《阳城县志》，全国图书馆文献缩微复制中心，2005年版。

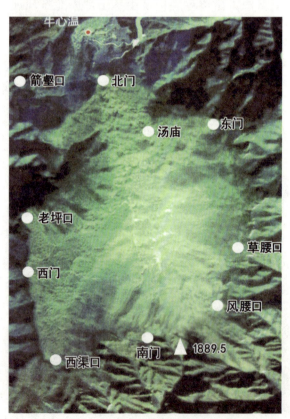

（据原住民口传并经析城山旅游有限公司验证）

图3.03　昆仑九门

四面如城，又如《山西省地图集·普通地图·沁水·阳城幅》和《国测1：5万地形图》以及《Google Earth·析城山》显示析城山系周圆如削、顶面平坦的亚高山草甸景观。此即所谓"城"之描述，可又为何称为"增（层）城"？

《水经注》载："三成（层）为昆仑丘。《昆仑说》曰："昆仑之山三级：下曰樊桐，一名板桐；二曰玄圃，一名阆风；上曰层城，一名天庭，是为太帝之居。"

"昆仑三层"即指析城山内部岩溶地貌"樊桐（板桐）"、析城山圣王坪"玄圃（阆风）"和析城山圣王坪最高峰"层城（天庭）"。又因析城山西侧石楼山（盘亭列嶂）似多层城楼状，故古时亦称增城，此乃昆仑增城之由来（图3.05）。

4. "上有木禾"。析城山周边皆林木，析城乔木是阳城古八景之一。据析城山附近牛心温村84岁老人张兴哲回忆，在坪上"娘娘池"（龙池、雷池）东侧，曾有一棵枯死的古树，树洞中可容四五个成年人围坐玩耍，后毁于山火。直到二十世纪六七十年代，仍可见古树遗迹。

5. "面有九井，以玉为栏"。析城山属喀斯特陷落洼地，有无数的天坑、漏斗，古称井。玉与石同，故称玉栏。

6. 圣王坪系四方高中央低似城堡状的洼地。洼地内部五座浅丘与洼地边沿十二座低丘，共同组成"昆仑五城十二楼"[4]。也有古籍称"昆仑五城十二楼"系指昆仑西侧的"盘亭列嶂"（古称"石楼山""西龙须"）。总之皆指昆仑丘（图3.06）。

[4] 引自（唐）司马贞注《史记索隐》，天津古籍出版社，2009年版。

a　东城墙 　　　　　　　　　b　西城墙

c　南城墙 　　　　　　　　　d　北城墙

图 3.04　析城山"山峰四面如城"

图 3.05　增城九重

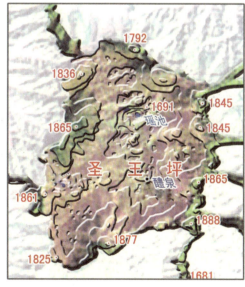

图 3.06　昆仑五城十二楼

（由济源市邵州文化教育研究会翟明东发现并供稿）

图 3.07　共工头触不周山

7. 析城山南端轩辕西台西北方向 14 千米处，海拔 1 950 米今称"斗顶"的山体，即古之"不周山"。不周山，原名"天柱峰"，是传说支撑苍天的西北天柱。《淮南子·天文训》载："昔者共工与颛顼争为帝，怒而触不周之山，天柱折，地维绝。天倾西北，故日月星辰移焉；地不满东南，故水潦尘埃归焉。"天柱峰折断后山不周整，于是便更名不周山。因当地"头"与"斗"之古音古义相同[阳城人称头枕为"头（dǒu）枕"]，"共工头顶不周山"即"共工斗顶不周山"。

其实，《淮南子·天文训》中的这一故事乃系由远古先民以"不周山"或"斗顶"之地理方位及地貌形态为原型所编创：例一，不周山位于昆仑丘南端古称轩辕台的西偏北方向，故当年周穆王慕名黄帝便"登乎昆仑之丘（轩辕台）而南望""观黄帝之宫（墓），而封之以诒后世"。并"观日之所入"时，所见之日月星辰确乎皆落入此山。例二，"共工头顶不周山"时，其双腿必用力后蹬，双臂必用力后撑，前方"天柱峰"必呈悬崖倒塌状（此由济源市邵州文化教育研究会翟明东发现）。今人于南侧北望斗顶之形态，无不与古书所记之不周山相符（图 3.07）。

其二，解析"昆""仑""丘"之象形文字。

包括"昆""仑""丘"在内的许多象形文字，创字之初所依据的"形"皆与析城山的地貌形态，与析城山一带的古天象，与析城山一带的原始生态环境，与析城山一带的原始人居环境完全一致，亦证明析城山就是当年的昆仑丘。（参见第十七章"首批象形文字的创生"）

其三，解读昆仑丘之历史典故。

（汉）司马迁《史记·大宛列传》太史公曰："《禹本纪》言：'河出昆仑。昆仑其高二千五百余里，日月所相避隐为光明也。

其上有醴泉、瑶池。'"

（战国）列御寇《列子·周穆王》记："别日升于昆仑之丘，以观黄帝之宫，而封之以诒后世。遂宾于西王母，觞于瑶池之上。西王母为王谣，王和之，其辞哀焉。乃观日之所入，一日行万里。"

（战国）《竹书纪年·穆天子传》载："天子升于昆仑之丘，以观黄帝之宫，而丰隆之葬，以诏后世。……天子觞西王母于瑶池之上，西王母为天子谣。"

据分析，藏疆青间的昆仑山高四千五百多米，空气稀薄，别说周穆王不可能在此作客，就是现代人也不会到此设宴待宾。所以史家便猜测此瑶池即今天山博格达峰之天池，或猜测瑶池在中亚一带。其实此等仅属臆猜，因为周穆王当年西征犬戎时仅由洛邑渡河北上经北戎西转达于泾渭流域。他一生从未到过天山，甚至连河西走廊亦未到过。所谓穆王西行会西王母事，只不过是战国魏襄王（前318—前296年在位）时，有一熟悉西域地理风物的道家人士根据穆王西征犬戎途经昆仑丘听闻"西王母（羲王母）"传说所编的故事体文学作品，主旨系借穆王宾于西王母故事以宣扬各民族和合，天下共荣。周穆王登昆仑丘相会西（羲）王母故事，阳城县志和民间传说多有记载或流传。阳城县的许多古今地名如"驾岭""暖汕""迴龙""膏车"等亦真实地记录了周穆王当年登昆仑瑶池瞻仰西（羲）王母圣地、登昆仑轩辕台祭奠黄帝、同"西王母"看日落这一段历史事件。（有关瑶池、西王母、轩辕台等，详见第八章"神异昆仑之五　中华创世神话原创地"、第十一章"神圣昆仑之三　黄帝故里　黄帝墓地"）

以上所有证据都证明纵跨山西阳城、河南济源的王屋山区析城山就是中华文明发祥地昆仑丘。

"准其地望皆与古书相合"是考证历史的有效方法，切莫不做深入考察、无理无据便浑下结论。所谓"北方草原昆仑""西亚昆仑""天山昆仑""泰山昆仑""冈底斯山昆仑""青海昆仑""东海昆仑"或"天下高山皆得名昆仑"等，其实只是因为昆仑地望与昆仑文望的长久失落以及古时缺少高科技考古手段而造成的对昆仑文义的误读误解。由此也可见，所谓"准其地望"，不但要求其地理位置、地形地貌、生态环境等外表特征皆"与古书相合"，而且要求其曾经流行当世、流传后世的文义、文望也"与古书相合"。如此方能从根本上确证其"地望准矣"！

另外，正如前文所述，不应该只注重龙的外表形态"像"或"不像"，却不分析龙图腾的文化内涵便浑说这是龙，那是龙。同理，也不应该只注重昆仑地望而忽视昆仑文望。没有文化历史内涵的昆仑丘只能是一座普普通通的山头，不可能流传千秋万代。

认证今之析城山即古之昆仑丘仅是认识、恢复历史的第一步，深入解读昆仑文望才是认识、恢复历史的根本，也是最难且最有意义的一步。是的，文望比地望更加重要！为此以下再探讨昆仑文望。

二、昆仑文望

因昆仑文化的过早失落，故几千年来"昆"字的发音、义理、字形皆已讹变。

据《康熙字典·昆》《中华大词典·昆》和《辞海·昆》，"昆"有四音多义：昆（kūn），昆（hún），昆（hùn），昆（gùn）。（详见第十七章"首批象形文字的创生"）

据象形文字，昆仑（hún lún）当解读为"天地由混沌未分到天地剖分、伦理有序"。昆仑丘，是伏羲（盘古、元始天尊的人物原型）"剖分天地、析理万物"的场所；并谓天地在此开辟，时间从今开始，万物于此创生。

古书载，伏羲造琴瑟。琴瑟、笛箫是象形文字"龠""龢""龠""和"等字的创字原型。远古时又传昆仑丘是神、人通天达地的天梯，是盘古开天辟地后支撑天中央的中央天柱，人们顺"丨"（棍，天柱）可"若囱（管通）而上行，若棍（柱通）而下退"（《汉字源流字典·"丨"》）。可见，伏羲创造琴瑟、笛箫之时之地，盘古开天之天柱昆仑丘即是"昆仑"二字的创生地。（详见第十七章"首批象形文字的创生"）

以上就是昆仑之原始本义。

不过，以上单纯从解读象形文字便断定"昆仑"是盘古开天辟地之义，似有牵强。前文说过，文望本原于地望，昆仑文化本原于昆仑地望，那么昆仑丘存在编创盘古开天辟地神话故事的天象地象吗？当然存在！请看：

盘古开天辟地神话故事，记载于三国徐整《三五历纪》："天地浑沌如鸡子，盘古生其中，一万八千岁。天地开辟，阳清为天，阴浊为地。"故事谓天地因盘古长大撑破了蛋壳而开辟。既然是被撑破的蛋壳，那么其一，上蛋壳上升应呈穹庐状，下蛋壳下沉应呈浅碟状；其二，上下蛋壳相接处不可能整齐划一，而应呈现犬牙状；其三，上下蛋壳必呈千疮百孔状。

那好，让我们仰观俯察昆仑圣王坪的天与地：天空呈穹庐状，夜空有似千疮百孔的满天星斗，常有降雨，陨石掉落；圣王坪呈四周高中央低的浅碟状，圣王坪周沿一连串浅丘呈高低起伏、参差不齐的犬牙状，圣王坪系喀斯特陷落洼地，坪底千疮百孔，有千百万个岩溶漏斗和数不清的落水洞。这些"与古书相合"的地望无疑证明昆仑圣王坪就是当年编创盘古开天辟地故事的原型。

盘古开天辟地神话故事，其实是那时的人们或后世的道家文人以神话的形式对伏羲在昆仑丘开创的伟大功绩所给予的最高褒奖。伏羲是"盘古神"的原型人物，盘古是伏羲之第一次化神。

综上，昆仑之文义就是开天辟地，昆仑圣王坪就是编创开天辟地神话故事的原创地。另外，在几千年的古书之中，昆仑，又称昆仑丘，又称昆仑虚，但绝不称昆仑山。昆仑山，是汉武帝给新疆和田南山取起之名，与昆仑丘不相关。当今学界据南方少数民族流传之盘古、盘瓠神话便展开"盘古在南，女娲在北"之争，似无意义。还是把精力集中于正本清源。（关于此议题，详见第八章"神异昆仑之五　中华创世神话原创地"。）

"昆仑"并非此地唯一地名，除昆仑丘、昆仑虚外，几千年来历代文人从不同视角

还取了几十个名称，每一个名称都有一段美丽神奇的故事。正是这些名称和故事构成了昆仑丘天地般大的文义、文望。以下兹一一道来：

1. 有巢、燧人时代并无昆仑其名。《遁甲开山图》曰："石楼山在琅琊，昔有巢氏治此山南。"文中"石楼山"，即楼形石山（非隋制山西石楼县东南"石楼山"），位昆仑丘西。至今阳城横河原住民仍称其西边楼形山体为石楼山，实即系后人所称之"列笋天涯"和"盘亭列嶂"（图3.08）。

图3.08　《遁甲开山图》"石楼山在琅琊，昔有巢氏治此山南"之石楼山

2. "琅琊"，原称狼牙，犹狼牙状山体，后在昆仑一带发现玉石，遂雅称其谓琅琊。实为石楼山之别称。

3. 又因其地貌形态呈四方高中央低的宛屈状，故文名曰"宛丘"。丘，《汉字源流字典》记"四方高中央下曰丘"。宛，系"宀""夗"合体，一会"四方高中央下"，二会"宫室（地下溶洞）迴宛屈曲"。宛丘，即今析城山圣王坪。

4. 盘古（伏羲）开天辟地后增名"昆仑""昆仑丘"。因丘内空虚，丘顶空旷，又称"昆仑虚"（《山海经》）。发明石刀、石斧并能砍木、析木后，又扩名"析津山"（《辞海》），义为"析分天地""天地津渡"，谓神人由此上下天地。因历代帝王在此祭天祈祷，故又称"祈津山"（《阳城县志》）；因其形似析离之城墙城垛，故又称"析城山"。此名沿用至今。

5. 因山形似上天北斗星座，又取其名曰"北斗坪"[1]。南宋元好问《游天坛杂咏》"拟著茅斋北斗平""北斗平联北斗星，自是天关通地轴"是证。

6. 因有巢氏、燧人氏、伏羲等百余代圣王立都并归藏于昆仑丘，故称昆仑丘北部谓"圣王坪"，此名沿用至今。"圣王坪"并非名起后世的"商汤圣王"。

7. 因山形似龙，龙首之睛乃一泓水池，故又称"龙山""龙首山""龙池山"。西

（明）程大约《程氏墨　昆仑天柱》

图 3.09　昆仑天柱

侧龙须称"西龙须"。龙山四周乃闻名天下的悬崖，故又称其为支撑天中央的"昆仑天柱""中柱"（图 3.09）。

8. 其崖称"龙崖"，其池称"龙池"。古时谓顺天柱能上下天地，故又称"昆仑天梯"[2]。

9. 因昆仑丘周圆如削，似高悬于空中，丘之巅为万亩天然大花园，故又美称其谓"悬圃"（参见图 3.02）（《楚辞·天问》："昆仑悬圃"），即空中花园。悬圃位于昆仑北，因五行家谓北主玄色，故汉代时又称其谓"玄圃""玄都"（《东京赋》："左瞰旸谷，右睨玄圃"）。

[1] 引自政协济源市委员会编《济源历史文化精编》，2005 年版。

[2] 引自（宋）李昉等撰《太平御览》，中华书局，1960 年版。

10. 因远古时，"华""花"同字、同音、同义、同源，且该字原创于昆仑虚，故又取名曰"华虚"，其部落名则谓"华虚部落"（三代时讹为"华胥州"或"华胥国"）（《列子·黄帝》）。

11. 因昆仑丘形同四方地域，且位处天地正中，后又成为新建部落联盟的中心，据此便创生了象形文字"中"字；"中"与"华"相联缀便称"中华"，意谓天地正中大花园。此即中华之本原本义。

12. 因昆仑圣王坪，上空旷博大，下千孔百疮，雨后坪底汰渐如洗，且古时"太"与"汰"同字同义，这是其一；其二，远古帝王包括伏羲年复一年地在天地正中以白米、新禾祈祷告白天帝，由此造字"皞"。"太"与"皞"相联缀便称"太皞"，意谓在圣洁的天中地中虔诚祭告天帝赐福天下万民。此即太皞部落之本原本义。"太皞"便成为在"华虚部落"基础上新建的"太皞部落联盟"。其大名则称"中华"，此名沿用至今。

13. 伏羲时代昆仑人已知其西不太远处的（运城）盐池有盐卤，于是遣人马用藤篓背驼盐卤往返于盐池与天宫圣王坪间，并习惯将盐卤放置于东门内某一"陈地"（老地方），于是昆仑丘又俗称"陈"。西周初年，武王封舜后裔妫满于淮阳并建封国名"陈国"，即本于此（《史记·周本纪》）。

14. 因昆仑丘中南部地貌形态呈两侧锐而高顶平的峤状山脊，故称其中南部谓"峤山"（《淮南子》）。（见第十一章图11.11）

15. 因四方高中央低的宛丘好似高悬于山之巅，故又称"峤岳""岳山"。岳者，犹（昆仑）丘在山之巅也。

16. 自从有了玉制品，因玉珍贵，故包括地名、星名、人名在内多以玉名之。例如，以璇、玑、玉衡等美玉命名北斗星座中的几颗星，因为昆仑丘形似北斗星座，所以尧舜

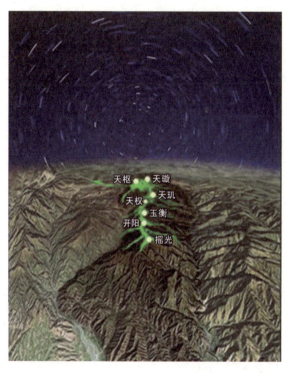

《尚书·舜典》："正月上日，受终于文祖。在璇玑玉衡，以齐七政。肆类于上帝，禋于六宗，望于山川，遍于群神。"璇、玑、玉衡，乃北斗七星中三颗星名，古时遂统称北斗谓"璇玑玉衡"。因昆仑丘形同北斗星，故文人又引申并雅称昆仑丘谓"璇玑玉衡"。

汉代孔安国、郑玄未做考证便把"璇玑玉衡"错解为测天仪器，把"在"字错解为"考察"，这是后世误解《尚书·舜典》的主因。

图3.10　昆仑丘雅称"璇玑玉衡"

后道界文人又以"璇玑玉衡"雅称昆仑丘(《尚书·舜典》《史记·五帝本纪》:"正月上日,受终于文祖,在璇玑玉衡,以齐七政。肆类于上帝,禋于六宗,望于山川,遍于群神")(图3.10)。

17.因璇玑玉衡皆美玉,故又简称昆仑丘谓"玉山"(《山海经》)、玉虚、玉京。

18.昆仑丘位于天中地中,是天帝下都,是百神之所在(《山海经》),是天上的都市"天墉城"[1]或简称"庸"[2],故道界认为昆仑是天宫仙宫,称"瑶台"(中央有池称"瑶池")、"琼宫"[3]、"琼林台"(《支遁集》:"阆阆天扇琼林,玉响天管于箫管")、"璇台"(《文选·王元长曲水诗序》注引《易·归藏》曰:"昔者夏后启筮享神于晋之墟,作为璇台,于水之阳")。

19.从山形似多层城楼,故西龙须亦名"增城"(《天问》)。因城楼似美玉,故又呼其曰"珠树""琅玕"(《山海经·海内经》)。

20.从其是天帝下都,是天宫、仙宫,且多迴屋宫室,又仙称其谓"天室"。昆仑是万山之宗,曾是近四千年百余代帝王的王都,又是京都洛邑之宗,故尊称其谓"京宗"(《逸周书》[4]、何尊铭文[5])。

21.从昆仑圣王坪和石楼山(盘亭列嶂)

"象垒土为高丘在其上筑亭屋形",又尊称其谓"京室";因其又是"玉山"又是"京室"又是"玄都",故道教又称其为"玄都玉京山"[6]。

22.因羲王之母久居昆仑之丘,而昆仑丘位于颛顼"绝地天通"后的祭天道场天台山(五代初名天坛山)西北,故神话中又称昆仑为"王母山"或"西王母山"(《山海经》)。

23.因昆仑丘西南为紫红色砂岩,色泽红如炎火,故又称炎火之山(《搜神记》),又称赤陂红波(《拾遗记》)。

24.从公元前八千年至前四千余年曾有百余代古帝王归藏于北起圣王坪经峤山南至轩辕台,留下百余代帝冢,故昆仑丘又称"冢山"(《山海经》)。

25.因伏羲在昆仑丘观象测天、授时推历,从此天下人懂得时间历法。故又称昆仑谓"钟山"(《山海经》)。

26.古时帝王曰圣,圣逝曰神。百余代古帝王逝葬于昆仑丘,故昆仑为百神之所在(《山海经》)。由此道家称昆仑丘是神仙之所在。道教谓神仙所在之处曰"大罗天"。大罗天,三十六重天之最高一重天。故昆仑中南段峤山又仙称"大罗岭"。此名沿用至今,后俚称"待落岭"。

27.大罗岭南端有一高台呈前仰高后舒缓的轩辕形,故称此台谓"轩辕台"(《山海经》),乃黄帝冢、炎帝冢之所在。因轩辕台乃始祖炎黄之墓地,故当地自古以来又称该山谓"始

[1]引自(汉)东方朔撰《海内十洲记》,台湾商务印书馆,1983年版。
[2]引自(南朝梁)沈约等撰《宋书》,中国华侨出版社,1999年版。
[3]引自(汉)张衡撰《思玄赋》,南京大学出版社,2005年版。
[4]《逸周书》,齐鲁书社,2010年版。
[5]何尊铭文,1963年陕西省宝鸡市出土。

[6]引自(五代)杜光庭撰《洞天福地岳渎名山记》,江苏古籍出版社,2000年版。

祖山"。

28.昆仑丘从圣王坪、峤山直至轩辕台，海拔均在一千七百米上下，至轩辕台南，突降至三百三十米。故轩辕台又称"穷山"（图3.11）（《山海经》），意为山岳到此便穷尽。

几千年来，文人尤其是道家人士给昆仑丘取了四十多个名字，把昆仑文化提升到登峰造极之高度。

这些美丽动人又很贴切的名字证实了曾经在远古时期昆仑丘发生过许许多多感天动地、惊天动地的历史事件。本书在后文当一一揭晓这些文明史诗。

归纳以上诸多名称，大致可分为以下几类：神异天象地象类；开天创世类；祭天祈告类；王都帝墓类；天宫仙境类；天地感应类。

昆仑丘名称之变化反映出人类对天地自然、社会文化的认知从客观感知到主观认识的变化过程：由客观存在的奇异天象地象而进入主观的开天辟地，祭天祈天，建立王都帝墓，进而引申出圣、神、仙及其天宫仙境，最后引申出天人感应、星象分野、堪舆风水。此过程不可能反其道而为之。而这一切的根柢则本原于对客观存在的天中地中、天龙地龙的主观认识。

以上便是高度概括了的昆仑文望。今天的人们假如不熟悉这些昆仑名称的演变过程，不熟悉这些名称的文义，则很难解读类似《山海经》中的历史故事，也很难解开中华民族的远古历史。

三、本义昆仑及昆仑地望的失落

昆，除读 hún 外，还读 kūn，义为同也，后也，兄也，明也，群也，山也。如昆仲、昆虫、昆仑山等。其中的昆仑（kūn lún）山与昆仑（hún lún）丘长久以来相混相误。事出西汉武帝时。

张骞第二次出使西域归国，向汉武帝述职时叙说，在黄河源头于阗南面有一大山，

《山海经》："轩辕之国在此穷山之际，其不寿者八百岁。人面蛇身，尾交首上。穷山在其北，不敢西射，畏轩辕之丘。在轩辕国北。"

昆仑丘海拔一千七百米以上，至轩辕台南突降至海拔三百三十米。故轩辕台又称"穷山"，意为山丘到此终止。

图3.11　轩辕之国在穷山之际

当地呼其曰南山，山多玉石，武帝查看御图后便取其名曰昆仑（kūn lún）。此事记于司马迁《史记·大宛列传》。记曰："汉使穷河源，河源出于窴，其山多玉石，采来，天子案古图书，名河所出山曰昆仑云。"

不过，汉武帝"名河所出山曰昆仑云"，其发音是"kūn lún"还是"hún lún"，因其时无注音符号，故已不可考。但自西汉后，史书多谓"昆仑山"而不唤"昆仑丘"，似可见昆仑文化的失落始于武帝时。

由是，先秦之古史籍皆称昆仑（hún lún），称其山谓昆仑（hún lún）丘或昆仑（hún lún）虚。而西汉后尤其唐宋后，因去古久远，本义昆仑几已失落。明中期王圻《三才图会》以图文形式臆造龙首在昆仑山的中国"三大干龙"说，昆仑文化便彻底失落殆尽。自此人们只知有昆仑（kún lún）山而不知道有昆仑（hún lún）丘。

昆，又读hùn，通"混"，混同。汉扬雄《太玄·昆》："昆于黑，不知白。"此明显是三代中后期"五行说""五方色"之引申义。因悬圃位处昆仑北，阴阳五行家称北方曰玄色，即黑色。故悬圃又称玄圃。由此《太玄经》将"昆"喻为玄、黑。玄、黑，皆混混沌沌，浑浑噩噩，不辨东西南北，不分青红皂白，故引申为"昆于黑，不知白"。但此义明显非昆仑之原始本义。

遗憾的是，直至今日，《辞海》《中华大辞典》《汉语大词典》等重要典籍，虽标注"昆"字读三个音，但释义时仅标"昆仑（kūn lún）山"，而不标"昆仑（hún lún）丘""昆仑（hún lún）虚"。这是导致昆仑（hún lún）文化失落十分重要的现实原因。

实际上，昆仑丘与昆仑文化的失落，除汉武帝和王圻外，还有其自然的和更加久远的历史原因：

距今一万年前，第四纪冰期结束，地球进入转暖期，至八千年前逐渐进入暖湿盛期，昆仑丘成为古人最适宜居住区。昆仑文化、中华文明等正是在此时由文明前夜的有巢氏、燧人氏和文明肇启的伏羲开创。至距今四千六百年前地球渐渐复转冷干期，昆仑丘逐渐不太适宜古人定居。与此同时，中国历史已进入私有制的炎黄时代，发生了"轩辕杀蚩尤两皞""颛顼绝地天通"两大政治性事件。非黄帝部落被驱杀或逃离昆仑丘。直至夏代时地球进入新冰期，这些天灾人祸几乎使昆仑丘变为"无人区"。久年后，昆仑丘便无人知晓，光辉灿烂的昆仑文明、昆仑文化被讹变为神话故事。（详见第二章"远古上古中原古天象、古地理、古生态环境"）

四、昆仑名望

尽管昆仑地望和昆仑文望久已失落，但由伏羲开创的昆仑文化在中华历史上的地位和留给后世的宝贵财富却永远也不曾磨灭。正是这些宝贵的文化财富把中华从蒙蛮推入文明，正是这些宝贵的文化财富指明了中华民族和合发展的明光大道，成为世界上唯一从原始社会延续至今的伟大民族。这些财富最主要体现在如下两方面：开创中华文明和倡导和合大道。

（一）开创中华文明

据考古，一万年前，已有不少氏族部落学会种植庄稼，但因不掌握授时推历而常常贻误农时，人们常因饥饿而死去。这种农业只能称"自在农业"。到八千年前，地处王屋山区宛丘的华虚部落首领伏羲运用天龙绕转天极而发明了"斗纲授时"，后世称这为"八卦"；继而，伏羲又发明了"晨考日出"的六耂和"昼参日景（影）"的晷仪。把授时推历的精准度提到很高。发明授时推历是人类史上的一项伟大的科学大革命。这些授时推历技法一直沿用到七千多年后的元明年间。

伏羲发明的授时推历技法极大地推动了以农业生产为核心的社会生产力大发展。随着人口的快速增长，不久便在氏族血缘式管理基础上建立了跨氏族血缘的，以非血缘社会化管理为基础的部落联盟。部落联盟的建立是人类社会的一项伟大的社会大变革，为日后国家的出现奠定了基础。部落联盟的建立，势必活跃部落之间交往，但言语的不同不通严重影响信息交流，于是各部落间统一的文字系统应时而生。由此，在八千年前的昆仑丘创生了以"中华""昆仑""龙凤""宛丘"等为代表的首批象形文字。文字的发明和应用是人类史上一次伟大的文化大革命。部落联盟的建立和文字的发明，进一步促进了艺术的进步和族外对偶婚与姓氏的规范。人类由血缘氏族式管理进入到社会化管理，必然要发生与之相适应的社会化管理理念的变革。这种管理不再是氏族族长制，而是社会公认的"法"（道）。以"法"为代表的社会化管理理念的出现是人类社会一次伟大的思想大变革。

发生在昆仑丘的上述几次大变革把中华从蒙蛮时期一步步推进到文明成熟的高度。这就是伏羲留给后世的宝贵财富。

（二）倡导和合大道

在推演太极八卦过程中，伏羲发现周天星河年年月月、日日夜夜不论远近、亮暗，一律按各自固有轨道围着北天极旋转，亿万斯年从不怠慢，从不僭越，从不抢争。于是伏羲便将此天道引为人类社会的管理之道。由此推出"正统、伦理，和合、包容"的大道观。后世有学者将这总结谓："日月星辰各行其道，亿万斯年环中不休；天下万类生息有序，大千世界和合共融。"道界名此曰"和合大道"。和合大道，为原始社会的大同天下，为阶级社会的君临天下，提供了理论的和物象的依据。伏羲并亲自践行"近者阅，远者来"的大道理念，建立了世界上第一个（太皞）部落联盟——中华稚身。

历经几千年的奴隶社会、封建社会，中华在分分合合的历史长河之中，始终倡导和坚守以和合大道为宗旨的思想理念，终于成就了"千年未绝者，惟我中华"[1]之伟业。今天，世界潮流汹涌激荡，吾中华信守和合大道，共同发展之宗旨，以和合平天下、交世界。历史将证明和合大道力量之强大。惟和合能凝聚天下。

先前，学界从一个或几个角度一当证明了今之析城山是古之昆仑丘，之后便不再往下深究昆仑丘的文义、史义。这是导致昆仑文化及其发生在昆仑丘的中华远古历史至今不明不白的原因之一。

应该说，今人发现析城山就是昆仑丘，并不等于研究工作已经结束，相反只是研究工作刚刚开始。

以下第四、五、八、九、十、十一、十二、十四、十五、十六、十七、十八、十九、二十三、二十四、二十五、二十六章便是开创于昆仑丘的远古文化与发生在昆仑丘的远古历史。昆仑丘的远古历史也就是中华文明开创史。

---

[1] 引自"中华世纪坛"碑刻。

昆仑丘之所以能成为中华文明发祥地，主要原因是原始先民发现了昆仑丘具有其他独流入海大河之源永远不可能有的神异天地。其中最主要的神异现象有二：一发现昆仑丘位居天中地中；二发现昆仑丘是神龙化身。那么天中地中观念是如何产生的？

一、天中地中观的原始本义

所谓天中地中，本是一种由客观存在的天地自然现象而引生的人类文化观念，这种观念最早产生于八千年前伏羲时代的昆仑丘。梗概如下：

其一，八千年前，北天夜空的"七星"形同一头大一头小的昆仑丘。大的一头仿如昆仑丘北部四方高中央低的圣王坪（有巢、燧人时称宛丘），又酷似人们日常使用的斗；小的一头好似昆仑丘南部锐而高顶平的峤山，

又恰似人们手持的斗柄。于是，那时的人们便称"七星"为北斗星，称昆仑丘为北斗坪（《济源历史文化精编》）。

其二，昆仑丘地处北半球 35° 纬度带附近，八千年前生活在该纬度带及其附近的先民仰观北天星空，可见到以下星象：凡赤纬 55° 以北的恒星围绕天极旋转时，即使位处下中天时亦不落入地平面以下，天文学上称该圈为拱极圈或恒显圈。于是，那时的人们便认为拱极圈以内的天区为天之中央，俗称"天中"，日月星辰、周天星河，似乎都围护着天中。因其时普遍崇信天神的存在，所以便称天中为天帝所居（图 4.01）。

其三，那时的北斗星座恰巧位处拱极圈两侧，即位处天中央之边缘。因昆仑丘形同北斗星座，所以那时的人们认为，既然北斗星座为天中，那么昆仑丘则为天下之中，俗

称"地中""土中"；既然天中是天帝所居，那么天下之中当为帝王（天子）所居。这便是天中地中、天帝天子等观念的出处。

记载北斗、北天极为天中，昆仑丘为天下之中的古籍文献不胜枚举。兹择例录于下：

（春秋）孔丘《论语·为政》："譬如北辰，居其所而众星共之。"

（汉）桓谭《新论》："斗极常在，知为天之中也。"

（战国）公羊高《春秋公羊传》："'北辰为大辰。'注：天下所取正。北辰，北极，天之中也，故谓之大辰。"

（战国）佚名《尔雅·释天》："'北极谓之北辰。'北极，天之中，以正四时。"

（北魏）郦道元《水经注》引《昆仑说》："昆仑……去嵩高五万里，地之中也。"

（晋）张华《博物志·地理略》："昆仑，应于天最居中。"

（汉）东方朔《神异经·中荒经》："昆仑，有铜柱焉，其高入天，所谓天柱也，围三千里，周圆如削。"

（明）杨慎《丹铅总录·地理》引西周《道经》："东岳广乘，南岳长离，西岳丽农，北岳广武，中岳昆仑。"

在天中地中说的影响下，中国从原始社会晚期便产生了天帝天子、天尊地卑等文化

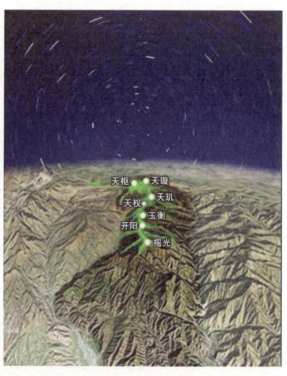

a　昆仑丘位处北纬35°。八千年前北斗星座处于拱极圈（又称恒显圈）两侧。拱极圈内恒星永不落入地平面以下，人们便称拱极圈内天区为天中。天中乃天帝所居。

b　昆仑丘形同北斗星座。古时便称昆仑丘谓北斗坪，又称北斗坪谓地中。地中当帝王所居。

图 4.01　本义"天中地中"

观念，同时也出现了敬天祀天等原始宗教。认为天帝位居天中，故祭祀天帝亦必须在天下中，否则为大不敬。于是昆仑丘中央高台便理所当然地被历代古帝王尊奉为"天地元"。元，犹始，本。帝王唯于天地元祭祀天帝方显至诚至敬，方能祈愿必应。

以上讨论了由天地自然而引申的人类思想文化，讨论了天中地中、天帝天子、敬天祭天等观念的产生过程。近些年，科研人员数十次登临昆仑丘中央的天地元及其周边区域实地考察，发现了许多远古帝王当年在昆仑祭天、昆仑观象测天时遗留下的古遗址、古遗迹。例如：

其一，按原始时期人们的认知，祭天仪式非常隆重，须由帝王于冬至日、子夜时分亲自主祭，祭天道场必须建在昆仑中央高台。古时认为此台是天帝上下天地的天柱、天梯。帝王祭天，必须斋戒沐浴、面北（有谓"面东"）朝圣、奏乐颂赞、烧牲燃禾、升烟以祭。祭天完毕，当场将所有祭品抛投"宰牲池"中。宰牲池通常设于天地元西北向。科研人员于2005年应用大比例尺地形图和高分辨率遥感图像找到了"天地元"及其西北向几十米处的祭天宰牲池，随即奔赴实地验证并记录下"天地元"与"宰牲池"（图4.02）。

其二，帝王祭天时专用的烧牲燃禾，升烟以祭的取火燧石，古时认为是神异神圣之圣物，近四千年间共有百余代远古帝王皆以同一块燧石取火。取火后通常将其放置天地元，以备下次取用。古时的部落民众均虔诚不苟，不会随意挪动祭天取火燧石。

本书著者之一——济源市旅游局李立政于2011年6月在天地元西南侧考察时找到了此块

帝王祭天专用的取火燧石。此燧石色泽灰褐，呈8厘米×12厘米不规则方形，厚约0.8~1.5厘米，表面圆润，明显比民用燧石大。观其打磨度，应已打火千万次以上，且此燧石所放位置在天地元西南侧，故疑是一块极具文物价值的远古帝王祭天专用燧石（图4.03）。有学者认为百余代古帝王不可能用同一块燧石取火，但亦缺乏实证，请国家文物部门进一步考证。

其三，除祭天外，帝王们在天地元还要做一件与祭天同等重要的事——观象测天，授时推历，告民农时。这是帝王能够造福于民、取信于民的根本之道。

按远古人们的认知，须于天地元方能观

a　天地元位居昆仑丘圣王坪中央，是远古时期百余代古帝王祭天之台。

b　石板为颛顼"绝地天通"时被重黎拆除的祭天台遗迹。左上方水池为帝王祭天投掷祭品的宰牲池。

图4.02　天地元与宰牲池

据推理，此石系当年伏羲氏等古帝王昆仑祭天取火燧石。

图4.03　取火燧石

象测天。所谓观象测天，主要包括"晨考日出""昼参日景""夜考极星"三种授时推历技法。据推测，从伏羲时代起到炎黄甚至到尧舜，近四千年间有百余代古帝王都曾在天中地中昆仑丘观象测天，授时推历。同样，后世的汤王祭天祷雨、箕子观天象、周公测景等，也都在昆仑天地元。至今昆仑丘圣王坪仍有许多当年古帝王们观象测天的遗址、遗迹。后文将做专文论证。

二、天中地中观念的历史误解

天中地中观念形成于原始时期的昆仑丘，原是一种由客观存在的天地自然现象而引申出的思想文化观念。但是，西汉武帝、宣帝年间，尤其唐朝中期唐玄宗年间，原本产生于天地自然昆仑丘的"天中地中"却被皇封的、产生于皇权政治的中岳嵩山所取代。"天中地中"之本义亦被讹变为没有文化、历史意义的地理概念。其讹变诱因出自于对"周公测景台"台址的不同或刻意解读。概况如下：

《尚书·召诰》记，召公在洛邑面向成王说："王来绍上帝，自服于土中。"注："洛为天下正中。"在旁周公亦补充说："其作大邑，其自时配皇天。"

西汉司马迁《史记·周本纪》记："成王在丰，使召公复营洛邑，如武王之意。周公复卜申视，卒营筑，居九鼎焉。曰：'此天下之中，四方入贡道里均。'"《史记·周本纪》又记，武王灭商后对周公旦说："定天保，依天室……洛汭延于伊汭……我南望三涂，北望岳鄙，顾詹有河，粤詹雒伊，毋远天室。"

《周礼·地官司徒》记："至日之景，尺有五寸，谓之地中……乃建王国焉。"史界谓这地中指嵩山。

后人对《尚书·召诰》所记有做如下解读者：

《尚书孔氏传》解读《召诰》中召公所说乃谓"（成）王今来居洛邑，继天为治，躬自服行教化于地势正中。"[1]《逸周书·作雒》：周公"将致政，乃作大邑成周于土中"。注："土中，四方的中心地区，古谓洛阳。"又解释周公所说系谓"周建都洛邑，如同'与皇天相比肩，如天地共久长'"。

但是，以上《尚书》《史记》《孔传》《逸周书》等皆未明说"依天室""毋远天室""复卜申视""居九鼎""配皇天"之"天室"在哪里？"复卜"什么？"申视"什么？"九鼎"谓何义？"皇天"谓何义？为何说"洛为天下正中"？……由此，后世就此事便论争无休，"天中地中"亦越争越陷入误区。以致将"日至之景，尺有五寸，谓之地中……乃建王国"

---

[1] 引自（汉）孔安国撰《古本尚书孔氏传残卷》，全国图书馆文献缩微复制中心，2005年版。

这类明系错误的史料也拿来作为证据。

在近两千余年的论争中，最具争议性的三次分别发生在西汉中期，唐朝中期和当代。

（一）皇封中岳嵩山

第一次争议发生在西汉中期对中岳嵩山的不同看法。概况如下：

嵩山，商时称崇山，周时称崧山，又称太室山。著者遍查《山经》《禹贡》《职方》《吕氏春秋·有始》等先秦史籍，皆唯见"九山"而不见"五岳"。表明先秦时除道家有神学意义上的"中岳昆仑"外，其他尚无五岳之说。实际上，五岳之说是一个逐渐趋近共识的过程。

祭祀天下名山大川之事，史家多谓始于秦始皇。《史记·封禅书》记其事曰："秦并天下，令祠官所常奉天、地、名山、大川鬼神可得而序也。于是自崤以东，名山五，大川二：曰太室，恒山、太山、会稽、湘山；水曰济、曰淮……"此为我国历史上首次对名山、大川之梳理，然犹未见所谓"五岳"之说。

汉武帝初年（前140年），有方士申公曰："天下名山八而三在蛮夷，五在中国。中国：华山、首山、太室、太山、东莱。"（《封禅书》）。此五山皆位黄河流域，未顾及大汉疆域。直至元封元年（前110年），汉武帝诏曰："朕用事华山，至于中岳，获驳麃，见夏后启母石。翌日，亲登嵩高。"（《汉书·武帝纪》）此为"中岳嵩高"之初出。其前之元鼎四年（前113年）封"北岳恒山"（河北曲阳常山），其后之元封四年（前107年）封"南岳灊山"（安徽霍山县天柱山），"东岳泰山"早已定制。故可见，五岳有其四，起于汉武帝。

至汉宣帝时，"改元为神爵，制诏太常，……自是五岳、四渎皆有常礼：'东岳'泰山于博；'中岳'太室于嵩高；'南岳'灊山于灊；'西岳'华山于华阴；'北岳'常山于曲阳……"至此五岳悉全。然学者对此多有不认同者，认为五岳不能代表吾中华之疆域。于是《尔雅·释山》有两种五岳说，后世对这有不同解释。据今人考证，五岳制度始于汉武帝；旧传尧舜时即已有之，乃汉代经学家之附会。汉宣帝确定以今河南嵩山为中岳，山东泰山为东岳，陕西华山为西岳，河北恒山（在曲阳西北）为北岳。其后又改今湖南的衡山为南岳，隋以后遂定制。明代始以今山西浑源的恒山为北岳，清代移祀北岳于此。

从五岳的定制过程，可明显看到秦汉以后的皇权政治和地域分配原则是确定五岳与中岳的关键因素，与原始时期的本义天中地中既存在时间上的巨大落差，又存在文化观念上的巨大反差，是两种性质完全不同的概念。

（二）子虚乌有嵩山"周公测景台"

第二次争议发生在盛唐时期对"周公测景台"的不同看法，概况如下：

传说嵩山南侧告成建有周公测景台，据说这是认定西周时便有中岳嵩山及嵩山是天中地中的又一重要证据。那么告成果真有"周公测景台"吗？否！

所谓告成有周公测景台，传自盛唐时代，实际是李唐王朝的政治炒作。

公元618年李唐王朝建立前后，出于政权需要，李渊自诩为"老君（李耳）子孙"，意图宣扬李唐王朝统治的神圣性、正统性，下诏令"老先、次孔、末后释"，大张旗鼓扬道抑佛。

武则天称帝前后则"反其道而行佛"。出于武周代李唐的政治目的，她下令"自今以后释教宜在道法之上，缁服（僧尼）处黄冠（道士）之前"。大造武后"化佛空中来""乃弥勒佛下生，当代唐为阎浮提（人世）主"等政治神话。

唐玄宗李隆基登基后，掀起了唐代崇道高潮。他在《玄元皇帝赞》中称颂老子为"万教之祖，号曰玄元，东训尼父（孔），西化金仙（释）。"[1]开元十一年（723）又令太史丞南宫说于告成建造测日影的石圭石表，以用于正日影、验四时（定方正位、授时颁历）。

本来，当历史进到唐代中期，这种石圭石表仅是一种前朝前代早已建过的普普通通的日晷授时测影工具，但为了宣扬易道广大，宣扬唐王朝的正统性、神圣性，李隆基、南宫说便故意伪称这石圭石表系在当年周公于天中地中所建土圭土表旧址改建。就这样，子虚乌有的周公嵩山测景台故事便成了"真"（图4.04周公测景台）。

但是，周公嵩山测景纯系虚构故事：

其一，与前文相同，因嵩山在周武王、周成王时并非所谓中岳，所以周公也不可能到嵩山南的告成（阳城）去测景。实际上，至今未发现西周、春秋战国至秦汉年间周公曾在告成建测景台的任何有价值的文献记载。

其二，周公在世时期，中国、中原既无告成，又无阳城这一地名。

告成，《诗经·大雅·江汉》："经营四方，告成于王。"孔颖达疏："告其成功于宣王也。"周宣王、周公之后又220年之周王。西周时，"告成"只是一动名词，并非一地名。

阳城，春秋郑邑，秦置县。治所在今河

南登封告成镇。武周时改名告成，以借用《诗经·大雅·江汉》歌颂武则天登临中岳封禅嵩山大功告成。

以上并不能看出周公曾在嵩山南之阳城或告成建测景台。1975—1980年，河南省文物考古研究所仅于告成镇发现东周城址。在其西侧发掘的"王城岗"遗址，虽属龙山文化晚期的夏初遗址，但仍无周公测景台的任何证据。

其三，传周公在嵩山建测景台，系因嵩山位天中地中，并说此事记于《周礼·地官司徒》："至日之景，尺有五寸，谓之地中……乃建王国焉。"史界谓这"地中"指的是嵩山。

以上传说不确。所谓地中，并非指嵩山，周公也未曾在嵩山建测景台。实际上，所谓"至日之景，尺有五寸"所给条件不足，不知如何回答。表明《周礼·地官司徒》此记系讹记或系后人讹解或系此记脱字。

那么洛邑所在纬度带夏至至日时的表与景各为多长呢？这在《周髀算经》卷上有明记："周髀长八尺，夏至之日，晷尺六寸。"这才是正解。但嵩山、洛邑、昆仑三地的地理纬度南北相差不足一度，故《周髀算经》所记基本上合乎三地任一处。所以，不能以《周髀算经》此记定论天中地中，亦不能以此记定论周公测景处。

其四，传说中的周公嵩山测景台是所谓土圭土表，显然这是后世人们的杜撰。其理由如下：

1.土圭土表根本不可能用于测影，岂是古代大科学家周公旦之所为？古传土圭土表，并非指圭、表由土制作，而是指由竹、木、石制的圭、表立于土（地）表。

[1]引自（后晋）刘煦《旧唐书》，世界书局，1988年版。

2. 西周初年已处青铜时代鼎盛期，这一时期已属巨石文化中晚期，我国辽宁、山东、湖南和欧洲大西洋沿岸，太平洋岛屿尚且分布有此时期的巨石建筑物，代表大周朝廷的周公却不会制石圭石表而用土堆测天？另外，八千年前伏羲和四千五百年前的"尧臣羲叔"尚且知道立竿为表测日景以辨方正位、授时颁历，三千年前周公却反而以愚笨的土堆测日景，岂不荒唐？

3. 假设周公在告成确系以土圭土表测影，历经一千七百余年风雨侵蚀，几丈高的土堆到了唐玄宗年代还会有痕迹吗？反之，假设周公在告成确系以石圭石表测影，那么到唐代乃至到今日仍应留有遗迹，然却一无所有。

因此说，所谓周公嵩山测景的传说纯属乌有。如若周公果真测景，则要么立杆为表，要么立石为表。所谓土圭土表之说纯系民间讹传，连周公旦、李隆基、南宫说本人也不会信。

据上，子虚乌有的"周公测景台"并不能证明嵩山位天中地中。

（三）（嵩山）登封天下正中历史建筑群

第三次争议发生在当代对（嵩山）登封天下正中说的不同看法。概况如下：

1. 自东汉永平十四年（71年）至北魏太和十九年（495）的425年间，在中岳嵩山建造了法王寺、会善寺、少林寺等佛教寺庙。

2. 当地有学者专从地理角度下结论认为："自周平王东迁洛邑后，以'嵩位中央，左岱右华'为'天下正中'。"

3. 据上述两条，我国于2010年成功申报"登封'天下正中'历史建筑群"世界文化

后世追仿的嵩山告成

图4.04　周公测景台

遗产名录，从此以法律的形式肯定了嵩山天中地中的地位。

4. 尽管在申报前本书著者深恐出错而于2009年、2010年两度就嵩山天中地中议题向国家文物主管部门提出异议，并提请注意：本义"天中地中"并非是单纯的地理概念，并非皇权象征，更不是靠后世人工追附的建筑物所能证明，而是中华文明初始时期的一种以天象地象为基础的重要思想文化观念，切莫做出"不畏先生嗔，但恐后生哂"之事。但因学术观点相左而最终仍坚持申报。（国家文物主管部门回函全文附后）

应该说，成功申报既是好事又非好事。说其并非好事是因为申报成功可能反而导致具有更大历史、文化、民族意义的真实的天中地中文化被湮没。也许我们的确是无意识地做了一件因小失大、鱼龙相混、张冠李戴的错事。

总之，对天中地中观念的误解必然会导致"天中地中"的历史错解、文化错解与地理错解。假若以错解的历史、文化开发旅游或写进历史教材，则更将浪费国家资源，误导子孙后代。恕为吾辈所恶取。

以上从"五岳定制""周公测景台"和"嵩山天中地中历史建筑群"三个方面论述嵩山并非原始本义之天中地中。

那么，《尚书·召诰》"'王来绍上帝，自服于土中'注：洛为天下正中"是何义？周王朝为什么择址洛邑作为新王都？

三、天中地中之地理正解

在排除了嵩山天中地中说之后，"洛为天下正中"仅剩三解：一曰"依天室，毋远天室"之"天室"并非指洛邑东南方的嵩山，而是指洛邑西北方的昆仑丘；二曰洛邑本身即为天下正中；三曰昆仑丘与洛邑同为天下正中。此三解何者更近科学，更近史实？请看分析。

1.西周初年，盛行占星堪舆之风，周公本人即为著称于世的占星堪舆大家。于是，从堪舆角度看，因为洛邑位处嵩山西北，因此假若嵩山是天中地中，那么洛邑岂不成了位处"天地正中"西北向的"鬼方"？此乃大不吉之位也。相反，洛邑位处昆仑东南方，此乃大吉大利之位。诚所谓"中邦之居在昆

仑东南"也（《说文解字·中》）。中邦，周时专指洛邑。

2.从占星角度看，《周本纪》所记"周公复卜申视"，那么他复（返回、回复）卜（占星）什么？当然不是卜周时星相，而是"复卜"古时的星相。如果说"卜"的是当时人人都能看得见、看得懂的西周时的星相，难道还要周公这位大占星家"复卜"吗？那么周公"复卜"的是什么年代的星相？

据《晋书·天官书》记："庖羲氏立周天历度。其所传，则周公受于殷商，周人志之，故曰周髀。"此记明言周髀受于伏羲。

周公深知伏羲时星相的神异性、神圣性：伏羲时代北斗天龙的位相是产生昆仑天中地中观念的根本；按星象分野说，伏羲时代北斗天龙与北天极相互之间的位相恰同于昆仑地龙与洛邑相互之间的位相；同时，北天极与洛邑又好比天龙、地龙所吐珍贵的龙珠。于是，在"昆仑为天下中"的基础上又引申出"洛为天下正中"的观念。

这就是"周公复卜申视"后所得的结论，也是"洛为天地正中"的由来，更是洛邑被选定为周朝王都的根本原因。古时"中邦之居在昆仑东南""星象分野"等观念皆出于此。

至此真相已大白：周公"复卜"的是伏羲时北斗星与北天极的位相，"申视"的是昆仑丘与洛邑的位相；选址王都洛邑非因嵩山位居天中地中，而因昆仑丘与洛邑本身位居天地正中。

不过，洛邑的天地正中乃由天下正中昆仑引申而来，没有天下正中昆仑丘便没有天地正中洛邑，故周武王反复叮咛"定天保，依天室""我南望三涂，北望岳鄙（注意：没有东

望嵩高），毋远天室"。此意明指定鼎王都一定要依傍天中地中，不要远离昆仑丘。当年周公定王都于洛邑之前，先"复卜申视""体国经野，辨方正位"之后才定位"卜食洛邑，攻位洛汭"。于是便在其"体国经野"处建周公庙，并按周公所辨之"方"、所正之"位"营建大周王宫及洛邑城。故如今从周公当年测定的定鼎路至王城路之间所有纵向街路皆指向北偏西21°的昆仑丘。此表明这些街路确系周公当年所测定，表明昆仑丘确系远古人们心目中神圣的天中地中，也表明我国在西周初年已经定出十分精确的岁差值。周公不愧是中国古代一位伟大的天文学家（图4.05）。

3.近年有学者据周成王于"京室""京宗"诰祭，便提出京室、京宗即为中岳太室嵩山的说法。但其据有错：

其一，如上，中岳嵩山说或天中地中嵩山说，晚于西汉中期才提出而在西周初年尚无此说。在西周初年绝不可能历史颠倒地演出一千年以后西汉时才发生的故事。

其二，象形文"京"，象垒土为高丘在其上筑亭屋形。按"字原象形"创字解字原则与理路，象形文"京"字必原创于"垒土高丘其上有亭屋状"的自然环境和曾被立为帝王京都的文化背景。由此，对照象形文"京"与昆仑丘之地貌形态及文化背景，不难看出"京"字原创于伏羲王都昆仑丘（图4.06）。

因"京"字像建于高处的亭屋，高突于一般屋宇，故后世以"京"代称帝都。"京都"其名词由此而来。

其三，昆仑丘是"京"字原创地，是"京都"宗祖地，近四千年间有百余代古帝王皆立京都于此，所以在文人笔下，与昆仑丘又称悬圃、

《书经图说·太保相宅图》反映当年选址规划成周洛邑时"体国经野，辨方正位""卜食洛邑，攻位洛汭"的场景。

直至今日，从洛阳定鼎路至王城路的纵向街路皆指向北偏西21°的昆仑丘。街路与真子午线之夹角为21°，恰与伏羲时之杓极夹角相同。

此无疑表明，这些街路确系由周公当年"复卜审视""体国经野，辨方正位"后测定的，也表明"洛为天地之中"缘于"昆仑为天下中"。

（本图引自《中国综合地图集》，中国地图出版社1990年12月版，第170页，洛阳幅。）

图4.05　"洛为天地之中"之实证

天柱、地首一样，昆仑丘便又称京宗、京室。

相反，以上这些自然条件和文化内涵，原始时期尚"默默无闻"的嵩山则全不具备。表明周王朝择都洛邑完全是因其依傍天中地中的昆仑丘，而与嵩山丝毫不相关。

4. 其实，在尚无"中岳嵩山"之前的先秦，早已有"中岳昆仑"之称谓。古谓昆仑为中岳者记自《道经》。明代杨慎《丹铅总录·地理》引《道经》五神山："东岳广乘，南岳长离，西岳丽农，北岳广野，中岳昆仑。"文中所引《道经》为西周时著作。唐代李延寿《南史·顾欢传》记："案《道经》之作，著自西周。"表明"五神山"和"中岳昆仑"早在西周前便已在道界广为流传。

5. 在远古、上古，神权远比皇权不知要至高无上多少。"巫"字告诉人们，远古帝王首先必须是上通天、下通灵、中通人的"巫"师。甲骨文"帝"，"像结扎柴草为神形，燔烧以祭天神"，而"巫""帝""王"等象形文字皆原创于古帝王与巫师云集的天下正中昆仑丘。

以上从多个角度证明唯昆仑丘才是远古、上古时期的中岳，才是天中地中。昆仑丘是帝王祭天之神圣道场。

四、天中地中观念的历史文化意义

如前述，原始本义天中地中，并非仅是地理概念，也非皇权象征，而是一种由客观存在的天地自然现象而引生的思想文化观念。

由天中地中引申的以正统伦理、和合包容为核心，影响中华文明几千年的大道理念，

"京"原创于"垒土高丘其上有亭屋状"之昆仑丘西侧的盘亭列嶂（古称石楼山、狼牙山）。　　　　　　（孙素平供稿）

图 4.06　象形文"京"字原创于盘亭列嶂

为原始社会和合大同，为阶级社会君临天下，为家庭、社会、国家关系的世代维系，为社会道德规范、行为准则的建立，为春秋战国时期道、儒、法等诸子百家学说的创立和发展奠定了物象和理论的基础。

道家人士把这一观念形象地统称为"道"，《老子》称其谓"大道"。大道理念的产生构建了中国几千年的思想体系。产生并形成于伏羲时代昆仑的和合大道，指引并推动着中华文明历史巨轮永远向前。可以说，包括道、儒、法等诸子学说在内的中国古代思想文化都在一定程度上受教于天中地中观念。

这就是原始天中地中说的本义，也是原始天中地中观的意义之所在。其意义决非地理中岳、地理天中地中或皇权中岳、皇权天中地中所能比拟。

"天中地中昆仑丘"是远古帝王、远古先民近四千年间定都、定居昆仑丘（今析城山）而不愿迁离的重要原因之一。

五、与国家文物主管部门的往回函

（一）致国家文物局局长函

关于中岳嵩山以"天中地中"申报世界遗产事，去年申请落选后我已给贵局去函询问凭甚说嵩山是天中地中。然去信近一年却至今未见回话回函。按理，国人对此事如此热心是国之幸事！

自中国有史记载以来，有关古籍皆言昆仑（hún lún，昆仑丘、昆仑虚）位居天中地中。

"天中地中"是因为直觉北斗天象与昆仑地形极为罕见的形态巧似，引发原始社会晚期伏羲及其先民们的好奇，由此又引生出昆仑祭天、天龙地龙、时间历法、太皞部落、中华大名、中华文明等一系列惊天动地的大文化，并非简单的、没有文化的"天中地中"。

所谓"中岳"，历史上有两说，即"道本中岳"与"地理中岳"。昆仑是在原始社会晚期由天地大道"神封"的中岳，称"道本中岳"。嵩山仅是汉武帝、汉宣帝"皇封"的中岳，称"地理中岳"，两者前后相差近六千年。人皇只能封人间五岳，"天神"才能封天地五岳。位天地中央的中岳昆仑才是天中地中。以上请参见《淮南子》《论衡》《神异经》《河图括地象》《艺文类聚》《十洲记》《拾异记》《博物志》《搜神记》《道经》《先秦昆仑地望考》台湾中国文化大学中文学报十五期等。同时也请注意，周公并未在中岳嵩山建测景台，那是李隆基、南宫说为达其政治目的而虚构的故事。

我们不希望看到申报单位出现常识性错误，故此莫如在最后一刻及时撤申，免得引起学者唒笑。"不畏先生嗔，但恐后生唒！"这是我给贵局的第三次信函，但愿不再石沉大海无回音。

此致

敬礼

中国科学院东北地理研究所

华润葵

2010 年 7 月 26 日

（二）国家文物局回函

来函收悉。感谢您对"登封'天下正中'历史建筑群"申报世界文化遗产工作的关注！

您在信中就登封作为中国古代"天下正中"

的历史地位提出了不同见解，对此专家在该项目的前期论证阶段已有所考虑，主要观点如下：

中国古代对宇宙形态的观察和探索始于3000年前，在长达20多个世纪的历史时期内，许多朝代的统治者信奉并宣传推广"天下正中"的宇宙观，先后将多处地点定名为"天下正中"，如登封、汝南、洛邑、昆仑山等，但其中只有登封地区既得到过古代天文观测活动的佐证，又得到了皇权的确认和各阶层民众的普遍接受，因而这里不仅成为人们测天量地的中心，同时也成为中国早期王朝建都之地和文化荟萃的中心。中国几大主流文明——儒、佛、道都在这里建立了弘扬传播本流派文化的核心基地，汇聚和留存了大量珍贵的文化纪念建筑，其精华，即登封"天下正中"历史建筑群。登封"天下正中"历史建筑群与相关信仰有着直接或实质的联系，包括对于天文、宇宙规律的探索和信仰，对于皇权来自神授地位的宣扬和信仰，对于祭祀礼制活动的提倡和信仰以及现存传统的道教信仰和起源并发展于少林寺的佛教禅宗信仰。这些神圣的或世俗的建筑集中于此，正是对稳固而持续的"天下正中"传统理念的直接反映。

登封"天下正中"历史建筑群真实地保留了中国古代礼制、宗教、科技和教育等各种主要建筑类型的最高代表作品，成为这些建筑类型的初创制度和形制典范，并由此形成了同时代最高水平的创造成就。建筑本身及其深厚的历史文化底蕴，凝聚了中华古老文明的精髓，成为东方传统文化的典型物化代表，具有全球突出的普遍价值。

基于上述观点和认识，我局同意并支持"登封'天下正中'历史建筑群"申报世界文化遗产。经过10余年在学术研究、文物保护、环境整治、保护规划及申遗文本编制等方面开展的大量艰苦细致的工作，该项目最终获得了联合国教科文组织世界遗产委员会及其咨询机构——国际古迹遗址理事会的一致肯定，成功登录《世界遗产名录》。

今后，对于"登封'天下正中'历史建筑群"的研究与保护工作还将继续深入，我局将指导地方人民政府及有关单位组织专业力量进一步做好相关工作。

衷心希望未来我国的文化遗产保护事业继续得到您的关注与支持！

此致
敬礼

国家文物局
2010 年 9 月 20 日

昆仑丘之所以能成为中华文明发祥地，是因其既位处天中地中，又是龙的化身，与北斗星座合称"天龙地龙"。

龙，是太皞部落的图腾。龙的原型是什么？伏羲为何选择龙作为部落图腾？对此，古往今来已猜想了几千年，其中较具代表性和影响力的有：

朱熹《朱子语类》谓："易说一个物，非真是一个物，如说龙，非真龙。"

李鼎祚《周易集解》引沈麟士释龙曰："称龙者，假相也……龙之为物，能飞能潜，故借龙比君子之德也。"

闻一多《伏羲考·图腾的演变》认为："什么是龙，确乎是一个谜。天文房星（按：指殷周时以房星为中心，由'角、亢、氐、房、心、尾、箕'七宿构成的'东方青龙'）为龙，又为马。《论语·龙虚篇》曰：'世俗画龙之象，

马头蛇尾。'可见龙确像马，所以马往往被呼为龙。……此外还有一种有鳞的龙像鱼，有一种有翼的又像鸟，有一种有角的又像鹿。至于与龙最容易相混的各种爬虫来的生物，更不必列举了。然则龙究竟是什么东西呢？我们的答案是，它是一种图腾（Totem），并且是只存在于图腾中而不存在于生物界中的一种虚拟的生物，因为它是由许多不同的图腾糅合成的一种综合体。"[1]

王圻《三才图会》以图文形式提出以藏疆青昆仑山为龙头的"中国三大干龙"说（图5.01）。

此外，古今还有谓龙的原型是鳄鱼、蜥蜴、蟒蛇、闪电、星象、人工饰物，如红山文化中由野猪艺化后的"C形玉豕龙"，等等。

---

[1] 引自闻一多著《闻一多全集》，湖北人民出版社，1993年版。

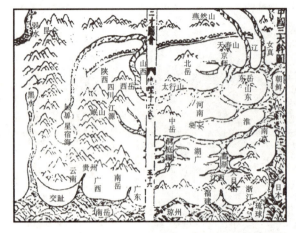

王圻《三才图会》"三大干龙"认为：昆仑山为龙首，黄河北山系、黄河长江间山系、长江南山系为三大干龙。此说很荒唐，产生龙文化的八千年前伏羲时代还不知长江、黄河发源于昆仑山。

图 5.01　《三才图会》之"三大干龙"

　　然而，以上各种"龙说"都缺乏实证，也缺乏何以选择龙作为部落图腾具有说服力的理由，甚至为何发音"lóng"声，为何传说龙能"上天入地""呼风唤雨""由燧皇之图而制八卦"等最基本的问题都未交代清楚。可见原本意义上的"中华神龙"早已失落，流传至今的仅是龙的表象外形。

　　那么，中华神龙的原始本义到底是什么？或者说，龙的原型是什么？伏羲为何以龙作为太皞部落图腾？龙在中华历史上发挥过何等功用？经十余年应用地图遥感技术和古天象反演，并经多次实地考察证实，王屋山区昆仑丘是传说中地龙的原型山体；形似昆仑地龙的北斗星座是传说"龙能上天入地""由龙图而制八卦"的天龙原型星象；形似神龙的雷电和卷风是传说"龙能呼风唤雨"的原型气象，也是龙字发"lóng"声的原型。

　　龙，几乎具有天地间一切神奇的本领，

所以人们视其为神龙。神龙就是昆仑丘，昆仑丘就是一尊龙。在先民心中，昆仑丘、昆仑神龙是天地间最神秘、最神奇、最神异、最神圣之圣山圣地圣物。这是伏羲将"龙"选作太皞部落联盟图腾最主要的原因。

一、昆仑丘是神龙的原型山体

　　按清代魏源《圣武记》"准其地望，皆与古书相合"的考证准则，若昆仑丘的形态与史料所记神龙的地理方位、形貌特征完全相符，即可认证昆仑丘为神龙原型山体。请看史料。

（一）文献史料

　　（春秋）左丘明《左传·昭公十七年》记："太皞氏以龙纪，故以龙师而龙名。"这是至今所见最早记载太皞部落以龙为图腾的文字史料。

　　（汉）司马迁《史记·五帝本纪》正义记："神农氏姜姓也，母曰任姒，……有神龙首感生炎帝。"

　　《史记·天官书》记："轩辕，黄龙体。"《大戴礼·五帝德》记："颛顼乘两龙而至四海""帝喾春夏乘龙"。

　　（南朝·梁）沈约等《宋书·符瑞志》记："帝尧，'母曰庆都，常有龙随之。一日，龙负图而至，……赤龙感之，孕十四月而生尧于丹陵'。帝舜，'母曰握登，生舜于姚墟，……舜服龙工衣自傍而出。耕历山'。"

　　（清）马国翰《归藏·启筮》谓：禹父鲧，"鲧三年不死，剖之以吴刀，化为黄能（龙）"。

　　闻一多《伏羲考》："历代帝王都说是龙的化身，而以龙为其符应，他们的旗章、宫室、舆服、器用，一切都刻画着龙文。总之，龙是我们立国的象征。"

以上引文是说，自伏羲至炎黄……尧舜禹时代乃至后世，始终崇信（说宣扬更贴切）帝王由神龙而感生。这表明神龙在中国原始时期具有至高无上的地位，或表明这些远古帝王也许就立都、归藏于神龙化身昆仑丘，否则神龙决不会如此神圣，昆仑丘也不会如此著名。

关于昆仑丘是神龙的原型山体，在许多史籍中都有记载：

（战国）屈原《楚辞·离骚》："驷玉虬以乘鹥兮，溘埃风余上征；朝发轫于苍梧兮，夕余至于县圃。""为余驾飞龙兮，杂瑶象以为车。"……"吾道夫昆仑兮，路修远以周流。"《九歌·河伯》："驾两龙兮骖螭，登昆仑兮四望，心飞扬兮浩荡。"《九章·涉江》："驾青虬兮骖白螭，吾与重华游兮瑶之圃。"

（汉）刘安《淮南子·览冥训》："今夫赤螭，青虬之游冀州也，天清地定……凤凰之翔至德也，……过昆仑之疏圃，饮砥柱之湍濑，遵回蒙汜之渚，尚佯冀州之际……"《淮南子·要略》："四海之内，一心同归。故景星见，祥凤至，黄龙下，凤巢列树，麟止郊野。"

（汉）戴圣《礼记·礼运》："麟、凤、龟、龙，谓之四灵。"《礼记·曲礼》："行，前朱雀而后玄武；左青龙而右白虎。"《吴志·胡综传》："四灵既布，黄龙处中。"[1]

（汉）荣氏《遁甲开山图》："五龙见教，天皇被迹，望在无外柱州昆仑山（丘）上。"

（汉）东方朔《海内十洲记》："昆仑，相去正等，面方各五千里，上层是群龙所聚""洲上多凤麟"。

（汉）佚名《河图括地象》："龙池之山，四方而高，中央有池，方七百里，群龙居之。多五花树（按五花草），群龙食之。去会稽四万五千里。"

（汉）司马迁《史记·封禅书》："鼎既成，有龙垂胡髯，下迎黄帝。黄帝上骑，群臣后宫从上者七十余人。"

（北魏）郦道元《水经注》引汉李尤《盟津铭》文记："洋洋河水，朝宗于海，径自中州，龙图所在。"

（唐）李延寿《南史·王僧辨传》："地龙已去，国其亡乎！"

综上所引十多例可归义于下：

其一，昆仑丘是传说中神龙的原型山体，古谓神龙化身。该神龙位处三门峡砥柱山、蒙汜（运城盐池）不远处的中原冀州昆仑丘。

其二，昆仑丘是传说中的地龙。

其三，神龙与传说的朱雀（凤凰）、麒麟（白虎）、玄武（灵龟）等原型山体都集中在昆仑丘一带，且按左（东）青龙、右（西）白虎、前（南）朱雀、后（北）玄武的方位排列。故按此方位如果找到了凤凰、灵龟、白虎的原型山体，那么也就能找到神龙的原型山体。

其四，伏羲、黄帝都曾"立都"神龙昆仑。这就是说，找到了神龙也就找到了远古王都之所在地。反之亦然。

其五，神龙，有下垂龙须，有上翘龙须，上翘龙须之上有七十余座人形山头。

其六，神龙龙体之上是美丽无比的大花园，有称"龙池"的湖泊。

---

[1] 引自（晋）陈寿等撰《三国志》，中华书局，2005年版。

（二）文物史料

1.甲骨文已有"龙""凤"等字。按"字原象形""字原应时"创字解字原则与理路，"龙""凤"二字应原创于原始时期的龙形、凤形山体。

2.秦龙纹空心砖，神龙为蟒身、兽头，有四肢三爪，身饰圆珠纹和蕉叶纹，龙头长角和须（图5.02）。

3.2002年，济源邵州文化教育研究会在邵原马坡出土清光绪年间蚩尤观重修碑，碑文记有"天坛之阳有蚩尤观，原处三里之地，东阳、王屋、逢石是也。……上依峻山大岭，下达清溪而溯游，蕃衍柏而茂盛，脉从昆而来龙，处天坛之阳也。"此碑记载马坡以北不远处是昆仑丘；昆仑丘是神龙；龙脉经由蚩尤观南下（图5.03）。

4.据起源于原始社会末期并经历代道家人士改定的中国风水学形势宗山水图经所记"脉从昆仑而来龙，双水夹送入龙穴；金城环抱八方卫护，前面案朝，大河（黄河）以界"（图5.03-a）之教义，本书著者于2011

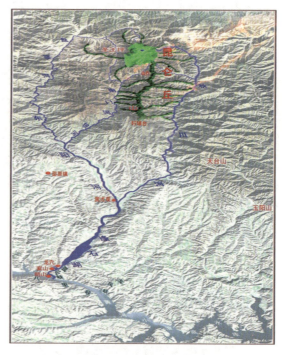

a　风水形势宗：龙、龙脉、龙穴

b　清光绪蚩尤观重修碑碑文

图5.03

出土于西安秦都咸阳宫

图5.02　秦龙纹空心砖

年济源黄河三峡中国风水文化研讨会和2012年济源道文化学术会议上曾明言：昆仑丘以南约25千米的孤山崖为传说中的"龙穴"，与龙穴隔水南望今称"孟良寨"的是当年帝王或储君祭天摆设祭品的案山，再其南至大河（黄河）边今称"八角山"的是当年帝王朝祭之朝山，祭祀告成后，其祭品或"刻石以记"的碑刻皆埋置案山北坡。2011年11月12日和2011年12月10日，当地官员在大宋皇裔赵长发、杨合仙的具体指位下于案山北坡和黄河北岸朝山下的"夫子堂"相继出土了宋代杨震（字子发，北宋末年名将）和赵构（字德基，南宋皇帝）的"感恩碑"和明代"嘉靖残碑"。宋代感恩碑碑文记有："感恩祖宗，祈福神龙，国泰民安，子孙繁荣。宣和乙巳年清明德基子发赤心阖祈。"明代残碑碑文记有："（脉从）昆仑而来龙，杨赵天启之。"

以上清代、北宋和明代三碑皆记载马坡、龙穴以北是昆仑虚，昆仑虚是神龙，神龙龙脉一路南下止于大河之阳的龙穴。该三碑皆可作为昆仑虚乃神龙原型山体的间接证据（此三碑尚未经国家考古鉴定），也是中国风水学原创于此的直接证据（详见第二十五章"中国风水文化本原本义"）。

5. 龙、麟、凤、龟四灵神兽的原型山体均在昆仑丘一带，其中"凤凰""灵龟""白虎"的原型山体皆系直觉的侧视形态，故按"四灵神兽"的地理方位亦很容易找到它们并由此反推昆仑丘必是神龙的原型山体（图5.04）。

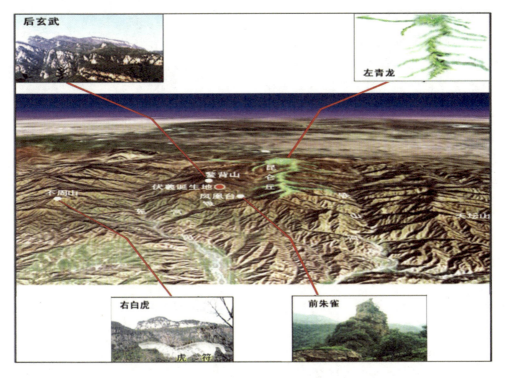

据《曲礼》"右白虎、前朱雀、后玄武"原型山体反推昆仑丘为"左青龙"原型山体。

图5.04　《曲礼》："龙虎凤龟谓之四灵"

据以上文献、文物史料，并按"准其地望，皆与古书相合"考证原则，昆仑丘当是神龙的原型山体。那么，为何几千年来人们未能发现昆仑丘似龙形呢？其因有四：

其一，史前时期，无文字载体可以留世，其文其史多靠口耳相传，后世对这些口耳相传的文、史很难验证其真实性，加之颛顼绝地天通后禁用往古之龙、凤等图腾标识，于是多把这些真实的文、史误当成或讹变为神话，或多以神话的形式表述。以神龙为核心的龙、麟、凤、龟四灵神兽就因这些原因而长期以来被误以为是古人虚拟的、现实世界不存在的神物而不被理睬。

其二，西汉武帝推出"藏疆青昆仑山说"和明王圻《三才图会》推出"三大干龙"说之后，更加模糊了昆仑丘与昆仑山，昆仑神龙与"昆仑三大干龙"的基本概念。

其三，人们观望象形山丘往往习惯于侧视而忽略俯视，因此尽管《楚辞》等史籍多次示意昆仑丘是神龙的化身，但因昆仑文化的失落故仍未能引起人们注意。

其四，原始时期昆仑神龙龙体之上无树木覆盖，人们可于昆仑之巅一览无余地看到龙首、龙眼、龙角、龙须、龙鬓、龙身、龙脊、龙肢、龙爪、龙尾等神龙的完整形体。遗憾的是，后世的人们（尤其是二十世纪七十年代的人）于龙体之上飞播了约八百公顷华山松林，遮挡了视线，因此今天的人们再也看不到神龙真面目了。

（可见，将八百公顷华山松林就近移植，恢复昆仑神龙亚高山草甸的原始本貌，恢复中华文明发祥地的原始生态环境是多么必要。机械强调生态保护或机械强调文物保护都是

不可取的。）

根据以上文献、文物史料推理，本书著者从2005年3月11日起的一年多时间，应用1∶50 000地形图与卫星遥感图像，并经实地详细踏查，在孟良寨、孤山崖、马坡蚩尤观以北，麟（虎）、凤、龟"三灵兽"以东发现了四周悬崖绝壁的昆仑丘之平面形状就是一座南北长13千米，相对高差八百米左右，人面龙身，向西张望，有龙首、龙身、龙眼、龙角、龙髯、龙鬓、龙肢、龙爪、龙脊、龙尾，卧伏于丘顶，东西长7.5千米的上翘龙须之上有七十余座人形山头，龙首之上长满五花草甸的龙形山体（图5.05）。

昆仑神龙的发现是我国考古史上一件大事。从此，在昆仑神龙之上，科研人员一步步揭开了八千年前由伏羲开创的中华文明辉煌历史。

　　二十世纪七十年代，在昆仑丘巅飞播了八百公顷华山松林，如今长大的松林已遮挡住昆仑神龙。为让非遥感专业的普通读者都能看清昆仑神龙，本图、本书采用了遥感专业普遍采用的彩色增强技术。

　　待华山松林移植他地后，恢复昆仑巅美艳绝伦的亚高山草甸原生态景观，那么无须采取彩色增强，中华神龙便将永远逼真地呈献给全天下；全世界独一无二的、中纬度带千姿百态的亚高山草甸奇观，亦将年年迎来千百万游客，看尽"阆苑千葩映玉辰，人间只有此花新"。

图5.05　昆仑神龙

二、北斗星座是天龙的原型星象

在此先摘引史籍中有关天龙的部分记载：

《易经·乾》："初九，潜龙勿用；九二，见龙在田；九三，夕惕若厉；九四，或跃在渊；九五，飞龙在天；上九，亢龙有悔；用九，群龙无首。"《易·坤》："上六，龙战于野。"

东汉·许慎《说文解字·龙》："能幽、能明，能细、能巨，能短、能长；春分而登天，秋分而潜渊。"

以上所记明显是指北天某龙形星座在天周行之行踪。而且据上可给出该龙形星座的三大标准：

其一，该星座必须形似昆仑地龙，否则不可能被称作天龙。

其二，该星座位于北天拱极圈两侧，在绕北天极运行时必须与《易经·乾》《易经·坤》《说文解字·龙》所记龙的行踪完全相符，才能证明其是天龙。

其三，该星座必须足够明亮。可以肯定，远古先民不可能选择那些暗弱无光、似龙非龙的星座作为天龙的原型和本部落图腾。

以上三大标准是寻找和判定是否为天龙原型星座的重要依据。没有依据，没有标准，任凭主观臆猜并没有实际意义。

如此，现在可在北天星图上按以上标准一一对照，以寻找和判定天龙原型星座。

因拱极圈赤纬随观测点地理纬度而移动，而昆仑丘位处北纬35°附近，所以所谓拱极圈亦必须以北纬35°为观测点。

设观测点位于北纬35°昆仑丘，本书著者以天文岁差为理论依据，以反演一万年以来古天象为技术手段，历时一年，至2006年3月1日，共解读包括公元前八千年、前六千年、前三千年、前一千年、公元两千年、公元一万年在内的三十余个时段拱极圈附近完整的或相对完整的星座，并经中国科学院国家天文台长春人造卫星观测站（古）天象仪反复验证，最终得结论如下：

1.唯有北斗七星与昆仑地龙的形状十分相似。

2.唯有公元前6000（±300-500）年的北斗七星在天空运行的行踪与《易经·乾》《说文解字·龙》"飞龙在天，群龙无首""春分而登天，秋分而潜渊"，又与《律志》"玉衡杓建天之纲""龙尾伏辰"，《九叹·远逝》"引日月以指极"等记的天象完全相符；也与龙能"时隐时现（白昼隐而夜晚现），时小时大，时短时长（上中天时北斗天龙大而长，接近下中天时北斗天龙小而短）"的记载相一致（图5.06）。

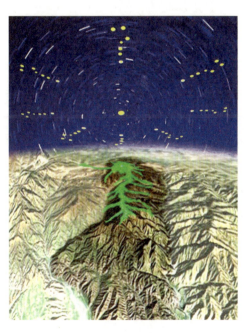

图5.06　公元前六千年北斗天龙运行轨迹示意图

3.唯有北斗七星的亮度、形状和行踪足以引起人们，尤其能引起生活在昆仑丘的先民们的好奇与联想。于是，居住在这里的先民称昆仑丘为地龙，称北斗星为天龙。这也是中国人对北斗星情有独钟的原因。

由上可证，公元前六千年的北斗星座就是天龙的原型，公元前六千年的北斗星座在天地间的运行轨迹就是所谓龙能上天入地的原型星象，也是伏羲当年推演天地双龙太极图和推演八卦符最为重要的天象基础。

有学者认为，中国远古时期的天龙并非以龙形北斗星座为原型，而是以1928年国际天文学联合会命名的天龙星座为原型。显然这是对中国历史的误解。公元前六十世纪的中国天龙不可能颠倒引用公元前八世纪古希腊神话中的天龙，更不可能引用公元后二十世纪国际天文学联合会命名的天龙星座。且古希腊天龙与古中国天龙根本是两回事，请看古希腊神话中的天龙：

天神宙斯和赫拉结婚的时候，大地女神盖娅送来一棵结着金苹果的果树作为贺礼。后来宙斯把它放在夜神的女儿们居住的果园里，派了一条能喷火的巨龙协助看守。这条巨龙长着100个头，永不瞌睡。神后赫拉为难大英雄赫拉克勒斯的第11件冒险事，就是从巨龙看守的果园里取出3个金苹果。当赫拉克勒斯找到果园时，被巨龙喷出的火焰挡住了去路，他用智谋赢得了正在赎罪而双肩扛着天球的大力神——阿特拉斯的信任。赫拉克勒斯告诉阿特拉斯说，愿意暂替他背负天球，让阿特拉斯去引诱巨龙使它瞌睡，接着设计哄骗仙女们摘回金苹果。拿到金苹果后，赫拉克勒斯又巧施妙计让阿特拉斯重新把天球

扛起来。后来，天后赫拉就把这条巨龙升到天上，成为天龙座。

显然，古希腊天龙纯属虚构神话，古中国天龙则是由原始科学改编的文化。例如，据中国天龙所编创的"飞龙在天""群龙无首""六龙御天""引日月以指极""玉衡杓建天之纲""龙尾伏辰"等，对八千年前的中国先民来说本是很形象、很直觉、很实用的天象，但古希腊的天龙星座却与此一点关系都没有，甚至其根本就不像昆仑神龙（见图5.07）。

三、雷电、卷风是神龙呼风唤雨和"龙"字发音的原型气象

雷电、卷风，其形状酷似神龙。在古人看来，神龙能呼风唤雨，本领之高强世所罕见。尤其神龙来临时必伴以电闪雷鸣、狂风暴雨及惊天动地隆隆巨响。于是其时的人们便取昆仑地龙之形体而造字（龙）；取北斗天龙上天入地之行踪；取雷电、卷风呼风唤雨之高强本领及其声响而发音（Lóng 隆）（图5.08）。

四、天龙地龙孕护太皞部落

但是，地球上形似龙的山脉、河湖很多，故各地多有称"龙山""龙湖""龙城"者。这是人们惯以直觉的形象思维取名之结果。

犹如单纯从地理方位等外表特征而不分析其文义、文望等本质特征便浑断昆仑丘位于这、位于那，结果造成中华文明史错乱、失落一样，单纯从形似、形不似便判定龙之真伪亦是一种误区。与形似同样重要的是义

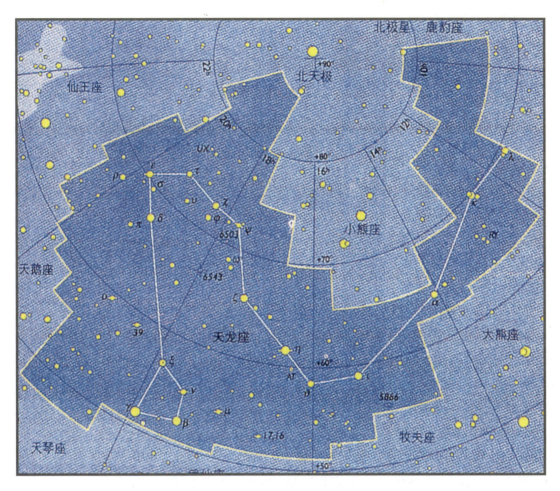

天龙星座并不明亮，最亮为2.23等的天龙座 γ 星；天龙星座形状完全不像昆仑地龙；天龙星座无"飞龙在天""群龙无首""龙尾伏辰""玉衡杓建天之纲""引日月以指极"等天象。故"天龙星座"并非伏羲时之天龙。

图 5.07　国际天文学联合会命名的天龙星座

理。义理，指龙在中华文明历史上曾经发挥过的功用、意义及其机理过程。

　　试想，一座普普通通的山头和普普通通的星座，假若在当时没有任何文化意义，没有任何历史功用，又怎能被选为部落图腾？又怎会引起人们的好奇和重视？

　　在某种程度上，义理与形似同样重要。因此，对太皞部落龙图腾做深入的义理分析才是研究天龙地龙，判定天龙地龙真伪之根本。

　　所谓义理分析，是指分析当年太皞部落为何以龙作为图腾，分析龙在中华文明史上曾发挥的功用。可以肯定地说，正是因为龙曾为太皞部落做出过巨大贡献，成为太皞部落生活中不可缺少的重要部分，人们才会有意识地选择龙作为自己部落的图腾标志。因此，如今考证龙的出处，不光要观其形状像或不像，更要分析龙的文化内涵与本质。只有这样才能避免"鱼龙

图 5.08　雷电、卷风是神龙呼风唤雨和发音的原型气象

混杂"。以下兹解读龙在中华文明初始时期所起的作用。

龙，是太皞部落的图腾。《三国志·魏书》记："伏羲因燧皇之图而制八卦。"此记表明燧人时已发现昆仑丘（其时称宛丘）似一动物形状，但其时尚未起名"龙"，也未发现龙有何功用，所以燧人时并未以龙作为华虚部落图腾，后世仅称其为"燧皇之图"。直至伏羲时才全面形成龙文化，并把龙作为太皞部落联盟图腾。

图腾，有说是族群的世祖，与族群有着血缘关系；有说是识别族群的标识；有说是凝聚族群的吉祥物，是族群的护符；有说是族群祭祀对象；有说是族群的宗教形式[1]。总之，图腾是族群的精神支柱。

图腾，主要选择认为能给本族群带来好运的动物、植物和天地间如火、云等自然现象作为标识物。而假若本部落领地内或天地之间某些山体、星象等自然体具有动物形体和神异行踪，又能给本族群带来巨大恩泽，则更将被认为是天赐瑞物而成为图腾之优选对象，天地神龙便是这么优选而来。那么伏

[1] 引自王勇等编著《中国世界图腾文化》，时事出版社，2007 年版。

羲当年为什么选择神龙作为太皞部落的图腾？

其一，凭直觉，伏羲认为北斗天龙、昆仑地龙分别位居天中地中，太皞部落当然选择位居天中地中的神龙作为自己部落图腾。

其二，伏羲认为昆仑地龙位处独流入海的大河之源，是天帝下都，与天帝同在，太皞部落当然选择与天帝同在的神龙作为自己部落图腾。

其三，地龙龙体之上，有可供取火的燧石，有取之不尽的野果、兽肉、兽皮毛，有可供耕作、畜养的广阔空间，有饮之不竭的醴泉、洞水，有可供万千人居住的岩洞岩龛，有充足的雨水、温暖的气候、灿烂的阳光，有美丽的天然大花园。太皞部落当然选择能养护自己美丽而雄健的神龙作为自己部落图腾。

其四，太皞部落先民认为，昆仑丘是地龙，北斗星座是天龙，天龙与地龙相交相合便孕育了太皞部落子民。所以认为神龙是太皞部落的祖宗。以自己伟大祖宗作为自己部落的图腾，作为部落的祭祀对象，作为自己部落的护身符，既具有族群凝聚力，又是族群的精神支柱。

其五，由古天象反演证实，伏羲于公元前六千年由天地龙图推演太极、八卦。太极图是远古时期原始宇宙观的形象描述，八卦符是远古时期授时推历、告民农时的图解符号。自从有了龙图、太极、八卦，人们懂得了方向方位，懂得了时间历法，太皞部落便进入原始科学时代，生产力得到了大发展。于是，太皞部落理所当然选择给本部落带来吉祥、带来好运的神龙作

为本部落的图腾。

以上就是选择神异神奇天龙地龙作为太皞部落图腾的主要原因。可以说，没有功用、没有义理的东西不可能被选为部落图腾。昆仑神龙与天中地中是远古帝王、远古先民近四千年立都、定居、归藏昆仑丘而不愿迁离最为重要的两大因素。

实际上，神龙在中华历史上所起的功用及其影响力远远超越太皞部落本身：①由龙图而推演的太极八卦——时间历法，把人类社会推入科学文明时代，并在原始科学指导下，生产力得以快速发展，进而在中华大地上建立了世界上第一个脱离了血缘氏族制而进入到非血缘社会化管理的太皞部落联盟。由天地神龙推演的太极八卦——时间历法，是人类史上第一次科学大革命，太皞部落联盟的建立是人类史上第一次社会大变革。②伏羲由龙图画八卦，为人类创生象形文字开启了大门，实现了人类史上首次文化大革命。③伏羲由龙图推演太极八卦，为人类进入部落联盟之后倡导和合社会、大同天下的社会化管理理念提供了理论与物象的依据，实现了人类史上首次思想大革命。故古誉"伏羲画八卦而化天下"，"化天下"即人类迈入了文明开化新时代。

今天的人们，片面注重龙的形似而忽视龙及其由龙推演的本义太极八卦在中华文明历史上曾经发挥过的巨大功用，忽视神龙乃中华文明根柢这一本根。这种只注重形似而忽视本义的思想方法当不可取。

中华神龙既非"非真龙"，又非"假龙"；既非"虚拟龙"，又非"三干龙"；既非"生物龙"，又非"人造龙"。太极图既非"双鱼太极图"，又非"河曲太极图"；八卦符既非"互相推诿、扯皮的代名词"，又非"卜筮符号"，亦非"玄秘莫测、不着边际的代名词"。在此吁请有关各界多以唯物思维正确解读，正面宣扬中华优秀传统文化。

五、中华神龙失落的原因

（一）中华神龙失落的历史原因

远古文化的失落，有其自然变迁的因素，但主要是人为因素。

在改朝换代之际，为了证明推翻旧王朝之后所建新王朝的合法性、正统性、神圣性，通常采用的手法是宣称"天兆祥瑞"。天兆祥瑞，在不明科学的上古中古时期几乎是屡试不爽。

譬如，"伏羲先天八卦"以乾为天，坤为地。这本是妇孺皆知的常识，但因周王朝发祥地周祖豳地位在中原西北，为证明"周代殷而王天下"的正统性、合法性、神圣性，"文王后天八卦"便借天中地中昆仑虚位在天台山西北而改其为"乾位西北"，意谓西北大周王朝取代殷商是上天旨意。

同样，伏羲推演的天地双龙太极图、天龙八卦符，只因周王朝王都成周洛邑位处大河（黄河）与洛水间，为彰显大周朝廷的神圣性、神秘性，便把双龙太极图改称"河图"，又把天龙八卦符改称"洛书"，并同时编造了一套天兆祥瑞的玄虚故事："传说伏羲氏时，有龙马从黄河出现，背负'河图'；有神龟从洛水出现，背负'洛书'。伏羲根据这种'图''书'画成八卦，就是后来《周易》的来源。一说禹治洪水时，上帝赐给他以《洪范九畴》。刘歆认为《洪范九畴》即洛书。"

（请见本书第二十三章"本义诋义太极八卦与河图洛书"）

从此，后人只知有神秘的河图洛书而不知有科学的太极八卦——定方正位、授时推历、告民农时的原始科学，也不知真有神圣的中华神龙的化身——昆仑虚。以上就是"河图洛书"出世的大况（详见第二十三章"本义诋义太极八卦与河图洛书"），也是中华神龙失落的历史原因。

可见，坚守唯物史观才是历史研究最重要的啊！

（二）中华神龙失落的现实原因

二十世纪七十年代，在未经文史考证，仅从植树造林单一角度便在昆仑丘顶飞播了八百公顷华山松林，覆盖度达95%以上，如今，松林高达3米以上，彻底遮挡了昆仑神龙，人们再也见不到中华神龙的神圣面貌。

中华神龙的失落是本义太极八卦失落的直接原因，神龙与太极八卦的失落是后世难以发现和认证"中华文明八千年"的根本原因。

自然生态与文化生态同等重要，都需要人们呵护，犹如不应该在北京天安门广场、太和殿广场种满松林遮挡天安门、太和殿一样，也不应该在昆仑丘巅只顾植树而不顾文化历史。在此建议，请自然生态保护部门与文物管理部门共同组织有关专家会商，尽可能达到自然生态与文史生态辩证保护的双重目的。

昆仑丘位居天中地中,有天龙地龙护佑。这是原始先王选址昆仑丘作为华虚部落、太皞部落联盟(中华民族稚身)王都所在地重要的但不是唯一的原因。

据史料和民间传说并经现场考证,风光旖旎、独秀天下的自然景色同样也是选都昆仑丘的重要原因。先王不可能选择一处环境平淡、无奇无景的地方立都近四千年而不愿迁离,也不可能引来数以万计的信众在此修仙修真,更不可能成为归藏百余代古帝王的墓地。

本来,记载美丽昆仑的史书很多,但因昆仑文化长久失落,许多原本描写昆仑丘的奇美风光却被张冠李戴地错安到了别地。还有许多真实美景被后世风水家、神话家有意识地挪用进"风水""神话"而成了天界仙境的梦幻世界。

应该说,风水家、神话家大量借用昆仑美景本身,恰就证明昆仑之神奇美丽。据研究,中国风水文化之本原本相就是昆仑丘(详见第二十五章"中国风水文化本原本义"),中国最早的神话本就原创于百神所在之昆仑丘(参见第八章"中华创始神话原创地")。

昆仑风光美不胜收,犹如清代名相陈延敬赞许析城山(昆仑丘)曰:"砥柱析城至王屋,天教看尽好云山。"昆仑好云山大致可归为如下八景:昆仑天柱、空中花园、增城九重、列笋天涯、千峰列嶂、四灵神兽、紫微天宫、轩台悟道。兹分述于下。

一、昆仑天柱

昆仑天柱,典出战国屈原《楚辞·天问》:"昆仑悬圃,其尻安在?"顾名思义,昆仑悬圃由悬与圃两部分组成。悬,即著称于世的"昆仑天柱"；圃，即闻名天下的空中花园。

天柱，本义为古代神话中支撑苍天之柱。有八柱、九柱之说：八柱，指支撑天地八方（四方四隅）之柱；九柱，指八柱及中央天柱。春秋《列子·汤问》："其后共工氏与颛顼争为帝，怒而触不周之山，折天柱，绝地维。故天倾西北，日月星辰移焉；地不满东南，故百川水潦归焉。"

上两籍所记皆指发生在颛顼、共工年代（约公元前二十七世纪）昆仑丘据同一次"绝地天通"历史事件所改编的神话故事。其中昆仑丘是传说中的中央天柱，不周山是西北天柱（参见本书第四章"神异昆仑之一　天中地中"）。此后，记载昆仑丘是中央天柱的古籍越来越多。

（汉）佚名《河图》："昆仑，天中柱也。"

（汉）东方朔《海内十洲记》："昆仑，上通璇玑（北斗星）……是以太上名山，鼎于五方，镇地理也。号天柱。"东方朔《神异经·中荒经》："昆仑，有铜柱焉，其高入天，所谓天柱也，围三千里，周圆如削。"

（晋）郭璞《山海经图赞》："昆仑，嶵然中峙，号曰天柱。"[1]

古时谓通天达地之天柱又是神人上下天地之天梯，故《论衡·道虚》曰："如天之门在西北，升天之人宜从昆仑上。"[2]

昆仑天柱，上通璇玑，嶵然中峙，周圆如削，其险无比，其状无双。从伏羲时起，先民便直觉昆仑乃高耸天地间之天柱，天柱顶端便是亿万斯年守护太皞部落（后来的中

华民族）的一尊南北长 13 千米（连同龙角南北长 16 千米）、头北尾南面西的神龙。

此类地形地貌世所仅见，属太行—中条—华山深断裂中段典型的断块山构造。四周悬崖绝壁，龙形山体突兀于天地间，相对高差达千米上下，蔚为壮观，在远古上古时期已传为天下奇观。如《西次三经》谓："南望昆仑，其光熊熊，其气魂魂。"好一派壮丽景色。《拾异名山记》更直书"昆仑其高日月之上。山有九层，每层相去万里，有云色从下望之如城阙之象；四面有风，群仙常驾龙乘鹤游戏其间"（图 6.01）。

昆仑天柱是昆仑八景之首。

二、空中花园

空中花园，本指海拔 1 650 米以上昆仑天柱顶端、神龙龙体之上 1 600 余公顷的天然大花园，因昆仑丘四周皆系壁立千仞之悬崖，故远古、上古时呼其曰："悬圃"或"悬苑"。《楚辞·天问》"昆仑悬圃"即指此，苏轼"阆

图 6.01　昆仑天柱

---

[1] 引自（晋）郭璞等撰《足本山海经图赞》，古典文学出版社，1958 年版。
[2] 引自（汉）王充撰《论衡》，时代文艺出版社，2008 年版。

苑千葩映玉辰，人间只有此花新"亦指此。阆苑，指阆风悬苑，即昆仑悬圃。玉辰，指天宫昆仑圣王坪。故昆仑悬圃又称天宫花园。

从有巢、燧人、伏羲至炎黄乃至尧舜之远古时期，地球正处暖湿期（参见本书第二章"远古上古中原古天象、古地理、古生态环境"），昆仑丘的年花期长达九个多月（现仅为四个多月），品种多达300余种（现仅为130多种），花株高达1.5~2.0米（现仅为0.5~1.5米），每平方米花株达230株（现旱年为5~7株，暖湿年为120株）。可见，公元前六十世纪至前二十世纪，昆仑丘是名副其实的天宫悬圃。

古时，直至唐宋时，昆仑悬圃名满天下，无人不知，无人不晓。不但战国屈原在《天问》中歌颂"昆仑悬圃"，到唐宋时，李商隐、杜甫、苏轼等诗人多有诗作赞颂。前两位诗人之故里，距昆仑丘皆不足百千米，深谙昆仑文化，笃行昆仑大道。

远古上古时人们习惯将"昆仑天柱"与"空中花园"合为一个名词——"昆仑悬圃"。除天中地中、天龙地龙外，奇异美丽的昆仑悬圃是远古先王先民不愿离开昆仑丘最为重要的原因，空中花园也便成为昆仑八景之二（图6.02）。

今人皆误以为"空中花园"指"世界七大奇观之一"的公元前六世纪古巴比伦的"悬苑"，其实，巴比伦的"悬苑"仅是昆仑悬

图6.02　空中花园——昆仑悬圃

圃的仿制，远晚于昆仑悬圃五千多年。

三、增城九重

增城，犹层城。增城九重，指山形似多层城楼。语出屈原《楚辞·天问》："增城九重，其高几里？"和《淮南子·地形训》："掘昆仑虚以下地，中有增城九重，其高万一千里百一十四步二尺六寸。"因昆仑文化的失落，故历来都误将增城连同昆仑看作现实世界不存在的神话中地名。

其实增城客观地存在于昆仑丘，是昆仑丘的一大奇观。那么增城是什么？古今通常有两种解释：地上增城和地下增城。

地上增城亦即《天问》"增城九重"，本原于"昆仑三级"。

《淮南子·地形训》：昆仑三级"或上倍之，是谓凉风之山，登之而不死。或上倍之，是谓悬圃，登之乃灵，能使风雨。或上倍之，乃维上天，登之乃神，是谓太帝之居。""昆仑三级"，显然缘起于中国古代神都天界说。但昆仑三级之中，除第二级悬圃和第三级天庭比较直觉外，第一级凉风却并不明显，于是又引出"盘亭列嶂"（有巢、燧人时称"石楼山"），认为盘亭列嶂才是"昆仑三级"的原型。

盘亭列嶂位于昆仑神龙龙须部位，是上翘龙须的重要组成部分，道界称其谓"西龙须"。山形奇异瑰丽，自下而上似"丘上有三丘相重叠"，是象形文字"亭""京""舍""金""楼"等字的创字原型，是人人都能直觉到的"增城九重"。《说文解字·释丘》"三成为昆仑丘"即出于此（图6.03）。

地下增城亦即"巫教三界"，是颛顼"绝地天通"时期提出的新的思想观念。其主要观点是认为"世界分三层：天堂为上界，诸神所居；地面为中界，人类所居；地狱为下界，鬼魅所居"。（《水经注》）

所谓下界地狱，即是"掘昆仑虚以下地，中有增城九重"的地下增城。实因昆仑虚（析城山圣王坪）内部空虚，密布喀斯特溶洞、暗河。许多溶洞、暗河被溶蚀成上下多层，故称"增城九重"。至今昆仑虚内部仍然有无数"增城"。

应该说，昆仑丘"地上增城"与"地下增城"合在一起才是完整的萨满教世界山（又称宇宙山）的本原本体本相。（详见第二十六章"昆仑文化的世界性影响"）

著名的增城九重是昆仑八景之三。后世，道教人士在增城九重基础之上进一步拓展出三重天、九重天、三十六重天等，并统称其谓"大罗天"。于是又增名峤山谓"大罗岭"，东汉后讹为"待落岭"。

昆仑悬圃、增城九重，只是昆仑丘自身的奇美。此外，环护昆仑丘的四周诸山，同样必须各具神秀，方能烘托出昆仑之神韵，方能吸引先王先民在此开基建业，繁衍生息。其实，原始先王先民在择址之初就已经留意到。其主要景观有：列笋天涯、千峰列嶂、四灵神兽、紫微天宫、轩台悟道。

四、列笋天涯

列笋天涯，指一排排如竹笋般尖峰由近及远排列到天边，十分神奇壮丽。此景纵列在天宫圣王坪西面，道家称其谓"西极山"（《淮南子·地形训》）。列笋天涯堪称世界自然奇观，

图 6.03　增城九重的出处之一——盘亭列嶂

旅游行家多将其列位昆仑八景之首（图6.04）。

五、千峰列嶂

千峰列嶂，指峰峦层层叠叠，由近及远，直排天际，晨雾轻拂，似幻似仙。此景斜列在天宫圣王坪东南陬。道家称其谓"波姆山"（《淮南子·地形训》）。

列笋天涯、千峰列嶂，是昆仑环护诸山中最为壮丽秀美的"好云山"（清代陈廷敬语）。在颛顼绝地天通以后，早期风水家又将这引作风水形势宗五大要素之一的"砂山"，作为环护龙穴的砂山之"四神砂"的标志，足见其在先王先民心目中之地位是何等崇高（详见第二十五章"中国风水文化本原本义"）（图6.05）。

六、四灵神兽

四灵神兽，指传说于远古时期的龙、虎（麟）、凤（朱雀）、龟（玄武）四类动物。

因世人认为其中的龙、凤、麟皆系人世间不存在的神物，故早期统称此谓"四神兽"。三代尤其殷商时，龟策占卜兴起后，多改称"四灵兽"。《礼记·礼运》曰："何谓四灵？麟、凤、龟、龙，谓之四灵。"那么，古时为何要编造四灵神兽这一故事？其又是如何而来？且看《礼记·曲礼上》所记："行，前朱雀而后玄武，左青龙而右白虎，招摇在上，急缮其怒。"译成白话是说：凡行阵，前锋为朱雀（凤凰）旗，后卫为玄武（灵龟）旗，左翼为青龙旗，右翼为白虎旗，中军竖立北斗七星旗帜，以激励和坚定战斗意志（图6.06）。

然为何说唯有"龙鳞凤龟"才是四灵神兽？为何说四灵神兽能激励和坚定战斗意志？四灵神兽故事到底由何而来？《礼记》并未作答。于是后人多有猜测，如东汉张衡（78—139）在《灵宪》一书中把四灵神兽解释或引申为黄道二十八宿"天四象"："苍

图6.04　列笋天涯

图 6.05　千峰列嶂

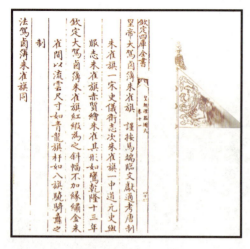

凡行阵，前锋为朱雀，后卫为玄武，左翼为青龙，右翼为白虎；中军竖立北斗七星旗帜。图为帝王出行阵势中之朱雀旗。

图 6.06　"四灵神兽"论说之一

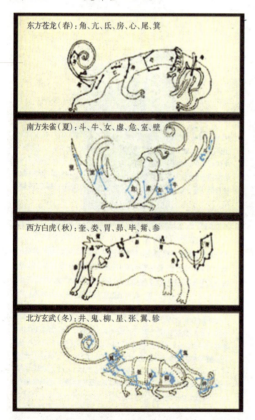

东方苍龙（春）：角、亢、氐、房、心、尾、箕

南方朱雀（夏）：斗、牛、女、虚、危、室、壁

西方白虎（秋）：奎、娄、胃、昴、毕、觜、参

北方玄武（冬）：井、鬼、柳、星、张、翼、轸

《灵宪》：苍龙连蜷于左，白虎猛踞于右，朱雀奋翼于前，灵兽圈首于后。

图 6.07　"四灵神兽"论说之二

龙连蜷于左，白虎猛踞于右，朱雀奋翼于前，灵兽圈首于后。"（图 6.07）但"天四象"仍然没回答"四灵神兽"的真实出处和原始本义。

其实"只知其然，不知其所以然"往往是出于原始本义的失落和原始本体、本形的遗佚。那么什么是四灵神兽的原始本义、本体、本形？

南北长 16 千米的昆仑丘是东（左）青龙化身（连同龙角）；其西 14 千米处东西长 4 千米不周山是西（右）白虎的化身（自昆仑丘南端轩辕西台向西北望，"西白虎"呈独角麒麟状，故又称其谓"麒麟"的化身）；鳌背山之巅长 2.5 千米的鳌背顶是北（后）玄武（灵龟）的化身；鳌背山南银河谷底南北长 3 千米的凤凰台是南（前）朱雀（凤凰）的化身（图 6.08）。

上述四灵神兽无不惟妙惟肖、气势如天，是昆仑八景之六。

以上就是流传中国几千年之四灵神兽的本原本体本形。四灵神兽并非世间生物，亦非凭空虚物，而是客观存在于自然界的象形山体，并天人巧合地在这象形山体之中央诞生了中华人文始祖伏羲。由此成为对人类社会具有重大影响力的一种思想文化理念。

这一思想文化理念，也就是四灵神兽的本义，其集中体现在中国风水学形势宗之中（参见第二十五章"中国风水文化本原本义"）。

七、紫微天宫

紫微天宫，道家省称其谓紫宫、紫垣、紫庭、紫宸、紫阙、紫台、紫极，文人又引申其谓紫盖（帝王车驾）、紫县（赤县神州），等等。

上述各种各样的称谓告诉人们，紫微天宫乃神仙居所、帝王宫殿、帝王祭天台等与天、帝、神仙有关的神圣所在。

那么神仙居所、帝王宫殿、帝王祭天台等，为什么都以紫色作为标志呢？再者，尹喜为函谷关令，老子自函谷关东面而来，那么老子是从函谷关以东的什么地方来到函谷关的，尹喜为何说老子来时"有紫气浮关"，又为何以"紫气"表示祥瑞？

老子，传为道家创始人，楚国苦县（今河南鹿邑东）人。历史上未曾传说老子故里有与神圣相关的典故。故当可排除鹿邑与祥瑞紫气有关。

从道家角度解读，函谷关以东与祥瑞紫气有关者莫过于天中地中、天龙地龙所在地昆仑丘。有典据为凭：

其一，中国古代把以北天极为中心，北斗星以北的中央天区称为紫微垣，认为这里是天帝宫殿所在地。

其二，昆仑丘形同北斗星座，古时又称其谓北斗坪，既是远古皇都之所在，又是天帝下都（《山海经·西次三经》），故亦称其谓天宫。

其三，自有巢、燧人、伏羲起的近四千年间，有百余代古帝王立都并归藏于昆仑丘。古谓帝王曰圣，圣逝曰神，故古时认为昆仑丘乃至神至圣鼎气祥瑞之地。

其四，因昆仑丘是至神至圣鼎气祥瑞之地，于是道家人士便据昆仑丘的山山水水、花花草草编创了许多与帝王们相关的神奇离异故事。如据伏羲母亲编创的周穆王宾西（羲）王母于昆仑瑶池的故事；据伏羲的姐妹编创的女娲补天造人的故事和牛郎织女鹊桥相会

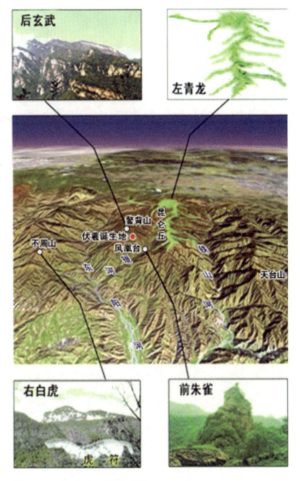

图 6.08　本义"四灵神兽"

的故事等。其中许多故事流传于后世并记载在了史书之中，才让今天的我们有可能透过神话故事读懂发生在那个年代的远古文化、远古史。

比如，透过杜甫《秋兴》"西望瑶池降王母，东来紫气满函谷"[1]和清洪昇《长生殿·舞盘》"紫气东来，瑶池西望"[2]等故事，可知"紫气东来"源自瑶池所在的昆仑丘，而非来自

[1]引自（唐）杜甫诗《杜甫》文集，中华书局，1961年版。

[2]引自（清）洪昇等撰《长生殿》，人民文学出版社，1983年版。

西方昆仑山或天山博格达峰。

那么为什么说紫气来自于昆仑丘呢？难道昆仑丘果真有紫气蒸云？是的！

其五，昆仑丘紫气蒸云有两解：

一解曰昆仑丘又名祈津山，意谓历代帝王皆于冬至日在圣王坪天地元烧牲燃禾，升烟以祭，祈祷上天，其紫烟蒸腾直升天宫。帝王祭天之所，当然是鼎气祥瑞之场所；帝王蒸腾云烟，当然是祥瑞紫气。

二解则如东晋王嘉《拾遗记》所云："昆仑，南有赤陂红波，千劫一竭"。或如东晋干宝《搜神记》所云："昆仑之虚，地首也。是惟帝之下都，故其外……又环以炎火之山。"或如《山海经·大荒西经》所云："昆仑之丘，……其外有炎火之山，投物辄然。"

上述第二解表明昆仑丘外围环有如炎火般的紫红色砂岩。

据考察，昆仑丘南、西南、西一带确实有广达几十平方千米的紫红色砂岩。远望昆仑，正是这些层状的、波状的、柱状的、曼状的紫红色砂岩及其增城九重，共同托起昆仑悬圃。紫红砂岩即是昆仑天宫的"尻"，又是祥瑞紫气的本原（图6.09）。

昆仑紫砂岩，其色、其形、其规模、其观赏性、其历史文化意义，皆为天下绝品。新雨后，阳光下，紫砂岩及其昆仑圣王坪，都似沉浸在吉祥紫气之中。故史书有记，昆仑古帝王都寿高百余岁，兴许与这优美环境、和合氛围和与亚高山碟形洼地圣王坪丰足的"宇宙能"及其负氧离子有关吧！

美丽神异的紫微天宫是昆仑八景之七。

八、悟道轩合

指轩辕黄帝在轩辕台南望天下，顿悟和合大道之真谛。典出《庄子·天地》："黄帝游乎赤水之北，登乎昆仑之丘而南望。"

那么黄帝站在昆仑丘何处南望？当然是站在昆仑丘峤山最南端能望断天下的轩辕台（参见本书第三章"昆仑丘——析城山"，第十一章"神圣昆仑之三　黄帝故里　黄帝墓地"）（图6.10）。

那么黄帝在轩辕台南望什么？据《庄子·天地》言，黄帝是在"寻道""悟道"。

那么黄帝为何要在轩辕台"寻道"呢？

a　昆仑之丘，其外有炎火之山，投物辄燃。南望昆仑，其光熊熊，其气魂魂。

b　《拾遗记》：昆仑，高出日月之上，九河分流，南有赤陂红波，千劫一竭。

图6.09　"紫微"天宫之出处

《庄子·天地》："黄帝游乎赤水（今黄河）之北，登乎昆仑之丘（今双合寨、玉皇顶，古轩辕东台、轩辕西台）而南望。""还归，遗其玄珠，使知索之而不得，使离朱索之而不得，使喫诟索之而不得也。乃使象罔。黄帝曰：'异哉！象罔乃可以得之乎'？"黄帝登临轩辕台"升彼虚矣，以望楚矣"，顿悟"天下之博大，为君之责大，易道之广大"的和合大道理念。

图 6.10　悟道轩台

据长沙马王堆汉墓出土帛文载，黄帝打败蚩尤后，不但斩其首，还剥其皮做成靶子供人射，拔其发制成旌旗竿头的飘荡饰物。如此残忍，大失民心。故《庄子·缮性》曰"黄帝始为天下，是故安而不顺"，唐成玄英《庄子疏》谓黄帝曰"黄帝致蚩尤之战，苟且欲安天下，未能大顺群生也"，意谓黄帝以杀戮镇压手段企图压服天下，然天下始终不安宁。于是黄帝又画蚩尤其形而四处张挂，但仍未能大顺天下。故《淮南子·览冥训》曰："昔黄帝治天下，然犹未及虑戏氏之道也。"言黄帝统治期间，天下始终不如伏羲时那般和合美好。嗣后，黄帝才登昆仑轩辕台南望天下，苦苦思索伏羲治天下的和合大道理念。又二十八年后，终于学懂了一些。《列子·黄帝》："又二十有八年，天下大治，几若华胥（虚）氏之国。"所说正是黄帝于轩辕台悟道事。那么在轩辕台能悟通和合大道吗？其实，凡诚心为民者，皆能悟道。

轩辕台以北的其他任一地点，因被轩辕台自身遮挡，故都不可能穷尽天下。孔子曰"登泰山而小天下"，道家曰"登昆仑（轩辕）而大天下"。意谓登顶轩辕台就能感悟天下之博大，领教为君之责大，领悟易道之广大。

轩辕台，海拔 1700 米，台之南骤降至 330 米。相对高差近 1400 米。于轩辕台之巅，极目天下，望无际涯，似可望见天际之外的楚国。《诗经·鄘风·定方之中》："升彼虚矣，以望楚矣。"所言正是在昆仑虚南端轩辕台南望楚天。

当然，此诗作于春秋，黄帝时尚无"五霸七雄"，但登轩辕台望大天下，胸潮澎湃之意境则是共通的。

望天下，能激励为君者之责任心。为君者，

不但要心怀天下，还须深谙天地大道。在远古时期，为君之道多本原于天道地道。

《史记》记："自初生民以来，世主曷尝不历日月星辰？"意谓远古帝王没有不观象测天的。

观象测天，一是为了授时推历，告民农时，这是世主之第一要务；二是为了由天地运行之道引申出社会伦理之道和社会管理之道，即"天道之与人道"，这也是世主第一要务。其集中体现在由"日月星辰各行其道，亿万斯年环中不休；天地万类生生不息，大千世界合合共荣"这一自然现象而引申的"正统、伦理、和协、包容"治世哲学。后世统称其谓"大道观"或"和合大道观"。

和合大道观，最初由伏羲在昆仑虚创立并亲自实践开创了中华民族稚身太皞部落联盟，黄帝在轩辕台悟道，"又二十有八年"才"几近华胥（华虚）氏之国"而开创了华夏部落联盟。据以上史书分析，黄帝执政前期有失民心，但后期则得民心。这与他在轩辕台悟道得道，领悟和合大道真谛关系密切。所以他后期不但决意从"天地元"祭天转场到"轩辕台"（其时又称圜丘）祭天，而且交代，在他过世后决意归葬轩辕台，以示要永远守望天下万民，永远信守和合大道理念。至今，昆仑丘轩辕台仍有黄帝真身墓地及其祭天宰牲池遗址遗迹。天地元遂改为祈求年丰的祈年台。明朝永乐年间修建的北京天坛便沿袭这一古制：天坛南端圜丘为祭天台；天坛北端为祈年殿。

轩辕台，呈前仰高而后舒缓的轩昂雄姿。登临台巅，可放眼天下，望大河东去。无论从历史序列，还是从神龙形体，轩辕台都是昆仑八景之极致（详见第十一章"神异昆仑之三　黄帝故里　黄帝墓地"），是永远值得中华万代子孙追忆、追思之地。圣人孰能无过，贵在知过悔过，知错改错！

昆仑八景，几乎包容天下所有奇美景色，无一不独秀天下。八千年前，中华先民在有巢、燧人、伏羲三皇带领下，看中了这片神奇美丽的山河，于是构木为巢、燧石取火、授时推历，一步步走上了文明开化新时代。

美丽的昆仑八景是先王先民近四千年内不愿离开昆仑丘的重要原因。

昆仑丘位居天地正中，是天帝下都，有天龙地龙护佑，有空中花园相拥，又有列笋天涯、千峰列嶂等秀美风光。这对原始先王先民来说无疑具有巨大吸引力，是远古先王先民近四千年间繁衍生息并立都、定居昆仑而不愿离去的重要原因。

但是，民以食为天，饮水、取火、柴米盐卤、衣食住行等等都是天天不可或缺的。如果昆仑丘缺乏先民生产、生活所必需的资源与环境，即使是再神奇、再美丽的天宫也不可能被选作万千人口大部落的王都。那么远古时昆仑丘及其周边的人居环境是怎样的？

一、温暖湿润的远古气候

本书"图2.05 西藏全新世古环境和气候变化图式与考古文化层之相关性"标示距今一万年前第四纪冰期已渐告结束，地球逐渐转入暖湿期，距今八千年尤其七千五百多年前至四千多年前，昆仑丘年平均气温18 ℃左右，年降水量约1 500 mm，年无霜期达300天以上，大致相当于现在我国南亚热带湿润大区与中亚热带湿润大区过度的粤北一带。其主要人居村落多位处海拔1 400 m~1 700 m的昆仑丘中山区，故冬无严寒，夏无酷暑。此类气候环境，对生产力极端低下的远古先民来说显然是极为舒适满意的。（详见第二章"远古上古中原古天象、古地理、古生态环境"）

二、穴居野处的洞天部落

《易经·系辞下》曰"上古穴居而野处"，《墨子·辞过》曰"古之民未知为宫室时，就陵阜而居"。陵阜，即大土山。以上是说，上古先民尚不会建造宫室，只能就土山而穴居（图7.01）。

a　昆仑丘（析城山）圣王坪南门外万人龛航空相片

b　分布在圣王坪东南向的人居岩龛

图 7.01　昆仑丘远古先民穴居之岩洞岩龛

此类穴居，通常为地形较平坦，土层较厚，地势稍高地带的半穴居，即半地下半地面式居舍。因其时正值暖湿期，地球中低纬度的平川地带多洪水肆虐，人类很难在平川地带生存，故多穴居于地势较高的陵阜地带。

另一类穴居为多岩洞岩龛的山区。生活在这里的远古先民多居住在天然形成的石灰岩溶洞洞口处或背风向阳的灰岩、砂岩岩龛崖下，也有以黄土窑洞穴居者。龛前以块石垒墙，上面以层草覆盖，以防寒暑，防风雨，防兽蚊。此类洞穴岩龛式居舍，相比于地下半穴居更简便更舒适，而这类远古居舍在王屋山区昆仑丘一带多得数不胜数，连同周边黄土窑洞，方圆上百平方千米地域内足可住居万千人等。

末次冰期后，原先住居在下川、李疙瘩等平川地带的先民，此时都移居至宛丘（伏羲后称昆仑丘、昆仑虚、昆仑北，更后称析城山、析津山等）一带。故《山海经》等史籍中多有"西王母穴居昆仑北"，"众帝、群帝在昆仑北"的记载。

三、样样俱全的盐兽果药

民以食为天，有了住的居舍，还须有食物吃，有衣穿。在定居农业出现之前，人类主要依靠采摘、渔猎维持生活。

原始时代，昆仑丘一带的原始森林中，各种野果、野菜、野兽似乎取之不尽。食其肉，寝其皮，饮其血，衣其毛，正是其时的生活写照。据初步考察，至今，这一带仍有野猪、豹、青羊、林麝、猕猴、雕、鹳鹰、鸶及两栖爬行动物、软体动物、昆虫等等数不胜数动物。在原始时期，这些动物都是人们的食品。昆仑丘西侧的鳌背山，古时又称药柜山，当

地原住民传其是神农尝百草之所在。实际上早在神农之前，当地已渐有草药治病的传说，只是缺失系统的文字记载，才传谓"神农氏尝百草"。后世传说"昆仑山（丘）上盗仙草"即出于此山上的石灵芝。如今，昆仑丘仍有木灵芝、石灵芝、冬凌草等稀有中药材。

食盐，是人类生活必需品，早在远古时代，中国人就知晓食盐对人体的重要性。生活在昆仑丘一带的远古先民，其食盐主要取自蒙汜，即现今的运城盐池。盐池位处昆仑丘西侧直线距离约一百千米（图7.02），伏羲时代华虚部落已设有专职运盐马队。久而久之，象形文字中的"西（卤）"字与"卤（卤）"字便成为同字近义。后世所谓山东食海盐，山西食卤盐即此意。运盐马队驮东驮西，"东西"一词亦起于此。私有制及帝王世袭制出现后，盐卤亦成为帝王私有财产。于是在蒙汜、昆仑一带爆发了争为帝、争盐卤、争铜矿的蚩黄、共颛大战。《盐铁论·结和》"轩辕战涿鹿，杀两皞、蚩尤而为帝"，说的即此战。不过，此涿鹿非今河北北部之涿鹿，而是运城盐池东涿鹿。

四、无旱无涝的定居农业

人类从采摘、狩猎到定居农业，经历了一个漫长的过程。起初的农耕仅是不懂节气的盲目式劳作，所以常常延误农时而歉收绝收。自从伏羲观象测天，授时推历，告民农时后，人们掌握了时间历法，便进入了原始科学指导下的定居农业时代，生产力得到很大发展。

昆仑丘的圣王坪、峤山、回耧地及其附近鳌背山顶等平坦山脊至今仍留有许多远古时期的农耕遗迹（图7.03）。

如前述，远古时期昆仑丘一带的气候、

（本图据《中国综合地图集》山西省地图幅调绘，中国地图出版社 1990 年 12 月版，第 140 页。）

图 7.02　昆仑丘距运城盐池约一百千米

地质、土壤条件非常适宜旱田作物生长；年降水量 1 500 mm，无霜期 300 天以上，年均气温 18 ℃左右。永无旱涝灾害。这对尚无抗御自然灾害能力的先民来说，是最好不过的农耕场所。《史记》所记历代世主观象测天、授时推历、告民农时，正是起自伏羲时代。

五、上天所赐的山泉燧石

偌大一个部落，没有水源，没有火种断然不行。据《三国志·魏书》记："庖羲因燧皇之图而制八卦。"此记表明燧人氏时代已在昆仑丘一带定居。当然，实际上有巢氏时代已定居于昆仑丘（其时称狼牙山、石楼山，后又称琅琊山、塔楼山、宛丘）。

之所以称燧人氏，是因其时发明了较钻木取火更先进、更方便的燧石取火。从此人类彻底摆脱了"茹毛饮血"的原始状态。这表明昆仑丘一带必赋存丰富的燧石资源，事实果真如此。

燧石，俗称"火石"，主要由隐晶质石英岩组成，颜色暗淡无光泽，一般为黄褐色或灰黑色。通常呈结核状、致密块状。具有显著的贝壳状断口，裂片尖锐，相互敲击能发出火星而引燃易燃物。主要产在石灰岩中。昆仑丘北部圣王坪是典型的石灰岩陷落洼地，赋存丰富的燧石资源。如今，不经意间在昆仑丘每每还能捡到新鲜的或打用过的块状燧石（图 7.04）。

以上表明燧人氏部落确实聚居在昆仑丘一带。燧人氏殁，伏羲代天为王，真正干出了一番惊天动地的大事业。

昆仑丘北部圣王坪系一石灰岩陷落洼地，洼地汇水面积约 8.6 平方千米，洼地底部有无数石灰岩漏斗和落水洞，倾盆大雨瞬间即经由落水洞潜入地下。故此圣王坪的地下水资

（本图片摄影　翟钢炮）

图 7.03　昆仑丘远古农耕遗迹——次生糜子

a　已打磨使用过的燧石　　　　　b　未打磨使用过的燧石

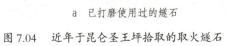

图 7.04　近年于昆仑圣王坪拾取的取火燧石

源十分丰富，其顶面及周围有大量的岩溶下降泉，泉水长年不断，甘甜润滑。其中较著名的有《史记·大宛列传》："河出昆仑。昆仑其高二千五百余里，日月所相避隐为光明也。其上有醴泉、瑶池"之醴泉，今称"黑龙洞"。这些泉水足以供万千部落民众及牲畜世世代代饮用（图7.05、图7.06）。

舒适的气候、天赐的洞龛、充足的食物、年丰的粮食和取之不尽的燧石、饮之不竭的甘泉是吸引并留住远古先王先民近四千年定居昆仑丘的重要原因。

a　昆仑丘（析城山）圣王坪醴泉（现名黑龙洞）外景　　　b　昆仑丘（析城山）圣王坪醴泉（现名黑龙洞）内景

图7.05　昆仑丘圣王坪醴泉

图7.06　昆仑丘（析城山）圣王坪瑶池（又称龙池、雷池、华池、鼎湖等）

世界上所有古老民族和著名宗教，如中华、古印度、古埃及、古希腊、日耳曼，道教、婆罗门教、伊斯兰教、基督教、犹太教等都有各自的创世神话。这是人类在不明科学道理之前人文历史发展的普遍经历。

其一，后世人们往往对神话包括创世神话具有普遍的接受能力，并能很自然地一代代传承下去。相反，对文明初始时期的原始科学、原始文化、远古历史等却因种种原因不记于官修正史，而多以神话的形式流传于民间、宗教等普通人群。因此，今人寻找已经失落了的远古文化、远古历史也只有走进这个民族的创世神话原创地。

其二，寻找失落了的远古文化、远古史正是今人研究创世神话的目的之所在，是研究创世神话意义之所在，也是研究创世神话的方法之所在。可以不夸张地说，正是研究

人员在十多年内深入到女娲神话、盘古神话、西王母神话这三则最具代表性的创世神话故事原创地才发现王屋山区昆仑丘就是神圣的中华文明发祥地。

唯物史观认为："神话，尤其创世神话，反映古代人们对天地自然、世界起源、人类创生、自然现象及社会生活的原始理解的故事和传说。它表现了人们对自然力的斗争和对理想的追求。"（摘编于《辞海·神话》《汉语大词典·神话》）

不过，以上只是近代以来学界对神、神话，尤其对创世神话所下的定义。实际上，人类初始时期对神、神话的认识并非完全如此。

譬如中华古代文化，谓帝王曰圣，圣之精气（指圣辞世后）曰神；谓高道大德曰贤，贤逝曰仙；余者曰民，民逝曰鬼。由此，神话尤其创世神话，当指发生在古帝王王都所

在地或特指发生在中华发祥地昆仑丘一带的与帝王有关的故事。

是的，各类神话中当数创世神话最具深远的历史文化意义，也最能体现民族个性和宗教教义。那么中华编创的"盘古""女娲""西王母"三则创世神话与其他民族、其他宗教的创世神话有何异同，其原创地在哪里，故事编创所依据的原型物是何样，创世神话与文明发祥地之间有何必然关联？

这些问题已经超越创世神话本身，表明创世神话在中华文明进程中具有十分重要的历史地位，是文明进程的一部分。然西方有学者未做深入考察研究便妄言中国没有创世神话，说中国的创世神话比如"盘古开天"是从古埃及舶来的。我国学界对中国的创世神话也存在众说纷纭、莫衷一是的乱象。例如，至今国内声称是盘古神话原创地、女娲神话原创地、西王母神话原创地者不少于几十处。为此，近几十年来，各地各家争持不休，最后草率得出一结论：盘古神话在南，女娲神话在北，西王母神话在西。

以上结论正确吗？否！如同"中华文明多源说"不合常理一样，创世神话多源说或"三方"说同样不合常理。之所以发生此类逻辑悖谬，其因似乎在关于神话的概念、创世神话的研究理论与研究技术路线等方面存在某些误区。现就中华创世神话及其原创地展开讨论。

一、中华创世神话及其"一源说"的基本概念与立论依据

逻辑告诉人们，譬如一个人，他只能有一个出生地，一则原创故事或一种原创文化也只能有一处原创地。随着时间推移，这种原创故事、原创文化将流传到他地，即发生"文化转移"或"文化扩散"，转移地接受了这种文化则属"转移文化"，而不是原创文化，尽管原创文化在传播、转移过程中有可能被发展、被改造、被分解。例如，伊斯兰文化的原创地在沙特麦加，原创佛教在古印度迦毗罗卫国，尔后这些文化逐渐传播到世界多地。但是，这些原创文化无论怎样传播、转移、扩散或被改造，其原创地的历史地位及其文化价值是永远不可动摇的，其文化原创地本身更是不可能转移、替换、增加的。这就是说，同一种原创文化，同一则原创故事不可能拥有两处以上原创地。

中华创世神话的编创和传播也经历这样的过程。这些神话故事，在原创地编创以后的漫长岁月里，逐渐传遍中国各地，在传播过程中，会因口耳讹传而被改编成无数"版本"。但不论有多少版本，其原版原创地只能有一个，后人研究这种文化或寻找已失落的原创地，亦只能遵从"原版"神话故事，否则易入误区。

逻辑认为，中华创世神话只有一个原创地，称作"一源说"。一源说认为，我国的创世神话具有三大特征，这些特征也就成为创世神话一源说的立论依据。

一是如张岂之《中国思想史·序》中所述："中国思想史的特点之一是……重辩证思维，重天人合一的思维方式。"认为我国上古时期的"哲学萌芽"和创世神话故事中间都明显地透出朴素唯物的成分，许多神话故事如"盘古开天辟地""共工头触不周山""女娲补天"等，就是发生在原始社会末期从"伏

羲推演太极八卦"至"共工、颛顼争帝大战"前后真实历史事件和自然现象的神话表述，而并非凭空虚构。

二是认为形象思维是古人编创神话故事最为普遍的思维方式。"人们通过形象思维去把握人类自身、人类社会和自然界的一般规律，直觉和想象就成为人类童年时代思维的特征。"（张岂之《中国思想史·序》）因此，如同创造象形文字一样，每一则神话故事都有能够经得起千百万年风雨侵蚀的巨大天成的象形山体及至象形天象（尤其象形星座）作为编创故事的原型物。并认为，有无包括天象地形等真实的原型物体，是判定是否是创世神话原创地的重要依据，而并非依据所谓"盘古寺""女娲庙"等后世追建的建筑物。

三是认为组成创世神话的许多故事不是孤立的，不是零碎的，不是互无关联的。恰恰相反，这些故事之间存在着基本的逻辑相关性、连续性。这些逻辑相关性集中体现在如下四个方面：

其一，认为不可能发生"在甲地（例如有说在广西环江盘瑶）开天，而在乙地（例如有说在山西阳城、河南济源边界斗顶）塌天，却到丙地（例如有说在河北白洋淀一带或长白山天池）补天"等逻辑混乱、有悖哲理之事。并认为原始的、素朴的"逻辑相关性"是创世神话一源说最主要的观点，是判定创世神话原创地最重要的依据。

其二，更重要的是，与其他文明仅由一位主神（如基督教说由上帝，伊斯兰教说由安拉，古巴比伦说由蒂呵阿马特，古埃及说由太阳神拉，古印度说由梵天，日耳曼说由

欧丁等）既创造世界又创造人类的神话故事不同，中国的创世神话明确说是由男人盘古创造世界万物，由女人女娲创生并保护人类。这种"男人主开基立业，女人主繁衍生息"的中国版本创世神话，客观、真实地反映出原始社会后期由母系氏族制向父系氏族制转型时期的社会结构和思维模式。

这种与西方创世神话不一样的中国创世神话，至少说明两个方面问题：一是以强有力的证据表明，西方某些学者说中国没有创世神话是错误的。中国不但有创世神话，而且有有别于其他文明的、更能反映人类原始社会本质的创世神话。二是"男主开基（盘古开天辟地），女主繁衍（女娲造人、女娲补天等）"两组故事构成了一部相对完整的、存在着基本逻辑相关性的创世神话系列，各则独立的故事在系列之中的排序、作用似乎是有意识的编排，而不是无意识的巧合。当然，这种所谓"排序"也可能是战国以后的文人有意为之，而不是故事原创者的本意。但可以肯定，相对的故事逻辑性是存在的。这一点表明，盘古神话故事与女娲神话故事的编创大体上是在同一文化时期、同一文化地域。由此只要认证系列之中任意一则故事的原创地，便可以认定系列中其他故事的原创地必然也在此地。

其三，这种逻辑相关性，不但存在于创世神话系列各则故事之间，而且存在于更宽泛的范畴。

唯物论认为，任何神话的产生，都必有其相应的自然文化背景。当初（指原创版本，不是指后期附会）编创类似"开天辟地"如此重大主题的神话故事，更不可能没有与"开

天辟地"意境相吻的自然、文化现象作为故事原型或创作背景。因此，若某地，譬如广西环江、河北白洋淀、吉林长白山仅有孤立的、零碎的、互不关联的所谓神话故事及其孤立的故事"原型物"，则不能认定其是创世神话原创地。

其四，那么这背景或原型是什么呢？中国"古人以为天圆地方，天有九柱支撑，地有四维系缀"。这九柱就是天边八柱与中央天柱。按逻辑推理，盘古当然是在中央天柱，即在天地中央才能开辟天地。那么这中央天柱或天地中央在哪里呢？当然就在传说中的昆仑天柱。因此说，中央天柱所在的昆仑丘就是当年编创盘古开天辟地神话故事的原创环境。这就是说，只要确认了创世神话系列之中任何一则故事的原创地，也就可以认定昆仑丘必然也在此地。反之亦然。

上述观点，集中体现了一源说的逻辑思维和唯物观。在上述理念指导下，最终得出了认证创世神话故事原创地的"六条原型物标准"：

系统完整：认为仅仅根据孤零零一个或两个所谓原型物体不可能编创出如此完美的创世神话系列。

因果相关：认为"开天辟地""抟土造人""天塌地陷""炼石补天""鳌足立极""杀龙济冀""芦（炉）灰止水"等基本上构成一串因果相关、环环相扣的系列故事，因此，编创这些故事所依据的各原型物体之间也应具备同样的"相关性"。

形体巨大：认为远古、上古时的人们不可能仅仅依据一些"说不出文化内涵"的小石块、小岩体便编创出规模如此宏大、传承千秋万代的创世神话系列。

集中连片：认为远古、上古时的人们不可能把分散在千百里以外的若干"原型"山体编创在同一系列的故事之中。这些原型山体必然集中在同一地域。

形态逼真：认为远古、上古时还没有抽象思维，因此不可能以似像非像的山体作为编创故事的原型。更重要的是，认为盘古开天辟地神话故事的原创地，不但要有逼真的"辟地"地形，而且还要有逼真的"开天"天象，真正具有天地相分相合、相交相错的意境，方能称"开天辟地"之原型。

天成岩体：远古、上古时还不可能有寺庙等人工建筑物，也不可能以树木、堆土、江河等不固定物体和寺庙等后世人工追建物作为编创故事的原型，而必定是以能亿万斯年兀立于天地之间、高大险峻的山体和上天星座作为编创故事的素材或原型。

由此认为，只要找到符合这"六条标准"的原型物体，并有当地古来俱有的、与这些原型物体相对应的创世神话民间传说，也就找到了真实的创世神话原创地。

二、中华创世神话宏观原创环境分析

任何事物都有其自身的发生发展规律，创世神话的产生（编创）也离不开地区、部族的社会历史环境，离不开地区、部族的生活习俗、道德风尚，离不开地区、部族的自然地理环境，离不开地区、部族的审美观点。这就是所说的地缘文化。

所谓寻找创世神话原创地，首要的也就是从自然的和文化的角度寻找这种原创环境。

因此除提出上述"六条原型物标准"外，一源说还认为在原始社会晚期要编创和传播这些神话故事系列，其原创地必定具有相对发达的经济、文化基础和相对便捷的交通条件。

同时，创世神话故事中还包含一些原始部落时代的山名、水名、地名和部落之间在后期发生的战争以及与神话故事相对应的自然、文化背景。于是在综合这些基础条件和背景特征之后，一源说又提出了认证创世神话原创地的"四条宏观环境标准"：

其一，必须有与形成创世神话传说同时期的文化遗存：如果没有远古时期，例如裴李岗、仰韶文化时期的文化遗存，那就无法证明这里曾有过远古人类文化，这便失去了编创创世神话故事最基本的条件。不过这种文化遗存，例如岩洞岩龛式村落、农耕地、测天授时台等也可能至今尚未被发现。

其二，必须有与创世神话传说相对应的古地名遗存：古地名是历史的活化石，流传至今的、与创世神话有关的远古地名是认证创世神话原创地最为强有力的原始实证。

其三，古时认为独流入海的大河之源距天帝最近，常被远古先民视为圣地，因此，必须既居大河之源又具有可形成大规模象形岩体的地质条件，并有与创世神话中最重要的神话传说相对应的天然原型山体、古天象及其相应的一系列古来俱有的当地民间传说。这便是认证是否是创世神话原创地的最根本、最强有力的证据。

其四，按创世神话定义，必须是远古帝王王都所在地，相应地也是远古帝墓所在地。应该说这是一条硬指标。若不是王都所在地，则绝不可能编创出以王都为背景，以帝王为原型的创世神话系列。

以上阐述了中华创世神话一源说的基本概念、立论依据和创世神话故事的认证标准及其故事原创地的宏观环境条件。按上述"十条标准"，很快把寻找中华创世神话原创地的目标锁定在与华北大平原（远古时平原中东部尚为浅海）相接壤的黄河北岸、古济水之源的王屋山区（位于山西阳城、垣曲与河南济源之间）。

三、盘古开天辟地，女娲补天造人

这是流传于中国的两则很有代表性的创世神话故事。"共工头触不周山"，则是女娲补天故事流传到颛顼共工时代的衍生故事；四灵神兽，则是围绕伏羲、女娲诞生地所编诌的谶纬性质的故事，故仍将其归属女娲神话故事范畴。

这两则神话故事的原创地在哪里？根据史学研究重原、重初、重物原则，寻找原创地首先必须解析最初记载这两则神话故事的古文籍。

（三国）徐整《三五历纪》记："天地混沌如鸡子，盘古生其中，一万八千岁。天地开辟，阳清为天，阴浊为地。盘古在其中，一日九变，神于天，圣于地。天日高一丈，地日厚一丈，盘古日长一丈。如此万八千岁，天数极高，地数极深，盘古极长。"

（战国）列御寇《列子·汤问》谓："然则天地亦物也。物有不足，故昔者女娲氏炼五色石以补其阙，断鳌足以立四极。"

（汉）刘安《淮南子·览冥训》曰："往古之时，四极废，九州裂，天不兼覆，地不周载，火烂炎而不灭，水浩洋而不息；猛兽食颛民，鸷鸟攫老弱。于是女娲炼五色石以补苍天，断鳌足以立四极，杀黑龙以济冀州，积芦灰以止淫水。"

《淮南子·天文训》曰："昔者共工与颛顼争为帝，怒而触不周之山，天柱折，地维绝。天倾西北，故日月星辰移焉，地不满东南，故水潦尘埃归焉。"

解读上述四则神话故事可相对明确如下逻辑关系：

其一，盘古开辟天地后，一则天地亦物，物有不足；二则四极废，九州裂，天不兼覆，地不周载；三则共工与颛顼争为帝，西北天柱被共工一怒之下用头撞断而天塌地陷。于是女娲又炼石补天。这四则故事之间存在着明确的因果相关性，属同一系列的神话故事。据此可以断定，这四则故事必然原创于原始社会晚期的同一地域，而不可能发生于盘古在南方的广西或西南的四川开天辟地，共工却在中原把西北天柱撞断，而女娲又跑到北方河北白洋淀一带或吉林长白山（《女娲补天石厂在长白山》长春晚报 2009 年 12 月 21 日）去炼石补天等有悖逻辑之事。实际上，故事的逻辑顺次与故事的编创及成书年代之间不存在也不必存在严格的时间相关性。

其二，按原始时期人们的认知规律，这四则故事的编创必有其所依据的原型物象和原型人物。同样，这些故事原型物象与人物原型亦必在同一地，而不可能毫无规则地分散在全国各地。

其三，盘古不可能在偏隅一方的角落而唯有在天地中央才能做成开天辟地这样的大事业；共工也只有在天中地中头触其附近的西北天柱；女娲亦唯在天中地中炼五色石补天。这才合乎逻辑。

那好，现在让我们一起走进天中地中昆仑丘，看看昆仑丘有无编创盘古开天辟地、共工头触不周山、女娲补天造人神话故事所依据的原型物体及其人物原型。

（一）天中地中昆仑虚盘古开天辟地

既然说盘古在天中地中开天辟地，那么在昆仑丘一定会有天地开辟时留下的"痕迹"。没有任何痕迹便随意说天地在这里开辟在那里开辟是没有意义的。那么昆仑丘有这样的痕迹吗？有！

其一，按《三五历记》，在天地未开辟前"天地混沌如鸡子，盘古生其中"，盘古长大后把鸡蛋壳撑破，上半个上升为天，下半个下沉为地，于是天地开辟。那么在蛋壳撑破以后将发生什么现象呢？

显然，一则上半个蛋壳变成穹庐似的天，下半个蛋壳变成浅碟状的地；二则上下蛋壳开裂处不可能似刀切般平齐光滑，而必成犬牙交错状；三则蛋壳其他地方也必然遭损伤而呈千疮百孔状。

那好，现在请看昆仑北圣王坪：上蛋壳变成千疮百孔穹庐似的天，所以天要落雨，要掉陨石；下蛋壳变成千疮百孔浅碟状的地，由于圣王坪乃石灰岩地貌，所以其底部散布着数不清的俨如千疮百孔的喀斯特漏斗和落水洞。同时，浅碟状圣王坪的边缘排布有大小不一、高低起伏的犬牙状浅丘（图 8.01）。

以上之天象地形无疑为原始先民编创以"蛋壳撑破而天地开辟"为主线的盘古开天辟地神话故事提供了丰富而完美的想象空间。否则为什么不编造"葫破开天""石破开天"呢！

其二，圣王坪西侧的一条北南向河流古称"盘亭河"，圣王坪西侧一条支脉古名"石楼山""塔楼山""狼牙山""盘亭列嶂"，俚称"十八罗汉山"。之所以取名"盘亭"，一系源自盘古在此开天辟地，二系此支脉顶部矗立若干座亭楼状山峰，此即创生象形文"亭""楼"字的原型（图8.02）。

其三，"昆"有三音九义、十义或更多义，其中昆（hún）仑（hún），即谓天地从混（昆）沌到伦（仑）理有序，此义即开天辟地。昆仑丘，即盘古开天辟地之丘。（详见第十七章"首批象形文字的创生"）

其四，第十章、第十二章、第二十二章、第二十三章还将讨论圣王坪是伏羲及其太皞部落的王都所在地，并讨论伏羲曾在圣王坪由天龙地龙推演双龙太极图。太极图即为开天辟地原始宇宙观的图示形象。

其五，盘古开天辟地以后，担心天地重新合拢，便于天地中央和八极支撑了九根天柱。

八极，八方最边远的地方。九柱，犹指支撑八方天宇的八根天柱和支撑中央天宇的中央天柱。昆仑丘即为中央天柱。古书记载昆仑为中央天柱者甚多：

《河图》："昆仑，天中柱也。"

（汉）东方朔《海内十洲记》："昆仑，上通璇玑……此乃天地之根纽万度之纲柄矣。是以太上名山，鼎于五方，镇地理也。号天柱……"

（汉）东方朔《神异经·中荒经》："昆仑，有铜柱焉，其高入天，所谓天柱也，围三千里，周圆如削。""黄帝采首山铜"的昆仑丘就是位居天中地中的中央天柱。

以上从多个角度认证：昆仑丘是盘古开

析城山圣王坪呈浅蝶状，坪底散布着千疮百孔的喀斯特漏斗和落水洞，边缘排布有犬牙状浅丘。（本图取自Google Earth 3D图像）

图8.01　析城山圣王坪

"盘亭"，其名一取自盘古在此开天辟地，二取自该山如亭楼状山峰。

图8.02　盘亭列嶂中段

天辟地神话故事的原创地；圣王坪是开天辟地故事的山体原型；天地双龙太极图是开天辟地原始宇宙观的图示形象；伏羲是盘古开天辟地故事的人物原型。

（二）"盘古在南说"的讹因

东汉末年，应劭在《风俗通义》中同时记载女娲抟土造人和古族犬戎槃瓠的神话故事，又过了几十年才有三国徐整在《三五历记》中记载盘古开天辟地的神话故事。按时间顺次似乎先有女娲，次有槃瓠，再次有盘古。于是，后世一些学者便认为"女娲在北""盘古在南"，并说盘古故事是槃瓠故事的承袭和发展。

显然，这是就故事成书年代先后和槃瓠、盘古谐音所做的推论。应该说，按成书年代先后论断原始时期神话故事编创地点并不科学。探讨盘古、槃瓠神话故事的出处，还得从神话故事本身出发。

槃瓠神话故事，首见于东汉末年项城（今淮阳南40千米）人应劭《风俗通义》，其后，南朝宋范晔《后汉书·南蛮传》亦有详记。现转录故事全文：

"昔高辛氏有犬戎之寇，帝患其侵暴，而征伐不克。乃访募天下有能得犬戎之将吴将军头者，购黄金千镒，邑万家，又妻以少女。时帝有畜狗，其毛五彩，名曰槃瓠，下令之后，槃瓠遂衔人头造阙下，群臣怪而诊之，乃吴将军首也。帝大喜，而计槃瓠不可妻之以女，又无封爵之道，议欲有报，而未知所宜。

女闻之，以为帝皇下令，不可违信，因请行。帝不得已，乃以女配槃瓠。槃瓠得女，负而走，入南山，止石室中。所处险绝，人迹不至。于是女解去衣裳，为仆鉴之结，着独力之衣。帝悲思之，遣使寻求，辄遇风雨震晦，使者不得进。经三年，生子一十二人，六男六女。槃瓠死后，因自相夫妻，织绩木皮，染以草实，好五色衣服，制裁皆有尾形。其母后归，以状白帝。于是使迎诸子，衣裳斑烂，语言侏离，好入山壑，不乐平旷。帝顺其意，赐以名山广泽。其后滋蔓，号曰蛮夷。"

删去故事中的神话成分，当可得与史书相合者七：其一，此事发生在高辛氏（帝喾）时；其二，高辛氏时有一部落称犬戎；其三，帝喾企图灭犬戎而发生战争；其四，犬戎有一将军姓吴，后被帝喾军所杀；其五，帝喾与犬戎部落联姻，犬戎中的一部分遂归顺帝喾而得到较好的安置；其六，这部分犬戎成为后世的蛮夷；其七，蛮夷人不居平旷而居山壑，不说中原言语而说其自己的言语，不服中原装而衣其自己的服装。

上述七者中，除吴"将军"已不可考外，其余皆能在历史上找到影子。

高辛氏是继黄帝、颛顼之后的古帝王，史称帝喾，又称帝逡。因黄帝、颛顼推行帝王世袭制而引发中国历史上最早的三场大战，并大规模杀戮、驱赶蚩尤、两暤部落后裔。高辛氏继位后，被驱离昆仑丘的原太暤部落民众多有思乡之情，尤其西迁泾河源一带的犬戎，因怀念昆仑伏羲，便自称"绲（hùn）夷"。

高辛氏一手镇压，一手怀柔，与东夷、犬戎多取联姻，于是犬戎中的一部分迁徙至自然条件相对较好的南方武陵洞庭湖一带，史称这部分为"蛮夷"或"武陵蛮"。槃瓠神话就是由武陵蛮后裔所编创。以帝王之女下嫁戎夷之犬（应为下嫁犬戎或武陵蛮首领）的故事既抬升犬戎地位又颂扬帝喾之宽仁。

其实，槃瓠故事与盘古故事是性质完全不同的两类神话：槃瓠神话描述的是四千五百年前帝喾时代武陵蛮的故事，但成书于东汉末年，讲的是一个名叫槃瓠"狗"的故事，其宗旨是宣扬帝喾以信义博取犬戎人的信任；盘古神话描述的是发生在八千年前伏羲时代昆仑丘的故事（详见第二十章"断代太皞伏羲时代"），但成书于三国时代，讲的是在尚无天地日月、人类万物之前的英雄盘古开辟天地的故事，其目的是赞美伏羲推演太极八卦、开智度人。两则故事间无任何关系。

如果一定要找出些两者间的关系，那么其一，盘古开天辟地神话故事的原型是八千年前昆仑丘的太皞部落首领伏羲；槃瓠故事的原型是四千五百年前的帝喾与犬戎；而犬戎的先祖就是被黄帝、颛顼驱离昆仑丘的太皞伏羲部落后裔。故两者之间是同宗共祖，有共同的历史背景。其二，槃瓠故事的作者应劭是项城人，其先祖是西周、春秋时的陈国人，而陈国正是太皞部落东迁后东夷人的后裔。盘古故事的作者徐整，其祖先也是中原人，三国前期才移居吴国。因此这两位作者也有共同的远祖和共知的部落史。所记、所编历史故事亦多为太皞部落或其后裔的故事。因此，盘古神话就是盘古神话，槃瓠神话就是槃瓠神话，不存在也不需要谁吸收谁的问题，也不存在"盘古在南，女娲在北"的问题。之所以发生盘古与槃瓠相混，主因是今天的人们惯于把这当成传统意义上的神话，而不认为这是史前文化或史前史的神话表述。

（三）共工头触不周山

此故事仅系女娲神话故事流传到颛顼、共工时代的衍生故事，实则与本义女娲补天的故事并无关联。故事首记于西汉刘安《淮南子·天文训》："昔者共工与颛顼争为帝，怒而触不周之山。天柱折，地维绝。天倾西北，故日月星辰移焉；地不满东南，故水潦尘埃归焉。"该故事最早应编创于颛顼、共工时代，因事发地点与盘古开天、女娲补天神话故事同处昆仑丘不周山一带，故当地先民顺理成章地便把这三则故事传为同一系列的女娲神话。一直流传至西汉才由刘安记于《淮南子·天文训》。不过，刘安仍未把不周山神话与女娲神话混为一谈。那么共工头触的不周山在哪里？

中国文化认为，除中央天柱昆仑丘外，天地八方还有八根天柱。据《淮南子·地形训》

载，八柱分别为：东北方曰方土山；东方曰东极山；东南方曰波母山；南方曰南极山；西南方曰编驹山；西方曰西极山；西北方曰不周山；北方曰北极山。其中数西北天柱不周山最为著名。那么昆仑丘西北方向哪座山是不周山？

现请登临"黄帝游于赤水之北，登乎昆仑之丘而南望"（《庄子·天地》）的昆仑丘南端轩辕西台，现名"玉皇顶"的地方向西北望，不周山就在昆仑西北14千米处。对照《列子·周穆王》："别日升昆仑之丘，以观黄帝之宫，而封之以诒后世。遂宾于西王母，觞于瑶池之上。西王母为王谣，王和之，其辞哀焉。乃观日之所入，一日行万里。"不由对《列子》《淮南子》"天柱折""天倾西北，故日月星辰移焉"的想象力发出由衷赞叹！

以上，据《列子》《淮南子》《河图》《海内十洲记》《神异经》《庄子》等古籍所记并经实地考证，从地理方位角度证明昆仑丘西北14千米处的山体就是不周山。

此外，从该山体本身的形态特征也能证明其是不周山。譬如，不周山神话故事中最具特征的是"共工头触不周之山"。所谓"头触"，就是用"头顶"，用头顶就必须双手用力后撑，双腿用力后蹬，全身用力向前冲，头颅把前方的天柱山顶倒，把原来周正的山体顶触得不周正。因此，如果此山果真具有上述这些形态特征，那么无疑可证明其就是不周山。

确实，站在对面观看不周山，以上所有特征无不惟妙惟肖。于是，当地先民便既称此山为不周山，又称此山为头顶山，因乡音"头（dǒu）"与"斗（dǒu）"发音相同，故现代地形图上标注"斗顶"（图8.03）。

俗话说，"成者王侯败者寇"，颛顼战胜共工以后，便诬称共工是主杀生的魔。又因不周山位于昆仑南端轩辕西台西北方，所以便称西北风为主杀生的大刚风。这些诬称通过颛顼时兴起的中国风水说一直流传到现在。其实这些都是统治阶级为巩固其统治而横加在他人头上的莫须有罪名，人们大可不必信其真。共工本是一位反对帝王世袭制的部落领袖，也是一位治水英雄。

（四）女娲补天立极，抟土造人

女娲为什么要补天立极，历来有两种说法，请看史书所记（见本章"三、盘古开天辟地，女娲补天造人"引自《列子·汤问》《淮南子·览冥训》《淮南子·天文训》的引文）。

以上前两则故事所讲的是女娲"补天立极""杀龙止水"的原因与目的：女娲神话系原创于伏羲、女娲时代，主人公是女娲，主题是颂扬女娲无私无畏拯救人类。一般说，女娲神话主要由五则小故事组成：抟土造人；炼石补天；断鳌足立四极；杀黑龙；积芦灰止淫水。这五则故事皆源起于传说中的"灭世大洪水"。

话说在史前洪荒时期，天河倒悬，洪水肆虐，黑龙作恶，生灵涂炭。为拯救人类，女娲

共工双手用力后撑，双腿用力后蹬，全身用力前冲，头颅顶倒天柱峰。原先周正的山体被撞成不周正，故名不周山。（发现者翟明东，摄影者翟钢炮）

图 8.03　共工头触不周山

挺身而上，做出了上述五件惊天动地的大事。

因此说，这些故事当原创于银河（天河）、神龙、巨鳌之所在。

考察证实，源出神龙下颌部的一条河川自古以来便称"银河"，上述五则故事皆原创于这银河畔，五则故事的原型物皆位于银河两岸。于是 2006 年 4 月台湾中国文化大学金荣华教授到昆仑丘银河所在地河南省济源市邵原镇考察女娲神话，随后金先生在台北发表了《女娲神话的产地印证》一文，明确昆仑丘银河就是女娲神话的原创地。现摘引

金先生文中要点：

在河南北部济源市邵原镇的小沟背地区（按：小沟背位析城山西南麓），有一条长约三千米的河谷，河床上布满了大大小小的"五色石"。这种五色石不是一般人所认知的那种一整块岩石，而是一种胶结了许多各色鹅卵石的大砾岩，砾岩的成分又是由砂岩、页岩、火山岩、花岗岩等组成，看起来像是大石上布满了点点繁星。当地有一句自古相传的话说"天上银河星星稠，地上银河石头沟"，所谓地上银河，指的就是这条布满了

五色石的河谷，而这条河谷也被称之为银河。

更特别的是，那些胶结在大石上的各色小石，看来像是嵌进去的，也像是用火"炼"熔上去的。那么女娲补天神话里的"五色石"在这里是得到了实物的印证，而所谓"炼五色石以补苍天"乃是"炼成"五色之石去补天，并非为了补天而去"熔炼"五色之石。

补天神话里的实物基础即可确认，接着的问题是：上古创造这个神话的人怎么会想到用五色石去补天呢？这也许可从生活经验的启示来理解，那时的人如果看过自天而降的陨石，那么"天"是由石头造成的说法，不难成为当时一般人的认知，加以天上银河和地上银河的形象联系，结合为炼制五色之石以补天是合乎当时思维模式的。事实上，邵原地区是有陨石存在的：在邵原镇东边25千米处的李八庄，旧名铁石村，即因历史上曾陨落数块铁陨石而得名；此外，邵原镇东南20千米处的乱石中还存有铁陨石。

此外，在上述"银河"的西侧，有一座鳌背山。这山之所以被称为鳌背山，是因为这座山的山顶是平坦的，并且在中段稍稍隆起，像一只伏在那里的大乌龟。此"龟"全长二千米，身厚约二百米。设想当时情况，就像现在各地的山水传说一样，有人面对此景时，创造性地解说为什么这只大乌龟伏在山头不走了，因为它的四条腿被女娲砍下拿去撑天了。说者当然是戏言，听者若觉得有趣好玩，在他人面对此景时取用解说，一再传述，即成后世之神话。那么，女娲之所以砍鳌足而非其他动物较长之四腿，只是初民之望物生义，因为有这么一座鳌背山存在的实景而已（图8.04）。

（本图片摄影　翟钢炮）

图8.04　女娲断鳌足以立四极

除了鳌背山，在银河东边的待落岭（按：应为大罗岭）上有一座四空山，山高约一千四百五十米。四空山之得名，是因为这山的四周都是悬崖峭壁，草木不生，奇特的是在西南向的那一面（高一百多米，长四百多米），布满了浅黄色的直条状细砂岩，好像是大批泥浆溅洒上去形成的，形状则是像一大群扑挤在峭壁上的光身娃娃，当地人称它为"娃娃崖"，也称作"祈子崖"，因为当地曾有人来膜拜求子（图8.05）。

上述景象十分符合"引绳于泥中，举以为人"的叙述，那么它也无疑就是这一说的实物基础，所以，造人神话的创造者不取抟土为人的方法，因为故事就是为这个娃娃崖景象创造的。

通观全文，不由人不信：如此之多的创世神话故事源起古济水源区，是中国文化之必然，而如此之多的创世神话故事原型物集聚昆仑丘一地，却不能不说是天地之造化。

这正好印证古济水之源王屋山区昆仑丘就是中华文明发祥地！

析城山及古济水源区被证明为中华创世神话原创地，又一次直接证明今之析城山确是古之昆仑丘，古济水之源王屋山区是昆仑文化原创地，是中华文明发祥地。

按常理，女娲杀黑龙故事的原型，理当发生在神龙之上。当地传说在圣王坪南门东侧有捆龙柱、斩龙台等象形石，其实那仅是近代人的附会。原本的"女娲捆龙、杀龙"原型山体位处龙的心脏部位，此处有一座高

（本图片摄影 翟钢炮）

图8.05　女娲抟土造人

出龙脊、东西走向的"捆龙山"，当地俚称"十八瓦"的山梁，无论从龙首南望还是从龙尾北望，此"捆龙山"皆似捆龙索。女娲捆龙之后便两刀砍断龙脊，又斩下龙头，于是，神龙心脏部位便有两道深深的断口（图8.06）。

龙首与龙脊相接之龙颈处亦呈断裂状。龙首是灰岩地貌，龙脊龙身是砂岩地貌。所谓斩龙，实则是先民借用龙颈、龙心恰巧位处断裂带之上所编创的故事。

济源原住民传说女娲杀黑龙故事发生在邵原西边的黑龙山。因受地形雨影响，黑龙山一带常呈多发性雷暴雨，于是先民便编创

此故事。

其实，与许多事物多存在两面性一样，在人们心目中神龙也有两面性，它既赐福人类风调雨顺，又向人类发泄狂风暴雨。古时不明大自然的科学道理，才就着这些地形地貌编创出逻辑相渭的"杀龙故事"。

之后，济源市邵原镇以上为证，向国家有关部门申报"中国女娲神话之乡"和"非物质文化遗产"。中国民间文艺家协会于2006年9月正式授予河南省济源市邵原镇"中国女娲神话之乡"称号和牌匾；2007年2月河南省人民政府公布、河南省文化厅颁发"河南省非物质文化遗产邵原创世神话群"；2008年6月中华人民共和国国务院公布、中华人民共和国文化部颁发"国家级非物质文化遗产邵原神话群"证书和牌匾；中国大众文学学会授予"阳城中华龙文化研究基地"牌匾（图8.07）。最终以法律形式确认王屋山区昆仑丘为中华创世神话原创地。

（五）龙、虎、凤、龟四灵神兽

许多真实发生过的远古史和远古文化，因得不到验证，便往往被讹解为神话故事，这是中国原始社会历史被扭曲的主因之一。四灵神兽的命运也是如此。真实的四灵神兽故事是这样的：

如前文所述，南北长13千米的昆仑丘是神龙的化身。在神龙西偏南，矗立着一座南北长约4千米的鸟形山体，并逼真地有鸣天

图8.06　女娲杀黑龙以济冀州

状鸟首、鸟嘴和振翅欲飞的鸟翼，远古先民因取其名曰凤凰，至今仍称其为凤凰台。无独有偶，在凤凰台北又有一座呈无足巨鳌状的山体，古今称鳌背山。

鳌背山即为传说被女娲截掉四足的巨龟。此龟东西长约二千米，高约二百米，静静地卧爬在鳌背山之巅。

凤凰台与鳌背山的西侧有一座东西长约4千米称作不周山的山体，此山既似双手后撑、双腿后蹬的"共工头触不周山"，又因其顶部呈白色卧虎之形，故俗称白虎。风水五行说兴起后，按南向为正、居中为尊之观念，遂喻东（左）方为春，春色苍、青；喻南（前）方为夏，夏色赤、朱；喻西（右）方为秋，秋色为白；喻北（后）方为冬，冬色黑、玄。又，中国文化讲究雅训，故又称凤凰为朱雀，称灵龟为玄武。由昆仑南端轩辕西台西北望，不周山又呈想象的独角麒麟状。于是，经这

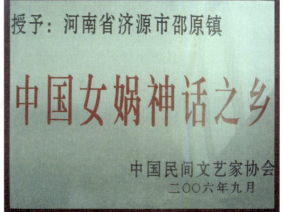

图 8.07　国家和地方及民间组织授予济源市邵原镇与女娲神话相关的牌匾以及中国大众文化学会授予阳城的中华龙文化研究基地牌匾

一连串的引申，自战国以来，四灵神兽便俗称"左青龙、右麒麟、前朱雀、后玄武"。在古代先民看来，这是一些天地之间的神物，所以被风水堪舆家刻意神化为兆示吉祥的四灵神兽，最终成为中国风水学极其重要的思想理念与物象基础。

史籍中较早记载四灵神兽的是西汉《礼记·礼运》："何谓四灵？麟、凤、龟、龙谓之四灵。"《礼记·曲礼上》："行，前朱雀而后玄武，左青龙而右白虎，招摇在上，急缮其怒。"然而，这么几座象形山体，尽管其确乎神奇神异，但也不至于为先民如此之崇奉，不至于被上至帝王、中至风水家、下至黎民顶礼膜拜成神兽圣物，更不至于成为帝都、皇宫、寺庙等建制的神圣法则和帝王出行时的盛大仪仗！那么内中到底有何玄机？

据风水学"四方为卫为护，居中为帝为储"观念和史书"四灵既布，黄龙处中"（《吴志·胡综传》）记载，并经实地考证，在"左青龙、右白虎，前朱雀、后玄武"四灵神兽原型山体之中央是三皇五帝之首伏羲与女娲降生之洞穴式原始村落"成己"，成己也是其母亲华虚氏族的宗祖地。

华虚氏生伏羲、女娲，他们长大后成为开创中华文明的圣王，其功莫大焉。更因成己位处以神龙为首的四灵神兽之中央，而风水五行说又以中央为黄色，称中央帝王为真龙天子或称"黄帝"（非单指"轩

辕黄帝"），于是便有了"四灵既布，黄龙处中"之说。

无疑，如此神圣之形胜当为后世帝王们所仰羡、仿摹，于是便纷纷效法。例如：帝王出行时，左青龙旗，右白虎旗，前朱雀旗，后玄武旗，中央竖立招摇（北斗七星）大旗；帝都皇宫，皆取前朱雀门，后玄武门，左青龙门，右白虎门，中央为皇宫、金銮宝殿。如此，既突显帝王之尊高，又反映出帝王们祈盼吉祥四灵神兽能像护佑伏羲那样护佑当朝天下祥和、江山永固的心理。（有关"四灵神兽"文化，参见第九章"神圣昆仑之一伏羲故里昆仑华虚成己"）

通过以上讨论可知，所谓四灵神兽，本是大自然的一种巧合。可是，到了道家、风水堪舆家嘴里，便被炒成了上天旨意。道家把这称作"天人感应"的重要证据；风水堪舆家则借此演义为占星、堪舆、相宅、卜卦等风水学的理论、物象依据。

其实，这其中的许多说法原本都具有唯物的成分，其出处几乎都本自神异神圣昆仑丘，都出自圣王伏羲。遗憾的是，当风水学发展到战国、秦汉乃至唐宋以后，便逐渐掺进了功利主义的成分，导致占星、堪舆、风水等说陷入了筮占神说。

四、从羲王母故里到西王母神话

羲王母，又称金母、王母、西姥，是道教

刻意打造并崇拜的尊神之一。说她原本姓缑名回，字婉妗，又字太虚（《道教的故事》[1]），治所辖昆仑五城十二楼，是道教女仙领袖。民间将西王母作为长生不老的象征。传她生有两男五女（又传生有七女），那时无男尊女卑之说。故依次为长女华林，次子伏羲，三女媚兰，四女青娥（即女娲），五女瑶姬，六子"佚名"，七女玉栀（即七仙女，又即织女）。以上道书所记仅供参考，以下先从神话中的西王母说起，进而分析女神西王母的人物原型。

（一）神话中的西王母

西王母神话是流传于中国民间最著名的故事之一。至今所见较早者记于《山海经》，凡四处：

《山海经·西次三经》："玉山，是西王母所居也。西王母其状如人，豹尾虎齿而善啸，蓬发戴胜，是司天之厉声及五残。"

《山海经·海内北经》："西王母梯几而戴胜，杖。其南有三青鸟，为西王母取食，在昆仑北。"

《山海经·大荒西经》："大荒之中，西有王母之山、壑山、海山。有沃之国，沃民是处。沃这野，凤鸟之卵是食，甘露是饮……。鸾鸟自歌，凤鸟自舞，爰有百兽。""有三青鸟，赤手黑目。有轩辕之台，射者不敢西向射，畏轩辕之台。"

《山海经·大荒西经》："西海之南，流沙之滨，赤水之后，黑水之前，有大山，名曰昆仑之丘。有神，人面虎身，有文有尾，皆白，处之。其下有弱水之渊环之，其外有炎火之山，投物辄然。有人戴胜，虎齿，有豹尾，穴处，名曰西王母。"

除《山海经》外，西王母神话故事还记于《列子·周穆王》："已饮而行，遂宿于昆仑之阿，赤水之阳。别日升于昆仑之丘，以观黄帝之宫，而封之以诒后世。遂宾于西王母，觞于瑶池之上。西王母为王谣，王和之，其辞哀焉。乃观日之所入，一日行万里。"

又见记于《竹书纪年》："帝舜有虞氏……九年，西王母来朝。""穆王，十七年，王西征昆仑丘，见西王母。其年，西王母来朝，宾于昭宫。"

又见于《墉城集仙录》[2]："西王母宫阙在昆仑之圃。"

又见于《水经注》引《昆仑说》："其处有积金为天墉城，面方千里。城上安金台五所，玉楼十二。……西王母之所治。"

又见于《淮南子·览冥训》："羿请不死之药于西王母，姮娥（嫦娥）窃以奔月，怅然有丧，无以续之。"

又见于六朝《汉武故事》[3]等。不过书中除神奇外皆无新见。

解读以上西王母故事，人们自然要提出许多问题：其一，西王母是人还是神，为什

[1]唐那碧著《道教的故事》，光明日报出版社，2005年版。

[2]（五代·前蜀）杜光庭撰《墉城集仙录》，全国图书馆文献缩微复制中心，1986年版。
[3]（汉）班固撰《汉武故事》，台湾商务印书馆，1983年版。

么称"西王母"？其二，西王母居所多达三处：一曰玉山，二曰昆仑虚或昆仑丘、昆仑北，三曰王母山。那么到底哪一处是西王母真居？其三，西王母的形象，比较一致的看法是人面、虎齿或者虎身、豹尾、蓬发戴胜。西王母为什么成了动物？其四，关于西王母居住地的环境特征，诸文说法不很一样，大致可归纳为以下诸类：有金台五所，玉楼十二；有鸾凤，有百兽；有瑶池、甘泉（醴泉）；有轩辕台，有黄帝之宫；有洞穴；有赤水；有炎火之山；能观日之所入；有不死药；等等。那么西王母居住地"玉山"，"昆仑虚"，"西王母山"真有这样的环境吗？

按《圣武记》"准其地望，皆与古书相合"所说，假如上述提出的四个问题在昆仑丘皆能找到明确答案，且有各种真真切切的原型物体作为凭据，那么就能证明西王母神话无疑原创于昆仑丘，同时也可证明西王母确有其人物原型。果若此，几千年来关于西王母的种种臆猜从此可画上句号，同时可为中国远古神话的探索提供一条科学的研究理路。

（二）羲王母化神西王母

1. 羲王母亲是西王母神话故事的人物原型

"西"与"羲"音谐，西王母的原型人物即羲王母。羲王母即圣王伏羲之母亲。羲王母，原为华虚部落风姓氏族一女子，史称"华虚（后讹"胥"）氏"。

伏羲在昆仑丘观象测天，授时推历，告民农时，开天辟地。部落民众过上了不再颠沛流离，不再生不由己的定居农业生活，人们便尊奉伏羲为圣王，并取名伏羲王都所在地昆仑北部为"圣王坪"，同时也尊称伏羲母亲华虚（三代后讹译"华胥"）氏为羲王母，并把羲王母从居住条件较差的鳌背山南坡洞龛式村落成己接到条件较好的昆仑圣王坪南门一带。至今圣王坪南门一带仍有许多原始时代留下的洞穴、岩龛式村落遗迹。其中今名"万人龛"等地的聚落便是当年华虚部落雷姓氏族屯居地之一。这就是《山海经·大荒西经》中西（羲）王母"穴处昆仑北"的出处（图8.08）。

那么哪窟洞龛是羲王母华虚氏的居室呢？人们可做如下分析：

其一，据西王母在昆仑北的记载，羲王母居舍当位圣王坪。其二，据西周仿远古时"中邦之居在昆仑东南"的记载和"人居昆仑东南"的习俗，羲王母居舍当在圣王坪南门外。其三，伏羲为王以后，其母在圣王坪南门外的居舍当略大于普通民众之居舍。其四，与族民的居舍既不会相挤在一起，又不会相距很远。其五，为方便与族民们相商事务，羲王母居舍旁应另有一"会客室"。其六，因其时已进入部落联盟时代，故原先非华虚部落民众并不都认识羲王母及其居舍，故其居舍旁应有与众不同的醒目标志，以方便相识相认。按原始时代"生殖崇拜"观念和走婚、群婚

**华虚部落风姓氏族
成己村落"华虚氏洞"
伏羲女娲出生地**
华虚氏洞

**伏羲成王后，其母华虚氏尊称为
羲王母，居所从成己迁到圣王坪
南门"羲王母洞"**
羲王母洞

图 8.08　羲王母华虚氏从成己迁居到昆仑圣王坪南门羲王母洞

习俗，羲王母居舍旁应有一女性生理标志。今天的人们不能以今日之审美观解读远古时社会行为的对错。这在当时乃寻常事。诚如有书载："……众而不丑，俗而不陋。"其七，道书载羲王母辞世后化神为东向立于昆仑上豹尾虎齿人面蓬发戴胜状，按"存在决定意识"的认识论，羲王母居舍旁当有此形状的象形岩体（图 8.09）。

以上，是找寻羲王母故居的理路，其中尤以"一""六""七"三者最为重要。本着这一理路，2004 年 10 月 4 日在昆仑圣王坪南门外，找到了羲王母的居舍遗址。2014 年 8 月，大宋王朝皇训证实羲王母故居确实位处本书所指圣王坪南门外之同地、同龛、同标志、同神像。关于华虚氏部落风姓氏族成己（后讹为成纪）村落，请参见本书第九章"神圣昆仑之一　伏羲故里昆仑华虚成己"。那么历史上的"羲王母"怎么又变成了神话中的"西王母"呢？此事发生在颛顼"绝地天通"以后。梗概如下：颛顼称帝后，为巩固帝王世袭制地位，他禁绝其他部落和原居于昆仑丘的华虚太昊部落后裔在昆仑丘祭天，驱离异部落民众出昆仑丘，并选择昆仑丘东南方向约 10 千米的天台山（唐末五代后改称天坛山）为新的祭天道场，从此，后世的人们便误把天台山当作"天中地中"。

穴居昆仑北的羲王母洞　　　　　　　豹尾虎齿人面蓬发戴胜的西王母神像

图 8.09　从羲王母故里到西王母神话

原先的昆仑丘祭天遂成为历史，久而久之便被人们遗忘。

　　因羲王母穴处的昆仑丘位居天台山西北方向，所以后世的人们便只知"海内昆仑之虚在西北"，于是道家人士亦把"羲王母"演义成了"西王母"。这就是"西王母"说的由来（图 8.10）。又因古籍没明说昆仑丘位于什么西北，也未明说有多远多近，于是

从战国时代起直至现在，不少学者仅凭《山海经·西次三经》以"崇吾山为首山，昆仑丘位在其西北或西方 2 700 里"，便猜测西王母在青海、甘肃、新疆，或凭昆仑（kūn lūn）之转音而误猜昆仑丘和西王母在西亚两河流域（《中国的封禅与两河流域的昆仑文化》，《昆仑丘与西王母》），或猜华胥氏国"不知斯齐国几千里"（《列子·黄帝》），或猜"西

王母"是西方外来语的译名(《中国神话史·西
王母神话的演变》[1])，或据昆仑瑶池而猜西
王母在新疆博格达峰天池。

可以说，这些臆猜是导致昆仑丘西王母
文化长期失落的原因之一。

2. 化神西王母的原型岩体

几乎所有的古籍皆谓西王母的形象是人
面、虎齿豹尾、蓬发戴胜。于是史家便多猜
西王母乃穴居西方昆仑山的神性化貘（膜）
族部落女统领(《中国古代神话与史实》)[2]。

其实，西王母与西方的貘族首领丝毫不
相关。如上述，西王母只是被神化了的羲王
之母。羲王之母被神性化，其真实的原因还
得从羲王母华虚氏穴居昆仑丘说起。

羲王母从鳌背山南坡成己村落迁居到昆
仑丘圣王坪南门以后，生活条件有了较大改
观。南门一带不但有许多洞龛式村落，而且
自然风光也很美。尤其是在她穴居的洞穴不
足二百米处有一块象形岩体，这块象形岩体
酷似"状如人，豹尾虎齿，蓬发戴胜"；同
样也像"状虎身而九尾，人面而虎爪"的昆
仑神陆吾；又像"身大类虎而九首，皆人面，
东向立昆仑上"的开明兽。显然，所谓西王母、
陆吾、开明兽，都是按这块象形岩体的形状、
位置和朝向而编创的故事（参见图8.10）。

3. 西王母居所之谜

一种传说常以多种形式出现，以突显"缙

颛顼"绝地天通"后，帝王祭天道场转场到昆仑丘东
南10千米的天台山。因羲王母故居位于天台山西北，故此
道界人士改称羲王母为西王母。同时在天台山北侧灵山南
坡又寻得一溶洞，便取名"西王母洞"。自那时后，神话"西
王母"便逐渐取代真人"羲王母"，今人亦只知有"西王母洞"
而不知有近在咫尺的"羲王母故居"与华虚氏故里成己村落。

图8.10　西王母的出处

绅先生"们各自知识之渊博。《山海经》中
所谓西王母有玉山、昆仑丘、西王母山等三
处居所，便是古时文人们炒作出来的一地三
名。梗概如下：

昆仑丘与北斗星座形状相似，故古时
又称昆仑丘为北斗坪，这是其一。其二，
昆仑丘一带产玉石，玉石在古人看来是圣
洁、美好的象征，故其时以美玉中的极品
"璇""玑""玉衡"命名上天北斗星座中
的几颗亮星，如天璇、天玑、玉衡，于是便

[1]袁珂著《中国神话史》，重庆出版社，2007年版。
[2]朱芳圃遗著《中国古代神话与史实》，中州书画社，
　　1982年版。

又美称北斗星座为"璇玑玉衡"。其三，由此又引称北斗坪昆仑为"璇玑玉衡"，意即皆为美玉，《尚书·舜典》："正月上日，受终于文祖，在璇玑玉衡，以齐七政。肆类于上帝，禋于六宗，望于山川，遍于群神"。其四，为便于称呼，在民间便俗称昆仑为玉山，台湾山脉主峰称玉山，皆本于此。因羲王之母居住在昆仑丘，昆仑丘便又称王母山。上引文中"在璇玑玉衡"，指舜"在璇玑玉衡昆仑丘"，非指后人所释"考察、观察北斗七星"。

由上，所谓西王母所居之玉山、璇玑玉衡、王母山，本就是昆仑丘之别称。

（三）西王母故事的原创环境

《山海经》《淮南子》《集仙录》等描述西王母居地环境特征大致如下：

"鸾鸟自歌，凤鸟自舞，爰有百兽。"

"有轩辕台，射者不敢西向射，畏轩辕之台。"

"西海之南，流沙之滨，赤水之后，有大山，名曰昆仑之丘。其下有弱水之渊环之，其外有炎火之山，投物辄然……穴处。"

"已饮而行，遂宿于昆仑之阿，赤水之阳。别日升于昆仑之丘，以观黄帝之宫，而封之以诒后世，遂宾于西王母，觞于瑶台之上……乃观日之所入。"

"西王母之宫阙在昆仑之圃。"

兹归纳《山海经》《淮南子》《集仙录》等所记西王母居地之环境特征：有鸾鸟凤凰，有百兽；有黄帝之宫，有轩辕台，后羿不敢射西侧之轩辕台；南有赤水，有流沙、弱水、炎火之山；有穴居山洞、岩龛；有瑶池、瑶台和花圃；能观太阳落入不周山；有宫阙城门。

以下兹就古籍所记西王母居地环境逐一对照昆仑丘之自然人文环境。

1. 昆仑丘西麓银河畔的凤凰台，既是远古时编创鸾鸟凤凰故事的原型山体，又是羲王之母亲华虚氏部落风姓氏族宗祖地，伏羲、女娲兄弟姊妹们就诞生在这里，这里还是秦穆公时萧史弄玉神话故事的原创地。昆仑丘一带有各种鸟兽上百种，故史书记西王母居地有"鸾鸟凤鸟，有百兽"。

2. 昆仑丘南端今称"双合寨""玉皇顶"的山体，古称轩辕台，东台乃炎帝墓地之所在，西台乃轩辕黄帝墓地之所在。

轩辕台，前仰高而后舒缓，台四方。故名。《列子·周穆王》："别日升昆仑之丘，以观黄帝之宫。"《毛诗故训传》："宫，庙也。"郑玄注："凡庙，前曰庙，后曰寝。"宫，指帝王寝庙。黄帝时尚无庙宇建筑，故黄帝之宫，即黄帝之墓也。传后羿居轩辕台之东沁河畔的"箭过顶"，故后羿不敢西向射轩辕台黄帝之墓。此典即为古来"神圣不可侵犯"之出处。应该说，正是《山海经》《淮南子》《列子》中记载的西王母居地有"轩辕台""黄帝之宫""不敢西向射，畏轩辕台"等才揭晓了黄帝真身墓地和炎黄结盟碑（尚未经文物部门考证）等重大历史事件的发生地。

3.据典，《山海经》中之"赤水"并非专用河名。赤水，本指南方之水；黑水，指北方之水；洋水，指大川；弱水，指小溪。故"赤水之后"，指昆仑丘南方之水（黄河）；"丘下有弱水之渊"，指昆仑丘下环绕有许多小溪深潭。同时，当地先民把昆仑丘以西"盘亭列嶂"南、西南、西侧之大片紫红色砂岩直觉地称为"流沙""炎火之山"。这些名称从原始时代一直口耳相传到战国时代才由文人记录于《山海经》《搜神记》等史书。故后世人们便误以为"流沙""炎火之山"指今新疆火焰山等沙漠地带。其实伏羲女娲时代的中原人还不知有火焰山、沙漠、博斯腾湖（西海之滨），等等。

4.前文记叙，昆仑丘及其周边有成百上千个洞穴岩龛可供古人栖息。其时，包括有巢氏、燧人氏、羲王母、伏羲、女娲等部落首领，与部落民众一样都居于洞穴岩龛之中。这些岩洞、岩龛也就是"王者住的屋"，故便呼此山谓王屋山。

5.西王母居地昆仑丘圣王坪有醴泉、瑶池，瑶池旁有西王母与穆天子谣、觞的瑶台。这些美丽的故事，都发生在赤水（黄河）之阳的昆仑之丘，证据如下：①阳城（濩泽，汉置县，唐改阳城）县志自古来记载周穆王登昆仑会见西王母故事。②自濩泽县城至昆仑丘沿途有"护驾""驾岭""回龙""暖迤""膏车"等古地名，据传皆取自当年周穆王登临昆仑丘。③圣王坪上今称"娘娘池"者即古之华池、龙池、鼎湖、瑶池，瑶池南侧平台即相传穆王与西王母相会之瑶台。瑶池北侧高台即为伏羲墓。④瑶池以南约七百米处有一水质甘冽的泉眼，古称醴泉，今称黑龙洞，乃当年穴居昆仑丘先民们的重要水源。

6.昆仑丘北部之龙首称圣王坪，中部龙身称峤山，南部龙尾称轩辕台，位处轩辕西台向西北望，可见太阳落入14千米处的不周山。在"西王母为王谣，王和之，其辞哀焉"后，为进一步烘托悲凉气氛，西王母才又特意陪同周穆王"一日行万里"而登临轩辕西台观太阳落下不周山这一更具悲情色彩的自然画面。

7.《墉城集仙录》说："西王母宫阙在昆仑之圃。"确实，西王母居地昆仑丘就是一座美丽的空中大花园。

从以上七个方面可见，昆仑丘一带的自然人文环境无不与古籍所记西王母穴居地之环境一一相吻。

前二十七世纪颛顼绝地天通后，帝王祭天道场移迁天台山，为方便部落民众朝祭西王母，便在天台山北之灵山山腰仿设一"西王母洞"。相对于昆仑丘的"大有天"，道界便称灵山西王母洞谓"小有清虚洞天"。日久天长，后世的人们便只知灵山西王母洞而不知昆仑北"羲王母洞"。

"西王母"的故事是中国最具影响力的故事，然几千年来一直误将其列入传统意义上的神话故事，并未把这作为发生在八千年前王屋山区的历史事件加以研究，由此在一定程度上耽误了对中华初始文化的正确认识。

盘古开天辟地、女娲补天造人和西王母神话，是与西方神话迥然不同的中国神话故事。具有两大特点：

其一，故事中的"神主"是远古帝王的化神。

西方神话中如宙斯、耶和华等多是人们由臆想虚构出来的神祇，而中国远古神话中如盘古是圣皇伏羲的化神；娲皇是伏羲的妹妹或华虚氏女儿女娲的化神；西王母是伏羲母亲羲王母华虚氏的化神。这些人都曾经在王屋山区昆仑丘为人类做出过巨大贡献，人们永世怀念他们。在他们辞世后便把他们化升为神主，并设寺建庙，世代供奉。中国古代谓帝王曰圣，圣逝曰神，即本于此。由此，中国神话故事多教人修其本性，献其贡职；而这些神人又不彰其功，不扬其声，故深受人们爱戴。

其二，故事情节与故事描述的环境是发生在中原地带远古史的神话表述。西方神话没有故事情节，所谓创世神话只是两个词，两个冒号："神说："　"神造："。而中国远古神话中的"开天辟地""补天造人""头触不周山""四灵神兽"等，都是根据发生在远古时期昆仑丘的历史事件和地理环境所编创。与西方神话故事相比，中国神话故事显然具有朴素唯物的成分。更重要的是，透过中国神话故事可看清原始社会发展的历史脉络，只要去掉故事中的神话成分，就可还原出真实的历史面貌和真实的事件发生地，而西方神话故事与社会环境多不相关。

一般情况下，有什么样的自然环境就必然创生出什么样的文化。正是在这天中地中、天龙地龙、秀甲天下、优居环境的神异昆仑丘，诞生了人文始祖伏羲、人文初祖黄帝和有巢氏、燧人氏等远古帝王。以下四章专以讨论诞生并归藏在昆仑丘的远古帝王。

　　古今史界公认伏羲位列三皇五帝之首，称
"百王先"。那么伏羲是什么年代的人？一按
《竹书纪年》《遁甲开山图》《路史》[1]等古
籍所记推算，伏羲与黄帝相隔百余代，故伏
羲应是公元前六十世纪人；二据近几十年来
各地出土人工仿制龙的测年结果，最早仿制
龙亦为公元前六十世纪；三据反推伏羲当年
推演天地双龙太极图、八卦符的年代，亦为
公元前六十世纪；四据反推《周易》所记"群
龙无首""飞龙在天"，《说文解字》所记"龙，
春分而登天，秋分而潜渊"，《楚辞·九叹·远逝》
所记"携日月以指极兮"之年代，亦为公元
前六十世纪；五据末次冰期过后地球进入暖
湿期，昆仑丘最佳宜居期亦始于公元前六十

世纪。以上与伏羲有关的所有证据皆直指伏
羲生活在公元前六十世纪。这无疑可证明伏
羲乃公元前六十世纪人。（详见第二十章"断
代太皞伏羲时代"）

　　古今史界又公认伏羲故里在甘肃天水成
纪。史料如下：

　　（汉）荣氏《遁甲开山图》记载："伏羲
生于成纪，徙治陈仓。"

　　（西晋）司马彪《后汉书·郡国志》记载：
"成纪，古帝庖牺氏所生之地。"

　　（西晋）皇甫谧等撰《帝王世纪》记载："母
曰华虚，履大人迹于雷泽，而生庖牺于成纪。"

　　（北魏）郦道元《水经注》记载："成纪
水故渎，东迳成纪县，故帝庖牺所生处也。"

　　（唐）司马贞《补史记·三皇本纪》："太

[1] 引自（宋）罗泌撰《路史》，全国图书馆文献缩微
　　复制中心，2001年版。

皞庖牺氏代燧人氏继天而王，母曰华胥，履大人迹于雷泽，而生庖牺于成纪。"

（唐）颜师古注《汉书·地理志》曰："《禹贡》朱圉山在（冀）县南梧中聚，山上有古风台，传说是伏羲出生地。"

伏羲生活在距今八千年前的事实，从根本上否定了伏羲故里天水成纪说。因为天水大地湾出土之最早文化层中缺失可直接证明伏羲本人曾经生活在那里的有效证据。（参见第二十一章"关于伏羲故里甘肃天水成纪说的讨论"）

那么真实的伏羲故里在哪？以下先从古史籍所记说起：

（战国）列御寇《列子·黄帝》："昼寝而梦，游于华胥氏之国。华胥氏之国在弇州之西，台州之北，不知斯齐国几千万里；盖非舟车畜力之所及，神游而已。"史载华胥氏是伏羲、女娲母亲，故伏羲、女娲故里应是"华胥氏国"。

（战国）佚名《竹书纪年·太昊伏羲氏》："太昊之母……生帝于成纪，以木德王，为风姓，元年即位，都宛丘。龙马负图出河，始作八卦，以龙纪官，立九相九佐治九州。"

（唐）司马贞《补三皇本纪》："太皞庖牺氏，风姓，代燧人氏继天而王，母曰华胥，履大人迹于雷泽，而生庖牺于成纪，蛇（龙）身人首，有圣德。"

（东晋）王嘉《拾异记》："春皇者，庖牺之别号，所在之国有华胥之州，神母游其上，有青虹（龙形闪电）绕神母，久而方灭，即觉有妊，历十二年而生庖牺。"

（三国·魏）宋均《诗纬含神雾》："大迹出雷泽，华胥履之，生庖牺。"

（晋）陈寿《吴志·胡综传·黄龙太牙赋》："四灵既布，黄龙处中。"

（汉）佚名《河图括地象》："龙池之山，四方高，中央有池，方七百里，群龙居之。"

《三国志·魏书》："庖羲因燧皇之图而制八卦。"

《淮南子》《补三皇本纪》："女娲氏炼五色石以补苍天，截鳌足以立四极，积芦灰以止淫水、杀黑龙以济冀州。"

（唐）李冗《独异志》记："昔宇宙初开时，伏羲、女娲兄妹在昆仑山（丘）……。"

归纳以上古史籍所记并去除神话成分，伏羲故里之地理环境当具备以下特征：

1. 伏羲故里是中华神龙原型山体，该山体形似人首龙身，山上有池称龙池，故又称龙池山。

2. 伏羲与燧人氏生活在同一个地方，但稍晚于燧人氏，并承继燧人氏而成为华胥部落首领。伏羲在燧人氏发现的龙图基础之上又进一步推演出太极八卦。

3. 伏羲出生在华胥部落风姓氏族成纪村落，母亲系华胥部落风姓氏族女子，父亲系生活在雷泽边的雷姓氏族男子。

4. 伏羲故里成纪位于"龙虎凤龟"四灵神兽原型山体之中央。

5. 伏羲"代天而王"后立都于"丘上有三丘""四方高中央下"的宛丘。

6. 伏羲与女娲是兄妹，又是夫妻。伏羲故里必须有编创"女娲补天""女娲造人"等神话故事的民间传说和原型物。

若按"准其地望，皆与古书相合"之考证准则，假如在昆仑丘找到了与以上六项完全相同的地望资料，则可证明这里便是伏羲故里成己。

一、真龙化身之昆仑丘即伏羲故里

伏羲、女娲因出生、立都于昆仑神龙之上，故被人们神化为蛇（龙）身人首。所谓人首，是因昆仑神龙龙首朝北面西，龙首上、下颚部有胡须，整体看好似一男人之首，故谓龙身人首（图9.01）。

其实，历史上把龙首多比附为各种动物之首，如马首、羊首等。因此单纯以昆仑神龙是否像人首来肯定或否定伏羲故里是不够的。说到底，昆仑丘是否为中华神龙的原型山体才是最重要的标志。

据考证，当地原住民至今仍称昆仑丘为龙山，称两侧悬崖为龙崖，称龙山之巅有三百六十个老龙洞，还有所谓捆龙柱、斩龙台、女娲杀黑龙等，又称呼龙首中心一水池为龙池。

如同昆仑丘有几十个别名一样，龙池也是雅称、俗称多多：因隆隆巨响的雷电形似

八卦卦位取象于东北方位之雷池与西南方位之凤台。凤台即风姓氏族宗祖地，雷池即雷姓氏族宗祖地。成己为风姓氏族中的一个屯居村落。

图9.01　伏羲故里风姓氏族成己村落位处由龙图推演的八卦之风卦位

神龙，故定居于昆仑神龙之上的氏族又称雷姓氏族。伏羲母亲华虚氏本姓风，常去雷姓氏族龙池边相会雷氏小伙，所以当时又称该龙池谓雷池，这是其一。

又因雷池所处地势较高，山体含铁元素较多，夏秋之际雷电频多，此称雷池原因之二。

雷池北侧为伏羲墓，按原始习俗，祭祀伏羲只能在瑶池南侧瑶台向北遥祭，不允直接在伏羲墓祭奠，否则为大不敬，古传"不敢越雷池一步"即本于此，此称雷池原因之三。

风姓氏族与雷姓氏族恰好分别位处西南（左下）与东北（右上）的互补方位，故解释伏羲先天八卦图的《说卦》便依据东北方位的雷池与西南方位的风台称"雷风相薄"（请见图9.01）。相薄，即薄相，玩耍。今吴地方言谓"白相"即本于此。雷风相薄，本意谓雷姓小伙与风姓姑娘一起相耍相爱，并非《全本周易》"风雷互相迫击"之谓。至春秋秦穆公时，该故事在《列仙传》中又被演义为"萧史弄玉"乘龙驾凤双双飞升成仙的美丽佳话，此称雷池原因之四。

又因春秋时期《墨子》中所记"舜耕历山，陶河滨，渔濩泽"同《史记·五帝本纪》中所言"舜耕历山，渔雷泽"，文中道明濩泽与雷泽的关系密切。事实上，濩泽本就是山西阳城县的别称，濩泽圣王坪与历山舜王坪所在地分处东西，且相去不远，因而舜耕历山，渔雷泽，此雷泽即是濩泽（阳城）析城山圣王坪上的龙池，此称雷池原因之五。

以上五证可说明圣王坪水池（今娘娘池）即雷池。

因伏羲母亲（羲王母）被化神为西王母，故龙池又称为（西王母）娘娘池，汤王昆仑祭天祷雨后又被讹解为（黛眉）娘娘池。因伏羲墓与龙池周围是无边无际的空中花园，

且常在此水边高地举行祭祖大典，大典仪式之一便是以美丽鲜花祭祀圣祖，故又称为花池（华池）。因昆仑丘又称璇玑玉衡，即美玉，故龙池又称瑶池，瑶池旁高台称瑶台或琼林台，此皆美玉之意。后又因黄帝于此"铸鼎荆山下，鼎既成，有龙垂胡髯，黄帝上骑，龙乃上去"，于是，龙池又称鼎湖。由是黄帝（包括后世帝王）辞世谓"龙去鼎湖""龙御宾天"，意为黄帝和后世帝王到龙池会见百王先伏羲和天帝。

以上这些古地名和当地几千年来的民间传说及其鼎湖旁的伏羲墓等才是真龙所在的有力证据，才是判定伏羲故里（包括判定伏羲王都、伏羲墓地）所在地的重要依据。

二、由龙图而制八卦乃伏羲故里昆仑说的重要证据

自古以来，传说伏羲最大的功绩是由龙图（周朝以后讹称河图）推演太极八卦，因此如果能够证明伏羲在哪里又是如何由龙图推演出太极八卦，并能够说清楚太极八卦的本义是什么，那么那里就一定是真实的伏羲故里及其伏羲王都。下面先摘录有关这方面的古籍记载。

《易传·系辞下》："古者庖羲氏之王天下也，仰则观象于天，俯则观法于地……于是始作八卦。"

（战国）佚名《竹书纪年》："龙马负图出于河，始作八卦。"

《尚书·中侯·握河记》："伏羲氏有天下，龙马负图出于河，遂法之以画八卦。"

（汉）司马迁《史记·太史公自序》："余闻之先人曰，伏羲至纯厚，作易八卦。"

（晋）陈寿《三国志·魏书》："易博士淳于俊曰'庖羲因燧皇之图而制八卦'。"

归纳以上引文，传说中伏羲所制的太极八卦是这样推演出来的：

1.是在龙图的基础上推演而得太极八卦。

2.是在燧人氏发现"燧皇之图"的基础上推演而得太极八卦。

3.是在伏羲"王天下"后推演而得太极八卦。

4.是在象天法地，近取诸身，远取诸物后推演的太极八卦。

综上，只要证明太极八卦是伏羲由昆仑神龙推演而得，那么也就证明昆仑丘确系伏羲故里。至于伏羲是在"王天下"前或后推演的太极八卦则属第二位的。

因地球自转和公转，但见北斗天龙日日夜夜、年年月月围绕北天极旋转，并与昆仑地龙相互间构成各种意象图案。当北斗天龙运转至上中天时，龙首呈朝南面东态，恰与龙首朝北面西态的昆仑地龙构成首尾相交相合态。这就是伏羲推演的太极图的原始出处及其太极图的真形，通常称"本义太极图"或"太极真图"，也是《易传·系辞下》"仰观天象，俯察地理，始作八卦"的原始出处。而后世俗传的"双鱼太极图"只不过是明洪

武年间道士赵撝谦的讹说，顶多只是本义太极图的简洁化、艺术化之作，其已失去了科学、历史研究价值。

本义太极图反映出那时的人们对天地宇宙生成说的认知水平，其意在于以天龙地龙之分分合合表示天地从昆（沌）到仑（理）的宇宙生成说。本义太极图是由伏羲创制的原始宇宙观的图示形象。

八千年前的人们，还不明方向方位，不懂时间历法，所以常常贻误农时。那么如何能预知时间与时令呢？伏羲于昆仑丘看到北斗天龙绕转北天极的运行周期很有节律，于是伏羲记录下不同时段北斗天龙在北天夜空运行的相对位置。为便于识别和记忆，伏羲选取易识易记的北斗天龙相对于北天极（上、下，左、右，左上、左下，右上、右下）八个时位的位相，并以规则符号标记之。这八个时位的标记就是后人所称的八卦，也就是后人所说的"夜考极星""斗纲授时"。本义八卦是伏羲教民学会以北斗天龙授时推历的图解符号，除夜考极星外，伏羲还在昆仑丘发明并制作了"晨考日出"的六壬、"昼参日景"的晷仪等观象测天、授时推历、告民农时等科学方法，人类从此走进了科学文明新时代。

因此，由天龙地龙推演的太极八卦是伏羲在昆仑丘开创的极其重大的科学成就，也是伏羲故里昆仑说的重要证据。（以上详见第十四章"太皞伏羲时代原始科学的

出现"和第二十三章"本义诠义太极八卦与河图洛书")

三、华胥部落、风姓雷姓氏族、成己村落皆在昆仑丘

除由龙图推演的太极八卦可以作为伏羲故里在昆仑丘的间接证据外，还需要证明华胥部落、风姓雷姓氏族、成己村落皆在昆仑丘，这才能直接证明昆仑丘是伏羲故里。

以《补史记·三皇本纪》为代表的许多史书皆记载伏羲姓风，母曰华胥，履大人迹于雷泽而生伏羲于成己。由此只要找到并确证华胥部落、风姓雷姓氏族和成己村落地望之所在，那么此地便是伏羲故里。

那么这一连串的姓氏、地名到底在哪里？有史书说华胥在陕西蓝田，如《太平寰宇记》记："蓝田为三皇旧居，境内有华胥陵。"有史书说古时风、凤同源，凤为鸟，乃东夷族图腾，故风姓在大汶口文化之曲阜一带。有史书说雷泽在山东菏泽一带（《水经注·瓠子河》）。有史书说成纪在甘肃天水。

类似这样的说法不下十多处。然则，这对尚处在原始社会农耕初期的父母、子女，无缘无故地分散在甘肃、四川、陕西、河南、山东各地，显然是不可能的。虽说那时盛行知母不知父的走婚制，但伏羲母亲从甘肃走婚到山东显然也不现实。

社会发展史告诉人们，八千年前黄河中游的黄土台地带尚处裴李岗文化后期。其时普遍处于母系氏族末期。不过，即便同处黄土台地带，其经济、文化、社会发展水平也会有差异。其中，地处昆仑丘一带的先民，因其地理环境优越与部落首领的睿智而发展较先较早。伏羲、女娲及其母亲华胥氏之故里即坐落在昆仑丘西侧。以下兹就华胥、风姓、雷姓、成纪等与伏羲故里紧密相关的问题展开讨论。

在讨论华胥、风姓、雷姓、成纪等与伏羲故里有关的专用地名和姓氏前，有必要先了解原始社会的氏族、部落为何义。

甲骨文"姓"，人所生也，从女，从生。本义为标志宗族的字。上古前，姓是族号，随母系，不能改变；氏是姓的分支，用以区别子孙之所由出生。人们的姓氏标志着祖宗的来源。姓氏之称，自太史公始混而为一。由此远古人物、国号或朝代，后多系以氏：如华胥氏、伏羲氏、神农氏、夏后氏。

氏族，即宗族，原始时期按血缘关系结成的集体。部落，由若干血缘相近的氏族结合而成的集体，通常分部屯居。

据上，风姓、雷姓是氏族，成纪是风姓氏族屯居地，雷池是雷姓氏族屯居地，华胥是由风姓、雷姓等氏族集合而成的部落。

概念明确后，便可就上述氏族、部落及其屯居地逐一展开讨论。

（一）华胥部落中心在昆仑虚

华胥，既非伏羲母亲姓华名虚，又非伏羲祖父姓华外祖父姓虚，而是伏羲"继天而王"

之前伏羲及其母亲所在的部落名称，那时尚处燧人氏时期。燧人氏亦以华虚部落所在地作为部落中心。据史书所记，燧人氏至少做了两件大事：一是发明燧石取火，从此人类脱离了生食或钻木取火时代；二是发现了华虚部落所在之山形似一条被后世称之为"龙"的动物。

以上两件大事是燧人氏对中华文明的贡献。至今在昆仑之巅仍有无数燧石以及《三国志·魏书》所记"庖羲因燧皇之图而制八卦"便是燧人氏确曾在昆仑丘（那时尚称宛丘）做此两件大事的明证。可惜的是，除此两件大事外，史书中再无别记。尔后，伏羲在继天而王之后又在"燧皇之图"基础上推演出天地双龙太极八卦，把中华文明推进到科学文明新时代，同时又在华虚部落基础之上创建了太皞部落联盟。那么，燧人氏所在的部落名是称"华虚"吗？部落中心是在昆仑丘吗？下面兹从"华""虚"等古文字解析起，以证明华虚部落确实位于昆仑丘。

据象形文字创字解字原则与理路中的"字原象形""字原应时"准则，"华虚"二字在何时何地创生，则其时其地必为"华虚"部落所在地。以下就"华虚"二字的原创年代与原创地展开讨论。

1. "华"字原创于昆仑丘

甲骨文"华"，与花、垂同字同源同义，像草木生土上，花叶下垂之形。就其物来说是花朵，就其形来说是下垂、艳丽（《汉字源流字典·华》），故《中国字例》谓"按字原象形，甲骨文'华'用为祭名"。综上，华乃英发而下垂之花朵花叶；为祀谢上天赐予人儿、花儿美好生命，故直至今日人们仍垂首并以鲜花祭祀神祖，盖源于此。

现再就"字原象形"创字解字理路并对照八千年前的昆仑丘：一年之中有八九个月盛开鲜花，从三月到十一月连续四期上百亿株鲜花无疑是创生"华""花""垂"字的"物"与"形"的原型。如今，昆仑丘仍年复一年地山花烂漫。但近四千年来因气候转冷干，所以总花期较伏羲时代短了约五个月。

再从"字原应时"创字解字理路看，至少自伏羲至黄帝、尧舜近四千年间，昆仑丘始终是帝王祭天祭祖的神圣道场。至今，当年帝王祭天的祭天台、宰牲池等遗迹犹存。

以上，足以证明"华"字原创于伏羲时代昆仑丘。（详见第十七章"首批象形文字的创生"）

2. "华胥氏"本为"华虚氏"

伏羲至黄帝、尧、舜近四千年间有百余代古帝王皆立都于昆仑丘，那么有何证据说"华"字肯定原创于八千年前的伏羲时代而非原创于黄帝时代？这就必须解析"虚"字。

史书载伏羲母亲为华胥氏，这本可表明伏羲时已有象形文字"胥"，然至今甲骨文甚至金铭文中皆未见此字。原来，"胥"是三代时新造之字。"胥，意为由多足有肉之蟹酿的酱（醢）"。但原始时代的人们还不会酿酱，更不会酿蟹酱。由此可证，所谓华胥氏，只不过是三代时文人据远古口传"华xū"之音和"多足有肉"之形而新造的"胥"字。这就是说，"华胥"是三代时被错释错译而拼凑成的专有名词，"华"与"胥"根本就构不成一个词。

那么"华xū"应该译释成什么呢？显然应该译成"华虚"，意为遍地鲜花的昆仑虚。所谓"多足有肉之蟹"，应该释成"多足有肉之龙"。如此译释当一通百通。（参见第十七章"首批象形文字的创生"）

以上足以证明八千年前的华虚部落所在地位于昆仑虚，部落首领伏羲母亲是华虚氏。本书以下不再讹称"华胥氏"，而恢复本称"华虚氏"。

（二）风姓、雷姓氏族在昆仑虚

正如前文所说，华虚部落由多个较近邻的氏族联合而成，其中有屯居昆仑之巅雷池一带的雷姓氏族和屯居昆仑西侧鳌背山南坡的风姓氏族。两个氏族的主要聚落之间隔一条"银河"，相距约五千米路程，步行约一小时便可到达。

那么有何证据证明昆仑丘一带是风姓、雷姓氏族所在地？

1.风姓氏族肇启于凤凰台

《补史记·三皇本纪》载："太皞庖牺氏，风姓，……母曰华虚；……蛇身人首……女娲氏亦风姓，蛇身人首……炼五色石以补

苍天，断鳌足以立四极，积芦灰以止淫水，杀黑龙以济冀州。"与昆仑丘是图腾龙的原型山体一样，图腾凤凰也有其原型山体，此山体就在昆仑丘西侧、鳌背山南坡之银河畔。其山麓有一座蚀余山体酷似具有凤胸、凤脖、凤首、凤冠的凤凰之首，后山坡酷似展翅欲飞的凤翼。凤鸟似与东侧的神龙相伴为侣，惟妙惟肖，充满灵秀神韵（图9.02）。

这便是传说中凤凰的原型山体，也是创生象形文字"凤"字的原型。因凤凰起飞时双翼扇动而起风，故创字之初凤与风同字、同音、同义。与部落选择图腾一样，当年氏族亦选择最喜爱、最神异、最有代表性的物象作为其族姓，即所谓"指物为姓"。因那时认为"凤鸟自舞，鸾鸟自歌"，吉祥和合，美艳绝伦，所以屯居于凤凰台的氏族便选择凤凰而称风姓，风姓氏族亦由此而屯居于该凤凰台山腰之砂岩洞龛之中。至今，凤凰台和伏羲、女娲出生的砂岩洞龛犹在。

2.雷姓氏族肇启于昆仑雷池

《补史记·三皇本纪》载："太皞庖牺氏，母曰华虚，履大人迹于雷泽，而生庖牺于成纪……"此纪实为史实之神化表述或系感神而妊的感生说。即是说华虚部落风姓氏族一女子来到雷姓氏族所在雷泽，相会雷氏一小伙，孕而生伏羲兄妹。因隆隆巨响的雷电那形态酷似昆仑神龙，所以昆仑丘上的龙池那时又称雷泽（雷池），于是屯居雷泽之人又被神化为雷神，雷神则又被描述成龙身人头。

如《山海经·海内东经》："雷泽中有雷神，龙身而人头。"于是，父亲是龙身而人头，作为儿女的伏羲与女娲当然也是龙身而人首（请见图9.01）。

上文说过，从风姓氏族屯居地鳌背山到雷姓氏族屯居地昆仑丘，步行仅需要约一小时，燧人氏时代尚处母系氏族末期、父系氏族初期，通行知母不知父的走婚制，因此伏羲随母亲而姓风。假如伏羲一生未成为部落联盟首领（王），也许其父亲是谁永远也无人知晓。父系氏族制后，俗话说母（父）以子贵，伏羲成王后，雷氏父亲自然也就被光

荣地神化为雷神了。

伏羲代燧皇而王天下后，中国逐渐进入了对偶婚阶段。但实际上，在对偶婚初期，走婚制仍是主要的婚制。直至现在，太皞伏羲部落在河南"淮阳宛丘"、阆川边界纳西族和广西南丹白裤瑶族的后裔仍有走婚残迹便是明证。

（三）龙、虎、凤、龟四灵神兽中央是成己村落

四灵神兽，本指流传于古代中国的四种兆示吉祥的动物。《礼记·礼运》谓："麟、凤、龟、龙谓之四灵。"《礼记·曲礼上》谓："行，

甲骨文"凤"（🐦），因凤凰起飞时双翼扇动而起风，故创字之初"凤"与"风"同字、同音、同义。远古时，多指物为姓，屯居在此的华虚氏及其伏羲、女娲便指凤为风。

（本图片摄影　翟钢炮）

图9.02　凤凰台

前朱雀而后玄武，左青龙而右白虎，招摇在上，急缮其怒。"是说这四种吉祥兽为麒麟（又说是白虎）、凤凰（又称朱雀）、灵龟（又称玄武）、神龙。帝王出行或行军布阵时，前后左右布列四灵神兽旗帜，中央或中军竖立招摇（北斗七星）大旗。大旗下端坐帝王或中军主帅。后期，进而将四灵神兽引申为王都、帝宫的形制：南为朱雀门，北为玄武门，东为青龙门，西为白虎门，中央为帝宫或金銮殿。后又引申作为黄道十二宫二十八宿中春、夏、秋、冬四季天象的命名，俗称四象：东方苍龙（春）；南方朱雀（夏）；西方白虎（秋）；北方玄武（冬）。

从上述可知，自原始时期直至明清的近八千年间，吉祥四灵兽在上至帝王下至百姓心目中的分量有多么重。那么这吉祥四灵兽观念到底是如何产生的？其本义是什么？

1. "四灵神兽"是昆仑丘及其附近的四座象形山体

昆仑神龙是华虚部落之地理中心。昆仑丘西侧14千米不周山的侧视形态既酷似传说中双腿后蹬、双手后撑、以头顶触天柱峰的"共工头触不周山"，又酷似一只东西长1.2千米朝西蹲踞的白虎，而于昆仑丘南端轩辕西台向西北望之，则不周山又呈独角麒麟状。昆仑丘与不周山之间有一座东西长10千米的鳌背山，此山顶酷似一只卧伏山头长约2千米的无足巨龟，该巨龟即系传说"女娲截鳌足以立四极"的神龟；在神龟南侧4千米处

有一座酷似凤凰的蚀余山体，这就是本章前述肇启凤姓氏族的凤凰台（图6.08）。

麟、凤、龟、龙如此神奇地聚集于一地，不能不引起原始先民的好奇与崇拜。这就是流传中国近八千年的"四灵神兽"的出处。

2. "四灵神兽"中央是伏羲故里

麟、凤、龟、龙原型山体不可思议地齐聚于一地，其本身已无比神奇，而更为神奇的是，四灵神兽原型山体之中央就是三皇五帝之首伏羲的诞生地。

那么，有什么证据证明四灵神兽原型山体之中央是伏羲诞生地？

第一，伏羲风姓，其氏族肇启于银河畔凤凰台。原始氏族社会时期，生产力极其低下，氏族领地仅局限于较小的地域。这就是说，伏羲不可能出生在远离凤凰台的其他地方。恰恰相反，凤凰台在哪里，哪里就是伏羲的出生地。

第二，《三国志·吴志·胡综传》载："四灵既布，黄龙处中。"龙，古时通常作为帝王的象征，黄龙，通常作为中央帝王的象征。道家风水学形势宗又认为四灵神兽之中央为龙穴。龙穴，储君之位。储君意谓未来的帝王。《吴志》此记和风水学形势宗此说并非虚幻妄言，而是真实记录了麟、凤、龟、龙四灵神兽原型山体与其中央伏羲诞生地这两者既令人匪夷所思，又确切存在着的神异现象。对此道家认为是"天人感应"，风水家认为是天兆祥瑞，唯物论者认为是"物我巧合"。

无论后世如何评价此类神异现象，总

之，《吴志》所记、风水形势宗所言与真实的历史事件，与真实的地理现象完全相符，从而以事实证明：相对于中央而言，麟、凤、龟、龙四灵神兽布列于其前南后北左东右西；那时尚为"储君"的伏羲诞生于其四灵之中央，伏羲长大成人后代天而王；四灵神兽自然成为中央大帝伏羲的卫护。于是风水学将这四灵神兽引申为兆示吉祥的神兽，意谓凡居"四灵"之中央者，日后皆能成王成帝。"四灵"便成为创建风水学的理论基础与物象依据。

于是，在"天人感应""天示祥瑞"的兆启下，后世帝王出行、排兵布阵，都邑村镇、阴宅阳宅择址选形以及建筑布局等皆遵从风水形势宗之四灵神兽"砂山"说。

可以这么说，"四灵"之中假若不是百王之先伏羲诞生地，那么，普普通通的龙、虎、凤、龟四座象形山体便不可能被风水家炒作得如此神乎其神。四灵神兽也不可能成为中国几千年来从帝王到百姓营都建宅的形制规式。

3. 风姓氏族屯居地成己村落

风姓氏族以凤（风）为姓肇启于凤凰台，那么其屯居村落在哪里？

麟、凤、龟、龙四灵神兽原型山体之中央，凤凰台之北海拔约 1400 米的鳌背山南坡，分布有许多岩洞、岩龛式古民居。这便是那时称作"成己"的洞龛式原始村落（图 9.03）。

成己，背靠鳌背山，过数道山梁而面向无边大平原。南距大河（黄河）仅 20 多千米，有青龙、白虎、朱雀、玄武守护，背风向阳，气候适宜，泉水甘冽，宜农宜狩，山果充盈，是氏族屯居的绝佳地。那么，这里确实是伏羲故里成纪吗？请先看当初创生象形文字"成""己"的字形、字构、字义。

左图：风姓氏族成己村落位置图
右图：伏羲女娲出生地——华虚洞（未经考古界考证）

(供稿：翟钢炮)

图 9.03 伏羲女娲出生地——风姓氏族成己村落华虚洞

甲骨文"成"，像以斧劈物形，表示斩物为誓以定盟，犹如"折箭为誓""歃血为盟"。本义当为在天中地中对天盟誓媾和。

纪，甲骨文通"己"，像交错编结的丝绳，表示编结、系联、约束、识别之意。最能约束个人的当属自己。《说文解字·己》曰："己，中宫也。象万物辟藏诎形也。"

归纳以上"成""己"本义：①斩物定盟媾和；②位处中央；③像交错编结的丝绳；④律己遵约；⑤像万物曲体而辟藏于土中。兹解读上义并对照昆仑形义：

其一，斩物定盟媾和。斩，本义并非部落间相互杀伐，而是"杀牲以祭""斩物誓盟"或"伐木做车"。意为原始部落时代在天地正中昆仑隆重举行宰牲誓盟仪式。

其二，位处中央。意为伏羲诞生于吉祥四灵之中央和伏羲成王于天地中央。总之成与己都有位处中央之义。

其三，像交错编结的丝绳。意指伏羲时代的"结绳记事"与"伏羲造布"等禾草编织（《古文苑》）[1]。

其四，律己遵约。由风姓氏族而华虚部落，由华虚部落而太皞部落联盟，处处体现出伏羲"律己遵约""近者阅，远者来"包容万物的王者风范。

其五，像万物曲体而辟藏于土。此义有两解：一指植物根系屈曲埋藏于土中；二指日月星辰曲行于天，藏于地。虽此二义具泛

适性，但显然伏羲先于他人发现此等天象而造此二字。

综上所述，"成己"，即于天地中央或四灵中央郑重地宰牲誓盟并律己遵约，成己二字当首创于天地中央昆仑丘或四灵中央鳌背山南，而与既非天地中央又非四灵中央之天水大地湾并不相关。

"纪"，仅是黄帝以后为区分织品而在"己"字旁添加偏旁的后起字，并非伏羲时代的首批象形字。

4.盘古女娲神话故事原型山体齐聚昆仑丘

前文已经讨论过，盘古开天辟地、女娲抟土造人、女娲炼石补天、女娲截鳌足立四极、女娲杀黑龙济冀州等等与伏羲、女娲有关的神话故事原型山体皆在昆仑丘一带，同样有力地证明了伏羲故里昆仑说。

以上讨论了太皞伏羲部落的图腾——神龙的原型山体昆仑丘，讨论了伏羲由天地龙图推演的太极八卦——定方正位、授时推历的图解符号，讨论了华虚部落、风姓氏族、雷姓氏族、成己村落等的所在地，也重述了编创于原始时期的盘古开天辟地、女娲补天造人等神话故事的原创地。这些与伏羲本人密切相关的远古文化集中齐聚在王屋山区昆仑丘一带，表明王屋山区昆仑丘华虚部落风姓氏族成己村落即是伏羲故里。

---

[1] 引自（宋）章樵《古文苑》，全国图书馆文献缩微复制中心，1985年版。

《诗经·陈风·宛丘》"宛丘之上兮"，《左传·昭公十七年》"陈，太皞之虚也"，汉《尔雅·释丘》："丘上有丘，为宛丘。陈有宛丘"，《五帝记》"帝伏羲氏，都宛丘"，《潜夫论·五帝德》"伏羲世号太昊，都于陈"，之后，人们便误以为春秋时陈国，现河南淮阳便是当年伏羲"王天下"时的王都。

然而，近几十年来的考古发掘，在淮阳并未找到与伏羲本人、与伏羲王都有直接关系的任何证据。相反，考古证实淮阳最早文化层距今仅为四千五百年，比伏羲所处公元前六千年晚了约三千五百年。这表明淮阳并非伏羲王都。春秋以后所谓"太皞之虚在陈""陈有宛丘""宛丘在淮阳"只不过是西周时产生的一种误解。淮阳并非伏羲时的"陈"，并非伏羲时的宛丘，并非伏羲时的王都。

那么原本的宛丘在哪，"陈"在哪，伏羲王都在哪？在认真分析原始社会晚期人类文明初始时期中原地区的古气候、古地理、古生态环境和生产力发展水平及其原始自然宗教观念后发现，中华文明初创于古济水源区；在全面分析《尔雅·释丘》《汉字源流字典·丘·虚·陈·太·皞·都·墓》《字源·宛》等典籍及《楚辞》《淮南子》《史记》《山海经》等史籍，并经实地考证后证实：唯有位于今晋豫边界王屋山区昆仑丘的圣王坪是宛丘的原型，是"陈"的故地，是上述甲骨文字的创生地，是伏羲开创的太皞部落联盟之王都。

一、太皞伏羲立都王屋山区昆仑丘之必然性

唯物论认为，一种文化的产生离不开当地的自然与人文环境。譬如，之所以取名太

皞，均与其地、其时的环境因素有关。所以，探讨伏羲王都所在地也必须从解读伏羲时代的自然与人文环境出发，尔后再逐步深入探讨其他有关方面。以下兹从伏羲之"都"、伏羲之"墓"、中原地区古气候、昆仑丘自然地理、昆仑丘人文地理等多个角度分析伏羲立都王屋山区昆仑丘之必然性。

（一）从解读"都""墓"之原始本义看立都昆仑之必然

历朝历代，择址建都都是一件国之大事，华胥、太皞部落择址"王都"亦然。

伏羲时代尚处"前国"时代，既无"国"之概念，亦无"都"之必要，故无"都"之存在，因此甲骨文并无"都"字。所谓伏羲"王都"只是商周时的人们以商周时的观念给伏羲当年所居之地或伏羲墓所在之地所取的名称，并非后世意义上的国都或王都。这从古代典籍对初始"都"字的解释可证明。

《说文解字·邑部》："都，有先君之旧宗庙曰都。"《左传·庄公二十八年》："凡邑，有宗庙先君之主（神主牌位）曰都，无曰邑。"假若历史更推前到伏羲时代，实际上伏羲这样的"先君"既无宗庙，又无牌位，甚至只有墓而无坟无陵。如史典所记："古之葬者，厚衣之以薪，葬之中野，不封不树。"（《易传·系辞下》）"封土成丘者曰坟，与地平者曰墓。"（《字汇·土部》）"古者墓而不坟。"（《礼记·檀弓》）由此断定，"先君"伏羲只有平地的墓而没有起堆的坟，更无豪华的陵。故此谓先君主墓之所在即为"都"。于是只要寻找到并认证其确是伏羲之墓便可证明是太皞伏羲之王都。

可伏羲墓既然是"不封不树""与地平"者，今天的人们又如何发现并认证呢？

历经多年研究考证，通过深入研究道家风水学说和古代帝王祭祀礼仪，2006 年 8 月在昆仑丘发现了具有巨大历史、文化、民族意义的伏羲之墓。其发现的基本原理和理路如下：

1. 王屋山区昆仑丘是古代传说中的中华神龙的原型山体，是远古时人们心目中龙的化身。

2. 伏羲由天龙地龙推演太极八卦而能预知时间时令，后人以为伏羲是善于预测未来、预测人生的天皇、圣王。于是，伏羲的出生地和墓地便理所当然地成为风水家和世人顶礼膜拜的风水宝地，也便成为中国风水学的原创地。

3. 由此，今人只需循着风水堪舆说和帝王祀礼说中择宅、择墓礼制便能准确地判定伏羲出生地和墓地之所在。那么伏羲归藏于昆仑丘什么地方呢？

4. 风水堪舆称"龙角地为最吉之葬地"，意谓龙角地归藏有圣王；《周礼·春官·乐师》"诏来瞽皋舞。"皋，告知也。意为后人在郊野水边高地以新禾祭祀祷告先圣王。

5. 据上便可推知：伏羲墓地当在两龙角交汇处的水边高台，即现称之为"娘娘池"，古称龙池、雷池、华池、瑶池、鼎湖北边的高台。由此道家又称其谓"伏羲台"。

按礼制，后世帝王必须在鼎湖或雷池南侧高台隔水遥祭先圣王伏羲，意谓祭祀先王必须隔水遥祭而不允许越过雷池直接在"伏羲台"祭祀，否则为"犯天条"。古训"不敢越雷池一步"即本于此。又，后世帝王辞

图 10.01　伏羲墓及祭伏羲台遗址遗迹

世称"龙去鼎湖""龙御宾天"亦本原于此，意谓与先皇伏羲在天宫相会。如今鼎湖南高台仍有当年历代帝王祭祀先皇伏羲的祭台遗迹（图 10.01）。鼎湖之中并有祭祀后投置其间的祭品和刻石等。据史书记，黄帝荆山铸鼎后，将其中一鼎亦投置祭伏羲台北侧湖底。2006 年 8 月 9 日科研人员于鼎湖（娘娘池）北侧两龙角交汇处之高台现场考察，确认高台中心即为伏羲墓。令人痛心的是，2007 年 6—7 月间，伏羲墓遭盗挖毁损，伏羲遗骨散失。科研人员遂就伏羲墓被盗挖事函告国家文物局，望加强保护并尽快考古捞挖沉于鼎湖内的金（铜）鼎，（历经五千年融蚀，铜鼎可能已不复存在。）收拢伏羲遗骨并恢复鼎湖南侧之"祭伏羲台"，并建议就伏羲遗骨做 C14 测年，若测年结果确系公元前六十世纪，

则可明确断代中华文明肇启于八千年前。

伏羲墓找到了，那么伏羲等古帝王祭天之处在哪里呢？这可从以下四个角度考证：其一，按远古习俗，伏羲等帝王每年必在昆仑中央高台，即在"天地元"举行祭天、祈年仪式，不可能在偏隅一方的"犄角旮旯"；其二，天地元西北方向必有一宰牲池，若无天然水池则必人工开挖一水池，以宰牲、投物、置碑；其三，帝王祭天与观象测天、授时推历同在天地元，故于天地元及其周围必有古观象台遗迹；其四，古帝王祭天，须烧牲燃禾，故于天地元必有帝王取火用的大块燧石；其五，祭天时必须有乐曲相和。

据上推理，于昆仑中央很快找到了天地元及其祭天台遗迹和观象测天之"六壬""晷仪"遗迹（参见第十四章"太皞伏羲时代原

始科学的出现")及其祭天取火燧石遗物，并在天地元西北坡下找到了人工开挖的宰牲池（参见本书图 4.02）。

以上种种发现是伏羲王都昆仑丘的重要证据。

（二）从中原地区古气候、古地理环境看立都昆仑之必然

昆仑丘位居天中地中，有天龙地龙护佑。这是原始先王先民选址昆仑丘作为华虚部落、太皞部落联盟（中华民族稚身）王都所在地重要的但不是唯一的原因。

昆仑丘具备的自然、人文地理环境同样吸引着原始先王先民在这立都、定居。以下就昆仑丘优越的自然地理环境证明伏羲立都于此之必然。

从中国远古、上古文化发展趋势看，裴李岗文化、仰韶文化主要集中在黄河中游的黄土台地带，公元前2800—前2300年龙山文化时期才逐渐走出黄土带，进入广阔的东部大平原。这一趋势是由人类生产力发展水平决定的。在仰韶文化早期，人类基本上不具备在大平原上生活的能力。尤其是八千年前伏羲时代的黄淮流域，因地球刚刚结束第四纪冰期，进入暖湿期不久，黄河、淮河夹带大量泥沙在黄淮下游平原大规模频繁泛滥淤积，原始先民根本无力抗拒如此巨大的自然灾害，根本没有能力在类似淮阳这种地势低平、屡泛洪水的重度盐碱滩环境中生存。近几十年来的考古挖掘亦证明，淮阳最早的人类文化层不会早于公元前两千五百年。这充分表明八千年前淮阳一带还无人类居住，更谈不上建立都城。

相反，真如《易传·系辞下》"上古穴居而野处"，《墨子·辞过》"古之民未知宫室时，就陵阜而居"。黄河中下游的黄土台地带和岩溶洞龛是先民防风雨、防寒暑、防兽害的最佳人居环境，距东部大平原较近的王屋山区昆仑丘一带就是这样的最佳人居环境。因此，从古气候、古地理环境看，昆仑丘是太皞伏羲部落立都的首选之地。

以上从宏观环境分析立都昆仑之必然。以下再进一步做中微观环境的分析。

一个氏族，一个部落的生存、发展，首先必须具备适合人类居住、生存的环境。譬如：①在生产力极端低下的原始时期，人类还没学会盖房建楼，多只居住在天然洞龛、黄土窑洞或半地下洞穴之中，故称此时期为穴居时代。②氏族社会的发展，人口的不断增加，人类必然从渔猎、采摘逐渐进入定居农业时期，此时既需要有一定的采摘、狩猎领地，又需要有适宜耕种的土地和驯牧家畜的草地，这称为定居农业初期。③人类生存离不开水与火，所以村落、氏族、部落所在地必须有足够的水源和火种。④原始先民抵御自然灾害的能力还很脆弱，只有选择气候适宜、无水旱等重大自然灾害的地域才能成为"王都"所在地。

王屋山区昆仑丘就是这样具备以上多种条件，适宜古人类居住、适宜建立"王都"的理想之地。（请详见第二章"远古上古中原古天象、古地理、古生态环境"第七章"神异昆仑之四　优居环境"）

（三）从昆仑丘本身的人文地理环境看立都昆仑之必然

优越的自然环境是立都昆仑丘重要但并

非唯一的因素。同样重要的是：①原始社会先民由早期萌芽到后期普遍存在的崇天崇山、万物有灵观念，认为独流入海的高山距天帝最近，人在高山就可以进入天庭与天神共语，所以大河之源尤其是独流入海的大河源头常常被世界上许多古老民族视为上下天地的天梯，视为本部落、本民族的圣山祖地，发源于圣山祖地的河流被称为圣水。中华先祖对这一观念更是坚信不疑，甚至可以说是世界崇天崇山观念之典范。②如果这独流入海大河之源的山体形态尤显奇伟神异，则更将被立为本部落、本民族的神都圣京而备受礼赞。王屋山区就是著名的中国古四渎之一——济水之源头，昆仑丘就是一座奇伟神异之山。

那么，济水有何神异，昆仑有何神圣？（这在本书第四章"神异昆仑之一　天中地中"、第五章"神异昆仑之二　天龙地龙"等章中已有详解）

正是昆仑丘优越的自然地理环境和独异于世的人文地理景观，才吸引来一代又一代的先王先民在此定都、定居，繁衍生息长达近四千年，并由此开创了伟大的中华文明。

二、太皞其名、其字创生于昆仑丘

太皞，是伏羲所在的部落名，如果证明了太皞其名取自昆仑丘，则反之亦证明昆仑丘就是太皞伏羲部落的王都。

太皞部落，是在华虚等部落基础之上创建起来的部落联盟。华虚部落的活动中心在昆仑丘，太皞部落联盟的活动中心也在昆仑丘。那么，为何改名太皞而不沿用华虚呢？

按逻辑推论，"华虚"应是有巢氏、燧人氏时代到伏羲"王天下"之前所在的那个部落名。伏羲王天下后，生产力得以空前发展，科学、技术、文化、思想也相应地向前发展。同时，社会结构亦由原先的若干氏族、部落联合成为部落联盟。因此，原先的华虚部落名显然不宜沿用于新联合的部落联盟，而必须重新取一个为各部落都能接受的名称，"太皞"便由此而出。（参见第十七章"首批象形文字的创生"之"太""皞"）

昆仑中央高台是帝王祭天之处，因高台旁无天然水域，所以在其西北方坡下人工开挖了一泓水池，以供宰牲、投物、置刻石所用。如若日后于宰牲池、鼎湖考古挖掘出这些祭祀用品，当将揭晓中华民族最伟大、最神圣、最神秘的一段原始社会史。

以上，昆仑丘之岩溶洼地内几百个岩溶漏斗与落水洞，大雨如注顷刻淅涧以及昆仑丘次生麇子、祭天台、宰牲池，祭天取火燧石等原始时期的遗址、遗迹，充分证明昆仑丘确系包括太皞伏羲在内的众多古帝王立都、祭天之场所。

三、太皞之虚在陈，陈在宛丘，宛丘即昆仑丘

自西周初年起，"太皞之虚在陈""陈有宛丘""宛丘在今河南淮阳"似成定说。然而，淮阳有人类活动的最早年代远晚于太皞伏羲所在年代约三千五百年；在淮阳建立的陈国更是较伏羲所在年代晚五千年。由此可以认定，历史上所谓伏羲时代的"陈""宛丘"并非指春秋时代淮阳的"陈""宛丘"，

而是指别处的"陈",别处的"宛丘"。

史书记太暤伏羲都于陈、宛丘,最早起自于春秋。下面兹择其要录于下:

(春秋)《诗经·陈风》:"宛丘之上兮。"

(战国)左丘明《左传》:"陈,太暤之虚也。"

(战国)佚名《尔雅·释丘》:"丘上有丘,为宛丘。陈有宛丘。"

(汉)班固《汉书·古今人表》:"太昊帝宓羲氏。"

(汉)王符《潜夫论·五帝德》:"伏羲世号太昊,都于陈。"《五帝记》:"帝伏羲氏,成纪人也,木德继天而王,都宛丘。"[1]

(汉)戴圣《礼记·月令》"其帝大暤"郑玄注:"大暤,宓戏氏。"

(晋)皇甫谧《帝王世纪》:"太昊庖牺氏,风姓也。……帝出于震……是称太昊,都陈。""宓羲为天子,都陈,在《禹贡》予(豫)州之域。"

(北魏)郦道元《水经注·渠水》:"陈城,故陈国也,伏羲、神农并都之。"

(南朝)裴骃《史记集解》:"炎帝初都陈。"(宋)罗泌《路史·太昊纪》:"伏羲氏都于宛丘。"

以上引文实际上都是一些历史误会,是春秋时的陈地人硬把传说于原始社会伏羲时代的"伏羲都陈、都宛丘"与"周武王封舜帝后裔妫满于淮阳并建立陈国、仿建宛丘"两件并不很相关的事牵扯到了一起。那么,所谓伏羲"都陈""都宛丘"的"陈"与"宛丘"本指哪里呢?

---

[1] 引自(汉)王符撰《潜夫论》,河南大学出版社,2008 年版。

(一)由"陈"字起源看"陈地"必在昆仑丘

"陈",早在妫满于淮阳建立陈国前五千年的原始社会晚期已有此字。"陈"为会意字,很难直接由字形分析其创字之初的原创环境。不过,《汉字源流字典》"陈"(𨻶)是由"阜""土""东"三个象形字组合成的会意字,故从阜(𨸏),本义为穴居上下脚窝;从土(♄),本义为撮土以祭,又解为土中,即地中,天下中;从东(♦),本义指初制灯笼之所在。据上,"陈"字当原创于黄土穴居处,原创于地中祭天处,并由"西(♦)"字本义可推知"东"字原创于山西运城盐池的东方(详见第七章"神异昆仑之四　优居环境"),原创于首制"灯笼"("东"字合音)处。

现在让我们回到昆仑丘:昆仑丘及其周边至今仍有数不清的"穴居上下脚窝";昆仑丘位处祭天之地中;昆仑丘位于盐池之东。当年先民为了生存,马队驮背装载盐卤的竹笼藤筐,背东驮西于西边的盐池与东边的昆仑丘之间。当驮到昆仑丘之后,便按老习惯将盐卤与其他各种物品都摆放(陈放)在老地方(陈地)圣王坪。这是原始公社时代大同世界的真实写照。于是人们把经常陈放物件的老地方习惯性地称作陈地,这个"陈"放之"地"就在昆仑丘,这个老(陈)地方就在昆仑丘。

(二)宛丘与昆仑丘是一地双名

在漫漫长史中,一地双名、一地多名是常有之事。文人们从不同角度观察,可能给同一地方取起许多不同的名称。譬如,从昆仑之巅遥望天地似"由混混沌沌到伦理（古汉语"伦理"指事物条理与人伦道德）有序"，便取其名谓"昆仑（hún lún）"或昆仑丘、昆仑虚；从昆仑丘"四方高中央下""宫室"（地下溶洞）迴宛屈曲的地貌形态，又取其名曰"宛丘"；因昆仑丘乃盘古析分天地处，丘顶被析离成城墙、城垛状，又取其名谓"析城山"；从丘顶似"析木之津"（《汉书·律历志》），又取其名曰析津山；因昆仑丘是百余代帝王祈天和上下天地之津渡，又取其名曰祈津山；从山形似斗北枓南之斗，又取其名曰"北斗坪"。（昆仑丘更多别称详见第三章"昆仑丘——析城山"）可见，"宛丘"只是诸多名称中的一个而已。只因围绕"宛丘"其名所编的故事远不如"昆仑""悬圃"那么多，所以并未引起世人太多的注意；尤其是随着昆仑文化的失落和后世太皥部落向东部大平原的大迁徙，"宛丘"其名也随着太皥部落迁徙而转移到他地。这便是只知有"淮阳宛丘"而不知有"昆仑宛丘"的原因。

在此再次强调，实际上"宛丘"其名更早于"昆仑丘"。诚如本书后文第十二章"神圣昆仑之四　四千年王都　百余代帝墓"所述，"宛丘"是有巢氏、燧人氏时代，人类为躲避大洪水，由沟谷平川迁居高丘地带时依据迁居地宛状、丘状地形所起之名。而"昆仑丘"是伏羲在宛丘观象测天，授时推历，掌握了天象变化规律后给宛丘起的新名词。

那么，说宛丘与昆仑丘是一地双名有根据吗？有！其实，"宛"字是会意兼形声字，"丘"字是象形字，此两字与会意字"陈"字不甚相同，相比之下比较容易融会贯通。

"宛"，从宀（房屋），从夗（表屈曲），"丘"，甲骨文"ᘔᘔ"，象形字。（详见第十七章"首批象形文字的创生"）

下面就"宛丘"之本义并就"昆仑宛丘"与"淮阳宛丘"做比对（图10.03）：

1.《博物志·地理略》曰："昆仑北，地转。下三千六百里，有八玄幽都，方二十万里。"《河图括地象》曰："昆仑者，地之中也。下有八柱，柱广十万里，有三千六百轴互相牵制，名山大川孔穴相通……天门无上，地户无下。"昆仑丘之上述地貌特征相同于"宛丘宫室回环盘曲"。而"淮阳宛丘"只是一座人工堆筑的小土丘，无回环宫室。

2. 昆仑丘北部之圣王坪系一典型喀斯特陷落洼地，四周高中央洼，相对高差约几十至二百米。此同于"宛丘四周高中央下"。而"淮阳宛丘"只是一座平顶土丘，非"四周高中央下"。

3.《尔雅·释丘》："三成（重）曰昆仑丘。"《水经注》引《昆仑说》："昆仑三级：下曰樊桐；二曰玄圃；上曰增城。"《拾遗记》："昆仑……其高出日月之上，山有九层。"此同"宛丘，丘上有丘"。而"淮阳宛丘"只有一层，并无丘上有丘。

4. 昆仑之巅及其周圆海拔1 400米上下的悬崖根部，有约二百个岩溶洞穴和岩龛，其东南向乃原始社会晚期古人穴居之处。此同"宛丘，像古人穴居的废窑包"。而"淮阳宛丘"直到龙山文化时期才有人类活动，且其上无穴居洞龛。

5. 昆仑丘平均高程1 600米以上，非人为堆积。此同"宛丘，非人为堆积的土山"。而"淮

a　昆仑宛丘

b　淮阳宛丘

图 10.02　本义宛丘与讹义宛丘之比对

阳宛丘"只是人为堆积的小土包。

　　6.昆仑丘东南方向的岩洞岩龛是原始先
民穴居处,西北向为逝者穴葬处。此同"宛丘,
人居在丘之东南"。而"淮阳宛丘"非常矮小,
不分"人穴居丘东南,逝者穴葬丘西北"。

　　以上以大量事实证明所谓"陈有宛丘"
是指今晋南阳城析城山圣王坪"昆仑宛丘",

而非指河南"淮阳宛丘"。

　　本章从古文字解读,从古地理、古环境、
古气候等多方面综合分析证明:王屋山区昆
仑丘乃伏羲王都、伏羲墓地和太皞部落联盟
所在地。

与象形文字一样，远古时地名、氏族部落名大多都取自所在地域的自然环境。如"昆仑"取自天地开辟之意境的山体、天体；"宛丘"取自宛、丘状地形；"玉山"取自形同"璇玑玉衡"北斗星座的山体。"有熊"，意为其地有熊状山体；"姬"，古音、形同龟（天鼋），意为其地有龟状山体；"轩辕"，意谓其地有轩昂、双辕状山体；"峤山"，意为其地有两侧锐而高、顶平的峤状山脊；"黄帝"，意为其地位于天中地中。古谓东曰苍，南曰赤，西曰白，北曰玄，中曰黄。故黄帝即位处天中地中的中央大帝。

仿照环境取名，并非偶尔所为，乃天下之皆然。由是与象形文字一样，在这些古地名、古氏族名之中同样蕴含着许许多多远古时代

的历史信息和地理信息。然而，这些信息在河南新郑、陕西黄陵桥山却未见。

人们仅凭西汉易家焦延寿一句错话及其后人附会虚构的山名、水名、地名等便认定河南新郑为黄帝故里，显然是错误的。同样，仅凭汉武帝到陕西桥山祭奠黄帝衣冠冢便认定黄帝真身归葬于桥山，亦系错误。

一、黄帝故里昆仑有熊姬沟

自春秋至西汉，记载黄帝故里的史籍很多。

（春秋）左丘明《国语·晋语四》记："昔少典娶于有蟜氏，生黄帝、炎帝。黄帝以姬水成，炎帝以姜水成。"

（战国）《竹书纪年》："黄帝轩辕氏……居有熊。"

（汉）宋衷《世本·帝系篇》：“黄帝居轩辕之丘。”

（汉）戴德《大戴礼记》（成书于汉宣帝时）："（黄帝）有圣德，授国于有熊。郑也，古有熊之墟，黄帝之所都。"

（汉）司马迁《史记·五帝本纪》："黄帝居轩辕之丘"，"黄帝者，少典之子，姓公孙，名轩辕"。

从以上所记可以看出，在汉宣帝之前，唯记黄帝居有熊，又居轩辕之台（丘），在姬水成就帝业，而并无黄帝故里在新郑之记载。

（一）河南新郑非黄帝故里

黄帝故里新郑说，首记于汉代焦延寿《焦氏易林》："黄帝，有熊国君少典之子。有熊，即今河南新郑是也。"

其后，史界皆抄袭焦氏此说，再无人提出异说。然焦氏此说乃系讹误。

那么《焦氏易林》为什么说"有熊，即今河南新郑是也"，其实这是焦延寿把西周初年武王分封黄帝后裔于祝地误当成了黄帝本人出生于祝地。概况如下：

《国语·郑语》："夫黎为高辛氏火正，……故命之曰祝融。"《史记·楚世家》记："重黎为帝喾高辛居火正。"火正，古代掌管火的职官。

东汉《汉书·地理志补注》："今郑州新郑县……周封黄帝后于此为邹国。"

《辞海·邹》："邹国，西周分封的诸侯国。""相传为祝融之后，在今河南新密东南。"

这就是说，周武王封黄帝后裔的地方也就是当年帝喾时祝融的后裔所在地祝，周时封而称邹国。

《史记·周本纪》："武王……乃褒封……黄帝后于祝。"

以上所记清楚表明，邹国原为帝喾时火正祝融后裔所居之"祝"地，在今河南新密东南，新郑西北，后，周武王又封黄帝后裔于此祝地。祝，其封国称邹国。于是焦延寿便把周武王封黄帝后裔于祝融之地误以为黄帝本人故里在祝。

这就是《焦氏易林》"有熊，即今河南新郑是也"讹误的来龙去脉。

那么新郑为什么有许多与黄帝有关的古地名（图11.01），并出土有"三爪金龙"（图11.02），还出土有裴李岗、仰韶、龙山时期的文化遗址与文物？其实，这些都是后人乃至今人之附会。

例如，"轩辕丘"（图11.03）"黄帝城"是为了开发旅游，2003年才堆筑的土丘。图11.01中的"姬水河""大隗山""风后岭""西太山""崆峒山""大鸿山""熊山"乃至"少典坟""华胥国""轩辕故都""黄帝故里""嫘祖洞""黄帝御花园""黄帝避暑洞""黄帝饮马泉""黄帝庙""少典祠""轩辕庙"等与黄帝有关的古地名、古遗址都是汉代后乃至近年才附起之名，无历史文化价值。"三爪金龙"只是现代人附想的一块似龙非龙的石头，不能作为黄帝故里的证据。

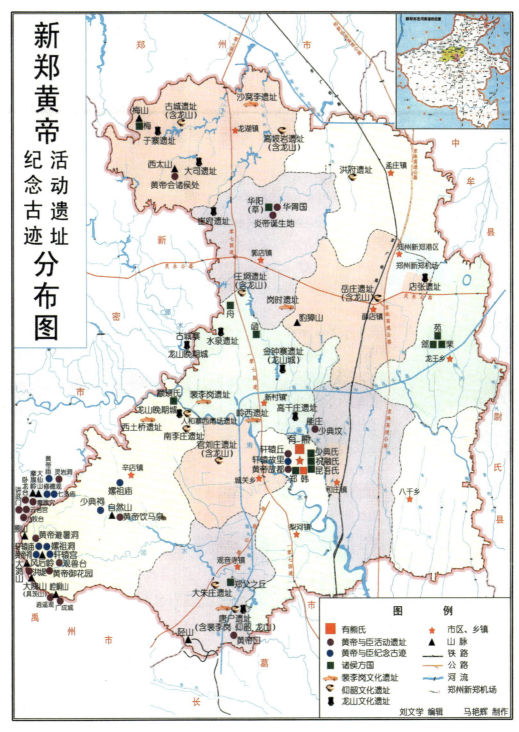

（此图转引自《黄帝故里通鉴》，中州古籍出版社 2006 年版。图中与黄帝有关的古地名、古遗址皆系今人虚构、虚造，并非史实。）

图 11.01　所谓新郑"黄帝故里"的出处

a　"三爪金龙"原形石

b　"三爪金龙"后人仿刻石

图 11.02　出土于汉代新郑"黄帝故里'三爪金龙'"

图 11.03　2003 年追建的新郑"黄帝故里轩辕台"

否定了黄帝故里河南新郑说，那么哪里才是黄帝正宗故里？

按先秦史书所记，认证黄帝故里的主要参照物有：一曰在宓羲之宇；二曰有龙；三曰有熊；四曰有轩辕台，五曰有天鼋；六曰有峤山；七曰有姬水；八曰有玉山。这就是说，哪里有以上八证者，哪里就是黄帝故里，缺一不可。

（二）黄帝所居，伏羲之宇

同样是《焦氏易林》，于卷一中又记：

"（萃）黄帝所生，宓羲之宇，兵刃不至，利以居止。"这是说黄帝故里在原先伏羲所在的部落，那里无刀兵之灾，天下安宁，利于居住。

此记与"黄帝，有熊国君少典之子。有熊，即今河南新郑是也"显然相矛盾：

伏羲所在的华虚、太皞部落在以昆仑虚为中心的王屋山区，所以黄帝诞生地"宓羲之宇"应当在昆仑虚一带。这是其一。

其二，伏羲所在之华虚部落中心在昆仑虚，昆仑虚乃天地正中大花园"悬圃"的本名，古代"华""花"同源、同字、同音、同义；黄帝系华夏部落首领。夏，古义即位于天中地中大花园之南（夏主南）；华夏，即谓大花园南鄙的部落。换言之，华夏部落或黄帝出生地应位于昆仑虚南郊。由此，所谓有熊、姬水、轩辕、西太山等亦必位于昆仑虚以南不太远处，而不应在远离昆仑虚的新郑。

（三）黄帝出生地必是真龙之所在昆仑虚

《史记·天官书》记："轩辕，黄龙体。"《史记·封禅书》又记："黄帝采首山铜，铸鼎于荆山下。鼎既成，有龙垂胡须下迎黄帝。黄帝上骑，群臣后宫从上龙七十余人，龙乃上去。"

《史记》以上两段记载表明黄帝生卒皆在神龙原型山体昆仑虚。其实，《宋书·符瑞志》《大戴礼·五帝德》《归藏·启筮》

等都记载炎帝、少昊氏、帝颛顼、帝喾、帝尧、帝舜、帝禹等古帝王皆系"感龙而生"，表明这些远古帝王皆依附于或出生、归藏于神龙化身昆仑虚。

实际上，一则昆仑虚是神龙化身，二则在万物有灵的原始时代，古帝王们不可能没有神龙作为精神支柱，所以黄帝生地、葬地，也包括其他古帝王生地、葬地必在昆仑虚一带，决不会远离先帝先王所在的昆仑神龙。

近年考察发现的"黄帝采首山铜"的一百多个古铜矿洞以及龙须之上七十多座人形山头，同样以事实证明昆仑虚是黄帝生卒之地。

（四）黄帝生地必有熊、龟形山体

《竹书纪年》记："黄帝轩辕氏……居有熊。"《史记·集解》："谯周曰：'有熊国君，少典之子也。'"《史记·五帝本纪》："自黄帝至舜、禹，皆同姓而异其国号，以章明德。故黄帝为有熊……"《白虎通·号篇》："黄帝有天下，号曰有熊。"

司马迁之前的史籍皆只记"黄帝居有熊"，而无记"有熊在新郑"。那么有熊之地在哪里？按前文推理，有熊必在昆仑虚之南不太远远处，且必定有熊状山体。那么这熊状山体在昆仑虚之南何处呢？为方便说明，再引出姬姓氏族。

《史记·五帝本纪》记："黄帝，少典之子，姓公孙。长居姬水，故改姓姬，居轩辕之丘，

号轩辕，亦曰帝鸿，国于有熊，故亦称有熊氏。"

《金楼子·兴王篇》："黄帝有熊氏，号轩辕。少典之子，姬姓也。"

《国语·晋语四》："昔少典娶于有蟜氏，生黄帝、炎帝。黄帝以姬水成……故黄帝为姬姓。"

《帝王世纪》记："黄帝有熊氏，少典之子，姬姓也……"

《稽古录》："黄帝有熊氏，姬姓，号轩辕。"

由上可知，黄帝系有熊国（有熊部落）姬姓氏族，国内有轩辕丘（轩辕台）。这表明轩辕台、姬姓氏族皆在有熊之国。那么古时"姬"是什么意思，出自何处？

《国语·晋语四》："黄帝姬姓。"。段玉裁注《说文》龟，古音姬；又"姬"字横看若龟形。故《国语·周语下》谓姬周之出处曰"我姬氏出自天鼋"。

又，《宋书·符瑞志》记：轩辕"母曰附宝……二十五月而生帝于寿丘"。

然若按上说，黄帝又是出生于有熊，又是出生于天鼋，又是出生于寿丘，这又是怎么回事呢？

这还得从昆仑虚说起。前面讨论过昆仑又雅名璇玑玉衡，即美玉之意，故昆仑虚在道界又称玉虚、玉山。玉虚之皇，即玉皇。黄帝出生于玉虚之南侧，逝葬于玉虚，故道家化神黄帝为玉皇大帝。这就是玉皇大帝（玉帝）之出处。

道界谓玉虚即昆仑虚，而古时又谓玉虚

a　远望似熊："黄帝有熊氏"的山体原型

b　近观似鼋："我姬氏出自天鼋"的山体原型

图 11.04　王屋山区玉阳山东，今俚称"饿虎山"，乃黄帝故里

图 11.05　《史记·黄帝本纪》：黄帝，少典之子，姓公孙，长居姬水，故改姓姬。

图 11.06　纪念夏禹的"夏神庙"

为龟。《五色线》卷上"龟有八名"，《杂俎》曰"八曰玉虚"。道界又以龟象征长寿，故天鼋犹天寿，其丘谓寿丘。这就是说，龟或天鼋、寿丘，或姬姓或黄帝或玉皇大帝，皆出于玉虚或玉虚之南或玉虚之阳。玉虚之阳即玉阳，亦即古今所称之王屋山区玉阳山。

那么玉阳山有熊状山体，有天鼋状山体，有姬姓氏族吗？有！

在玉阳山东侧，有一座高约百米的小山，该山俚称"饿虎山"，山顶有蚀余残岩。该岩体远望似熊，近观似鼋（图 11.04），不远不近观之则似熊似鼋。由此后世文人注释《楚

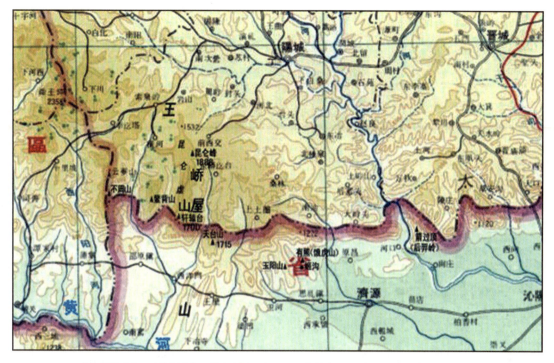

（本图据《山西省地图集》阳城幅调绘，山西人民出版社 1961 年 8 月版，第 100 页。）

图 11.07　黄帝故里有熊部落姬姓氏族及后羿岭位置图

辞·天问》"鸱龟曳衔""负熊以游"时，常常龟、熊莫辨，不知此处之龟、熊为何义。其实"不辨龟熊"就对了，因为此山本来就既似熊又似龟。

玉阳山东不但有熊有鼋，而且自古至今是姬姓氏族的宗祖地。当地原住民说不知道从几千年前起这里就称姬沟，如今仍称姬沟（图 11.05）。距姬沟村不远处还有源自夏禹的夏神庙村（图 11.06）和疑是少典墓的"姬大人坟"（少典墓，于 2015 年已毁。）及疑是少典所在村落的"姬龙沟"。

以上这些证明黄帝出生于昆仑虚东南 28 千米的玉阳山东侧有熊氏族姬沟村落，今济源市思礼镇姬沟村（图 11.07）。

二、黄帝墓地昆仑峤山轩辕合

关于黄帝逝世与归葬之地，《史记》所记有多处，其中明确记载的有三处：一是《孝武本纪》记："其来年冬，上议曰：古者先振兵泽旅，然后封禅。乃遂北巡朔方，勒兵十余万，还祭黄帝冢桥山，泽兵须如。上曰：吾闻黄帝不死，今有冢何也？或对曰：黄帝已仙上天，群臣葬其衣冠。"二是《孝武本纪》记："黄帝采首山铜，铸鼎荆山下。鼎既成，有龙垂胡须下迎黄帝。黄帝上骑，群臣后宫从上龙七十余人，龙乃上去。……故后世因名其处曰鼎湖……"三是《史记·历书》：

集解"瓒曰：'黄帝圣德，与虚合契，升龙登仙于天，故曰合而不死。'"虚，有谓道虚，实为昆仑虚之简称。

《史记》以上诸记明确如下事实：①黄帝在首山采铜，在荆山铸鼎，之后在西龙须逝世，西龙须附近有一泓池水称鼎湖。②黄帝逝世后一说归葬于鼎湖附近，一说归葬于昆仑虚并随龙升仙，一说归葬于峤山，后来又说归葬于陕西桥山。那么黄帝到底归葬于何地？

（一）陕西桥山非黄帝真身墓地

司马迁《史记》原著所记系"黄帝崩，葬峤山"，并非"黄帝崩，葬桥山"。峤、桥之义有很大差别。把"峤山"改换为"桥山"，似乎起因于"通假"。桥、峤因音同而相互替代：司马迁《史记》原记为"黄帝崩，葬峤山"，后通假为"黄帝崩，葬桥山"。现存《史记》亦存在峤、桥两种版本。最初，《史记》被修改的原因在于司马迁《五帝本纪》过于简单地记载"葬峤山"，但并未交代峤山具体位置，而在《孝武本纪》中却把位于陕西"桥山"的黄帝衣冠冢记载得比较详细。但陕西黄陵县仅有"桥山"而无"峤山"，由是后人未加深考便把汉武帝北征匈奴后还师途经陕西桥山祭祀黄帝衣冠冢误当成了黄帝真身墓地。记史如下：

《孝武本纪》记："其来年冬，上议曰：'古者先振兵泽旅，然后封禅。'乃遂北巡朔方，勒兵十余万，还祭黄帝冢桥山，泽兵须如。上

曰：'吾闻黄帝不死，今有冢，何也？'或对曰：'黄帝已仙上天，群臣葬其衣冠。'"记中明确，陕西桥山是黄帝衣冠冢所在地。那么汉武帝为什么还要去祭祀黄帝衣冠冢呢？

一则其时黄帝之真身墓地已无人知晓在何处，二则出于政治目的。譬如《孝武本纪》记："齐人公孙卿曰：'今年得宝鼎，其冬辛巳朔旦冬至，与黄帝时等。'又记：'申功，齐人也。与安期生通，受黄帝言，无书，独有此鼎书。'曰'汉兴复当黄帝之时。汉之圣者在高祖之孙且曾孙也'。"

《史记》以上所记显然是齐人公孙卿与齐人申功利用汉武帝好大喜功、追求大汉皇统之心理而合伙欺骗、谄媚汉武帝所编造的假话和预铸的"天授鼎书"。

这是黄帝墓陕西桥山说的讹因。类似这种因通假字、衣冠冢而把黄帝真身墓地错安到甘肃、山东、河北等地多达7个。可见，涉及专用地名、通假字要慎重辨析，否则易造成历史性误判。

（二）黄帝仙逝西龙须

《孝武本纪》已详细记述黄帝仙逝于神龙龙须：①"黄帝采首山铜，铸鼎于荆山下。鼎既成，有龙垂胡髯下迎黄帝。黄帝上骑，群臣后宫从上龙七十余人……后世因名其处曰鼎湖。"据此记，黄帝仙逝之处其名曰（龙）首山，有铜矿，黄帝曾在此铸铜鼎；②有神龙必有龙须，龙须有下垂状，有上翘状，上翘龙须之上有七十余座人形山头；③其处有

湖，因黄帝沉鼎于湖而呼"鼎湖"。由是，凡具上述证据者便可认定其为黄帝仙逝处，若无则不能认定。经考证，王屋山区昆仑丘三证齐备，而陕西桥山则皆无。

1. 黄帝采首山铜，铸鼎荆山下

首山，有两说：一曰首阳山，又称雷首山，史上多释为中条山西南端，介于黄河与涑水间，《集解》谓晋灼曰："地理志首山属河东蒲阪"；二曰龙首山，又有两说：一说在陕西西安旧城，二说在甘肃、内蒙边界。以上显属后世附说。

顾名思义，本义龙首山即龙之头部。既然昆仑丘是远古时人们心目中的神龙，那么本义龙首山当然是昆仑丘的一部分，即位于昆仑北。既然记"黄帝采首山铜"，那么昆仑丘龙首山必须赋存铜矿。

是的，据原住民翟钢炮等陈述并经实地考察证实，在昆仑神龙龙首西南侧的银河一带确有一百四十多个传说开挖于黄帝时代的矿洞，洞内、洞口、洞壁的矿石遗存证实系绿色的氧化铜（图 11.08）。在银河出口处有一个坐落在长满荆棘的鳌背山之下的村庄。该村至今仍称"铜炉"，铜炉村即为黄帝"铸鼎荆山下"之铸鼎处。

昆仑神龙、龙首山、铜矿洞、铜炉村、荆棘之山集聚于一地，应是"黄帝采首山铜，铸鼎荆山下"的重要证据。

但在历史上，"荆山"被模糊成了一团。

此铜矿石取自今济源小沟背银河两侧矿洞口。昆仑神龙、龙首山、铜矿、铜炉村、荆棘之山集聚于一地，应是"黄帝采首山铜，铸鼎荆山下"的重要证据。

图 11.08　黄帝采首山铜

《尚书·禹贡》："荆及衡阳惟荆州""荆、河惟豫州"。《禹贡》："导岍及岐，至于荆山。"《汉书·地理志》称此为"南条荆山"。相传春秋楚国卞和得玉于此。《汉书·地理志》又称此为"北条荆山"。据《汉书·地理志》《水经注》等谓，荆山当在今陕西大荔朝邑镇南，但其地并无荆山；据《隋书·地理志》《元和郡县志》则称荆山在今陕西中部富平西南。又谓荆山在河南灵宝县（今灵宝市）闵乡南。相传黄帝采首山之铜，铸鼎于此。《水经注》又说荆山在安徽怀远西南："淮出于荆山之左，当涂之右，奔流二山之间。"

这种模糊与讹传之原因当是时代局限性，古时对口史的考证能力与综合分析能力尚差。试想在原始时代，采铜铜矿与铸铜鼎处岂能相距几百、几千里地？

2. 黄帝仙逝西龙须

《史记》所记"有龙垂胡须下迎黄帝，黄帝上骑，群臣后宫从上龙七十余人，龙乃上去"句显属神化。系后世道家人士将昆仑神龙有下垂龙须，又有上翘龙须（道家呼其谓"西龙须"）之上的七十余座人形山头，及其黄帝辞世于昆仑神龙这三件真实事件糅合在一起所编创的神话故事，意在突显"黄老道"的神异神圣。2010年11月，在济源翟钢炮和阳城郭锁社、赵明明等同志的协助下，本文著者逐段考察上翘龙须，证实在上翘龙须之上确实存有似像非像的七十余座人形山头（图11.09）。这既表明《史记》所记并非空穴来风，更证明黄帝确实辞世于昆仑神龙龙须之上。

《皇览·冢墓记》曰："好道者，言黄帝乘龙升云，登朝霞，过列阙，倒影映天宫。"这是古时道家人士描述黄帝仙逝于西龙须之后，众大臣抬送黄帝圣体，于清晨由西龙须顺时针依次过西天阙、北天阙、东天阙、南天阙，并沿峤山之脊直至轩辕西台归藏的全过程。从北天阙经东天阙至南天阙期间，清晨阳光映照送灵队列，其长长倒影移映天宫，其情其景，如仙如真。

此记同样证明黄帝确实仙逝于西龙须，辞世后曾在众臣护灵下拜谒先王伏羲于鼎湖，拜谒天帝于天地元，最后在峤山之南轩辕台化神成为"功能总百神""遭回升阆昆"的玉皇大帝。诚如三国时期魏国何晏《景福殿赋》："总神灵之贶佑，集华夏之至欢。"晋代曹毗《黄帝赞》："轩辕应元期，功能总百神。……铸鼎荆山滨……飘然跨腾鳞……褰裳蹑紫宸。"（图11.10）

以上颂赞黄帝的三首古诗中，总，犹总集，总合，总领。功能，即功绩与才能。百神，即"昆仑，百神之所在"，犹言昆仑虚之百余代古帝王。跨腾鳞，乘龙仙逝。褰裳蹑紫宸，犹谓撩起下裳前往紫微天宫昆仑圣王坪。全诗意谓黄帝之功德和才能总集百余代前帝王。其功绩铸于荆山金鼎上后便跨神龙遨游紫微天宫阆苑昆仑。足见，无数史籍都记录着黄帝仙逝于昆仑之虚。

3.黄帝灵柩途径昆仑鼎湖

"黄帝铸鼎荆山下……后世因名其处曰鼎湖。"《史记》此记表明鼎湖位于黄帝铸鼎之龙首山。因龙首山位于昆仑北，所以鼎湖亦位昆仑北。昆仑北即圣王坪，圣王坪上只有一湖，此湖即神龙之睛。古来称其谓龙池、华池、瑶池，因黄帝铸鼎后将鼎沉于龙池，故又称龙池谓鼎湖。因黄帝辞世于西龙须后，大臣们抬其圣体过昆仑鼎湖，而鼎湖一带既是天帝下都，又是百王先伏羲归藏之地，所以后人便称黄帝逝世谓"龙去鼎湖""龙御宾天""龙驭上宾"，意为黄帝乘龙升天追随先王伏羲而成为天帝之宾客。

（本书著者吁请国家文物局组织国家考古队尽快研考沉睡了四千七百余年昆仑鼎湖的黄帝铜鼎，否则，这一国宝级文物恐将氧化殆尽。）

（三）黄帝真身墓地昆仑峤山轩辕西台

黄帝仙逝于昆仑西龙须，经鼎湖、天地元，过列阙，其真身归葬于何处？在否定了陕西桥山说之后，必然要回归到真实的"黄帝崩，葬峤山"之说。那么哪里是峤山？回答是明确的：昆仑虚中南段道家称大罗岭，后俚称"待落岭"者便是峤山。峤山南端今俚称双合寨、玉皇顶者便是名扬古今的轩辕台。轩辕台分东西两台，轩辕西台（玉皇顶）便是黄帝真身墓地所在，轩辕东台（双合寨）是炎帝真身墓地所在。考证如下：

《史记·孝武本纪》记："黄帝采首山铜，铸鼎荆山下。鼎既成，有龙垂胡须下迎黄帝。黄帝上骑，群臣后宫从上龙七十余人，龙乃上去。"西龙须之上共有七十多座人形山头，证明黄帝确乎辞世于此。

（图片摄影：郭锁社　翟钢炮）

图11.09　西龙须——黄帝乘龙升仙处

图11.10　黄帝乘龙升云，登朝霞，过列阙，倒影映天宫

1.昆仑丘中南段古谓峤山

《说文解字·释山》："锐而高（顶平）谓峤。"也许因昆仑文化失落后不知道峤山在何方，后人才误把峤山通假为桥山。例如，《史记·五帝本纪》正义引《括地志》云："地理志云上郡阳周县桥山南有黄帝冢。案：阳周，隋改为罗川。《尔雅》云：山锐而高曰桥也。"此释显然是错误的。不过，史书中并非绝无

图 11.11　昆仑南段 峤山

记载峤山大概位置者。如《诗经·周颂·时迈》和《淮南子·泰族训》便有："怀柔百神，及河峤岳。"《诗经·周颂·般》："于皇时周，陟其高山，堕山乔岳，允犹翕河。"皆谓峤山紧挨着黄河。这峤岳（乔岳）正是昆仑峤山。（见图 11.11 并参见图 11.07）

　　既然黄帝在昆仑虚辞世，那就不可能远离天地正中昆仑虚而归葬至其他地方。按黄帝时代"南向为正"的观念，伏羲归葬于昆仑北端，其他历代古帝王应依次归葬于圣王坪和峤山诸高台，那么黄帝唯归葬于距有熊姬沟最近的昆仑虚之南。据此推理，黄帝应归葬于昆仑南端峤山。

　　昆仑峤山，两侧为高几百米的悬崖绝壁，山顶高悬于云海之中，顶面平坦、宽约几十米至几百米，南北长达 10 千米，俚称"四十五里跑马寨（栈）"。古时取其名曰"峤山"十分贴切。

　　然峤山南北长十千米，黄帝墓到底位于峤山何处呢？

　　2. 峤山南端轩辕西台黄帝真身墓地

　　黄帝，又称轩辕黄帝。为何称其轩辕黄帝？史上有两说：一说"黄帝居轩辕之丘，因以为名，又以为号"（司马贞《史记索隐》引皇甫谧曰）；二说黄帝"作轩冕之服，故谓之轩辕"（《汉书·古今人表》颜师古注引张晏曰）。以上第一说并未说明何以取名轩辕丘，第二说属张晏臆想，并非历史事实。即便黄帝制轩冕之服，也需仿照个原样依据，可依据是什么呢？张晏并未说。那么轩辕到底是什么意思？

　　轩，古之车前高后低，车顶前高如仰视貌；辕，辕轭，车前驾牲口的直木和套在牲口脖子上的曲木。若于车之前方回看车子最显眼者莫过于曲木状的辕轭和仰高状的车体。这是其一。其二，帝王车驾，通常是双马双辕，即有左右双辕。这就是说黄帝所在之轩辕台亦为前仰高后舒缓的左右双台形山体。

　　现在再回看古籍中与黄帝所居轩辕台有关的记载。《楚辞·远游》："轩辕不可攀援兮。"《山海经·大荒西经》："有西王母之山……有轩辕之台，射者不敢西向射，畏轩辕之台。"《山海经·海外西经》："轩辕之国在此穷山之际，……人面蛇身。穷山在其北，不敢西射，畏轩辕之丘。在轩辕国北，其丘方……"

归纳古籍所记及"轩""辕"释词可获如下信息：①轩辕之国在穷山之际，人面蛇（龙）身，西王母之山有轩辕之台，轩辕台四方。②轩辕台分东西两台，前高如仰视，不可攀援。③因畏惧轩辕之台，射日英雄后羿也不敢向西射箭。

据上，于昆仑峤山南端便轻易找到轩辕台。

其一，轩辕之国，即轩辕之台。因相距有熊仅二十八千米，故轩辕台即位于有熊之国。因轩辕之台位于昆仑虚，昆仑虚即玉山、西王母山，故《大荒西经》谓西王母之山有轩辕之台。因昆仑虚是神龙化身，故又谓蛇（龙）身人面。因轩辕台在穷山之际，穷山，山尽处也，故又谓轩辕台位于昆仑丘峤山南端山尽处。又轩辕台与昆仑虚一样呈方形，甲骨文"台"，四方而高为台，故又称轩辕之丘，其丘方（图11.12）。

其二，如上说轩辕分东西两台，东台今俚称双合寨，西台今称玉皇顶，以纪念轩辕黄帝在此化神"玉皇大帝"。

原始社会后期伏羲时代，帝王祭天仪式多在圣王坪天地元举行；到黄帝时代，帝王祭天多改在轩辕台举行，天地元则改行祈年大典及观象测天，授时推历。这从《史记》正义引《括地志》："有通天台，即黄帝以来祭天圜丘之处。"《诗经·周颂·般》："于皇时周，陟其高山，隋山乔岳，允犹翕河。"《三辅黄图》："宫以山为名，黄帝以来圜丘祭天处。"皆可证明黄帝祭天改在峤山南端轩辕台。明成祖时，建筑师蒯祥按昆仑形制仿建的北京天坛，其北端为祈年殿（义同昆仑天地元），南端圜丘为祭天坛（义同昆仑轩辕台），两者间形义一脉相承，亦可证明黄帝在轩辕台祭天（图11.13）。不过，汉武帝把黄帝祭天圜丘误说在雍州云阳县北八十一

轩辕西台为轩辕黄帝祭天处，又为轩辕黄帝真身墓地。轩辕东台为炎帝墓地。东西两台间为炎黄结盟碑归藏处。（供稿：翟钢炮）

图11.12　轩辕双台

里处则属追附。

2010 年 11 月，济源邵原镇原北片书记翟钢炮在轩辕台黄帝祭天处，果真发现祭天宰牲池等遗迹（图 11.14），由此证实《括地志》《诗经·周颂·般》《三辅黄图》等所记是真实的。

史传炎、黄二帝曾结盟，但史界至今未见实证。所谓河南新郑有炎黄结盟碑，显然是后世乃至今人附会。既然黄帝在轩辕西台祭天，那么炎帝亦应在轩辕东台祭天，结盟后必然留下类似刻石以记等资证。若果真有结盟碑刻，当应归藏于东西两台之间的"朝天阙"（亦称"古三坟"之一的"连山"），以示天道平等。归埋后其上应即时堆掩土石。据《列子·周穆王》："别日升于昆仑之丘，以观黄帝之宫，而封之以诒后世。"周穆王也曾在"炎黄结盟碑"之上堆掩石块。按中国大道文化及宋太祖、杨家将后裔杨鹤仙祖传；堆石总计应达 72 块。2010 年 11 月，本书著者与济源邵原镇原北片书记翟钢炮考察证实，朝天阙处果真有乱石堆掩遗迹（图 11.15）。为求其实证，亦请国家考古队进一步做专业考证。

又传文王《周易》之前有黄帝《归藏》，《归

a 昆仑圣王坪—峤山—轩辕台

b 天坛祈年殿—丹陛桥—圜丘

图 11.13 昆仑丘与北京天坛形相同，义相通

五千年来，轩辕台圜丘祭天宰牲池已被腐叶泥土掩埋，但其遗迹很明显。（供稿：翟钢炮）

图 11.14 轩辕台黄帝圜丘祭天宰牲池

藏》前有炎帝《连山》（《周礼·春官·大卜》）。
何以取书名"连山"，又何以取书名"归藏"？
连山者，东西两台炎黄结盟相连也；归藏者，
归藏于东西两台间之盟誓碑也。此皆系上古
真人为后世设下的天机偈语。可见轩辕台、
朝天阙、峤山、昆仑、宰牲池、连山、归藏、
周易等蕴藏着许多天机玄密，正等着科技发
达的今人去揭晓。这里蕴藏着中华民族远古
时期许许多多惊天动地的历史文化。

　　是的，正如《山海经·海内西经》所言"昆
仑南渊深三百仞"，又如《楚辞·远游》所说"轩
辕不可攀援兮"，"非仁羿莫能上冈之岩"（《海
内西经》）（请参见图11.12）。轩辕台的地
望、文望与昆仑丘南缘的地貌形态完全相符，
亦表明昆仑丘峤山南端就是轩辕台。

　　其三，前文已经认证黄帝故里在轩辕台
东28千米玉阳山东侧的有熊姬沟，两者相距
不远，这又证实轩辕台确系黄帝祭天处。那
么轩辕台是否又是黄帝墓地？回答是肯定的：
①按原始社会习俗，帝王通常归葬于仙逝之
处，黄帝既然仙逝于昆仑神龙，则理当归葬
于神龙之体，而不可能葬于远离天地正中的
陕西桥山。②按大道理念：帝王谓之圣，圣
之精气（圣逝）谓之神，贤知或得道者之精
气谓之仙，人所归谓之鬼。故《山海经》"昆
仑之虚，百神之所在"即谓包括黄帝在内的
百余代古帝王皆逝葬于昆仑虚。③按中国文
化理念，人以死者为大，帝以逝者为尊，故
自古来所谓"神圣不可侵犯"之本义谓帝王

位于轩辕双台间之炎黄结盟碑遗址（图中石堆系"周穆王
升于昆仑之丘，以观黄帝之宫，而封之以诒后世"）时之堆石。
（供稿：翟钢炮）

图11.15　炎黄结盟碑遗迹

归葬之地任何人不得扰动。黄帝逝世后归葬
于昆仑轩辕台，故此即便类似后羿这样的射
日英雄也不敢侵扰归葬于轩辕台之上的黄帝。
据当地传说，后羿住居轩辕台东五十余千米
之沁河畔；或谓后世祭天之天台山位处轩辕
台东不足十千米，故《山海经·大荒西经》
便曰："射者不敢西向射，畏轩辕之台。"（请
见图11.07）

　　民间传说与史籍所记完全吻合，亦表明
轩辕台即黄帝之墓所在地。

　　不但《大荒西经》明确了黄帝归葬于昆
仑轩辕台，实际上，如前引《列子·周穆王》：
"别日升于昆仑之丘，以观黄帝之宫，而封
之以诒后世。观日之所入。"亦证黄帝之墓
在昆仑轩辕台。其理如次：能于昆仑丘"观
日之所入"于不周山者唯在其南端轩辕西台；

《康熙字典》：宫，"《仪礼·召南》：'孔氏曰：可以奉祭祀曰事祭，必于宗庙曰宫'"[1]。毛传："宫，庙也。"郑玄注："凡庙，前曰庙，后曰寝。"黄帝时尚无皇宫，故"宫"指帝王墓寝。由此，"以观黄帝之宫"实为周穆王登临昆仑之丘轩辕台祭扫黄帝之墓。祭扫之后又以块石封炎黄结盟碑，以诒后世，之后才于轩辕西台观日落于不周山。

按此推算，周穆王登临轩辕台祭扫黄帝墓并观日落，大致在立夏前后。

不过，昆仑丘南北长 13 千米，从昆仑南端的轩辕西台向西北望，立夏前后日落于不

周山。而从昆仑北端宛丘西沿向西北望，立夏前后则日落于舜王坪（历山）附近。相反从宛丘西南向南或向西南望，可见炎火之山或称赤陂红波，而从轩辕台向南或向西南望则"升彼虚矣，以望楚矣"。

足见，同一昆仑丘于不同地点所见景色迥异，这便是古籍中《山海经》所记昆仑丘与《穆天子传》所载昆仑丘大不相同的缘故。

以上，从历史、地理、传史等多个角度看都明确黄帝真身墓地就在昆仑丘峤山南端轩辕西台今称王皇顶。

[1] 引自（清）陈廷敬编《康熙字典》，中华书局，1958 年版。

中华文明历史非常悠久，但并非从中华大地上有原始人类活动起算，而是从进入文明时代起算。因此，有学者称"有巢氏兴起于东夷，栖居齐地石楼山，构巢筑屋技术从这里兴起，距今约170万年以前"（《春秋战国志：齐国渊源》）[1]。这明显存在概念性错误。又有学者称："公元前7713年伏羲、女娲迁居王屋山，……是年正月二十日，恰值日月双蚀，天地黑暗，万民皆惧。女娲……设坛祭天，采五色石'布天'，同时颁布岁末5日补天历……遂以女娲补天成功"（《三皇五帝时代》）。这明显有违科学。

据古气候、古地理推测，公元前六十世纪至前二十一世纪近四千年间的昆仑丘是远古人类最适宜居期。又据古天象反演测年技

术，伏羲推演天地双龙太极图，创建第一个部落联盟的年代亦为公元前六十世纪（详见第二十章"断代太皞伏羲时代"），与尧、舜、禹所在年代相隔亦约四千年。这不是巧合，而是必然。因此，关于远古王都、帝墓，较为科学的提法应该是：四千年王都，指中国从公元前六十世纪由伏羲创建第一个部落联盟之前两代的有巢氏、燧人氏率领部落民众登临宛丘、石楼山南起到公元前二十一世纪原始社会终了进入奴隶社会止的近四千年间的王都（黄帝时称"京"，即部落联盟中心）所在地。百余代帝墓，指尧、舜以远至有巢氏年间的百余代古帝墓所在地。

有学者认为中国历史上没有超过几百年不变王都的朝代，据此不认同伏羲等百余代古帝王近四千年间一直以昆仑丘为王都的说法。其实，中国历史上的所谓朝代，只不过

[1] 引自（战国）韩非撰《韩非子》，北京燕山出版社，2009年版。

开始于阶级产生以后的奴隶制、封建制时代，而伏羲等百余代古帝王尚处原始公社制时期，尚未形成阶级差异，并不存在阶级矛盾，亦不存在部落之间的争战，故远古王都不存在必须迁徙的理由。这是其一。其二，在先民看来，昆仑丘地处天中地中，有天龙地龙护佑，且相对其他地方更适宜人类居住，没有必要把王都迁徙他地。

八千年前到四千一百年前近四千年间其他百余代古帝王的王都、帝墓是否也在王屋山区昆仑丘？

在此先听一曲史意高远的《洪宪国歌》前阕词："中华雄踞天地间，廓八埏，华胄从来昆仑巅。"词中"华胄"，犹中华始祖；从来，原来；昆仑巅，昆仑丘之丘巅。全句谓，我中华肇祖于雄踞天地间的昆仑丘。

袁世凯"洪宪复辟"当属历史倒退，但1916年《洪宪国歌》则明确点明了中华圣地在昆仑丘（虚）。

一、四千年远古王都

一种文化的产生离不开当地的自然环境和当时的社会背景。公元前六十世纪太皞部落联盟之所以肇启于王屋山区并立都于昆仑丘，之所以取称"宛丘""华虚""太皞""中华""王屋""昆仑""帝京"等地名、部落名，皆与其地、其时的自然环境和人文背景有关。同理，今天探寻远古王都所在地，亦须以解读伏羲至黄帝时代的自然环境与人文背景为出发点。相应地，一旦探明了某地具有与中华远古王都相符的地望（包括自然环境和人文背景），即可证实此地便是中华远古王都所在地。

（一）宛丘——华虚部落所在地

在讨论八千年前伏羲和五千年前黄帝生地、都城、墓地时，已经从中原古气候、古地理，从昆仑丘本身的自然环境、形态特征等方面论证了那时立都王屋昆仑丘之必然性。这同样也适用于有巢氏、燧人氏时代，同样也适用于伏羲至黄帝时代，同样也适用于黄帝至尧、舜、禹时代，但不适用于夏代以后和距今八千五百年之前（参见图2.05）。

试想，在那洪水肆虐的地球暖湿盛期，远古先王先民怎能在沟谷平川或尚未成陆的东部大平原生息繁衍、立都建墓？在那万物有灵的原始信仰时代，远古先王先民怎能舍得离开神圣的天中地中和有天龙地龙护佑的神山圣地？在前几代先王先民开创的基业之上，在和合大同的氛围之中，后代帝王人等谁愿意背井离乡，远离祖宗所在美丽神圣的天宫昆仑虚？

这就是昆仑丘在近四千年间始终是中华远古王都自然的与历史的原因。

本书第九章"神圣昆仑之一　伏羲故里昆仑华虚成己"、第十章"神圣昆仑之二　伏羲王都　伏羲墓地"已经阐明伏羲故里、王都、墓地在天地正中，在天龙地龙，在推演太极八卦所在地的昆仑丘。史书又记，有巢氏、燧人氏、伏羲是同一部落的先后首领，同为中华始祖。故按此推理，伏羲前的有巢氏、燧人氏，亦当都、墓于昆仑丘，只不过那时地名不称"昆仑"，而称"石楼山""狼牙""宛丘"等。不仅如此，伏羲后的百余代古帝王亦立都、归藏于昆仑丘。请看理据：

距今八千年前，地球刚开始进入暖湿盛期，为躲避洪水，原本生活在沟谷平川的先民不得不迁居到附近的高阜地带。例如，其中生息在王屋山区下川、李疙瘩一带的先民就近迁居到地势较高，被后人称为"琅琊""石楼山"（《遁甲开山图》："石楼山在琅琊，昔有巢氏治此山南"）"宛丘"的地方（图12.01）。

就当时条件，"琅琊""石楼山""宛丘"一带以岩龛、岩洞、黄土窑洞为主的人居环境远优于当时平川地带洪水肆虐的半地下穴居环境。同时，部落首领又教民在林中"构木为巢以避群害"，生活条件大为改善。这就是所谓"巢居"。因其形似鸟巢，后人便称这位部落首领为"有巢氏"。其实，"巢居"并非如传说中把茅庐搭建于树杈上以避猛兽，须知豹、虎、毒蛇、鸷鸟等猛兽虫蛇同样能爬树。人类不会如此舍简就繁、舍安趋危地笨拙。（有巢氏"构木为巢"见《韩非子·五蠹》）

因当地山峰、地形既似狼牙状、层楼状，又似四方高中央低，便取名此地谓"狼牙""石楼山""宛丘"。后在此发现了玉石，方雅称"狼牙"为"琅琊"。因宛丘之巅长年都是美丽的大花（华）园，宛丘内部是空虚的石灰岩溶洞群，便取名该部落谓"华虚"。（"三代"时被错译为"华胥"。）有巢氏便被大众推举为华虚部落首领。

有巢氏时代已学会取火，《通志·三皇纪》所记"有巢氏……民知巢居，未知熟食"不确。不过，那时仅会笨拙的钻木取火。因取火之不易，故需要设专人看守火种。后世称这谓"火神""火官""火正"。在远古时，火神给人以熟食、光明、温暖、御兽，是极其重要而神圣的职务。

（本图采用 Google Earth 图像）

图 12.01　有巢氏率华虚部落从下川、李疙瘩等地迁徙到"石楼山南""宛丘"

那时，火种不可熄灭，故耗木甚多。宛丘是石灰岩地层，土层平均厚度仅 10—20 厘米，本就稀疏的林木一经砍伐便不能再生，所以在有巢氏时代宛丘便因伐木而几成无林秃山。好在那时正值暖湿期，故在不太久的几十年内，亚高山五花草甸、烂漫花海便替代了林木成为宛丘的独特生态景观。宛丘，到伏羲后增称"昆仑丘"，在《山海经》中称"昆仑北"，殷商前后又称"圣王坪"。圣王坪与琅琊之南鄙在史书中称"昆仑南"（《拾遗名山记》），又称峤山，道家称其谓大罗岭，今俚称"待落岭"。

有巢氏后，燧人氏继位，成为华虚部落第二任首领。据史载，燧人氏在宛丘做了两件大事：一是发明燧石取火，二是发现"燧皇之图"。概况如下：燧石取火，代替了笨拙的钻木取火，是人类史上一次重大的技术进步。从那时起人们可以随心所欲地取火烧牲、取暖、照明、抵御凶猛野兽侵袭。至今宛丘之上仍有取之不尽的燧石便是华虚部落首领燧人氏立都宛丘的明证。其后伏羲又"由'燧皇之图'而制八卦"，是燧人氏立都宛丘的又一明证。

因有巢氏时已将宛丘顶上的树木砍伐殆尽，到燧人氏时只能砍伐宛丘之南即"昆仑南"（峤山）的树木。兴许是天人巧合，峤山树林砍伐后，人们发现昆仑南北整座山体竟然形似某种动物图形。然一时又不知是何动物图形，人们便只能称其谓"燧皇之图"（《三国志·魏书》）。

燧人氏后，伏羲继位，为华虚部落第三任首领。据史书记载，伏羲的功绩远大于有巢氏、燧人氏。其中之一是伏羲在"燧皇之图"的启发下发现了地龙天龙，并进而由地龙天龙推演出太极图、八卦符——开天辟地，定方正位，授时推历，告民农时的图示形象和图解符号。《三国志·魏书》："易博士淳于俊曰：'包羲因燧皇之图而制八卦'。"此说便是指在燧人氏、伏羲发现的龙图基础上推演出太极八卦。（详见第二十三章"本义讹义太极八卦与河图洛书"）

久远的历史总会演义出不同的版本，有说有巢氏王天下，传二世；有说传七世，并皆言其为权臣所害。

应该说，"有巢氏传二世、传七世，并为权臣所害"之说，似属私有制出现以后某些文人的编诌，并非史实：其一，那时尚处原始公社禅让、推举制，而非私有制出现以后的世袭制时代。不可能有所谓二世、七世之说。其二，在氏族部落时代，同一个有巢部落，新老首领交替后，人们仍习惯以其氏族首领"有巢"称呼其谓一世、二世……似

尚合理（其实那时不一定有数字概念）。然为何不行使正常的"罢免程序"却任由少数权臣阴谋加害呢？这种只有在私有制、世袭制时代才会发生的事怎会发生在原始大同时代呢？其三，之所以得名"有巢"，必定是第一世首领聪敏睿智，教民筑巢为居，为民谋福，民众才愿意续称后几代谓"有巢"。假若某代首领又教民建屋，那么必定改称该代首领为"有屋氏""有庐氏"……绝不会沿称有巢"二世""三世"……因此后世所尊崇的必是"有巢一世"。

其实有巢氏到底传多少世，并非今人所最关心的。今人所关心的是有巢氏在推动中华文明进程中发挥了何等作用，有巢氏部落所居何地，有巢氏所处大致年代等根本性问题。

据上，无论传多少世，有无权臣加害，总之，从有巢氏经燧人氏到伏羲，皆立都在琅琊、宛丘—昆仑丘则是事实。例如，西汉道书《遁甲开山图》载："石楼山在琅琊，昔有巢氏治此山南。"石楼山、琅琊，皆古山名。但石楼山乃楼形石山；琅琊，犹琅玕、珠树状石山。实则皆为灰岩、砂岩等蚀余残岩。而这些石山早在《山海经·海内西经》《淮南子》中已有很相似的记载："海内昆仑之虚在西北……开明北有珠树。"《淮南子》："增城九重，有珠树在其西。珠树，琅玕也。"史书中记载的这些楼形石山、珠树、琅玕等真实山体至今仍矗立在宛丘（昆仑丘）西侧。这是证明有巢氏王都在宛丘—昆仑丘的重要证据。

当然，世上似楼形石山非止昆仑一处，如山西吕梁山西麓有隋置石楼县，县东南亦

有石楼山。又如山东有石楼山，传为有巢氏在此构木为巢。但这些只是远古昆仑石楼山之追附。

至今，山西阳城横河镇原住民孙素平等仍称其西侧的楼状、笋状山峰谓"石楼山""塔楼山"，而近古文人又美称这些楼状、塔状、笋状山峰谓"列笋天涯"。

燧人氏在宛丘发明燧石取火和发现龙图是证明燧人氏王都在宛丘的铁证。实际上，燧人氏本人的真身墓地就在燧石聚集、古帝王祭天的宛丘—昆仑丘中央"天地元"。（大宋皇裔赵长发、杨合仙据大宋皇训谓：有巢氏真身墓地在宛丘东北陬之丘巅。）

伪《古三坟》有记："燧人氏，有巢氏子也""伏羲氏，燧人氏子也，因风而生，故为风姓"。学界认为此类野史所记皆不足采信，这似太过。其实，正史中亦有错处，野史中亦有对处，凡无理据者多为错，凡有理据者方为对。

其实，在尚处知母不知父的走婚、群婚时代，《古三坟》中所谓"生"，应仅指"部落首领传位"之意，并非指血缘亲生之意，即华虚部落首领由有巢氏禅让传位给本部落的燧人氏，燧人氏禅让传位给本部落的伏羲。这些就是《遁甲开山图》《古三坟》《韩非子》等所记发生在远古时代宛丘的真实历史。

（二）昆仑北——太皞部落联盟所在地

昆仑北，语出《山海经》，实仍指宛丘。

"巢皇""燧皇"，只是后世对二人的追称或者追谥。

巢、燧之纪，尚处血缘氏族时代。伏羲后期，已进入非血缘的社会化管理时代，才

有"王""帝""皇"等概念和称谓。大致过程如下：

伏羲接续燧人氏为华虚部落首领后，在宛丘"燧皇之图"基础上，发现燧皇之图与上天北斗星座，与天地间的闪电、卷风形体相似，又发现北斗七星在北天运行呈年复一年的规律态。于是伏羲便取"燧皇之图"原型山体的形状而造字"龍（龍）"，取天地间形似龙图的闪电之隆隆巨响而发音"lóng"，取形似龙图的北斗七星上天入地与卷风呼风唤雨之高强本领，最终把龙作为太皞部落的图腾，并称北斗七星为天龙，称"宛丘—昆仑图腾龙"为地龙（详见第五章"神异昆仑之二　天龙地龙"）。

伏羲发现北斗天龙在北天运行，龙尾在一年内随着冷暖季节变化，其指向也呈有规则地迁移，且与地龙时分时合、时交时错，于是便取天龙在北天夜空上、下、左、右、左上、左下、右上、右下八个易识易记的方位并以龙形画成图案，教民识别播种、收割等农时节令。这就是古籍所记的伏羲"斗纲授时，告民农时"，或被后世易家称作"伏羲先天八卦"的出处（详见第二十三章"本义讹义太极八卦与河图洛书"）。

那时，人们惊奇地发现伏羲以天龙地龙的交错分合预测时历，于是认为伏羲是开天辟地的天皇，并由此又称"宛丘"谓"昆仑丘"。昆仑，意为天地从混混沌沌到伦理有序，犹"开天辟地"。伏羲亦被后世道界尊为占星卜卦预测祖师。

"伏羲先天八卦"是人类最早的科学。自从掌握了以授时推历为核心的科学知识，伏羲所在的华虚部落便年年获得农业大丰收。

生产力的发展极大地促进了生活水平的提高和人口激增，进而又在伏羲"近者阅，远者来"（《论语·子路》）理念下，周边各部落都自愿结成以昆仑丘华虚部落为核心，以伏羲为首领的部落联盟。并据昆仑丘地形地貌和那时的原始信仰，便取名该部落联盟谓"太暤"，又名"中华"。（参见第十六章"太暤部落联盟的建立"、第十七章"首批象形文字的创生"、第三章"昆仑丘——析城山"）

原始科学的出现、部落联盟的创建与随后文字的创生，是人类社会进入文明时代最为重要的标志。

在伏羲的带领下，太暤部落联盟所在地昆仑丘，无论是就生产力发展，还是就社会文化进步，都堪称当时世界之最。所以其后数千年内，原创于昆仑丘的"龙凤虎龟""莲座""天中地中""和合大道""盘古开天辟地""女娲补天造人""太极八卦""西王母""宛丘""六壴"等文化便逐渐传遍东西南北，传遍中华大地，传遍北半球，成为世界上许多古老文明模仿的榜样。

正是这些原因，后世帝王、先民在几千年内都不愿意离开这美好的昆仑丘而他去。

自有巢氏、燧人氏、伏羲直至炎黄、尧舜禹近四千年间的古帝王序列，据《汉书·古今人表》《遁甲开山图》《帝王世纪》《金镂子》《封禅书》《三皇本纪》《通鉴外传》《丹壶书》《路史》《三皇五氏五帝》《初学记》《纲鉴易知录》等记，共有156代古帝王（有记105代，有记108代），平均一氏在位约24~36年。按当时的平均人寿计算似乎高了一些，按古代"三十六天罡，七十二地煞"

的中国文化推测，似乎取108代为准。那么，这么多代古帝王都立都在昆仑丘吗？

是的，如《遁甲开山图》记："五龙见教，天皇被跡，望在无外柱州昆仑山（丘）上。"全句意谓太暤伏羲部落王都在昆仑丘巅。《遁甲开山图》又记："女娲氏没，大庭氏王有天下，五凤异色。次有柏皇氏、中央氏、栗陆氏、骊连氏、赫胥氏、尊庐氏、祝融氏、混沌氏、昊英氏、有巢氏、葛天氏、阴康氏、朱襄氏、无怀氏凡十五代，皆袭庖牺之号。自无怀氏以上经史不载，莫知都之所在。"此记是说，伏羲之后十五代帝王皆承袭伏羲氏名号，即皆立都于昆仑丘。记中"自无怀氏以上经史不载，莫知都之所在"明显有误，似应改为"自无怀氏以下经史不载，莫知都之所在"。另外，记中十五代帝王中至少有两代是伏羲和黄帝时"大臣"，并非帝王。《遁甲开山图》又记："王天下百有余代未详年代也。"记中"百有余代"，犹指从有巢氏或指从伏羲至黄帝，或至大禹，与本书所指大体相同。但记中"百有余代未详年代"，则与前文"凡十五代皆袭庖牺之号"相矛盾。另需说明，"未详年代也"这五字乃北宋《太平御览》后加者，并非西汉《遁甲开山图》原文。

不过，我国史界通常把史料分为"正史"和"野史"。而如同在正史中很少明确记载巢、燧、羲、黄等远古帝王立都于昆仑丘一样，明确记载其他各代远古帝王立都昆仑丘的正史更是为零。这是为什么呢？其实原因很简单：

其一，所谓正史、野史，本就是近代人为划分的。实际上这种划分不一定科学。

其二，正史中的《尚书》独载尧以来；《竹

书纪年》独载夏以来；《史记》独载黄帝以来，而孔子所传《宰予问五帝德》及《帝系姓》，儒家或不传……故《史记》著黄帝为本纪书首。

可见，正史只记五帝或尧舜或夏代以来，不记五帝以远，相反，视五帝以远皆为不足采信的口史传说。

其三，除人为划分正史、野史外，学界还把史料划分为一、二、三不同等次。其中《山海经》等虽被列为第二等，但书中所记昆仑、女娲、西王母、百神、龙凤虎龟、众帝群帝等，似乎都是"不必考证"的"神怪故事"。故也不予理睬。

由此，正史中无记远古帝王立都于昆仑丘，野史中虽记有古帝立都在昆仑丘，但史界却又一概不予认可，更不予考证。这就是自古以来"自无怀氏以上（下）经史不载，不知都之所在""王天下百有余代未详年代"的原因。

以上是从伏羲或从巢、燧至黄帝三千年间或至尧舜禹近四千年间百余代古帝王立都昆仑丘的真实历史及这段历史失落久久又无人理睬的学术原因。

（三）昆仑南——华夏部落联盟所在地

昆仑南，指圣王坪与龙须山（又称盘亭列嶂，早期称狼牙山、琅琊、石楼山等，今俚称十八罗汉山）之南，中心区域主要包括峤山、天台山（唐末五代后称天坛山）、鳌背山等。"昆仑南"只是为了叙述方便而借用《山海经》"昆仑北"、《拾遗名山记》"昆仑南"的一个相对的地理概念，并非严格意义上的地名。

华夏部落联盟，指由黄帝战胜蚩尤后所建立的部落联盟。其地域基本上同"伏羲之宇"[《焦氏易林·卷一》："（萃）黄帝所生，宓羲之宇，兵刃不至，利于居止"]。伏羲之宇，指太皞部落联盟所在地昆仑丘一带。

按辛亥革命时期推定的黄帝纪年公元前2698年（《江苏民报》），黄帝战胜蚩尤建立以昆仑丘为中心的华夏部落联盟。本书第十一章"神圣昆仑之三　黄帝故里　黄帝墓地"已经讨论过黄帝故里在昆仑丘东南28千米玉阳山东侧有熊部落姬沟村落，逝于昆仑丘西龙须，归藏于昆仑峤山轩辕西台。

按常理，从公元前二十七世纪到前二十一世纪，其间相隔五六百年，至少应有二三十代帝王。故《竹书纪年》谓"黄帝至禹，为世三十"似较靠谱。

然"正史"只记颛顼、帝喾、尧、舜、禹五代。那么其他绝大部分帝王为何消失了呢？一般来说，这些帝王之所以失落，主要是由于其"无政绩，无传说，无所记"。而之所以无政绩也许是黄帝至帝喾期间一改以前帝王禅让、推举制为帝王世袭制。世袭制造成后代帝王惰性、庸碌、贪欲、凶残、不思作为。

那么这二三十代古帝王的王都是否还在昆仑丘？人们可以通过史书中对已知的五帝或六帝的记载做出判断。因这五、六帝分别处在这一时期的早、中、末期，故如果这五、六帝皆立都于昆仑丘，则期间其他各代帝王没有理由不立都于此。

其一，"感龙生帝说"示意立都神龙所在昆仑丘。

尽管黄帝"以云纪官"（《左传·昭公十七年》："昔者黄帝氏以云纪，故为云师而云名。"），即以云为图腾，但据史书所记分析，自炎、黄直至大禹，历代古帝王都未曾离开过神龙、祥凤所在地而他去，即始终以龙凤所在地昆仑丘为王都。请看史书所记：

（晋）皇甫谧《帝王世纪》："炎帝神农氏，姜姓……感神龙而生炎帝。"

（汉）司马迁《史记·天官书》："轩辕，黄龙体"。

（战国）《竹书纪年》："挚少昊金天氏，母云女节，见星如虹，而梦接意感生少昊。""帝尧陶唐氏，母曰庆都，生于斗维之野，常有龙随之。赤龙感之孕，十四月生于丹陵。"

（汉）《河图》："瑶光如虹贯月，感女姬于幽房生颛顼。"

（南朝·梁）沈约《宋书·符瑞志》："帝颛顼高阳氏，母曰女姬，见瑶光之星贯月如虹。""帝喾高辛氏，凤皇鼓翼而舞。""帝舜有虞氏，母曰握登，见大虹意感而生舜于姚墟……又使浚井，自上填之以石，舜服龙工衣自傍而出。""帝禹夏后氏，母曰修己，出行，见流星贯昴，梦接意感，既而吞神珠而生禹于石纽（牛）。青龙止于郊。"

以上，表面乍看都是"感龙生帝"的符应、兆命之说，实际上至少表达两层意思：一是这些帝王或那个历史年代都处于龙崇拜的氛围之中；二是这些帝王或其王都本就在龙凤所在的昆仑丘。

其二，史料证实，五帝生地、都地多在昆仑丘。

请看史料所记：

1.（南朝·梁）沈约《宋书·符瑞志》："黄帝轩辕氏，母曰附宝……生帝于寿丘。"

寿，犹天寿，多比为长寿。中国文化多喻鼋为长寿。故寿丘，即天鼋之丘，位于昆仑丘东南玉阳山有熊部落姬沟村落。（参见第十一章"神圣昆仑之三　黄帝故里　黄帝墓地"）

2.《宋书·符瑞志》："帝挚少昊氏，帝登位，有凤皇之瑞。"

凤皇之瑞，指挚在昆仑丘西侧凤凰台登帝位。

3.《宋书·符瑞志》："帝高阳氏，母曰女姬，生颛顼于若水。"

若水，犹《山海经·海内西经》中："海内昆仑之虚在西北，帝之下都。百神之所在……弱（若）水出西南隅"之弱水。"弱"与"若"，通假字。

此记明指颛顼生于昆仑丘西南某条小河畔。然《史记》集解引皇甫谧却曰："颛顼都帝丘，今东郡濮阳是也。"《左传·昭公十七年》记："卫，颛顼之虚也，故曰帝丘。"注："卫，今濮阳县。"以上两说，孰是孰非尚待考证。但据记史，颛顼时曾发生两件大事：一是与共工在昆仑一带发生"争为帝大战"；二是在昆仑丘"绝地天通"，帝令重、黎拆毁天地正中的祭天神台，驱赶太皞、蚩尤部落后裔出昆仑。那么要问，颛顼既然把外部落赶出昆仑丘，又为何把他自己的部落也迁离昆仑丘而东去濮阳？且所谓濮阳西水坡 M45 号墓主人是颛顼的传说，实与颛顼本人丝毫不相关，据 C_{14} 分析，两者前后相隔两千年（图 12.02）。

据上分析，颛顼之都不在濮阳而仍在昆仑丘。

4.《宋书·符瑞志》："帝喾高辛氏……

凤皇鼓翼而舞。"

此记明确帝喾亦立都于凤凰台所在的昆仑丘。东晋皇甫谧曰："帝喾作都于亳。"《尚书·序》亦记："汤始居亳,从先王居。""亳",甲骨文（字形）,观其字形明显创字于远古京都石楼山所在之琅琊（即昆仑丘西龙须,又称盘亭列嶂）,本义为京都之亭楼。亳与京、亭、金等字的创字原型皆在此。故"亳"亦指昆仑丘附近之亳地。（参见第十七章"首批象形文字的创生"）。2016年4月著者等考察垣曲下亳村、上亳村,见亳地有纪念汤王之碑亭,但未见纪念帝喾之碑亭。按《尚书·序》记："汤始居亳,从先王居。"本应有帝喾碑亭。

5.（南朝梁）沈约《宋书·符瑞志》："帝尧陶唐氏,母曰庆都,生于斗维之野。"

（春秋）左丘明《左传·哀公六年》："帝尧即位,居冀。"

（春秋）《尚书·尧典》："乃命羲和,钦若昊天,历象日月星辰。"

（战国）《山海经·海内北经》："帝尧台、帝喾台、帝丹朱台,各二台,台四方,在昆仑北。"

因北斗星座与昆仑丘形似,故文中"斗维之野",犹指帝尧生于昆仑丘之旁。冀,东西两河间。中华远古王都本在"冀州之南,河（大河、黄河）阳之北"的昆仑丘。此记可证帝尧生于冀之南的昆仑郊野。

帝尧钦佩天皇伏羲,于是命大臣羲和同样在伏羲当年观象测天的昆仑丘"天地元"测天授时,告民农时。

有学者称帝尧王都在襄汾陶寺。中国考古人员于2003年发现有十三根夯土柱组成

据14C测年,此墓距今六千四百年左右,而颛顼所处年代距今四千六百余年。由此证明此墓墓主人非颛顼。

图12.02　河南濮阳西水坡M45号墓蚌塑四灵神兽

的古观象台。中国社会科学院考古研究所于2005年10月22—24日在北京举行了"陶寺城址大型特殊建筑功能及科学意义论证会"。来自中国科学院自然科学史研究所、国家天文台、国家授时中心、北京古观象台、北京天文馆、上海交通大学人文学院、南京紫金山天文台、西安美术学院中国艺术与考古研究所等单位的15位天文学家基本肯定了该大型建筑为天文观测遗迹。但是考古学界仍有许多学者持怀疑态度。

真如本书第十四章"太皞伏羲时代原始科学的出现"所称,既然八千年前的伏羲已发明夜考极星的"八卦"、晨考日出的"六峜"、昼参日景的"晷仪",为何到了五千多年后帝尧所建的授时推历观象台反不如伏羲？

所以,帝尧王都"襄汾说"还是"昆仑说"还需要进一步考证。

6.王国维疏证《今本竹书纪年》:帝舜有虞氏 母曰握登,见大虹,意感而生舜于姚墟。

目重瞳子，故名重华。龙颜、大口、黑色、身长六尺一寸。舜父母憎舜，使其涂廪，自下焚之，舜服鸟工衣服飞去。又使浚井，自上填之以石，舜服龙工衣自傍而出。耕于历，梦眉长与发等，遂登庸。元年，巳未，帝即位，居冀。"

（汉）司马迁《史记》载："舜耕历山，渔雷泽。"

（春秋）左丘明《左传·哀公六年》注："唐虞及夏皆都冀方。"（参见图 12.01）

上记"姚墟"，尚无考。历山，位在王屋山区，今称舜王坪，山西阳城人古来呼舜王坪为西坪，呼圣王坪（宛丘）为东坪，雷泽在东坪，又称龙池、华（花）池、鼎湖、瑶池，今俚称娘娘池。上记"冀"，主要指冀之南昆仑丘一带。上记舜"遂登庸"，犹遂登天墉城。庸与墉，通假。天墉城，犹天宫，语出西汉《海内十洲记》："昆仑有三角，其一角正北于辰星之辉，名曰阆风岭；其一角正西，名曰玄圃台；其一角正东，名曰昆仑宫。其处有积金为天墉城，面方千里，城上安金台五所，玉楼十二。"如此仙山圣境，故"唐虞及夏皆都冀"乃上天所赐，帝舜岂能不随先王立都天墉城？

7.（南朝梁）沈约《宋书·符瑞志》："帝禹夏后氏，母曰修己，生禹于石纽，有长人白面鱼身授禹《河图》，并有青龙止于郊，出龟书，是为《洪范》。元年壬子，帝即位，居冀。"

（汉）宋衷《世本》："禹都阳城。"

（春秋）左丘明《左传·哀公六年》杜预集解云："唐、虞及夏皆都冀方。"

上文中石纽，据考即昆仑丘南 25 千米今逢石河口、黄河北岸之"石牛沟"，此地

与大禹有关的民间传说和遗址很多。（图 12.03）《河图》，即昆仑龙图或太极图。

龟书，犹洛书，即八卦符。（详见本书第二十三章"本义讹义太极八卦与河图洛书"）。"唐、虞及夏皆都冀方"，即谓皆都昆仑丘，前已论过。

8. 实际上，直到夏代帝启初期，王都才逐渐迁离昆仑丘。帝启即位于夏邑。大飨诸侯于钧台。

（春秋）左丘明《左传·昭公四年》："夏启有钧台之享。""诸侯从帝归于冀都。大飨诸侯于璇台。"

（南朝齐）王融《文选·王元长曲水诗序》："至如夏后，二龙载驱璇台之上。"

（清）马国翰《易·归藏》曰："昔者夏后启筮享神于晋之墟，作为璇台，于水之阳。"

上文中"夏邑"，传为阳城、斟鄩（皆今登封），安邑（今山西夏邑西）。"钧台"，今河南禹县南。均待考。

帝启即位夏邑并大飨诸侯于钧台后，又请各路诸侯回祭于冀都昆仑丘，并在璇台（"璇玑玉衡"之简称）大飨（隆重待宾）。"享神于晋之墟"，并在昆仑虚祭献百神，在璇台即瑶台隔水（隔鼎湖、雷池）祭祀天皇伏羲。

以上本拟举"五帝"，实际举了"八帝"，前后五百年间这八帝全部立都或回祭于昆仑丘。那么其他十几、二十几代帝王能到哪里去呢，为什么要离开神圣的天地正中，离开神龙护佑远走他乡呢？实际上所有这些有名、无名古帝之王都都在昆仑丘。（其上，唯有"帝尧故里于襄汾"尚待考。）不过，最后认证尚需考古界在昆仑丘进一步考证。

二、百余代帝墓

是的，昆仑丘不但是四千年间的远古王都，还是这四千年间百余代帝墓所在地。

前文说过，自古以来昆仑丘兼有许多名称：其北部，早期称宛丘，后期称圣王坪；其中段，早期称峤山，后期称大罗岭；其南端，早期称轩辕东台和轩辕西台，后期称双合寨、玉皇顶。

昆仑巅从北到南长约13千米，无论是昆仑北宛丘、圣王坪，还是昆仑南峤山、大罗岭，其上散布大小不一、高低不等，自然形成的百多座小浅丘，每座小浅丘内几乎都归藏有一位远古帝王。《山海经·海内北经》："帝尧台、帝喾台、帝丹朱台，各二台。"所谓各二台，即北为墓台，南为祭台（图12.04）。

如此大规模的远古帝王墓群，无论就其规模之庞大，抑或其历史之久远，皆属世界之最。那么有何证据证明这些古帝王们都归藏于昆仑丘？

（一）由远古葬制看远古帝王归藏昆仑丘之必然

前文已就八千年前伏羲和五千年前黄帝在昆仑丘的墓地做过讨论，下文再就其他远古帝王墓所在地是否也在昆仑丘展开讨论。请先看史料所记。

《易传·系辞下》曰："古之葬者，厚衣之以薪，葬之中野，不封不树。"

《礼记·檀弓上》："与地平日墓，起堆为坟。"（汉）郑玄：葬，甲骨文（ ），会死者遗体下铺上覆花草。

以上是说远古之时，即使葬者是帝王亦

a　石牛，原址在昆仑丘南25千米黄河北岸孤山崖（现属黄河三峡风景区），实为形似独角犀牛的蚀余残岩。历史上许多与鲧、禹有关的故事都发生在此。

b　鲧"永遏在羽山"之羽山

c　石纽（牛），北宋初期称犀牛望月

图12.03　《符瑞志》：帝禹夏后氏生于石纽（牛）

图 12.04　昆仑巅从北到南排列有百余座浅丘，每两座浅丘内皆归藏有一位古帝王

无棺无椁，不起坟堆，不植树木，仅裹花草薪柴以葬之。或如《周礼·春官·大司乐》贾公彦疏："土之高者曰丘，取自然之丘圜者，象天圜也。"贾氏此疏即谓，帝王以天帝下都昆仑虚上的自然之丘为墓，犹如升于天圜也。

之所以采"厚衣之以薪，葬之中野，不封不树""墓与地平""取自然之丘圜者"等葬制，是由远古时期昆仑丘自然环境与自然条件决定的。其一，远古时代，宛丘或昆仑丘之巅，一年四季中有三季满丘满坡都是美丽鲜艳的鲜花，帝王们当然希望永远归藏于鲜花丛中，这一风俗一直沿袭至今。今天的人们仍以美丽鲜花祭献逝者，便是那时留下的习俗。其二，有巢氏、燧人氏之后，宛丘（昆仑丘）其上之"自然之丘圜"早已被砍伐成无树无木，且因土层瘠薄，即便复种亦不复生，于是干脆"不树"。其三，既然帝王已归藏于自然之丘圜，就没有必要再在"自然之丘圜"上另堆筑丘圜。以上就是远古帝王墓"不封不树""与地平""取自然之丘圜"的真实原因。故此，从有巢氏、燧人氏、伏羲至尧、舜等，绝大部分古帝王皆以昆仑丘上的自然之丘圜为其最后归藏地。因是与天帝同在，故古帝王们辞世后归藏于昆仑丘是很愿意之事。龙山文化时期，先民大规模进入无丘、少丘的东部平原地区，常人之墓才不得不"起堆为坟"，帝王之墓才不得不起筑为陵，实皆系模仿"自然之丘圜"者。

《仪礼·召南》："孔氏曰：可以奉祭祀曰事祭，必于宗庙曰宫。"毛传："宫，庙也。"郑玄注："凡庙，前曰庙，后曰寝。"因黄帝时尚无宫殿，故其时之"宫"多指帝王墓寝。犹如《列子·周穆王》："别日升于昆仑之丘，以观黄帝之宫。"即谓登临昆仑之丘祭扫黄帝之墓。那么，黄帝墓在昆仑丘何处？诚如本书前述，在"自然之丘圜者""象天圜也"的轩辕台。自那后，"墓"又称"台"。于是，"不起堆"的"自然之台"便成为帝墓的代称。如《山海经》中"墓"多称"台"。请看《山海经》中有关"帝台"的记载：

《山海经·大荒西经》："有西王母之山，鸾鸟自歌，凤鸟自舞。有轩辕台，射者不敢西向射，畏轩辕之台。"

《山海经·海内北经》："帝尧台、帝喾台、帝丹朱台，帝舜台，各二台，台四方，在昆仑北。"

《山海经·大荒北经》："有系昆仑之山（丘）者，有共工之台，射者不敢北乡。"

《山海经·海内西经》："苍梧之山，帝舜葬于阳，帝丹朱葬于阴。"

《山海经·海内东经》："苍梧在白玉山西南……昆仑虚东南。"

《山海经·大荒南经》："帝尧、帝喾、帝舜葬于岳山。"

《海外南经》："狄山，帝尧葬于阳，帝喾葬于阴。"

上引文明确"帝尧""帝喾""帝丹朱""帝舜"或葬于昆仑北圣王坪或葬于昆仑东南，显相矛盾，故史界有谓《山海经》非一人、一时所著。然他们都葬在昆仑丘则是一致的，且"共工"亦葬在昆仑北的支脉。

但《荒经》为何又记"尧""舜""喾"葬在岳山呢？

其实，岳山初名即宛丘，后名圣王坪或昆仑北。请看分析：

"岳"，山上有丘或丘在山上之谓。丘，甲骨文"M"，四方高中央低之谓。故"岳"乃四方高中央低之丘在山之上者谓；"宛"，四方高中央低，宫室迴宛曲屈之谓。可见，"宛"与"丘"，形近、义近，其字同创于昆仑北圣王坪。

"岳"，另一字形为"嶽"，即山之下为关押囚犯之牢笼。其字亦原创于昆仑丘。不过该字属后起组合字，大约创字于颛顼在昆仑丘始创"巫"之后。《水经注》引《昆仑说》曰："昆仑山（丘）三级，下曰樊桐，一名板桐；二曰玄圃，一名阆风；上曰层城，一名天庭。是为太帝之居。"樊桐，犹嶽，本义为关押鬼魅的牢笼。昆仑虚内部"孔穴相通"，永无日月之光照，古谓"鬼魅所居"。故无论是岳山抑或嶽山，实皆指昆仑丘。

据上，帝尧、帝喾、帝舜、帝丹朱确乎都如《荒经》《北山经》所记葬于昆仑北或昆仑东南。

关于帝舜归葬地苍梧，史上素有昆仑苍梧和九嶷（疑）苍梧等说。实际上，据考九嶷苍梧至今只见东汉至宋朝年间祭祀舜陵的庙宇，并不知舜陵本身真假。《史记·五帝本纪》所记"舜南巡守，崩于苍梧之野，葬于江南九嶷"，仅是历史上被迫南迁湘西、黔东一带的"武陵蛮"及其后裔苗、瑶族等因怀念舜帝而仿筑的帝舜衣冠冢。即便是山西运城舜帝陵，亦仅是后世附会的帝舜衣冠冢。真实的帝舜真身墓地确如《山海经》所记在昆仑北或昆仑东南。

（二）由道教教义、教仪看远古帝王归葬昆仑之必然

溯源而上，道教大量吸收了道家哲学思想，也吸收了远古原始宗教中的神鬼巫术观念。

所谓神鬼巫术观念，主要指颛顼时代在原有天神观念后又提出的鬼魔巫等观念。

鬼魔巫等观念，本原于昆仑圣王坪内部阴暗恐怖的空间环境。

圣王坪系石灰岩地貌，其内部密布溶洞、暗河。在这暗无天日的洞穴中，到处都是恐怖的妖魔鬼怪状的泥质钟乳石。于是那时的人们便称圣王坪内部为关押恶魔的樊笼。相反，称圣王坪之上则为人类居住的美丽悬圃，称与天帝最近的昆仑虚之上的高丘为天庭、天宫，是为"太帝之居"，或称"天帝下都"（《水经注·河水》）或称"百神之所在"（《山海经》）。

那么，为何称昆仑丘为"百神之所在"呢？

道家认为，帝王为圣，圣精（逝）为神；昆仑，百神之所在，犹言昆仑丘归葬有百余代远古帝王。从有巢氏、燧人氏、伏羲至炎、黄直至尧、舜等，期间一百多代远古帝王，除个别或许归葬于他地外，其余绝大多数皆归藏在昆仑巅之丘岗地。且如上述，皆按"各二台"：北为墓台，南为祭台之葬制。

历史上记载远古帝王归藏昆仑虚的史籍甚多，只是其时多忌讳用"帝葬""帝墓"等非吉祥性词汇而改称"百神""龙御""宾天"。例如，《汉书·地理志补注》："周封朱台，各二台，台四方，在昆仑北。"台，墓也！《太真科》："圣登玉清。"[1] 玉清，昆仑虚之仙称。

《云笈七签》："玉清境元始天尊为主。"[2] 元始天尊，伏羲化神。杨云鹏《送王希仲北归》："龙去鼎湖宾天帝，鹤归玉京树华表。"玉京，昆仑虚之雅称。《淮南子·泰族训》："怀柔百神，及河峤岳。"怀柔，祭祀；河，大河，黄河；峤岳，峤山，位昆仑南，又称大罗岭。全句意谓：在大河与峤山祭祀百余代远古帝王。

大罗岭，取自大罗天引申义，指昆仑虚中南段。亦即昆仑神龙之龙脊、龙身、龙尾段，至今仍称大罗岭，俚称待落岭（参见图12.04）。

大罗天，道教所称三十六洞天中最高一重天。王维《送王尊师归蜀中拜扫》诗："大罗天上神仙客。"[3] 大罗神，指道教中的天神、天仙。在道教教义中，大罗天不能同比于玄都玉京。《枕中书》称："玄都玉京七宝山，在大罗（天）之上。"[4] 意为玄都玉京比大罗天更加神圣。玄都玉京即天宫圣王坪，是天帝下都及帝王归藏之所；大罗天，是帝王归藏之所在，但不是天帝下都。

以上便是昆仑丘归藏有百余代远古帝王墓之来龙去脉。

[1] 引自（南北朝）《玉清上官科太真文》，商务印书馆，1923 年版。

[2] 引自（宋）张君房撰《云笈七签》，齐鲁书社，1988 年版。
[3] 引自《王维诗集》，济南出版社，1995 年版。
[4] 引自（东晋）葛洪撰《枕中书》，吉林大学出版社，1996 年版。

世界上古老民族都历经文明初始，从初始文明走到今天。因自然条件不同，各民族文明历程亦不尽相同。据考，中华初始文明肇启于天人合一的和合大道，早在八千年前伏羲时代便在中华大地上诞生了以正统伦理、和合包容为核心的大道理念。

和合大道理念指引着中华文明几千年的前行路程。在历史长河之中，是和合大道无数次拯我中华于险难之中，使之成为世界唯一将远古文化一脉相承至今的伟大民族。世人赞叹："洪水图腾蛟龙，烈火涅槃凤凰。文明圣火，千年未绝者，惟我无双；和天地并存，与日月同光。"（《中华世纪坛》）

不过，关于文明时代之概念，我国学界存在诸多歧见，主要反映在四个方面：文明起始点；文明发祥地；文明时代标志；开创文明的代表人物。

其一，关于中华文明起始点。概有八种说法：

1. 二千年文明说。《中华二千年史》和《剑桥中国史》认为中华文明始于秦始皇统一中国，故中国史首卷是秦汉史。

2. 三千年文明说。《东周以上无史论》认为中国历史纪元始于西周共和元年（公元前841年），故公元前841年之前的历史不可信，《诗经》《尚书》《礼记》《乐经》《春秋》《左传》所述多虚假。由此认为中华文明为三千年。

3. 三千六百年文明说。学界公认文字的发明和应用是进入文明时代的重要标志，百年前从河南安阳殷墟出土的中国甲骨文，推定刻于三千六百年前的盘庚至三千一百年前的纣王时期。故西方学者称中华文明为三千六百年。

4.五千年文明说。此说始于民国初年。因《史记》记自黄帝，黄帝战胜炎帝、蚩尤一统天下建立华夏部落联盟，部落联盟的建立通常被认为是进入文明时代的标志之一。所以，我国史学界于辛亥革命期间多主张以黄帝元年（《江苏民报》：公元前2698年）作为中华文明起始点，谓之"黄帝纪年"。由此，孙中山先生赋诗赞："中华开国五千年，神州轩辕自古传。创造指南针，平定蚩尤乱。世界文明，唯有我先。"

5.六千五百年文明说。近几十年来，有学者认为伏羲文明比黄帝文明早若干千年，应以伏羲文明作为中华文明之始。由此应鼎成先生在《伏羲甲历为前4495年》一文中运用"七曜会聚""以齐七政"等天文现象，推得伏羲纪年为公元前4495年。

《太昊伏羲时代》一书以《左传》"太皞以龙师而龙名"，认为以出土最早的龙形文物所处年代便可认定伏羲所处年代。据考濮阳西水坡文化遗址M45号墓的"蚌塑龙"距今6400余年，安徽含山玉豕龙距今亦6500年，由此认定伏羲开创的中华文明为公元前4500年。

6.八千年文明说。伏羲纪年的另一说亦记在《太昊伏羲时代》一书中。认为伏羲出生于西方的甘肃天水，而太昊族是东方氏族。据考古挖掘，西方的天水大地湾文化距今约8000~4800年，东方山东后李文化距今约8200~7800年，大汶口文化距今约6300~4700年。由此认定大汶口文化为少皞时代，大地湾文化和后李文化为太皞（后讹义为太昊）伏羲时代，于是得结论伏羲所处年代为公元前六千年。

7.九千年文明说。《三皇五帝时代》一书中运用所谓"一天内日月双食"得知伏羲所处年代为公元前七千余年。

8.年代不确切的四千年至五千年文明说和五千年至八千年文明说。《走进伏羲》一书中据道、儒、法三家对伏羲的记录，推测伏羲所在年代为距今四千至五千年。《易经图典精华》一书中据"河图洛书"数理标志，认为伏羲所在年代为距今五千至八千年。

以上，从二千年至九千年文明说，中华文明起始年代不会如此混乱！

其二，关于中华文明发祥地。主要存有两种说法：

1.文明多源说。近几十年来，随着地下文物考古的深入，北起松花江流域，经海河、黄河、淮河、长江南至珠江流域，各地多有出土龙形文物，同时也出土大量房址、墓葬、灰坑、灶台，骨、石、陶器和各式生活器物等。于是当前学界主流观点认为中华文明广泛肇启于以上各大流域，从而推翻先前的中华文明发祥于黄河中下游而提出了中华文明多源说。

2. 文明一源说。持此观点的学者认为：一个民族的文明不可能同时开创于多地；认为生产关系与生产力之间的矛盾、上层建筑与经济基础之间的矛盾，是推动一切社会（包括原始社会）发展的基本动力，而科学是第一生产力；认为在原始时代，各地自然条件不同，原始科学和生产力发展水平参差不一，不太可能同时进入文明时代。故认为文明多源说有悖逻辑，有悖社会发展基本规律，中华文明只有也只能有一个开创地。

其三，关于文明时代标志。文明时代标志或可称人类社会进入文明时代的判定标准。学术界对此同样存在各种各样的意见：

1. 摩尔根说。文明时代一词，最早是美国民族学家摩尔根在《古代社会》[1]中使用的一个术语，指"继蒙昧时代、野蛮时代之后的人类社会发展的第三个时期"，"以文字的发明和使用为其始点"。

摩氏在同一书中定义蒙昧时代为"人类社会发展的第一个时期，以采集天然食物为主的时期，始于人类和人类社会的产生……弓箭的发明是进入高级阶段的标志。"定义野蛮时代为"继蒙昧时代之后的人类社会发展的第二个时期。始于制陶术的发明，止于文字的出现"。

2. 恩格斯说。恩格斯在《家庭、私有制和国家的起源》中援用摩尔根文明时代定义并增其义："指随着劳动分工与生产领域的

扩大，出现真正工业与艺术的时期。人类进入文明时代，大体上也就是阶级社会的开始。"

3. 青铜器说。西方有学者提出文明时代标准为文字、城市、青铜器的出现，并把国家的出现作为文明的准则。我国亦有学者仿照上述西方文明标准，并另加一条标准——交易的出现。

4. 龙网说。《太皞伏羲》一书归纳中华文明进入文明时代标志有六点：发明网开创性完成了古人类生存工具的超越；画八卦开创了中国远古和合"治天下"的文明；中华龙"内圣外王"开创了治天下大统一文明；制嫁娶超越了千古群婚乱婚，完成了人类自身的文明；始建都出现了中国远古时代第一个"原始政权"；造书契开启了中国方块字的文字文明。

5. 周易河洛说。《易经图典精华·河图与洛书》认为："河图洛书是伏羲时代的产物。那么中国文明史再不能以文字时代来划定了，而应以河洛数理为标志上溯新的文明史。这就是说，早在七千年至一万多年以前（伏羲诞生的时代），华夏土地上就有了高度发达的文明。不论五千年文明也好，一万年文明也好，其源头活水就是河图、洛书。"

以上各种文明时代标志说，除摩尔根和恩格斯两说外，似乎忽略了生产力与生产关系、经济基础与上层建筑的辩证发展在文明开创和文明进程中的决定性作用。

其四，关于开创文明的代表人物。文化

---

[1]（美）摩尔根（L.H.Morgan）撰《古代社会》，商务印书馆，1950年版。

是由具体的人开创的，文明也是由人开创的。传说开创中华文明的代表人物有两个人：开创华夏文明的黄帝和开创中华文明的伏羲。到底哪位更能代表初创时期的中华文明，学界至今各说不一。

文明起始点、文明发祥地、文明时代标志和开创文明的代表人物，是包括中华在内的任何一个民族文明初创时期所必须具备的四大要素，不具备这些要素则无法判断该民族是否进入了文明时代。

以下就四大要素中最具根本性、决定性意义的"文明时代标志"从理论与原理上展开讨论。一旦正确阐明了文明的产生机理和发展过程，并有文明初创的遗址、遗迹、遗物等大量实物证据，那么其他要素乃至中华开创史亦将大白于天下。

任一民族初始文明的产生都是一个渐进的过程，也是一个由量变到质变的过程。中华由蒙昧、野蛮进化到文明开化，同样是一个渐进而漫长、由量变到质变的过程。

《韩非子》曰："上古之时，人民少而禽兽众，人民不胜禽兽虫蛇。有圣人作，构木为巢，以避群害，而民悦之，使王天下，号之曰有巢氏。民食果蓏蚌蛤，腥臊恶臭，而伤害腹胃，民多疾病，有圣人作，钻燧取火，以化腥臊，而民悦之，使王天下，号之曰燧人氏。"此记表明有巢、燧人时代，人类已有挣脱大自然束缚的意识与行为，且在与大自然抗争中、与凶猛野兽搏斗中学会了

保护自己，告别了茹毛饮血。这是一次了不起的进步。但是，在生产力发展水平、社会结构和思想意识等多个方面，有巢氏、燧人氏时代的人类社会仍处于不断上升的量变过程，尚未进化到质变阶段。犹如唐代张九龄《龙池圣德颂》谓："巢燧之前（有称巢燧之纪），寂寞无纪。"明确巢燧时除构木为巢、燧石取火外，尚无社会形态、社会理念和社会管理等质的变革。那么中华文明是从什么时候起发生了质变，其质变的推动力是什么，机理过程是怎样的？

一、原始科学的出现是进入文明时代的首要标志

政治经济学认为："生产力是社会生产中最活跃最革命的因素，在社会生产发展过程中起主要的决定的作用。""科学是第一生产力。"（邓小平《科学技术是第一生产力》1988年9月5日）这些经典理论不但适用于现代社会的发展，同样也适用于原始社会的发展。

据古气候反演和科学考察，时处裴李岗文化晚期的有巢氏、燧人氏时代，中原一带远古人类已经学会种植糜子等农业作物。但因缺乏时间历法等方面的知识，故多贻误农时而歉收绝收。这种农业只能称"自在农业"。自在农业远远满足不了人口增长的需求。

社会历史的发展有着其自身所固有的客观规律。为满足人口增长的需要，那时的人

们急需掌握授时推历等方面的知识，于是"八卦"应时而出。

那时，燧人氏已故，伏羲氏"代天而王"。史书记载，燧人氏后期已发现其王都宛丘—峤山似一动物形图案，犹如后世《三国志·魏书》所记："易博士淳于俊曰：包羲因燧皇之图而制八卦。"此记表明，燧人氏虽发现宛丘—峤山形似某种动物图形（后人称其为地龙），但未发现北斗星座亦形似该动物图形（后人称其为天龙）。故燧人氏时并未将此发现上升到实用的高度，故后世仅称燧人氏发现的图形谓"燧皇之图"。

那么，燧皇之图有什么实用价值呢？

据中科院科研人员运用天文岁差反演，推定八千年前伏羲在"燧皇之图"基础之上推演出"天地双龙太极图"，又以北斗天龙推演出"八卦符"。

八卦符，本义指北斗天龙绕北天极旋转，一天中、一年内在北天夜空留下"天道左旋，地道右行"的视迹线，伏羲取北斗天龙上、下、左、右，左上、左下、右上、右下八个时段的位相，并将其画制成人人都能看得懂、用得上，主要用于记时记历、授时推历的龙形图解符号，这就是后人所说的"八卦"。故八卦是指以龙形符号表示天龙绕转天极时所对应的二至（冬至、夏至）、二分（春分、秋分）、四立（立春、立夏、立秋、立冬）这八大节气的八个位相（又称相角）。《易传·系辞下》："古者包牺氏之王天下也，仰则观象于天，俯则观法于地，观鸟兽之文与地之宜，近取诸身，远取诸物，于是始作八卦。"《汉书·五行志》："伏羲氏维天而望，受河图（按即龙图）而画之，八卦是也。"所描述的正是伏羲当年在宛丘观象测天、授时推历、告民农时的故事。八卦是科学而非后世讹传之谶纬命算的巫术。

伏羲以北斗天龙推演八卦，人们掌握了授时推历这一科学技术，史称"斗纲授时"或"夜考极星"。从此人们知道该何时播种，何时收割，农业生产得以大发展。这种农业可称"自为农业"或称"科学指导下的农业"。

除斗纲授时外，伏羲在昆仑丘还发明了"晨考日出"的"六崟"和"昼参日景"的"日晷"等授时推历技法，授时推历精准度有了很大提高。

授时推历是开创于伏羲时代的一次科学大革命。自从掌握了授时推历这一科学技术，农业生产得以突飞猛进的发展，伏羲所在的华虚部落便脱离蒙昧而一步跨进了科学文明的大门。因此说，原始科学的出现是人类社会进入文明时代的第一步。

如今，伏羲于八千年前在昆仑丘夜考极星、晨考日出、昼参日景等远古遗址、遗迹尚在。

二、定居农业的形成是文明时代的标志之二

矛盾的普遍性认为："矛盾存在于一切

事物的发展过程"，人类社会自始至终"在矛盾方面的相互依赖和相互斗争中向前发展"。原始时代，人口快速增长对物质生活的需求与极端落后的生产力之间，发展生产力与"零科学"之间，构成了两对主要矛盾。落后的生产力是第一对矛盾的主要矛盾方面；"零科学"是第二对矛盾的主要矛盾方面。主要矛盾解决后，其他矛盾则迎刃而解。

伏羲发明了授时推历这一科学技术，第二对矛盾中阻碍生产力发展的主要矛盾随之解决。于是久居昆仑丘的华虚部落的农业生产便出现了前所未有的大发展。"自在农业"进化到"自为农业"，并由此进入了完全意义上的定居农业时代。

定居农业的出现是远古部落从采摘、渔猎到自在式农牧业再到自为式科学定居农业的一场翻天覆地大变革。从此，人类掌握了自己的命运，不再颠沛流离，不再身不由己。定居农业的出现是人类社会进入文明时代的第二步。

如今，昆仑丘圣王坪、峤山、鳌背山等地原始时期的次生糜子、原始民居和服务于"告民农时"的六耷、晷仪等遗址、遗迹都在。

三、部落联盟的建立是人类文明史上首次社会大革命

政治经济学认为："社会的发展主要由社会内部矛盾的发展所推动，生产关系和生产力之间的矛盾、上层建筑和经济基础之间的矛盾，是推动一切社会发展的基本矛盾。"

随着生产力的大发展，住居昆仑丘一带的华虚部落民众过上了远优于周边其他部落的丰足生活。

人们认为这是天龙地龙赐予他们的恩惠，于是年年在天地正中昆仑丘虔诚祭天祭龙，整个华虚部落无比虔虔，睦睦融融，深受周围众多部落的仰敬与向往。不久便在"近者阅，远者来""协和天下""共同发展"理念下建立了以天中地中昆仑丘华虚部落为核心，以伏羲为首领，以神龙为图腾标识，以协和天下、共同发展为信念的太皞部落联盟。

部落联盟的建立是生产力发展、人口增加、定居农业形成之后的必然趋势，是不以人们意志为转移的历史潮流，是为适应生产力大发展之后生产关系的大变革。生产关系大变革突出反映在由原先分散的以氏族部落为单元的血缘管理模式进化到统一的非血缘的社会化管理体制。

事实的确如此，太皞部落联盟建立后，不但生产力得到更大的发展，而且在其他各个领域都发生了天翻地覆的大变化。比如象形文字、族外对偶婚和社会化管理理念等多个方面都像雨后春笋般迅速出现在中原大地，成为原始社会后期的主流趋向。因此说，以社会化管理体制为标志的部落联盟的建立是人类历史上首次社会大革命，是人类社会迈入文明时代极其重要的第三步，也是后世国家起源的雏形。

如今，创生于伏羲时代昆仑丘的"中

华""华虚（丘）""太皥""协同"等象形文字的原创环境、原创物体和部落联盟首领祭祀天地的祭天台、宰牲池等遗址遗迹都还存在。

四、象形文字的创生与应用是人类文明史上首次文化大革命

"文字，记录和传达语言的书写符号，扩大语言在时间和空间上的交际功用的文化工具，对人类文明的促进起很大作用。"（《辞海·文字》）

原始时期，同一氏族部落的语言相同相通，故无文字之必要。部落联盟建立后，各部落之间语言不同不通而难以交流信息，联盟疆域的扩大，单靠语言相传很是耽误信息传递。于是各部落同一的独体象形文字应时而生。

人类童年时期的认知总是由简单到复杂，由形象到抽象，由感性到理性。文字的创生亦经历这一过程。《说文解字·叙》和《说文解字》附录中所言之"'六书，一曰指事。二曰象形'。皆为独体的'文'。'三曰形声。四曰会意'。则是合体的'字'。'五曰转注。六曰假借'则是'同部互训和同音借用'"，亦证明初创时期的象形文字基本上皆系简单、形象、感性的独体的文或简单合体的字。

是的，初创于伏羲时代的象形文字的确多为独体字和简单合体字。据初步考证，能确认原创于昆仑丘的首批象形文字如龙凤、京亭、中华、宛丘、昆仑、太皥、皋本、成己、羊羌等已达百多字，多系当地地名、器物名、祭名等。如今，当年造这些象形文字时所依据的原创环境和原形物体在昆仑丘仍能按图索骥地一一对号入座。

文字创生与应用是人类文明进程中的一次意义重大的文化大变革。有文字而有文章，有文章而天下教化。文字、文章是人类脱离愚昧进入文明的先决条件。因此，中外学者都把文字的发明和应用看作一个民族进入文明时代的重要标志。而文字初创地尤其是古老民族首批象形文字的初创地与其文明发祥地，与其王都所在地往往存在三位一地之必然性。中国首批象形文字原创地、中华文明发祥地与太皥部落联盟中心即伏羲王都，三者都在天中地中昆仑丘，这是历史之必然。

五、族外对偶婚与礼乐的出现是人类文明史上首次形态大变革

当社会进入部落联盟时代，各部落之间的物资、人员、信息交往日益频繁。随着文字的创生，族际间交流更为方便。于是，族内血缘婚不可避免地被族内外走婚制所取代。族外走婚制较族内血缘婚有着显著的优越性。

族外走婚虽较血缘婚具有优越性，但毕竟还带有群婚野性，与进入社会化管理的部落联盟不很相称，于是联盟首领伏羲便倡导

实行对偶婚。

对偶婚的出现是人类社会的一大进步，它甚至改变了整个原始社会的社会结构、社会形态：为由母权制过渡到父权制奠定基础；为"家庭"登上历史舞台和中国姓氏的产生（正姓氏）奠定基础；为巩固和进一步发展部落联盟提供了社会保障；为中华礼乐的出现提供了社会环境。

对偶婚，按常理男女双方都会礼貌地互赠信物、礼品。如当时流行以成对鹿皮作为聘礼。《世本·作篇》记："伏羲制俪皮嫁娶之礼。"同时，婚嫁仪式之上亦会有管弦之乐以娱兴。那时，帝王祭天大典亦演奏《驾辨》《扶末》等乐曲。如《世本》《通礼义纂》《孝经》等记："伏羲作琴""伏羲作箫""伏羲灼土为埙""女娲始用笙簧""伏羲乐曰《扶末》《立基》《驾辨》曲"。昆仑丘周边亦多出土骨笛等远古乐器。

群婚、血缘婚、乱婚，是野蛮时代的特征，伏羲之后对偶婚的出现和礼乐的兴起把中华文明带入了礼仪文明的高度。因此，对偶婚和礼乐的出现理所当然地成为文明时代的重要标志之一。

六、以和合大道为核心的社会化管理理念的形成是人类原始文明成熟的标志

由若干近临部落自愿结成的部落联盟，不可能再实行氏族血缘时代的族长制管理模式，改行由各部落一致认同的社会化管理理念当是势所必然。

那么，对刚刚脱离蒙昧野蛮而进入文明时代的人们来说，什么样的管理理念才能被普遍接受，又不至于倒退回蒙蛮原始的氏族部落时代？这当然是"法"，是适应那个历史时期的"法"。

《法言·问道》记："是以法始乎伏羲而成乎尧。"是的，伏羲时的法并非现代意义上的法律，而是"道"，是"德"。《淮南子·览冥训》载："伏羲、女娲不设法度，而以至德遗于后世。"那么道德这一理念最初是如何形成的？

道德这一概念很抽象，人类童年时期的思维不可能产生于抽象唯心而必产生于形象直觉。

对于远古人类，最直觉最形象者莫过于天地自然现象和对天地自然现象不明白而诱发的对天地的敬畏。《老子》曰："人法地，地法天，天法道，道法自然。"人们正是在天地自然规律的启示之下产生了"道"的概念。其中最主要、最直觉的天地自然规律当数日月星辰日复一日在天运行之道（即天道）和天下万类年复一年生生不息之道（即地道）。但《吕氏春秋·圆道篇》载："天道圆，地道方。"《吕氏春秋》并未解释何以"地道方"。其实"地道方"亦出自"不设法度而以至德遗于后世"的伏羲、女娲所在之"昆仑，虚四方"。于是在这些天道、地道启示下，人

们又引申出社会管理、道德规范、行为准则、思想方法等人类社会共生共荣之道（即人道）。此即所谓"天道之与人道"（《庄子·在宥》）。大况如下：

其一，远古先民但见日月星辰、周天星河各自沿着各自的天道日日夜夜、年年月月围绕北天极有条不紊地旋转，千年万年"终古不忒"，于是远古先民认为天极是天之中央，是天帝之所在；日月星辰，不分明亮暗淡，不论远近疏密，都自觉听命、卫护天帝。由此将日月星辰天道运行规律直觉引入人类社会，由此引申出以帝王为中心及层级管理机构的正统、伦理观念。

其二，远古先民但见天下万物生生不息、和合共生，于是将这自然现象直觉引入人类社会，便引申出"不分高低贵贱，不论远近亲疏，相帮相助，共生共荣"的和合、包容观念。

引自天地大道的正统伦理、和合包容理念，为原始社会的大同天下，为阶级社会的君临天下，为几千年中华文化屹屹世界而永盛不衰，为家庭、社会、国家的和合发展，为后世道、儒、法等诸子学说的发展奠定了理论的和物象的基础。因其都本原于伏羲时代昆仑丘的天象地象和以和合包容为其核心的大道理念，所以后世称这为"昆仑和合大道"，简称"和合大道"。

那么有何证据证明和合大道本原于伏羲时代昆仑丘？

其一，"中""仑""和""协""同"等与中和、中华、昆仑、伦理、和协、协同等义有关的象形字词都原创于伏羲时代昆仑丘，而"战""争""镇""压""欺""诈""骗"等负面字词，在首批象形文字中均未见；其二，伏羲等古帝王长期在昆仑丘仰则观象于天，俯则观法于地，并由天道地道而引申出社会化管理的伦理之道，即"天道之与人道"；其三，和合大道观唯生成于原始大同时代，唯生成于远古王都所在地，舍其时其地则无生成大道观之需求与环境。

以上表明和合大道观本原于伏羲时代昆仑丘，而并非产生于阶级社会。

以正统、伦理，和合、包容为核心的社会化管理理念的产生与形成，是中华初始文明成熟的标志，是中国本土思想的开端，也是形成中华几千年思想体系的基石。但有学者称术数的出现才是文明时代的标志（《易经图典精华》），似有待商榷。

原始科学的出现，定居农业的形成，部落联盟的建立，象形文字的创生与应用，对偶婚与礼乐的出现和以正统伦理、和合包容为核心的社会化管理理念的形成是一个民族进入文明时代的六步必由之路。这是由人类童年时期的认知规律决定的。

不过因环境差异，任一民族都会有其特殊性。故所谓"文明六步"，不可能都是一个模子。比如第一步以授时推历为代表的原始科学的出现，也许只适用于中华文明。第六步以和合大道为代表的管理理念的形成，也许亦只适用于中华文明。但是，"生产关系与生产力之间的矛盾和上层建筑与经济基础之间的矛盾是推动一切社会发展的基本动力"；"科学是第一生产力"的理论是放之四海，放之古今皆准的真理。

然有学者称部落联盟必须在阶级社会伴随着国家的出现依仗武力才能产生，同时认为若干部落之间的管理不可能依靠和合大道理念而应依仗武力镇压。

"和合大道"与"武力镇压"是两种截然相反的治世方略，到底哪一方略更切合文明时代标志，学界可各抒己见。不过，当私有制出现后，如若为少数人利益而发动不义的"争帝战争"（《淮南子·天文训》）和恣意镇压异族和本族民众之本身就是野蛮，不能称之为文明。而倡导和合大道、协和天下、共同发展，则不论在哪一历史时期都是人类文明的象征。

同样，认为国家的产生与城郭的出现才是文明时代标志的说法，亦有失偏颇。在此不妨对比一下"部落联盟"与"国家"的异同点：共同点是两者都脱离了血缘氏族制而进入到社会化管理；不同点是部落联盟为原始公社制，而早期国家为私有制。显然，以血缘为基础的氏族制管理，抑或以非血缘的社会化管理才是野蛮与文明的主要分界线，而公社制抑或私有制，又如今日之公有制经济与私有制经济，只是社会化管理下的两种不同经济模式，并非文明与愚昧、文明与野

蛮的分界线。愚昧的主要特征是不懂科学、没有文化；野蛮的主要特征是群婚、乱婚、氏族血缘婚。

以上阐述了中华初始文明的六大标志，讨论了中华初始文明的产生机理和发展过程，明确了以正统、伦理、和合、包容为核心的昆仑大道理念是中华文化之根柢。故鲁迅先生说："中国的根柢全在道教。"

中华文明肇启于公元前六千年而非公元前三千年；文明发祥地为王屋山区昆仑丘而非多源说；开创中华文明的代表人物是伏羲而非黄帝；第一个部落联盟是太暤部落（又称中华）而非华夏部落；最早的部落图腾是神龙而非天鼋；进入文明时代的门槛是以授时推历为代表的原始科学而非河图洛书；原始文明成熟的标志是和合大道观的形成而非术数。

同时还可向世界明确：八千年前发明的"燧石取火""授时推历"和"象形文字"是中华民族对全人类的伟大贡献，其意义不亚于传统的中国"四大发明"。而六大文明标志也好，远古三大发明也好，在王屋山区昆仑丘以外的其他地区至今未发现八千年前有如此完整和系统的文化遗址、遗迹、遗物。

以下六章分别讨论六大文明标志。

太皞伏羲時代
原始科学的
出现

拾肆

社会发展规律告诉人们，中纬度（包括部分低纬度）地区人类走出采摘、渔猎期，必然走进定居农业，而定居农业发展的关键因素在于掌握时间、历法等方面的科学知识与方法。

远古时期无钟表、历书，所谓时间、时令，全赖观测日月星辰之运行节律。古时称这为"观象测天，授时推历"。

据史书记载，观象测天、授时推历首起于伏羲时代，如《纲鉴易知录·太昊伏羲氏》记："太昊时有龙马负图出于河之瑞，因而命官，始以龙纪，号曰龙师。命朱襄飞龙氏，造书契；昊英潜龙氏，造甲历；大庭居龙氏，造屋庐，浑沌降龙氏，驱民害；阴康土龙氏，治田里；栗陆水龙氏，繁滋草木，疏导泉流……"那么伏羲为何要命潜龙氏造甲历呢？显然不是用于采摘狩猎，而是为了指导"土

龙氏治田里"。因采摘狩猎时期对时间历法的要求并不严格，所以，观象测天造甲历本身表明伏羲时代已经进入定居农业时代。定居农业的发展要求人们尽快掌握时间、历法等方面的科技知识，以指导农业生产。

又据史书记载，这些科学技术一般由当时的世主（帝、王）先掌握，由世主观象测天，授时推历，并告民农时。据现在已知的远古时代观象测天，授时推历的技法大致有下列四种：一曰晨考日出（又称六盏授时），以告民农时；二曰昼参日景（又称日晷授时），以告民白昼时辰，兼告农时；三曰斗纲授时或夜考极星，以告民夜间时辰，亦兼告农时；四曰星宿授时。四种测天技法并非替代关系，而是互补关系，发挥各自的特长，以使授时推历更加及时，更加精准。

以下逐一介绍通行于伏羲至尧、舜至周

朝，且至今在昆仑丘圣王坪仍然有遗迹、遗址的四种授时推历技法。

伏羲前，既无时间又无历法之概念；伏羲后，部落首领都要观测日月星辰之行律，以授民时。如司马迁《史记》中所言："自初生民以来，世主曷尝不历日月星辰？"然因天文岁差等因素，日月星辰运行与位相等常生变化，所以历朝历代都要设置司天监、钦天监，以重新编定本朝历法并授时于民。因此，传中国自古来便有伏（羲）历、黄（帝）历、夏历、商历、周历等。授时推历几乎成了周朝以前历朝第一要务。当然，历朝历代的历法也是由简到繁，由粗略到精准的。

古时没有钟表，没有历书，部落首领和民间几乎全凭观测日月星辰东升、中天、西落之顺次以掌握季候，把握起居，安排生产生活。这些在顾炎武《日知录》中说得很形象："三代以上，人人皆知天文……后世文人学士，有问之茫然不知者也。"而如今之人，恐多不识星辰矣！

上述四种授时技法中，星宿授时肇启于帝尧时代，其余"斗纲""六壬""日晷"三种授时推历技法肇自伏羲时代。这三种授时技法，又数"斗纲授时"在先。

一、斗纲授时

斗纲授时又称"夜考极星"。这是一种适合北半球中纬度带的人们背南面北利用北斗七星定方正位、授时推历的方法。

在中纬度带尤其昆仑丘的先民看来，北斗七星围绕北天极旋转，永远不落入地平面以下，所以称这一天区为天中，是天帝居住之所，而天中以外的日月星辰，似乎都被北

斗七星牵引着升于或东北或东或东南，行于中天，落于或西北或西或西南。因北斗七星形似昆仑神龙，故古时又称北斗七星谓天龙，称昆仑丘谓地龙。

北斗七星如此神异神圣，于是古代文人又美称北斗七星斗魁四星谓璇玑，美称斗杓三星谓玉衡。"璇玑、玉衡"皆美玉，故古时又互比北斗为美玉，并亦称昆仑谓璇玑玉衡，简称玉山（有学者称"玉山"其名源自昆仑产玉，不确）。为此，北斗七星、昆仑丘与圭表一样，既是古代先王、先民用以定方正位、授时推历极其重要的天象地象，又是帝王的玉制祭器或玉制礼器的原型。例如西周之时，在龙形玉圭基础之上，又将其改成形似北斗天龙的玉制"河图"，成为帝王手持的天佑神物。直至今日，逝者棺底、棺盖仍饰以龙形昆仑丘与龙形北斗七星，以喻既有神龙护佑，又与天帝同在。

围绕斗纲授时，古有"太一游宫"之说。太一者，北天极也，古时又称天心，日月星辰皆围绕天心而转；游宫者，一年中北斗七星似乎在自东向西地巡游天地八方，故又称北斗为枢机。北斗斗杓或北斗天龙龙尾，所指的方向不断易位，此便称"太一游宫"。可见，太一游宫是指不同时节、不同时辰北斗斗杓所指不同方向。这就是"斗纲授时"的基本原理。《鹖冠子·环流》中记载了"斗纲授时"的基本方法："斗杓东指，天下皆春；斗杓南指，天下皆夏；斗杓西指，天下皆秋；斗杓北指，天下皆冬。"这就是以斗建（斗杓的指向曰"斗建"）定节令，以斗的易位定年月日时。这在《史记·天官书》中亦有记载："斗为帝车，运于中央，临制四乡，

分阴阳，建四时，均五行，移节度，定诸纪，皆系于斗。"《荆川稗编》："天道左旋……地道右旋（行）"而立"四立""四隅"，依此测定"二至"（冬至、夏至）、"二分"（春分、秋分）、"四立"（立春、立夏、立秋、立冬）八节气循环更替之日期。伏羲以北斗星座（即天龙）在北天夜空上、下、左、右、左上、左下、右上、右下八个位相表示一年四季中的八个节气，以告民农时。后世便称这告民农时的八个位相谓"八卦"（图14.01）。

这就是伏羲推演的八卦之本义，通称"本义八卦"或"伏羲先天八卦"。（详见第二十三章"本义诠义太极八卦与河图洛书"）

以北天极和北斗星为基础的斗纲授时，是适用于无钟表时代北天观测的一种非常简单而实用的授时方法，又与伏羲氏所在的昆仑丘古称"北斗坪"的传说相呼应。因此说，"斗纲授时"最早发明于伏羲时代的昆仑丘，后推广到各地，沿用于历代。

二、六盩授时

六盩授时又称"晨考日出"，指不同节气太阳升起地平面一瞬间时的方位。

人们站在某地，只要稍加留意便能发觉一年四季、逐月逐日太阳升起于不同方位。夏至升于东北，冬至升于东南，春分、秋分

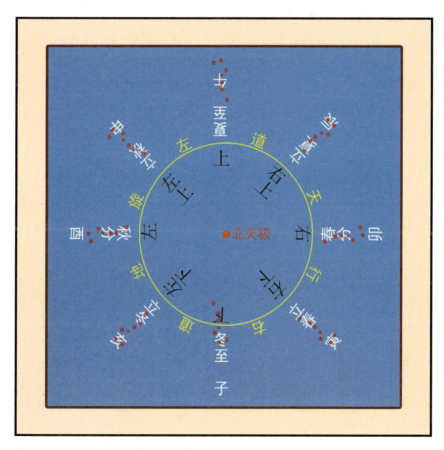

图14.01　本义八卦——授时推历原理图

升于正东，各个节令从不失信，远古时昆仑先民同样也发觉这一天象规律。于是那时的世主伏羲便组织民众在昆仑丘圣王坪中央及其东缘（包括西缘）堆筑了六座（或十一座）石台以分别对应不同时节太阳升起（或落日）的位置，由此便可准确及时地授时推历，告民农时。史称此六台谓"六釜"，记载于《管子·轻重戊》："伏羲作，造六釜以迎阴阳。"

以上是本书著者于 2010 年 8 月所做的一个科学推理。

按此推理，认为圣王坪顶上必定会有伏羲时代建造的用于授时推历的六座（或十一座）石台。于是 2010 年 9 月电询山西省阳城县横河镇银河村原住民赵锁应，证实圣王坪中心和东沿内侧自古来确有六座石台。

2010 年 11 月 15 日，著者遂登临圣王坪实地考察，当即发现圣王坪东沿和天地元共六座"六釜"遗迹。

于是，当即建议当地政府一则妥加保护，二则按伏羲时原址原样复原。并告知这是全世界最早的天文授时古建筑，其民族、历史、文化、科学意义非同一般。继而于 2011 年 3 月 30 日海峡两岸河南济源学术会议和 2011 年 11 月 9 日山西阳城学术报告会上发布了此发现。之后，经台湾中国文化大学金荣华教授考证，认定此确系《管子·轻重戊》所记用于授时推历、告民农时的"伏羲作，造六釜以迎阴阳"之六釜。于是山西省阳城县主要领导和阳城县阳泰集团于 2011 年冬至至 2012 年夏至以及 2014 年冬至至 2015 年立秋两度实施勘验，并在六釜发现人的建议下于原址按远古时的六釜原样复原了伏羲时建造的六釜中的东沿五釜，同时保存了八千年前伏羲时代所建的六釜中的五釜遗迹（图 14.02）。

以授时推历为代表的原始科学的出现是人类脱离蒙昧进入文明时代的重要标志，中华民族从那时起便走进了文明开化新时代。图 14.03 和图 14.04 是摄于圣王坪之上的伏羲时代科学定居农业遗留至今仍年复一年自生

"文革"期间，昆仑六釜已被破坏，近年当地政府按伏羲六釜原址原貌复原，六釜遗迹按原样保存。

图 14.02　圣王坪东沿五座六釜遗迹及复原图

自长的次生糜子及岩龛式村落遗迹。

以下全文转录金荣华教授关于"六峜"的论述。

释"六峜"——记山西阳城县析城山（按，昆仑丘）远古文化遗址

一

《管子·轻重戊》：宓戏（羲）作，造六峜（音计）以迎阴阳。

这话说得白一点，就是"伏羲兴起，制造了六峜来应接大自然的变化"。但是，"六峜"是什么呢？

依照文义，可知"六峜"是一种应接气候变化的工具或方法（迎者，知其来临而应接之也）。然而，"六峜"是一个器物还是一种方法的名称呢？是六个称之为"峜"的东西，还是六种称之为"峜"的方法呢？此外，无论"六峜"是一个器物或一种方法，还是六个器物或六种方法，重点是那究竟是什么样的器物或方法？

历来对于"六峜"的解释，可以分为五类：

（一）认为"六峜"是一种计算天文气象的方法，但是确实的意义不详。如：

1."六峜"大概是像《周髀算经》一类的天文算法。（明代张自烈《正字通》引王若谷说）

2.峜即计数之计，"六峜"即"六计"，亦即六种计算之方法。（明代张自烈《正字通》引《委宛编》）

（二）认为"峜"字当作"佱"，"佱"是古文的"法"字（清代洪颐煊《管子义正》）。顺着这个说法，引出了以下的解读：

图 14.03　圣王坪远古次生糜子

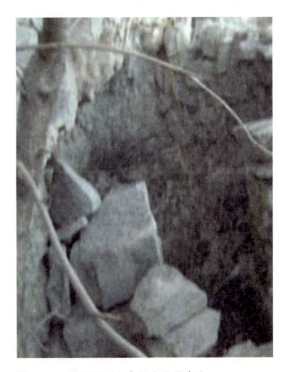

图 14.04　圣王坪万人龛远古民居遗迹

1. "法"通"政"，《大戴礼·盛德篇》有"六政"，疑即"六曹"（清代庄述祖《弟子职集解》）

2. 六法即《易通·卦验上》所说之乾、离、艮、兑、坎、坤。（闻一多说，见郭沫若《管子集校》）

（三）认为"六荃"即"六气"，指的是阴、阳、风、雨、晦、明。所谓"造"者，是作为推测之器以验之。（清代何如璋《管子析疑》）

（四）认为"六荃"是"大奎"之误。依据此说，不同的解说如下：

1. "大奎"是"八卦"两字之误。（清代张佩纶《管子学》）

2. "大奎"即"大陆"，即乾坤六法之谓。（郭沫若《管子集校》）

（五）认为"荃"是"旋"之谓，六旋者六圜也，疑六爻古或画为六圜。（唐兰说，见郭沫若《管子集校》）

以上诸说，都是猜测之词，而且也没有什么具体的说明。所以，也有人认为，六荃两字既然有误，那么就不必强解，还是阙疑为是（马非百《管子轻重篇新诠》）。

然而，现在可以知道，"六荃"是六个"荃"，"荃"是大石堆，"六荃"就是六个大石堆，遗址在山西省阳城县的析城山山顶，并且还能够用来"迎阴阳"。

二

析城山高 1 889.5 米，山顶呈不规则之方形，是一块广约 8.6 平方千米的亚高山草甸，相传商汤曾在此祷雨，因此被称为圣王坪。

圣王坪是一块洼地，四边高，中央低。它的东、南、西、北四方，都有一个大凹口可以进入，当地居民分别称之为东、南、西、北门。

事情要从析城山上的农民和村书记赵锁应说起。

赵锁应原姓杨，1958 年生于析城山东北角的河北镇，生父是一个工人。1960 年，他三岁，那时中国正处于三年困难时期，家中粮食不够吃，没法养活孩子。于是他生父便把他送给析城山南面半山腰横河镇银河村的赵姓农民作养子，改姓赵，因为山里农民还有野菜和树皮粉可以勉强吃饱活下去。

赵锁应六岁时（1963），他的养父开始每年带他去生父家探视两次，从析城山南面半山腰的银河村去东北角的河北镇，最短的路线是从山顶的南门进入圣王坪，再从圣王坪的东门走下去。他十岁那年（1967）的夏天，养父照常带他去探视生父，为图凉快，一早天未大亮时就出发。登上圣王坪，天色渐渐明亮，他偶然抬头，望见东边远处的山丘上有五个人，一列排开站在那里，每人之间的间隔很宽，便问养父：他们是什么人？他养父说，那些是石堆，不是人。

回家后，赵锁应把这事告诉了爹爹（养父的父亲），他爹爹告诉他，那五个石堆是看节气的。从南向北算，第一堆是看冬至的，第二堆是看立冬和立春的，第三堆是看秋分和春分的，第四堆是看立秋和立夏的，第五堆是看夏至的，因为春天太阳朝北转，夏至以后太阳朝南转。到了哪一个节气，太阳就和哪个石堆成直线。至于究竟怎么看，他不清楚，只是小时候听山里人这么说的。赵锁应听了，似懂非懂，也就是这么听了。

赵锁应十三四岁时（1970—1971），他养父就让他独自去探望生父。那时圣王坪已成了养马场。赵锁应独自进入了圣王坪后，习惯地望了望东边的山头，但看不见那五个像人站在那里的石堆。那时在圣王坪负责养马的人，是赵锁应村子里的一位老爹爹，他认得，便问他：那些石堆怎么不见了？那位老爹爹告诉他，那些大石堆都被人搬走了，因为那是迷信的东西，都是不好的东西。

三

华润葵先生认为伏羲的居住地不在一般人认为的河南淮阳，因为淮阳的文化层距今约四千五百年，较伏羲的裴李岗文化晚了三千五百年左右，而八千年前的黄淮流域，刚进入全球的暖湿期，黄河、淮河夹带着大量泥沙在下游平原频繁泛滥淤积，当时的人们尚无能力在类似淮阳这种地势平坦而屡发洪水的环境中生存。他认为，黄河中下游的黄土台地、岩溶洞龛才是当时防风雨、防兽害的人类良好居住区域。如果参酌可供原始先民采摘、狩猎、驯养牧畜和种植的环境，以及气温雨量等因素，

那么现在山西省阳城县的析城山顶圣王坪乃是最适宜居住之处，也最可能就是当年伏羲和他部落的居住之地。基于这样的认知，华氏近几年来，每年不止一次地上圣王坪勘察。

2010年11月，华润葵又上析城山，找了赵锁应当向导，一起在圣王坪东沿的山丘上探寻是否有原始的观象测天遗迹。华润葵和赵锁应在山上分头探寻，赵于圣王坪顶沿，华于圣王坪顶沿内侧寻找遗迹。最终，华于东沿内侧找到了五处石堆遗迹而赵未发现任何遗迹。

事后，华告诉赵东沿内侧有五处石头堆，赵锁应便想起了他小时候望见的石堆和爹爹的话，还有"文革"时期牧马老爹爹告诉他的事，核了核方向，心想：华所说的这五个石堆遗迹莫非就是他小时候望见的那五个大石堆的地方？于是他赶快告诉了华润葵。华润葵告诉他，那就是《管子》中记载伏羲所造的六垒，用来观象测天的，由南向北分别对应冬至、立春（立冬）、春分（秋分）、立夏（立秋）、夏至。结果同他父亲当年所说的一致。

四

2011年11月9日，华润葵应山西省阳城县政府之邀做学术报告，他提出了他的发现和判断，相关单位剑及履及，立刻由县上领导组成勘验小组，请赵锁应做向导，十二月先验证冬至。那年的冬至是农历十一月二十八日，阳历是十二月二十二日。

验证的方法是由赵锁应带三个人，持一长约四米的竹竿，竿顶系一红旗，大小约三分之二的单人床床单，在日出之前先登上大石堆遗址竖立，另一组人员在圣王坪的中心点，对着远处的红旗的方向等日出。由于两处的空中直线距离大约有一千米，那面红旗看过去只有手掌那么大，日出之前，必须以望远镜找到它的位置。

准备工作很辛苦，也很危险，因为工作人员必须在前一天的深夜登山。第一次测冬至时，正是大雪过后，积雪深及小腿，工作人员不仅穿上大衣，还带了白酒驱寒（八千年前是全球的暖湿期，黄河中下游两岸的年平均温度比现在高二至三度，冬季则高五度，被称为"最佳气候期"）。到更高之处去竖旗的则更有危险性，除摸黑上山而又无路径以外，山中常有野猪，还曾经有豹出现，得有三五人同行才比较安全。

好在辛苦和冒险有收获，第二天是晴天，太阳一出，果然太阳、红旗和圣王坪的中心点成一直线。华润葵的六釜之说得到初步的认定。

接着，在第二年（2012）的二月四日（农历一月三日）、三月二十日（农历二月二十八日）、五月五日（农历四月十五日）、六月二十一日（农历五月三日），勘验小组依次测试了相传是验知立春、春分、立夏和夏至的四个石堆，结果都正确，六釜遗址之说确立。

五

"釜"字不见于甲骨文，也不见于金文，因为甲骨文是帝王的卜辞，金文则多是贵族的颂词，都不谈天文天象的验测。

"釜"字初见于《管子》，也见于汉碑（明《正字通》引《委员编》：辛子文号计研·汉碑作釜研）。此字从山从企会意（企字从人从止／趾，举踵也），是一人于山前提起脚后跟向上眺望之形。可见造字者明白什么是"釜"，也知道"釜"之用途，只是后来的人不明白了，才产生种种猜测。

六

"六釜"的意义既明，遗址也已发现，试论其意义及影响于此：

能确实掌握节气的交替，就能确实栽种适合气候之农作物，这是发展农业的基本条件。伏羲之后，继以神农，其间接继，于此可知。

此外，前引《管子·轻重戊》所说"虑戏作，造六釜以迎阴阳"这段文字之末，有一段话是承应六釜的，那是"周人之王，循六釜，合阴阳，而天下化之"，说明周朝兴起的基础在农业发达，周朝的农业发达固然有改良农具、建立农政等因素，但基本上是循六釜之法，掌握季节交替，不失农时，因而财力日富，得以在征服四周的部落后向中原发展，最后灭商而有天下，我国农业文明之始于伏羲，《管子》一书实以论之。

六釜之用，不是推测节气是否将更替，而

是验证新的节气是否准时到临。但是，何以得知节气将变而守候验证呢？前提是必先有日规的发明。经由日规的记录，累积比较，才能得知日夜消长与气候温凉之关系（如北半球一年中白昼最长是夏至，最短是冬至）。《晋书·天文志》说伏羲发明周天历度（日规），如今圣王坪上虽无迹可寻，但其言不虚，六茭遗址已可为之作证。

其实，《管子》一书在"虙戏作，造六茭以迎阴阳"之后，还有一句是"作九九之数以合天道，而天下化之"，这句话说的就是伏羲制作了日规。所谓九九，不是算法中九九八十一的实数九九，而是极言数字之多（古人也以九表示多数）。初民计数，犹如幼童习算，自个位数而至百至千，有其过程，计数能力和计数单位之增多，也是科学发展的根本。"伏羲创造了高位数的名词来核算太阳（在日规圆盘上）行进的过程"。所以，《管子》里的这两句话，若是次序换一换，说成"虙戏作，造九九之数以合天道，作六茭以迎阴阳"，则在事实的先后上就顺了。

《管子》的成书年代，说者不一，大致是自战国以至汉初，非成于一时一人之手，内容也很驳杂，不限于一家之言，所说伏羲六茭之事，与该书成于何时无关，因为伏羲之时尚无文字，后来如果没有人记述，那他便一直在民间口耳相传，战国之人所记与汉初之人所记，都是远古以来的传说，甚至1967年赵锁应的爹爹所说，也是这个远古传说的一部分，什么时候被记述

并不影响这个传说的本身，同样的，《晋书·天文志》所说伏羲作周天历度，也是记述一则传说，或是依据一则传说来论述。今因六茭遗址的被发现和被验证，得以证实传说之不虚，则民间传说，固有不宜轻疑者也。

附录《管子·轻重戊·虙戏造六茭》

桓公问于管子曰："轻重安施？"管子对曰："自理国宓戏以来，未有不以轻重而能成其王者也。"

公曰："何谓？"

管子对曰："宓戏作，造六茭以迎阴阳，作九九之数以合天道，而天下化之。神农作，树五谷淇山之阳，九州之民乃知谷食，而天下化之。黄帝作，童山竭泽。有虞之王，烧曾薮，斩群害，以为民利；封土为社，置木为闾，民始知礼也。当是其时，民无愠恶不服，而天下化之。夏人之王，外凿二十虻，韘十七湛，疏三江，凿五湖，道四泾之水，以商九州之高，以治九数，民乃知城郭门闾室屋之筑，而天下化之。殷人之王，立帛（皂）牢，服牛马，以为民利，而天下化之。周人之王，循六茭，合阴阳，而天下化之。"

——上文引自台湾中国文化大学中国文学系《中国文化大学中文学报》第二十七期2013年10月

但是，若说要测定一天之中的时辰，则"晨考日出"不如"昼参日景"那么方便。所以，古时除"斗纲授时""六茭授时"外还要"日

晷授时"。日晷授时，又称昼参日景。

三、日晷授时

日晷或圭表，可辨方正位，也可测时定候。《宋史·律历志九》："观天地阴阳之体，以正位辨方、定时考闰，莫近乎圭表。"

其法不复杂：首先以日晷测定冬夏二至，冬至日影最长，为一岁之始；夏至日影最短为一岁之半，由此测得一岁约为 365.25 日。再取昼夜平分准东西、定二分；日出日入立四隅，规以圆周，矩以四方，等分周天历度。如此，晷仪即可用以测时间、训时令。据史书记载，这种授时方法，在伏羲时代已经启用。如《晋书·天官书》载："庖牺氏立周天历度。其所传，则周公受于殷商，周人志之，故曰周髀。"又如《书经图说·夏至致日图》绘有"上古传说时代"羲叔在夏至日用土圭测日影，以辨方正位、定时令（图 14.05）。再如汉画《伏羲女娲人祖图》中（图 14.06）图示伏羲时已有规与矩，这是日晷授时所必须具备的知识和工具。图 14.07 是汉代仿制前人研制的古晷仪刻图。

上述大量的古籍文献记载都证明了日晷授时确在伏羲时代已经使用，且据传伏羲时已经测得一年约为 365.25 日。

因日晷授时或多或少要动用一些仪器设备，所以只能局限于专司授时人员使用，不可能成为大众化的授时活动，所以当时大量使用的还是斗纲授时。

图 14.05　夏至至日图

图 14.06　伏羲时代已有规与矩

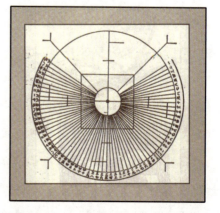

图 14.07　洛阳金村出土的汉代"晷仪"仿刻图

四、星宿授时

星宿授时，是一种适合中低纬度带人们朝南利用黄道带四象二十八宿星象测时观候的方法。所谓四象二十八宿，是中国古时把位于黄道附近的星辰人为地划分成二十八个星区。这些星区是作为观察日月五星运行的参照系，它们好像日月五星的驿店，所以又称为"宿"或"舍"。二十八宿又分为四组，每组七宿。四组分别代表东、南、西、北四个方位；又按中国古时的习惯，给东、南、西、北四个方位分别配以青、赤、白、黑（玄）四种颜色，并分别比拟其为龙、鸟、虎、龟四种动物；又据古时"面南为尊"的习俗而称东为左，南为前，西为右，北为后。于是将这四象呼为"左（东）青龙，右（西）白虎（有称麒麟），前（南）朱雀（凤凰），后（北）玄武（龟）"。

经多年研究考证，现已明确四象的真实出处：天上的所谓四象只是为了便于识别、传播、记忆四季星座而采用的形象记忆法，实际只是借用地上的龙、虎、凤、龟四灵神兽之名而已，并非黄道带四个星区的星座形状真的像四灵神兽（参见图6.08）。图中明确标示位于王屋山区的昆仑青龙卧于东，不周山白虎伏于西，凤凰台朱雀翔于南，鳌背山玄武趴于北，中央则为华虚部落风姓氏族成己村落所在地，即伏羲诞生地。实际上，黄道带上四象二十八星宿中或黄道十二宫（图14.08）中并无一象、一宿、一宫具有吉祥四灵神兽之形状。且因岁差运动，先秦时春分点位于白羊座，现已移至双鱼座，而黄帝时代春分点在金牛座，伏羲时代的春分点位于巨蟹座。春分点以25 800年为周期始终在十二宫中循环向西穿行，不可能有所谓"天四象"之说。现在传说中的黄道四象图（图14.09）其实是先秦甚至是汉后有人臆画的，存在季相颠倒等错误，估计不是古天象学家所画，故不足采信。

这一发现再次证明了以下观点的正确

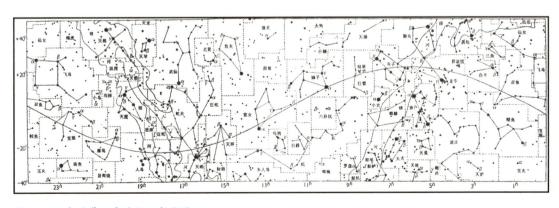

图14.08　赤道带及黄道十二宫星图

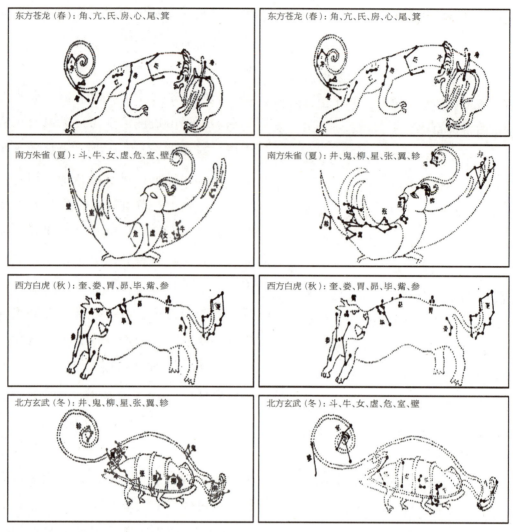

东方苍龙（春）：角、亢、氏、房、心、尾、箕

东方苍龙（春）：角、亢、氏、房、心、尾、箕

南方朱雀（夏）：斗、牛、女、虚、危、室、壁

南方朱雀（夏）：井、鬼、柳、星、张、翼、轸

西方白虎（秋）：奎、娄、胃、昴、毕、觜、参

西方白虎（秋）：奎、娄、胃、昴、毕、觜、参

北方玄武（冬）：井、鬼、柳、星、张、翼、轸

北方玄武（冬）：斗、牛、女、虚、危、室、壁

正确的四象对应图　　　　　　　　　错误的四象对应图

图14.09　天四象与二十八宿对应图

性：第一，远古时的许多传说故事，粗听起来似乎都是虚无的，但若认真考察研究，却都有其故事编创目的及其编创故事的原型物体，这为今后的史前考古研究增添了一条新的取证思路；第二，再一次证实了"人的认识是物质世界的映象、反映""存在决定意识"等哲学观的正确性，再一次证实了"人类童年时代的知识主要来源于直觉和想象"。

星宿授时较斗纲授时复杂。在二十八宿的每一星宿中，选取其中一颗星作为这一星宿的量度标志，称为该星宿的距星。古代授时都是以二十八宿的距星为标准。但二十八宿距星的选取，汉以前和汉以后不甚相同。表14-1为汉前和汉后二十八宿距星对应表。

表 14-1　汉前和汉后距星对应表

宿名	汉后用距星	汉前用距星	宿名	汉后用距星	汉前用距星
角	室女座 α	室女座 α	奎	仙女座 η	仙女座 β
亢	室女座 κ	室女座 κ	娄	白羊座 α	白羊座 β
氐	天秤座 α	天秤座 α	胃	白羊座 35	英仙座 β
房	天蝎座 π	天蝎座 π	昴	金牛座 17	金牛座 17
心	天蝎座 σ	天蝎座 α	毕	金牛座 ε	金牛座 α
尾	天蝎座 μ1	天蝎座 λ	觜	猎户座 λ	猎户座 λ
箕	人马座 γ	人马座 γ	参	猎户座 δ	猎户座 δ
斗	人马座 φ	人马座 σ	井	双子座 μ	双子座 γ
牛	摩羯座 β	摩羯座 α	鬼	巨蟹座 θ	巨蟹座 θ
女	宝瓶座 ε	宝瓶座 ε	柳	长蛇座 δ	长蛇座 δ
虚	宝瓶座 β	宝瓶座 α	星	长蛇座 α	长蛇座 ι
危	飞马座 α	飞马座 θ	张	长蛇座 ν1	长蛇座 μ
室	飞马座 α	飞马座 η	翼	巨爵座 α	巨爵座 γ
壁	飞马座 γ	仙女座 α	轸	乌鸦座 γ	乌鸦座 γ

那么，如何用二十八宿授时推历呢？下面不妨直接摘录一些古籍中有关星宿授时推历的基本方法。

（东汉）郑玄曰："二十八宿常半隐半现，日东行历二十八宿故隐见各有时，必于南方考之。惟仲春之月，四方之星，各居其位，故星火在东，星鸟在南，星昴在西，星虚在北。到仲夏则鸟转而西，火转而南，虚转而东，昴转而北。至仲秋时火转而西，虚转而南，昴转而东，鸟转而北。至仲冬则虚转而西，昴转而南，鸟转而东，火转而北。来岁仲春，则鸟又转而南矣，循环无穷。"

以上是说因太阳东移视运动，每一季更换一象限，四季更替四象为一年之终始。《礼记·月令》更详细地记载了每月晨昏时太阳视运动年周期星宿更替变动：

"孟春之月，日在营室，昏参中，旦尾中。""仲春之月，日在奎，昏弧中，旦建星中。""季春之月，日在胃，昏七星中，旦牵牛中。""孟夏之月，日在毕，昏翼中，旦婺女中。""仲夏之月，日在东井，昏亢中，旦危中。""季夏之月，日在柳，昏火中，旦奎中。""孟秋之月，日在翼，昏建星中，旦毕中。""仲秋之月，日在角，昏牵牛中，旦觜觿中。""季秋之月，日在房，昏虚中，旦柳中。""孟冬之月，日在尾，昏危中，旦七星中。""仲冬之月，日在斗，昏东壁中，旦轸中。""季冬之月，日在婺女，昏娄中，旦氐中。"

以上，孟春，正月；仲春，二月；季春，三月；孟夏，四月；仲夏，五月；季夏，六月；孟秋，七月；仲秋，八月；季秋，九月；孟冬，十月；仲冬，十一月；季冬，十二月。昏，黄昏时；旦，天晓时；中，上中天，指各星宿之距星依次处南天最高位。

上说中，所谓授时推历，是以各距星在一年中、一日中依次运行到上中天为准。如此，原始先民识别年、月、日、时犹如今人使用钟表、历书般易。

俗话说，知者不难，对先民来说，犹如今人识钟表、年历一般，斗柄授时和星宿授时乃人人皆会之易事。诚如（清）顾炎武在《日知录》中所描述："三代以上，人人皆知天文。七月流火，农夫之辞也；三星在户，妇人之语也；月离于毕，戍卒之作也；龙尾伏辰，儿童之谣也。"足见星宿授时已成为人们日常生活中的寻常事。

但是，由于存在岁差运动，二十八宿中的距星也不是固定不变的，以冬至点所见中星为例，尧时为虚，殷周时移到女、牛。仲春之星，尧时"星鸟在南"，明万历时移到参、井。大约 71.7 年西移一度，所以表 14-1 中汉前、汉后的距星不一致。如今采用统一的公历和世界时，中国的地方时由中科院西安临潼授时台统一授时，古老的授时推历方法已成过去。

显然，星宿授时比之斗纲授时，比之六壬授时、日晷授时要复杂得多，且受天文岁差影响，二十八星宿中的距星每过数百年就发生变迁，所以星宿授时不可能原创于伏羲时代。但是，尧时的星宿授时无疑是在伏羲斗纲授时的基础上扩展的。

生活在八千年前王屋山区昆仑丘的伏羲在人类历史上第一次发明了科学授时方法，使人类从此进入了真正意义上的定居农业时代。故道家谓"天地在此开辟，时间从此开始"。

以斗纲授时、六壬授时、日晷授时为代表的原始科学的出现是人类社会进入文明时代的标志和门槛。伏羲发明的授时推历技法是对全人类的伟大贡献，其意义堪与中国四大发明相比拟。从此，伏羲所在的太皞部落，稼、渔、畜、禽生机勃发，部落男女欢欢喜喜，不再颠沛流离，不再身不由己。

原始科学的出现是人类历史上划时代的科学大革命，中华民族和世界人民当永远不忘伟大伏羲的丰功伟绩。

然而，在连文字、数符尚未形成系统的原始社会，伏羲又如何记录并向部落民众传授、传播这些科学知识呢？也许伏羲遇到了比定方正位、授时推历更大的困难！但先皇伏羲借用原始社会普遍信仰的自然崇拜观念和图腾观念，发明了以图符形式记录的、被后人称为八卦符的"定方正位、授时推历"符号系统，这些符号系统也就成为象形文字和数符系统的先导。（详见第二十三章"本义讹义太极八卦与河图洛书"）

产生科学定居农业的

　　民以食为天，此古今之道。当采摘、渔猎已无法满足人口增长需求之时，畜养业、锄农业之兴起便成为必然，人们也渐渐结束居无定所的游猎生活而过上定居生活。不过，从根本上说，此时的锄农业基本上处于原始自在状态。因不掌握时间、历法，所以人们既不知何时该播种，也不知何时该收获，一切全凭自然感觉。因此农业生产效率极低，常常因贻误农时而歉收、绝收。

　　物极则必反，因不知天时而饿死人的现实反过来便成为促使人们尽早掌握以"授时推历，告民农时"为核心的科学技术的强大动因。于是，一旦人们掌握了时间历法知识，农业生产必产生天翻地覆的变化。这种在科学指导下的定居农业已经完全不同于原先那种盲目无序的"自在农业"，故称其为科学

定居农业或"自为农业"。

　　科学定居农业产生以后，在短短几年之内，耕地面积急剧扩大，单位产量大幅提高。据近几十年来考察发现，约一万年前，昆仑丘及其周边地区，已有不少人类种植遗迹，但仅局限分散式小面积。八千年前，在昆仑丘圣王坪、鳌背山、峤山等地则已有几十亩甚至上百亩连片种植的黍。可见伏羲时代已经进入定居农业大发展期。

　　随着定居农业的飞速发展，部落人口亦随之激增。那时，伏羲所在部落的众多人口聚居于昆仑丘一带。昆仑丘及其周边的天然岩龛、窑洞多达成百上千，几乎都成了部落民众的安居之所。昆仑丘圣王坪便理所当然地成了部落民众聚合、祭祀、朝圣之中心。以下就昆仑丘圣王坪一带与定居农业有关的古遗迹做一简单介绍。

一、农耕大发展

约一万年前，第四纪冰期结束，地球逐渐转入暖湿期，生活在中纬度带的人们已经开始在河谷地带种植农作物，并形成以氏族为单元，以岩洞、岩龛或半地下穴居式的分部屯居点。据近数十年考古发现，中原地区的下川、李疙瘩、贾湖等地，皆出土过一万年前至八千年前的农耕遗迹和这一时期的半地下式古村落，但数量稀少，规模窄小。表明其时的人类虽已会种农作物，但尚未进入连片状定居农业时代。

约八千年前，气候渐入暖湿盛前期，海拔1 600米上下的王屋山区昆仑丘迎来前所未有的黄金时光。那时的温湿度参数大约等同于今日之广东韶关一带，年平均气温18 ℃ ~ 20 ℃，年降水量1 500毫米左右，极其适宜发展旱作农业生产。就在这黄金时光，伏羲又进一步把授时推历技术传授（古谓"告民农时"）给部落民众，于是昆仑丘一带的稼、渔、畜、禽先于天下，生机勃发。据阳城县志和河南、山西当地原住民称，并据实地考察证实，远古时期昆仑丘圣王坪南门一带，峤山南部"枪杆洼"一带，轩辕台"回犁地"一带，鳌背山北坡一带及其两侧沟内，合计共种植有约三千亩黍。加上牧畜、采摘、渔猎等辅业，足可满足数千上万人口于此繁衍生息。（参见第七章"神异昆仑之四　优居环境"）。

那么，这些远古时期的黍到底首耕于何时？如今有四种说法：一为阳城县志所记首耕于"舜耕历山"时；二为阳城、济源民间传说首耕于五千年前神农氏时；三为据"晨考日出"之"六峜"，"昼参日景"之"日晷"以及伏羲时"烧牲体、烧新禾以祭天"等史载认为，既然伏羲时已于昆仑丘造六峜、测日景，又在昆仑丘以新禾祭天，那么这黍当系首种于八千年前伏羲时代；四为据甲骨文"黍"（𥝧）、"扶桑"造字于伏羲时代昆仑丘，亦可证这黍当首种于八千年前昆仑丘（图15.01）。遗憾的是，这世界上最早的在科学指导下种植的黍，因世道变化，竟然与人的命运一样几经磨难，时耕时停：首耕于伏羲时代，到帝启停耕；二十世纪五十年代后期"以粮为纲"时又复耕，九十年代"退耕还林、还草"后又停耕。据上分析，应该说第三种、第四种说法是有根据的。现圣王坪之上的伏羲造六峜及其大片次生黍便是伏羲时代原始科学指导下定居农业大发展的标志。

二、原始大聚落的出现

有原始农耕，则必有原始聚落。那么昆仑丘的原始聚落、原始民居是什么样的，它与氏族时代的民居、村落有何不同？

《易传·系辞下》记："上古穴居而野处。后世圣人易之以宫室，上栋下宇，以待风雨。"《墨子·辞过》记："古之民未知为宫室时，就陵阜而居。"

是的，下川、贾湖等原始时期遗址多系半地下穴居式民居，而昆仑丘一带的原始民居则多为依托天然溶洞、岩龛或依托天然黄土崖洞。这表明远古人类早就明白应该因地制宜地选取不同类型的栖居方式。当然，就采光、通风、方便性、舒适性而言，洞龛式明显优于半地下洞穴式居舍。昆仑丘一带的居舍便属后一类型。其实，从"舍"字与其初文"余"字的甲骨文（𠺇，𠆢）亦可看出，远古民舍既有半地下而顶面穹窿上覆层草形，又有依托山崖而顶面单斜上覆层草形。象形字"舍"和"余"同源。"余"是简易的茅屋形，"舍"是建筑在台基上的房舍形。此两字皆与"楼""金""京""亭""享""高""亳"等字同创于昆仑石楼山。（请参见第七章"神异昆仑之四　优居环境"、第十七章"首批象形文字的创生"）

前文说过，昆仑丘圣王坪、峤山、轩辕台之东南与鳌背山之南坡海拔约 1 400 米至 1 650 米有成百上千个溶洞、岩龛和总长达几十千米的悬崖，昆仑丘以南直至黄河南北则为连绵不绝的黄土台地。在这些溶洞、岩龛、崖壁、黄土崖根等部位皆可方便搭建供人栖居的偏坡。据初步考察研究，在这方圆几千平方千米范围内，从有巢氏、燧人氏、伏羲起直至炎黄、尧舜禹时代，中华先民在此繁衍生息长达近四千年。其中仅昆仑丘一带即可栖居数千人，连同周边则可宽松栖居数万人以上。

一般情况下，昆仑丘原始民居的分布皆遵奉一定的规则，即背风向阳的昆仑丘东南向为生者所居，迎风背阴的昆仑丘西北岩洞为逝者所归。久而久之，便留下"中邦之居

昆仑丘远古农业始耕于伏羲，停耕于颛顼，复耕于重华（帝舜），停耕于帝启，又复耕于"文革"，终耕于二十世纪八十年代。照片中为次生穈子。

图 15.01　昆仑丘远古农耕遗迹

在昆仑东南"（周朝时引申为周王城在昆仑东南）、鬼方在昆仑西北的传说。至今在昆仑丘圣王坪东南方向仍可见到远古时代留下的由许多古民居组成的村落和由众多村落组成的大聚落（参见第七章图7.01）。这些古民居甚至还出现排房和套间式结构。而在圣王坪西北角则可看到原始时代先民逝世后所归藏的"万人坑"。先民们无比崇仰先王伏羲，辞世后都希望能与先王归藏于同一地，所以"万人坑"距伏羲墓非常近（约三百米）。到殷商时代，人们在"鬼方之居在昆仑西北"说的基础之上又进而蔑称位居昆仑丘西北方向的部落为"鬼方"。

以上种种传说和遗址遗迹证明：其一，伏羲时代的昆仑丘已经成为那时部落联盟经济较发达、人口较集中、生活较美好的中心；其二，伏羲时代的昆仑丘已由原先的氏族式小村落扩大为人口众多的大聚落。

星星点点分散的小规模的农耕地和分散的小规模的村落，是氏族时代经济、社会的主要外观特征。而大农田、大聚落集中于昆仑丘则表明伏羲时代的昆仑丘已经进入定居农业时代。而定居农业的产生是人类进入文明时代的重要标志。

太皥部落联盟的建立

拾陆

当前，史界给氏族、部落、部落联盟所下的定义为：氏族，也叫氏族公社，以血缘关系结成的原始社会基本的社会经济单位，产生于旧石器时代晚期。生产资料公有，集体生产，平均分配，无剥削，无阶级。

部落，由若干血缘相近的胞族或氏族构成，通常有自己的地域、名称、方言和宗教习俗，以及管理公共事务的机构。

部落联盟，由若干近亲或近邻部落结成。联盟加强了各部落间的联系，为国家和部族或民族的形成准备了条件。

据对古埃及的考证，公元前四十世纪由众多农村公社结成约四十个诺姆（州），已有象形文字并使用金属工具，已进入私有制和产生阶级，前三十世纪，上埃及征服下埃及，筑孟斐斯城建立统一的奴隶制国家。又据古希腊荷马时代（前十二世纪—前九世纪）和

古罗马王政时代（前八世纪中—前六世纪末）的社会状况，则认为部落联盟主要在于共同从事军事行动。（以上摘编自《辞海·氏族·部落·部落联盟·埃及·希腊·罗马》）。

另据我国文史界的通常说法，从氏族、部落进入部落联盟，是一场由血缘制进入非血缘制的社会化管理体制大变革。这场社会体制大变革在我国则发生在公元前二十七世纪的黄帝时代。其起因，据传是为争抢领地而发生的部落兼并战争。战胜者建立了以河南新郑有熊轩辕丘为中心、以黄帝为首领的华夏部落联盟。

但政治经济学认为，经济基础决定上层建筑，上层建筑反映经济基础。随着经济的发展和变革，上层建筑也必然或迟或早地随之变革。这种经济社会发展规律是不以人们的主观意志为转移的客观规律，既适用于现

代社会也适用于古代乃至原始社会。据此，二十一世纪初，有学者提出与以上不同的说法，认为这场社会体制大变革并非发生在前二十七世纪私有制出现后的黄帝时代，也非发生在河南新郑，更非指黄帝武力战胜炎帝、蚩尤后建立的华夏部落联盟，而是发生在前六十世纪原始公社的伏羲时代；其起因并非为争抢领地而爆发的部落战争，而是因住居宛丘的华虚部落在其首领伏羲的带领下，依靠科学进步促进了生产力的大发展，进而促进了生产关系及其上层建筑的大变革。先进的生产力、发达的经济、美好的生活、和合包容的思想理念，对宛丘周边相对落后的其他部落产生了强大吸引力。于是"近者阅，远者来"，便结成了以宛丘为中心，以华虚部落为基础，以伏羲为首领，倡导天下大同、协和天下、共同发展的太皞（大名中华）部落联盟。相比而言，五千年前（据辛亥革命时期学者考证为公元前2698年）由黄帝依仗武力建立的华夏部落联盟则是历史由原始公社制进入私有制以后文明进程的后续发展过程。

先有原始公社后进入私有制，先有中华（天地正中大花园）后引申出华夏（大花园南鄙），这本是不以人们意志为改变的社会发展必然过程，其先后次序既不可能并行，更不可能颠倒。且有伏羲时的天地中宛丘与黄帝时的轩辕台之地理方位相互印证（参见第十一章"神圣昆仑之三　黄帝故里　黄帝墓地"）（参见图11.07）。

在人类社会发展进程中，部落联盟处于原始社会血缘氏族制与国家形成之间的转型期。在没有外力影响下，这一转型期通常长达两三千年左右，有的甚至更长。因此说，

在人类文化史上，部落联盟是一个相当漫长而重要的历史阶段。在部落联盟时期形成的许多文化如中华太皞部落联盟时期形成的"昆仑文化"，往往影响这个民族后期的历史文化走向。所以民族学家、历史学家对古老民族在部落联盟时期的历史背景、联盟性质、产生的文化及其对后世影响的研究都十分重视。

本章就太皞部落联盟建立的自然、社会背景，联盟性质和联盟的历史与世界性意义等根本性问题做一简要探讨。关于太皞部落联盟时期产生的文化——昆仑文化，请参阅第二十三至二十五章"本义讹义太极八卦与河图洛书""中国大道文化本原本体本相""中国风水文化本原本义"，也请参阅本书第十四章"太皞伏羲时代原始科学的出现"、十七章"首批象形文字的创生"、十八章"族外对偶家庭与礼乐的出现"、十九章"社会化管理理念的形成"。

一、太皞部落联盟建立的自然与社会背景

张岂之《中国思想史》谓："从距今一万年前到公元前二十一世纪夏代国家建立，是我国原始社会的氏族社会。……氏族社会又经历了母系氏族公社、父系氏族公社，便走向崩溃。在私有财产和阶级产生并发展到一定阶段时产生了国家，进入了阶级社会。"

对应自然地理，这一历史时期正处于地球第四纪冰期结束，地球进入暖湿期至新冰期到来，地球复转冷干期这一人类文化萌生期。对应我国中原地区人类文化则好比公元前八十世纪下川人、李疙瘩人至公元前六十

世纪宛丘——昆仑北的有巢氏、燧人氏、伏羲至公元前二十七世纪的有熊姬沟——昆仑南的炎、黄二帝直至公元前二十一世纪昆仑丘的夏禹止。其中公元前六十世纪的有巢氏、燧人氏、伏羲氏正处于地球暖湿盛期初始。对应考古文化层则正处于裴李岗文化中晚期至仰韶文化时期直至龙山文化初期。

前六十世纪初，正逢"灭世大洪水""汤汤洪水分割，荡荡怀山襄陵"。为躲避洪水，氏族首领带领氏族民众从王屋山区下川、李疙瘩（今山西阳城、沁水）等沟谷平川地带攀登上附近的宛丘、石楼山南、鳌背山、峤山等高阜地带开基立业，并据宛丘地形地貌和满山鲜花，几个氏族便合称谓"华虚"（部落）。随之，有巢氏发明了巢居，燧人氏发明了燧石取火，又学会了种植糜子等黍类作物。因此，早在有巢、燧人时代，华虚部落的生产力发展水平已超越周边其他部落。但其时毕竟尚无方向方位、时间历法等方面的知识，常因贻误农时而歉收绝收。故"定方正位，授时推历，告民农时"便成为那时部落首领的第一要务。但很遗憾，有巢、燧人时代还未掌握此类科学技术。

燧人氏殁，伏羲王天下，旋即发明了"观象测天，定方正位，授时推历，告民农时"这一人类史上最早的科学技术（参见本书第二十三章"本义讹义太极八卦与河图洛书"）。从此，在这一原始科学指导下，华虚部落的生产力得到更快发展。

宛丘、石楼山周边部落对伏羲带领下的华虚部落十分仰慕，于是伏羲以"近者阅，远者来""大同天下，共同发展"的和合、包容理念把宛丘、石楼山周边的若干近邻部落联合成为一个统一的大部落，史称"部落联盟"。据伏羲以龙图推演的太极八卦便称呼该部落联盟谓"太皞"，兼呼"中华"（参见第十七章"首批象形文字的创生"）；又把伏羲母亲从鳌背山南坡"成己"搬迁到昆仑北的南门（参见第九章"神异昆仑之五中华创世神话原创地"），并选择华虚——太皞部落所崇拜的神龙作为太皞部落联盟的图腾标识。

以上就是太皞部落联盟建立之初的自然、社会背景。

从中可见，原始社会的发展包括大到人类首次科学大发现、思想意识形成、首批文字创生，小到氏族、部落屯居地的选址、取名和神话故事的编创等，几乎无不取象取法于天地自然，无不是在大自然的启迪下产生的。诚如《庄子·在宥》："天道之与人道。"或如《老子》："人法地，地法天，天法道，道法自然。"或如唯物史观"存在决定意识"。

由此，今天的人们研究远古史、远古文化当从探索远古时期的天地自然对人类文化的影响入手，否则难免造成历史误解。

二、太皞部落的性质

本章开篇引典定义氏族、部落与部落联盟的性质：氏族部落是血缘关系、生产资料公有、实行族长制管理的社会经济单元；部落联盟是由若干近亲或近邻部落结成的具有非血缘性质的、实行"社会化管理"的社会经济单元。

上述定义中的"社会"，指以共同的物质生产活动为基础而相互联系的人们的总体，是人们交互作用的产物，物质资料的生产是社会存在的基本条件。上述定义中的"社会化管理时代",指脱离了血缘氏族时代进入到不以血缘为基础的由两个以上近邻部落以原始民主自愿结成的"管理社会生活的形式"。这一时代可称"社会化管理时代"或"社会化时代"。(以上摘编自《辞海》中的"社会""原始民主""氏族")社会化管理是部落联盟时代最为主要的内涵与表象,故说社会化管理时代就是部落联盟时代。因此,只要证明某地已经脱离了血缘氏族而进入到社会化管理,便可认定其已进入部落联盟。

那么按此定义,太暤部落是处于氏族部落时代抑或已经进入部落联盟时代。以下兹从四个方面分析。

(一)太暤部落已进入非血缘的社会化时代

《古三坟》等古籍记载有巢氏之前还有通姓氏、居方氏、五姓纪、连捕纪、叙命纪、合雄纪等若干氏族。据推,这些远古氏族约处公元前六千多年裴李岗文化时期,多数分散屯居在中原王屋山、中条山东段、浯山北部等沟谷及其附近黄土台地带。距今八千年前,为躲避"灭世大洪水",许多氏族都从沟谷平川举族就近迁居到王屋山区的宛丘、石楼山、鳌背山、峤山等丘阜地带,先后在有巢氏、燧人氏带领下,构木为巢,钻燧取火,开基立业。同时把这些聚居在宛丘、石楼山、鳌背山、浯山、峤山一带的若干氏族取了一个统一的名称谓"华虚"(部落)。

这就是中国历史上第一个部落(华虚部落)产生的大致过程。

燧人氏殁,伏羲氏王天下。初始仍沿袭华虚(部落)名号,仍沿袭氏族式管理模式。

旋即,伏羲在"燧皇之图"(即龙图)基础上成功推演天地双龙太极图和八卦符。

不过,所谓"太极八卦图"只是后世道家人氏之形象化追称。真实的太极八卦是伏羲发明的"观象测天,定方正位,授时推历,告民农时"的原始科学与其图示形象与图解符号。(请参阅第二十三章"本义诠义太极八卦与河图洛书")

自从掌握了授时推历技法,华虚部落的生产力发展水平、思想开化程度远胜于周边其他部落。于是,在伏羲"近者阅,远者来""大同天下,共同发展"理念倡导之下,宛丘周边诸多不同血缘的氏族部落都自愿结成以华虚部落为核心、以伏羲为首领的一个更大的部落,史称"部落联盟",并取名曰"太暤",又名"中华",宛丘—峤山则合称"昆仑"。

但是,"宛丘""华虚"很直觉,"昆仑"则有些抽象,故那时的人们在很长时期内仍习惯称呼"宛丘""华虚"。这便是后世《诗经》《列子·黄帝》《帝王世纪》《拾遗记》《补史记·三皇本纪》等古籍中多记"宛丘""华胥""华胥氏之国""华胥之州",而少记"太暤""中华""昆仑"的原因,也是《山海经》中昆仑(hún lún)被讹为神话世界以及被讹读为"kūn lún"的历史原因之一。

讨论至此已可看出,假若有巢氏、燧人氏未曾率众登临宛丘,尤其如若伏羲未在宛丘推演天地双龙太极八卦,那么中国历史上就不会记载华虚部落,也不会记载太暤部落,更不会有国名"中华"。故此说华虚部落、太暤部落联盟是开创中华民族的先导。同样,先有"成己""雷池",后有"华虚",再后有"中华""太暤",这是中华民族在原始时代从氏族到部落再到部落联盟走过的三大步。其中从成己的风姓氏族、雷池的雷姓氏族到华虚部落，只是由"小血缘"到"大血缘"的量变过程；而从华虚部落到太皞部落联盟则是由血缘氏族制管理到非血缘社会化管理的质变过程。

以上是太皞部落已经进入部落联盟时代的证据之一。

（二）"帝王祭天地"是部落联盟的重要标志

《国语》记："帝王祭天地，诸侯祭社稷，不僭越。"此记是谓唯帝王方可祭祀天地，反之亦谓祭天地者必帝王。那么历史上何时起始有帝王，帝王谓何义，帝王为何要祭天，在哪里祭天？

远古之初信奉万物有灵的多神信仰。伏羲成功推演天地双龙太极八卦之后，族民们过上了美好生活，以为这是伏羲祭告天地后天帝所赐的恩惠，于是从那时起便改原先的多神信仰为一神——天神（天帝）信仰，祭祀天帝亦须由天帝儿子——天子（帝王）在天地正中亲自主祭，否则为大不敬。

血缘制的氏族部落时代，实行族长式管理，故其时尚无帝、王之概念。自伏羲祭天起方有帝、王之概念。帝，甲骨文金铭文像架起或束结薪柴，以燔烧祭祀天神，故早期的"帝"犹天神、天帝，后引申亦指人间之帝。王：上横为天，下横为地，中横为人，参通天地人者谓之王。故《说文解字》谓"王，天下所归往也"。可见，"帝""王"是进入社会化管理以后部落民众对主持祭天仪式的主祭者的敬称、尊称。实际上这些主祭人就是部落联盟的"帝""王"。这就是"天帝""天子""帝王""祭天"等概念、观念的由来。

祭天是部落联盟一年中最为重要的仪典。历代帝王必须在伏羲推演太极八卦的天地正中昆仑丘之中央，史称"天地元"（天地在此开辟，时间从此开始，万物于此创生）的地方举行。

厘正了"天帝""天子""帝王""祭天""太极八卦""天地元"等概念的来龙去脉，自然也就明确了"帝王祭天地"必然肇启于八千年前伏羲时代太皞部落所在的昆仑丘。

"帝王祭天地"是太皞部落已经进入部落联盟时代的证据之二。

（三）"太皞"其名本身乃是进入部落联盟时代的重要表征

从历史高度看，文字的创生、专有名词的取起和神话故事的编创皆有其各自的原创地和各自所依据的原型物体。与象形文字、神话故事一样，远古时期的许多地名、氏族名、部落名的取起都蕴含内涵丰富的时代信息和自然环境信息，都是自然和时代的非物质文化产物。故今天的人们可以从"字原象形""字原象义""字原象声""字原应时"和"词原象形""词原象义""词原应时"造字解字、造词解词原则与理路，按图索骥地反推出当年创生、取起"太皞"这一专有名词的时代信息和自然环境信息。通过这些信息同样可以证实太皞部落确实已进入到部落联盟时代。以下兹结合实地考察成果解读"太皞"的字义、词义、史义。

太，古文"𡘹"由"𡘾"简化而来、本义为洗浴、淅润、淘洗，又引申为大、广、远、久、极（《汉字源流字典》）；皞，左"白"（☖）本义为白米粒，上"白"（☖）为向天帝祝告、祷告、告白，下"夲"（ 🖐 ）为持新禾举行祭祀祷告活动；皡，会以进献白米、新禾祷告天帝、神祖，以保佑天下平安、风调雨顺。（参见第十七章"首批象形文字的创生"之"太皡"）

同时，今天的人们还可从有巢氏、燧人氏时代的"宛丘"到伏羲时代的"昆仑丘"地名的变更和从有巢氏、燧人氏时代的"华虚"到伏羲时代的"太皡"部落名称的变更，判定那时正处氏族部落进入部落联盟转型期。譬如"宛丘"，其字其词明显创字、造词于直觉的宛状、丘状地形，但其义除表达宛丘状地形外则别无其他更抽象引申义。（参见第十七章"首批象形文字的创生"之"宛丘"）

而"昆"（hún）字，除表达"广大无垠貌"外，还表达"混同""混一""混沌未分""天地混沌"等义；"仑"字，除表达"编排完整，有次序条理"外，还引申为"天地判分""析理万物""伦理有序"等义。于是由"昆"与"仑"这两个字构成的新词组"昆仑"便谓"从天地混沌未分到天地判分，伦理有序"，犹"混沌初开""开天辟地"义。（参见第十七章"首批象形文字的创生"之"昆仑"）

通过以上比对，人们终于弄明白，同是这座山，为何先取名"宛丘"后增名"昆仑"的历史原因：取名"宛丘"是出于直觉的、感性的"字原象形""词原象形"的形象思维，人们的认知水平尚未发展到更高层次的抽象思维阶段；而更名"昆仑"则已从直觉的、感性的"字原象形""词原象形"发展到更高层次的、理性的"词（指地名、域名等专有名词）原象义"的抽象思维阶段。

从感性的形象思维到理性的抽象思维是人类思维模式的一个质的跳跃。

同样也明白了，同是这个部落，为何先取名"华虚"，后又更名"太皡"的历史原因：取名"华虚"亦只是出于直觉的、感性的"字原象形""词原象形"的形象思维；而更名"太皡"则已从感性的"字原象形""词原象形"发展到更高层次的、理性的"词原象义"的抽象思维阶段。

以上是从氏族部落时代到部落联盟时代人类思维的转型发展过程。因此说，取名"太皡""昆仑"本身即是进入部落联盟时代的表征。

（四）分部及分区管理是部落联盟的重要标志

若按现代观念解释，分部管理，指部落联盟时代按社会分工而形成的"行业"管理部门。分区管理，指部落联盟时代以原部落为单元自然形成的区域管理部门。以上所有部门统归帝王管理。

氏族部落时代，一因部落内部系近亲血缘关系，二因地域狭小，三因人口少而公务不多，故原则上只由德高望重者或公推的氏族长（后称酋长）一人或少数几个人管理即可，无须设置多个部门、划分多个区域分口管理。

部落联盟形成后，联盟最高首领的职责渐繁渐多。如：祭祀天帝天神，祈求年丰安宁；观象测天，授时推历，告民农时；规范法度，和合天下等等。

总之，部落联盟时代相比于部落时代，其管理理念与管理模式已经发生了根本性变化。后者为家族、氏族式管理，前者则为社会化管理。

从"字原应时"角度解读甲骨文"王""皇"

得知，创字之初伏羲时代的人们认为，唯有主持祭天大典的部落联盟首领才是"参通天、地、人三者的王"，或才是可当面"告白于天帝的皇"。由此从伏羲时起便尊呼部落联盟首领谓"王"或谓"皇"。（后世把"皇"字释为"王者头戴白帽子"或"像王者冠冕之形"是错解。）

伏羲之前的燧人氏、有巢氏，尚处多神信仰的氏族部落时代，不存在"帝王祭天地"的可能性，所以那时还没有"王""皇"等概念。所谓"巢皇""燧皇"之谓只不过是后世人们对有功于世的华虚部落氏族长有巢氏、燧人氏的追称。

不过，这不影响有巢氏、燧人氏与伏羲共同位处"三皇"之列，因为"三皇"之称谓与其是否进入部落联盟，是否进入文明时代并非同一概念。

1. 分部管理

前已述，分部管理指部落联盟时代按社会分工而形成的"行业"管理部门。那么太皞部落联盟时代有社会分工，有行业管理部门吗？有！这在许多古籍中都有记载：

《左传·昭公十七年》记："太皞氏以龙记，故谓龙师而龙名。"

《周礼·大司乐》："龙马负图出河，始作八卦，以龙纪官，立九相九佐治九州。"

《连山易》记："大（太）皞伏羲氏，以龙记官……"，"潜龙氏、应龙氏、田龙氏、渊龙氏、飞龙氏、乾龙氏，群龙无首，用九大吉。"[1]

《纲鉴易知录·太皞伏羲氏》《管子·轻重戊》等云："命朱襄为飞龙氏造书契，昊英为潜龙氏造甲历，大庭为居龙氏造屋庐，浑沌降龙氏驱民害，阴康土龙氏治田畴，栗陆水龙氏繁滋草木。"

上述引文中，"九相九佐"就是"行业管理"的负责人。"飞龙氏""潜龙氏""居龙氏""降龙氏""土龙氏""水龙氏"，指当时的社会分工及其职衔称呼，犹今"XX部部长"。引文中"造书契""造甲历""造屋庐""驱民害""治田畴"等，即指当时分管的具体业务，犹造字，授时推历，建居舍……

以上可见，太皞伏羲时代的社会分工已经较为明确细致，表明其时确已进入部落联盟时代。然面对这些实证，我国文史界为何至今未以认可？以下兹做分析：

按历史发展普遍规律，当人类社会进入部落联盟时代，生产力的发展必然会产生行业分工及其行业管理部门等生产关系的变革，否则生产关系就无法适应生产力的发展。反之，当产生了行业管理部门，社会和生产力又会以更快的速度向前发展。在太皞伏羲时代，随着以龙图为基础的太极八卦（定方正位，授时推历）等原始科学的出现，以定居农业为代表的生产力确实得到了发展。同时，农业生产的发展，人口的增长，又要求上层建筑同步发生变革。譬如为方便部落之间进行信息交流便急迫需要创生文字；急迫需要发布历法；要求有更安全、更方便的环境与更舒适的居舍；等等。由此出现了社会分工及其管理部门。

这些本是现代人很容易理解的客观规律。然而，囿于龙文化的长久失落，几千年来我国文史界始终以为"中华龙"是虚拟的神话

---

[1] 引自（清）马国翰辑《玉函山房辑佚书》，广陵书社，2004年版。

中的神物，以为太极八卦是无实际意义的谶纬筮说，于是习惯性地把史书中记载的原始时代的"飞龙氏、潜龙氏、居龙氏、降龙氏、土龙氏、水龙氏"等行业管理部门本能地看作"龙神话"的衍生故事，而未认识到这些是发生在八千年前伏羲时代的科学、文化、社会管理、历史事件。

这是太皞部落本已进入联盟时代但却至今未被史界认可的历史原因之一。

2. 分区管理

据定义，部落联盟由若干近亲或近邻部落结成，故反之，所谓分区管理，即指部落联盟时代以原部落为单元而自然形成的区域管理部门，类似今之 XX 省（尽管其规模不能与今日相比）。犹如《周礼·大司乐》所记："伏羲始作八卦，以龙纪官，立九相九佐治九州"之"治九州"。

引文中的"九州"，是传说中我国中原上古的"行政区划"。起于春秋战国时代，又传九州系大禹治水后所划分。《尚书·禹贡》作冀、兖、青、徐、扬、荆、豫、梁、雍。另有《吕氏春秋·有始览》《周礼·职方》《尔雅·释地》《汉书·地理志》等说。实皆只是学者各就其所知的大致区域所划分的地理区域，皆不确。《周礼·大司乐》所记"伏羲……治九州"之九州实仅系假借《尚书·禹贡·九州》说而已，并非伏羲时真已划分九个州。但这已可印证伏羲时确已进入以原部落为单元的分区管理时代。

太皞部落联盟之中，当前所知道的联盟成员仅"华虚"一个部落，其他有关部落皆已失落。但失落不等于未存在过。

组成太皞联盟的若干部落的失落是太皞

部落未被史界认同为已进入联盟时代的历史原因之二。

其实，"太皞部落未被列入部落联盟"这一历史性失误，恰恰表明我国史界在远古史研究中存在着误区：其一，过于侧重"田园考古"而忽视"山野考察"。其二，过于偏重"地下文物"而忽视天象地象对人文历史的影响。其三，过于注重"正史"而忽视"野史"。

田园考古。田园是人类赖以生存的场所，长期以来，先民在田园生产、生活、争战、归葬，留下无数人文遗迹、遗址。故千百年来考古界多把注意力集中在田园及其地下，以至起名专业术语谓"田园考古"。

这原本也不算错，但假如发展到"'罢黜百方'，独考田园"就不对了，须知在那洪荒年代，人们主要生息在陵丘高阜，并非定居在平川地带。实际上那时候广阔的东部大平原尚未成陆，更未形成田园。故此说"田园考古"不完全适用于研究远古史。相应地，也许说既注重"田园考古"也注重"山野考察"则更将适用于远古史研究。为此建议考古界在注重田园考古的同时加强对王屋山区昆仑丘一带远古文化的考古、考察研究。相信在不太久的时间内，以龙文化为基础，以八千年前太皞部落联盟、五千年前华夏部落联盟为核心的中华远古史，以有巢氏、燧人氏、伏羲氏、历山氏、轩辕氏、陶唐氏、有虞氏、夏后氏等为代表的百余代远古帝王真身墓地，以"天地元"为代表的四千年帝王祭天道场及黄帝"铸鼎荆山下"的金鼎（铜鼎），归藏于"连山"的炎黄结盟碑，以宛丘、中华、石楼山、峤山（峤岳）、龙凤等为代表的首批象形文字和编创开天辟地、西王母、女娲神话故事的原创地和原型物等国家级文物将惊天面世。

关于"过于偏重"地下文物而忽视山野考察和过于注重"正史"而忽视"野史"之说，请参见第一章"中华远古史研究理路"。

"分部管理"与"分区管理"的出现，已经为国家和民族的形成准备了条件，也明确告诸天下：太皞部落已经进入部落联盟时代。

三、太皞部落联盟的历史地位

讨论之前，须先明确一个基本概念：部落联盟是原始社会后期形成的部落联合体，处于原始氏族部落时代之后与国家形成之前的历史阶段。据考，在中国这一时期长达近四千年，约处公元前六十世纪伏羲时代至公元前二十一世纪奴隶制开始的夏代初年。

与世界其他古老民族的部落联盟多只有一个历史阶段不同，中国的部落联盟似可分为太皞部落联盟和华夏部落联盟两个性质不甚相同的历史阶段。这是为什么呢？以下兹做解。

本章开篇从世界广度将部落联盟的产生机制区分为截然相反的两类模式：

第一类是公元前六十世纪依靠观象测天，授时推历，告民农时原始科学促进了以定居农业为主的生产力发展，进而促进生产关系及其上层建筑和思想意识大变革，少数较先进的部落给相对落后的其他部落产生了强大的吸引力。由此在大同天下、共同发展理念下自愿结成以先进部落为核心的部落联盟，从而催生了人类文明时代的到来，东方的太皞部落联盟是世界上唯一按此模式产生的。此类机制可称"天下大同"。第二类是公元前四十世纪（有谓公元前三十世纪）、前二十七世纪、前十二世纪、前八世纪私有制出现后，少数部落依仗武力建立了以战胜部落为核心，以共同从事军事行动为主要目的的部落联盟，东方的华夏部落和西方地中海南北的上埃及、古希腊、古罗马是其代表。此类机制或可称"天下大统"。

"天下大同"与"天下大统"，一字之差，史义迥异。大同者，天下为天下人所共有，尝为后世进步思想家、进步社会学家所推崇；大统者，天下为少数人所私有，素为阶级社会统治者所追捧。

据上，开创"天下大同"的太皞部落联盟较开创"天下大统"的华夏部落联盟等要早两千或三千至五千二百年。

这便要问：从"大同天下"的太皞部落联盟开始到"大统天下"的华夏部落联盟结束进入奴隶制社会，前后长达近四千年，历经百余代古帝王，为何唯独我国既历经"大同天下"又经历"大统天下"两个历史阶段，而其他古老民族皆未经前一个历史阶段而只经后一个历史阶段？以下兹做对比分析。

（一）原始科学是开启太皞部落联盟的钥匙

前文已阐明"斗纲授时，六爸授时，日晷授时"三种授时技法是人类最早问世的科学技术，其中尤以北斗天龙绕行北天极的"斗纲授时"为最早。同时在先民看来，神圣的北斗天龙与昆仑地龙就是一对象天法地（其实是"象地法天"）的"天地对偶"。所谓天地对偶是指：若无昆仑地龙则无北斗天龙；

若无天龙地龙则伏羲当年便无由测天授时；若无测天授时则八千年前的华虚部落仍将艰难跋涉在愚昧、野蛮时代而不可能进入太皞部落联盟时代；地球文明曙光也许还要推迟数千年。故谓，以观象测天、授时推历、告民农时为核心的原始科学的出现是开启太皞部落联盟的金钥匙。

上说绝非虚妄。譬如，"天龙地龙""天中地中""天帝天子""祭天祭地""昆仑太皞"等产生于文明初始时期的新概念、新名词以及"和""协""同""合"等描述、表达"天下大同""和合天下""协和万帮"等首批象形文字，本就肇启于八千年前太皞部落联盟初创时期的昆仑丘。这些新概念、新名词、新文字本身就是证明天下大同的太皞部落已经进入部落联盟时代的有力证据。

况这些新概念、新名词、新文字，尤其是以天龙地龙为基础的授时推历原始科学，唯有在八千年前伏羲时代的昆仑丘才能创生、创新；离开伏羲时代，离开昆仑丘，就难以产生这种文化，难以创新出授时推历的原始科学。

这就是为什么除太皞部落以外的其他部落，包括世界上最古老的部落未产生或者没有经历过以"大同天下，共同发展"为理念而自愿结成部落联盟的历史原因。

（二）私有制是由太皞部落联盟转型华夏部落联盟的动因

到炎黄时代，昆仑丘原太皞部落联盟的生产力已经达到较高水平。"炎黄大战""蚩黄大战""采首山铜，铸鼎荆山下"等历史记载早已证明昆仑丘一带当时已经进入私有制时代。

相对于太皞部落"公天下"的炎黄私有制，最明显的特征是帝王世袭制和部落战争。而从历史和技术方面看，发生规模化部落战争的基本条件是金属的出现和使用，没有金属器械的战争只能称"打架"。

史书记载，"炎黄大战""蚩黄大战"与"黄帝采首山铜，铸鼎荆山下"同时发生在炎黄时代昆仑丘，表明炎黄时代昆仑丘已经进入私有制时代。前文还讨论过是黄帝战胜蚩尤后才建立的华夏部落联盟。

据上，华夏部落联盟是在私有制出现后建立的，而太皞部落联盟早在原始科学出现后不久就创建了。

明确了前六十世纪由"大同天下"创建的太皞部落联盟与前二十七世纪由"大统天下"建立的华夏部落联盟的不同性质，也就能明白为何唯独我国的部落联盟既经历"大同天下"又经历"大统天下"两个历史阶段，而其他古老民族皆未经"大同天下"而只经"大统天下"一个历史阶段。原委很简单：前十二世纪古希腊荷马时代和前八世纪古罗马王政时代皆远晚于我国前二十七世纪黄帝时代。故荷马时代、王政时代只受黄帝以武力"大统天下"建立华夏部落联盟的影响，而未受前六十世纪伏羲时代以原始科学开启"大同天下，共同发展"创建太皞部落联盟的影响。

在第十三章"关于文明时代标志的讨论"中已经讨论过氏族、部落时代，因同一氏族部落相互间语言相同相通，故其时无文字之需求。历史发展到部落联盟时代，由于组成联盟的各部落间语言不同不通，文字才应时而生。由此定义"文字"谓："文字，是记录和传达语言的书写符号，是扩大语言在时间和空间上的交际功用的文化工具，对人类文明的促进起很大作用。"所以国内外学界都把文字的发明与应用视为文明时代的始点。

中华民族的文字创始于何时，中外学者历来众说纷纭。比较具有代表性的观点有三：

其一，殷墟甲骨文三千年说。认为甲骨文出土于三千多年前的殷墟，据此有学者称中国文字创生于三千多年前，所以中华文明亦为三千多年。

其二，仓颉造字五千年说。认为世传黄帝大臣"仓颉见鸟兽之迹，体类象形而制字"，据此有学者称中国文字创生于五千年前的黄帝时代，所以中华文明亦为五千年。

其三，朱襄造字八千年说。认为《竹书》《尚书·序》《三皇本纪》《庄子注》《河图》等古籍皆记"伏羲造书契以代结绳之政""朱襄为飞龙氏，造书契"，据此有学者称中国文字创生于八千年前的伏羲时代，所以中华文明亦为八千年。

那么中国文字到底首创于何时何地，今人又该如何科学地认证首批象形文字的创字年代及其创字环境呢？

一、历史上的误会

（一）有关甲骨文

"甲骨文，商周时代刻在龟甲兽骨上的文字，也叫'契文'。1899 年首次出土于河南安阳的小屯村的殷墟，1928年后做过多次发掘，先后出土十余万片，皆系盘庚迁殷到纣之二百七十三年间的遗物，几乎都是商王朝利用龟甲兽骨占卜吉凶时写刻的卜辞和与占卜有关的记事文字，是研究商周社会历史的重要资料。文字结构不仅已经有独体趋向合体，而且有了大批的形声字。在可识的一千五百多个汉字中，甲骨文是最古的文字体系。"

从殷墟出土的甲骨文所处年代及其记事内容看，大致可理出如下几层意思：

其一，殷墟甲骨文造字于殷代之前，至盘庚前后方才刻录于龟甲兽骨之上，至今我国还未曾发现早于甲骨文的文字。

其二，甲骨文主要记载殷商时期与占卜有关的史事，并未记载发生在殷商之前如夏代及三皇五帝时期的史事。

其三，以上表明殷商以后的《周易》《春秋》《尚书》《左传》《世本》《史记》《三五历记》等史籍所记的有夏及三皇五帝之史事，皆非采自殷墟甲骨文，而是采自原始时期流传于民间的口史。这些远古口史直至西周、春秋、战国、秦汉……年间方由史官或文人以金铭、竹简、木牍、绢帛、纸张等为材质记录于史书；或则于商周前已经将发生在远古时的史事记载于甲骨以外的其他材质之上而至今尚未被发现；或则其记录文字的材质如树皮、羊皮等早已腐没。

以上是说，在殷商甲骨文之前可能已有记录于其他材质之上的文字或文籍，否则《周易》《尚书》《史记》等"正史"和许多"野史"又是凭据什么史料记叙夏朝以前，甚至记录有巢氏、燧人氏、伏羲时的史事？

一些学者认为甲骨文之前中国仅有口史而无信史，并认为这种口史不足采信。然而，既然殷商时已有能够刻动甲骨的技术和工具，为什么殷商前不能把文字轻易地写在其他材质之上？这岂不荒谬！同理，既然中国晚至公元前一千三百年的殷商时才首创文字，而文字的创生和应用是社会进入文明时代的标志，那么为何我国学界又认定公元前三千年或前两千七百年的黄帝时代为中华文明起始点，这不是自相矛盾吗？

其四，殷商甲骨文已在早期独体象形文字的基础之上发展到具有一定综合、抽象功能的合体字、形声字等。这就是《说文解字·叙》中所说的"六书"。

六书："分析汉字的造字方法而归纳出来的六类制式，即象形，会意，形声，指事，转注，假借"，是战国以后文人尤其东汉许慎从象形文、金铭文、篆文对汉字造字、用字方法的一种归纳。西汉刘歆《七略》则归纳其为象形、象事、象声、象意、转注、假借。大意相同。一般情况下，初始时期的象形文字在造字时主要注重象形、象事、象声功能，而较少注重会意功能，更无转注、假借功能。通常，后三项功能的出现年代较晚，尤其转注、假借功能只是用字方法，而与造字无关。

由上可得结论：甲骨文尤其以象形为主的独体甲骨文乃原创于殷商前不知多少年；在甲骨文之前应还有写于、刻于其他材质之上的文字；最初的文字是无偏旁组合的独体字而非合体字，即便有少量合体字也只是较简单、较直觉的组合，并非后世意义上的"偏旁"。

如此解读方合乎文字发展的逻辑过程。因此应该称中国的初始文字谓"象形文字"，而不应称"甲骨文"。甲骨文只是早期先民发明的象形文字到后世刻于龟甲兽骨之上又于二十世纪出土后方而谓之。所以人们不应该把当今出土的殷商时甲骨文字误当成象形文字的首创年代。甲骨文与象形文字不是同一个概念。象形文字存在的年代应远早于甲骨文。甲骨文只是文字的载体之一,在其前可能已有写于、刻于树皮、羊皮、石头、泥土、岩壁之上的树皮文、羊皮文、石头文等。但归根到底,以上这些都只是文字的载体,唯有象形文字本身才是文字的本体。因此说,研究文字的创生,不应本末倒置地把甲骨文看得比象形文字本身更重要,甚至把甲骨文误当成中国象形文字的源头,这显然是不合适的。

（二）有关仓颉造字

仓颉,陕西白水人,相传为黄帝史官,曾把流传于各部落的文字加以搜集、整理并使用,在汉字创造发展过程中起了重要作用,为中华民族的繁衍昌盛做出了不朽的功绩。又传仓颉造字成功之时,"'天雨粟,鬼夜哭'(《淮南子·本经训》),是一个令天地震惊的时刻"。

上说"仓颉造字成功之时,'天雨粟,鬼夜哭',是一个令天地震惊的时刻",其言荒诞不实。而《说文解字·叙》:"黄帝之史仓颉,见鸟兽蹄迒之迹,知分理之可相别异也,初造书契。"亦非尽然。初始象形文字并非全然在鸟兽迹的启发下创生。那么中国象形文字最初是模仿什么自然物象造出来的?

其实顾名思义,"象形文字"当是依据物之"形"造出来的。此即所谓"字原象形""字原象意""字原象声""字原象事""字原应时"。

既然文字是依据物形所造,那么一方面,仓颉不可能一个人关在屋子里向壁虚造,而必须走进千形百态的大自然;另一方面,造字的目的是应用,如果人世间尚无此物或尚无需要此物,则也不会造此字。譬如远古时还无坛无酒,故其时祭天不用坛酒,也就无"坛"字、"酒"字。此即所谓"字原应时"。

其一,实际上,无论是从"字原象形",还是从"字原应时"等各个角度,至今在河南新郑凤台寺"仓颉造字处"未曾发现哪些物形是仓颉造字时所依据的参照物,也无法证明哪些字确系仓颉所造。

其二,仓颉造字,初传于战国《荀子·解蔽》:"好书者众矣,而仓颉独传者壹也。"

西汉时,因汉武帝于陕西甘泉宫得一宝鼎"与黄帝时等",便认定黄帝为华夏民族始祖,遂于陕西桥山祭祀黄帝衣冠冢。既然黄帝为华夏民族始祖,大汉王朝是华夏族的"法定继承",故华夏族后称汉族,并把自古流传下来的象形文字称汉字。今日之中国人多主此说。其实,汉族、汉字之出处并非如此。既然华夏族有个世祖称轩辕黄帝,那么汉字也得有个与黄帝同时代的造字始祖,于是便大力抬高春秋战国时整理文字而小有名气的仓颉的地位,并将其神化。

又传黄帝故里在河南新郑,黄帝墓地在陕西桥山,于是汉后在新郑附近登封又追建了一座苍帝城,在开封境内追建了一座仓颉造字台,在桥山附近附建了一座仓圣庙。就这样,后世的人们对这些假象便认了真。这是讹传仓颉造字的历史原因。如今,当黄帝故里河南新郑说、黄帝墓地陕西桥山说被否定后(参见第十一章

"神圣昆仑之三　黄帝故里　黄帝墓地"），仓颉造字说恐亦将被否去！

其三，就历史上传说的仓颉在新郑凤台寺造字，下面兹全文转录《黄帝故里通鉴·仓颉与凤台寺＜仓颉造字＞》[1]于下，以供学界辨析：

新郑县城南关有座凤台寺，寺塔高耸。相传，古时候的仓颉就是在这里造字的。

古时候的人，用结绳记事，大事打个大结，小事打个小结；横绳表物，竖绳记数。轩辕黄帝在统一中华之后，感到这种记事方法不够用了，就命令大臣仓颉造字。仓颉不敢怠慢，就在洧水河南岸的一个高台上造屋住下，专心造字。可他造了好长时间，也没造出字来。

一天，黄帝和常先等大臣来看他，见他愁眉苦脸，闷闷不语，就安慰他，要他不要着急，慢慢造，只要有恒心，终究是会造出字来的。黄帝走了，仓颉坐在茅屋前，两眼望着天空出神。忽然，他看见天空飞来一只凤凰，到头顶上鸣叫一声，飞过去了。凤凰嘴里衔着一片什么东西，飘飘悠悠地落下来。仓颉拾起来看看，见是一片树叶，上面有一个明显的蹄印。他辨不出是什么兽的蹄印，正要扔下时，见台下走上来一个老猎人。这猎人是仓颉的老邻居，伸手接过树叶，看了看说："这是貅的蹄印。熊、罴、貔、虎、豹、豺、狼，它们的蹄印都不一样。我一看蹄印，就知道山上有什么野兽在活动。"

仓颉听了，很受启发。他想：世界上的万事万物都不一样，他们都各有各的特征，如能抓住特征，画出图像，不就是字吗？打这

以后，他就注意观看各种事物，日、月、星、云、山、河、湖、海，天上的飞鸟，地上的走兽，取其特征，画出图像，造出许多字来。

黄帝听说仓颉造出字来，就同常先、风后等大臣一起来看他。他见仓颉积劳成疾，卧床不起，就命雷公取来草药，亲手煎熬，治好了仓颉的病。仓颉病好了，拿出他造的图像叫黄帝他们看。黄帝看了非常高兴说："你真是聪慧过人，劳苦功高啊！"仓颉把凤凰衔树叶、老猎人辨蹄迹的话说了一遍。黄帝听了说："这是上天在帮助我们造字呀！"

后来，黄帝就召集各部落首长，把仓颉造的字像传授给他们。这样字很快就在各地应用起来。

后人不忘仓颉造字的功劳，把仓颉造字的高台起名叫"凤凰衔书台"。宋朝人还在这里建了寺，筑了塔，人称"凤台寺"。

上文中并未见具有史料价值的证据，凤台寺一带也未见可以作为创生首批象形文字的自然物象。

二、字原象形字原象义字原象声字原应时乃象形文字造字解字原则与理路

也许出于《史记》以后人们的成见，如同片面认定黄帝是中华民族开创者一样，文史界亦只认黄帝时而不认伏羲时造书契，尽管记载伏羲时造书契的史籍更多：

《竹书纪年》记："伏羲……造书契，作甲历。""朱襄为飞龙氏，造书契。"

（汉）孔安国《尚书·序》："古者伏羲氏之王天下也，始作八卦，造书契，以代结绳之政，由是文籍生焉。"

---

[1] 刘文学等编《黄帝故里通鉴》，中州古籍出版社，2006年版。

（唐）司马贞《补史记·三皇本纪》："伏羲造书契以代结绳之政。"

《南华真经注疏》记："伏羲画八卦以记文字。"

（晋）阮咸伪作《古三坟·河图代姓纪》："天皇命臣飞龙氏造六书。"

以上所记是说伏羲时代从推演八卦符起已始造文字，已始有文籍。从那时起人们便能以简单的文字替代烦琐的结绳记事。这位主持造文字的职官称飞龙氏，名朱襄。然而很遗憾，伏羲时代所造的文字，因记录文字的材质不耐腐蚀而早已腐没。所以今人期望获得伏羲时代所造文字的直接证据，恐已不太可能。不过，虽然文字载体已腐没，但其文字本身则被一代代传承了下来，直至殷商时期，部分象形文字才被人们刻于龟甲兽骨之上，又至公元1899年被人们考古挖出，中国象形文字方与世人相识。

上文说到象形文字尤其文字初创时期的独体象形文字并非创生于"闭门造字"，所以今天解读象形文字亦不能"闭门解字"，而必须在分析象形文字的字形、字构、字义、字声基础之上有目标地进行实地考证，考证象形文字尤其独体象形文字在创字之初所依据的自然物形态及其自然环境。

按《圣武记》"准其地望，皆与古书相合"和《说文解字·叙》"盖圣人不空作，皆有依据""盖文字者，经艺之本，王政之治。前人所以垂后，后人所以识古"，假若某字的字形、字义与造该字所依据的自然物形态、自然环境真实相符，即可证明该字原创于此处。这就是所谓"字原象形""字原象义""字原象声"造字解字原则与理路。

另一方面，象形文字并非在短时期内一次性创生，而是一个随着社会发展而不断创生、不断完善的漫长过程。因此，有许多象形文字的字形、字构、字义便与其创字时期的生产力发展水平、社会观念、社会需求等时代背景密切相关。于是从这些文字的字形、字构、字义中便能解读出创字时期的许多时代信息。譬如，前文所举"坛""酒"等字；又如，据远古帝王在天中地中、部落联盟之中、方形地域之中立标帜这一现象所创生的"中"字和据远古帝王在天地中央大花园以美丽而下垂的鲜花祭祀上天之情景所创生的"华"字，便可断定"中华"二字及其义理皆本原于伏羲时代昆仑之丘。而不可能原创于祭天转场到既非天地正中又无大花园的轩辕台，更不可能原创于颛顼以后，因颛顼以后不少帝王祭天已经离开昆仑丘而转场到天台山；又如，"冀"字不可能原创于伏羲时代而必然创生于阶级社会以后。

据上，考证象形文字尤其独体象形文字的原创年代，除应考证文字载体及其赋存地环境外，更应考证文字本身，即考证象形文字的字形、字构、字义所反映出的时代背景。假若某字与某时十分应时，则可证明该字必原创于某时，这就是所谓"字原应时"。

以上即是流传于世的所谓"字原象形""字原象义""字原象声"和"字原应时"的造字、解字原则与理路。离开了造字解字的原则与理路，就很难正确认识所指那个字的本原本义。例如，当前文史界解释"中华"谓："古代华夏族、汉族多建都于黄河南、北，在四夷之中，后世因称其地为'中华'"；解释"华"谓"光华""荣华""日华"等（《辞海》《汉语大词典》），这显然是今人就"三代"时期之情势对"中华"所作的解读，纯属后世引申义而非原始本义。很遗憾，正因这些错误解读，才混淆了中华与华夏的先后传承关系，也湮没了中华远古文明。可见对象形文字历史、客观、科学、正确的解读是何等重要！

字原象形、字原象义、字原象声，本指象形文字的字形、字构、字义、字声相像于被指物的形、义、声。反之，亦指象形文字唯有在指定环境中才能创生。譬如，无龙、无凤、无花、无笛琴、无四方高中央低、无亭屋状高丘之环境、无龙形闪电、无铜鼎敲击声等便造不出"花""垂""仑""和""丘""亭""京""享"等字。

字原应时，本指象形文字的字形、字构、字义相像于创字时期的时况，亦反指一些象形文字唯于特定时期才能创生。如前例所举，"酒""酱""胥""坛"等字，不可能原创于尚不会酿酒、酿酱的原始社会，原始社会也不可能用坛酒祭天祭祖。

至于《周礼·六书》所言之"书制有六：一曰象形，二曰假借，三曰指事，四曰会意，五曰转注，六曰谐声。使天下义礼必归文字，天下文字必归六书"，明显系指商周后较成熟的象形文字，而非指造字之初的首批象形文字。

按"字原象形""字原应时"等析字解字理路，今天的人们可以"按图索骥"地反推出首批象形文字的原创年代与原创环境。据初步考证，原创于伏羲时代昆仑丘的首批象形文字已达数百。以下谨举二十个文字，以《汉字源流字典》《字源》《字汇》《中国字例》《正字通》《说文解字》等为典，以实地、实境、实景为据，证明中华民族首批象形文字大都原创于伏羲时代昆仑丘。

三、中华民族首批象形文字举例

例一：昆仑

因昆仑文化的过早失落，所以"昆"字其发音、其义理、其字形俱多错讹，以至诸典释解混乱。

据《康熙字典·昆》《汉语大辞典·昆》《中华大辞典·昆》和《辞海·昆》《古汉语字典·昆》，"昆"有三音、四音，有九义、十义或更多义：昆（kūn），同也，众也，后也，大种也（西南古族），兄也，明也，群也，山也；昆（hún），通"浑"，一指广大无垠貌；二指浑沌不分貌。昆仑，即浑沦；昆（hùn），通"混"，混同。昆于黑，不知白。昆夷亦作混。

此例中"昆"应读"hún"，昆仑，犹广大无垠貌或天地未开辟时的浑沦态。又读"hùn"，犹天地未开辟前的混沌态。

昆，甲骨文至今未见此字，但古时昆、混、棍与"丨"（gùn，hùn）为同字同音同义。"丨"，柱。因上下混一，故又引申指混（hùn）同，混一。因此，本义"昆"为混同，混一，犹天地混沌未分。为更加明确天地混一义，其后又据昆仑丘之形态新造"上日下丘，天地混一"义的"🔾"字（图17.01），此即"昆"初字。

仑，甲骨文"🔔"（图17.02），本义为编排完整，有次序条理，引申指伦理。

于是，"昆仑"当解读为"从天地混沌未分到天地剖分、伦理有序"，犹"混沌初开"。昆仑丘乃系伏羲（盘古、元始天尊的人物原型）

在此"剖分天地、析理万物"即（开天辟地）
而名之。

　　古书载，伏羲造琴瑟。琴瑟、笛箫是甲
骨文"龠""和"等字的原型，意为条理有序，
和音和谐；远古时又传昆仑丘是通天达地之
天梯，是盘古开天辟地后的中央天柱，人们
顺"｜"（天柱）可"若囱（管通）而上行，
若棍（柱通）而下退"。可见，伏羲创制琴
瑟之时之地或盘古开天后撑天之中柱所在地
便是"昆仑"二字的创生地。

　　昆仑，本是一部开天辟地的浩然文化。
而若读作"太阳是天下人所共有"义的昆（kūn）
仑，则"昆"与"仑"无法组成有意义的词组，
是谓语焉不详。这显然不符合古时取起地名
的规则。实际上，昆仑（kūn lún）是西汉以
后的误读误解。

例二：太皞

　　太，古文"宊"由"夵"简化而来，本
义为洗浴、淅涧、淘洗，又引申为大、广、
极。皞，左"白"（◁），本义为白米粒，上"白"
（◁）为向天帝祝告、祷告、告白（有学者
认为左白为祷告，上白为敬献的白米粒），
下"夵"（夵）为持禾向天帝、神祖进献新禾，
上下拜祭祷告，祈求神祖保佑年丰、平安；皋，
意在郊野水边高台持禾举行祭祀祷告活动；
皞，会以进献白米、新禾祷告天帝、神祖以
保佑天下平安，风调雨顺。"太皞"，意谓
在广大、圣洁之水边高台以白米、新禾进献、
祭告天帝、神祖，虔诚祈告年丰平安的部落。

　　考昆仑北部圣王坪（原称宛丘），广大
无边，位天地正中；滂沱大雨经"三百六十
个老龙洞"（当地民谣）（图 17.03）将圣

a　夏至至日

b　冬至至日

图 17.01　"昆"（◁）（hún、hùn）
字原创于昆仑丘南天门天地之象

王坪淅涧、淘洗得清净圣洁；伏羲至黄帝乃
至尧舜近四千年间的"众帝""群帝"（《山
海经》："群帝因以是为台，在昆仑之北""众
帝之台在昆仑之北""帝尧台、帝喾台、帝
丹朱台……在昆仑北"）年年在圣洁的昆仑

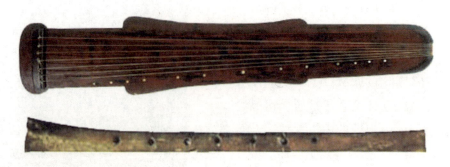

图 17.02　笛箫、琴瑟是"仑"（侖）（lún）字的原型

北圣王坪水边高台手持新禾进献白米粒祭祀上天和圣王伏羲，祷告神祖护佑天下万民。因此说，天地正中昆仑丘圣王坪是伏羲创建的太皞部落的中心，也是"太皞"二字的原创地。

由"太皞"二字的出处可以得知，太皞部落是极其虔诚而善良的部落，所以深受周边其他部落的崇敬与向往，于是在伏羲"近者阅，远者来"理念的感召下，最终发展壮大成为整个中华民族的稚身——太皞部落联盟，昆仑虚亦理所当然地成为中华文明的正宗发祥地。

然当历史进到黄帝、颛顼时代，帝王世袭制替代了帝王禅让制，"天下大同"变成了"天下大统"，"善良虔诚"改成了"天下独尊"，"教而不诛"换成了"诛而不怒"。总之，私有制出现后整个世界都变了。

从此，阶级出现了，等级出现了，以至于原本善良虔诚义的"太皞部落"也应时而讹误为"崇天崇日""如日如天""昊天上帝""太昊大帝"，八千年前原本位处天中地中昆仑丘的太皞部落，龙山文化以后也讹误为日出东方的太昊大帝。

"昊"，甲骨文、金铭文无此字。篆文（𦥑𡗶）会意字。前者从页（人头），从景（日景），会白头人。也用作"昊"本从日从乔，本义指踩高跷。后讹改为从日从天，读 hào。

昊，明显是商周时后起字。故不应以"太昊"解释远古时代太皞部落联盟。

传山东莒县出土八千年前象形文"昊"字，似有疑；与"字原应时"造字准则也不相符。

例三：中华

甲骨文"中"（𠄞），像旗帜形，上下为斿（马尾、牛尾等做的飘荡物），方框为立中之处。本是氏族社会的一种徽帜或类似发信号的标志。《说文解字·中》谓："丨"上下通，会通天达地之天柱；"口"，会"昆仑，虚四方"（《山海经·海外南经》）。徽帜立天下正中、部落中心，众见之则从四方会聚于中。故后世引申指中央，王者必居天下之中。

甲骨文"华（華）"（𣎵），与花、垂同源同字同义，像草木生土上、草叶下垂之形。就其物是花朵；就其形是下垂。本义指花朵下垂、艳丽。故《中国字例》谓"按字原象形，甲骨文'华（華）'用为祭名"。综上，华乃英发而下垂之花朵、花叶。为祀谢上天赐予人儿、花儿美好生命，故人们以华丽下垂之"华（華）"祭祀神祖。直至今天，人们仍垂首并以鲜花祭祀神祖。

那么，"中华"二字原创于何时何地呢？显然原创于伏羲时代昆仑之丘。其理如下：

第一，从"字原象形"解字理路看，昆仑丘形同北斗星座，其分别位处天地正中，是古人心中神圣的天中地中。这在史书中早有记，《新论》："斗极常在、知为天之中也。"《水经注》引《昆仑说》："昆仑……去嵩高五万里，地之中。"《博物志·地理略》："昆仑，应于天最居中。"

第二，从"字原应时"解字理路看，自燧人氏、伏羲时代起的几千年间，昆仑丘始终是原始部落联盟的政治、地理中心。从"字原象形"解字理路看，昆仑丘北部圣王坪为"四方高中央下"的"口"字形，其中心之"天地元"为氏族社会徽帜"立中之处"（图 17.04）。

第三，从"字原象形"创字、解字理路看，昆仑丘一年三期几十亿株鲜花是创生"花、华、垂"字的"物"与"形"的原型。至今，昆仑丘仍年复一年地山花烂漫（图 17.04）。

第四，从"字原应时"创字解字理路看，自伏羲始的几千年间，昆仑丘始终是帝王祭天祭祖的神圣道场。至今，帝王昆仑丘祭天遗迹犹存。

以上，足以证明"中华"二字创生于伏羲时代昆仑之丘。然而，伏羲至黄帝三千年间有百余代古帝王皆"立都"于昆仑丘，那么有何证据说"中华"等象形文字一定就创生于八千年前伏羲时代？其实证明并不难：

其一，据天文岁差反演结果，唯公元前六千年前后的北斗星座方能与昆仑丘相互呼应为天中地中，并意合（推演）出天地双龙太极图（参见第四章"神异昆仑之一　天中地中"、第二十三章"本义讹义太极八卦与河图洛书"）。

其二，世传伏羲时开创"昼参日景、夜考极星、晨考日出"等观象测天、定方正位、授时推历技法，人类从此掌握了东、西、南、北、中五方，上、下、左、右、前、后六位等新知，这些新知皆以"中"为元点，称"天地元"。

其三，伏羲母亲称华胥氏，然甲骨文无"胥"字。"胥"是"三代"中后期新造字，原译释

17.03　昆仑丘圣王坪"三百六十个老龙洞"（"太"字原型）

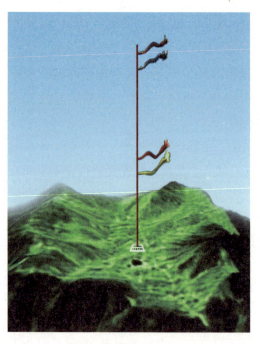

　　a　中（ ），于天下正中，四方地域之中，部落联盟中央竖立由牛马尾等飘荡物制作的徽帜。

　　b　华（ ），与花、垂同源同字同义，远古帝王以英发而下垂之花朵、花叶祭祀神祖。昆仑丘一年三期几十亿株鲜花是创生"花、华、垂"字的"物"与"形"的原型。

图17.04　中华：天地正中大花园内的部落

为"多足有肉的蟹酱"（蟹酱，醢）。显然，原始时代的人们尚不会酿酱，所以，所谓华胥氏，仅是"三代"中后期文人据远古口传"huɑ xu"之音、"多足有肉"之形而新造的"胥"字。可见，"华胥氏"是"三代"中后期被错释错译的专有名词，"华"与"胥"原本就构不成一个词组。那么应该译为什么呢？显然应该译为"华虚氏"，意为长满鲜花的昆仑之虚。所谓"多足有肉的蟹"，也应释为"多足有肉的龙"。如此译释当一通百通。

　　"中"与"华"，原是两个不同概念的字词，早在八千年前伏羲时代，先民便直觉唯以"中"与"华"两字最能完美表达昆仑虚的确切真义，于是便理所当然地联称其谓"中华"。从此，

"中华"便成为本部落，即后世本民族的大名。后因"邦国"时期或各朝各代都有其各自的邦国名或朝代名，于是人们平时只呼邦国、朝代之小名而不直呼"中华"大名。这如同在民间，平时只呼某人的小名，只在正式礼仪场合才直呼大名一样。所以，太皥、华夏、夏、商、周、秦、汉等小名便与中华大名并存。这是中华文化之一大特色。直至辛亥革命建立共和政制后才由梁启超等学家提议直呼大名"中华"，以与公历纪元相呼应。实则直至中华人民共和国成立后才正式始行公历。

　　据上，"中华"意为生活在天地正中大花园里的部落，而并非诸典中所谓"中原位四夷之中"以及"日华""光华""荣华"

等释解。实际上这些释解只是"三代"后的引申义、联想义，是对"中华"本义的不实解读，"中华"二字也不会创生得如此之晚。况自夏初至今，昆仑丘几已为无人定居的无人区，"中华"二字怎么可能创生于无人区呢？

例四：宛丘

传说伏羲王都在陈，陈有宛丘。那么宛丘到底在哪？

顾名思义，"宛丘"二字必创字于宛丘状地形。

宛，从"宀"（房屋），从"夗"（表屈曲），会宫室回环盘曲，引申为凹入。《诗经·陈风·宛丘》："宛丘之上兮。"毛传："四方高中央下曰宛丘。"《尔雅·释丘》："丘上有丘，为宛丘。"

丘，甲骨文"𠃍"，像古人穴居废窑包形，既表示废墟，又表示土山。《说文解字·丘》："丘，土之高也，非人所为也。……人居在丘南，故从北。中帮之居在昆仑东南。一曰四方高中央下为丘。"

归纳"宛""丘"本义：宫室回环盘曲；四方高中央低；丘上有丘；似古人穴居废窑包；非人为堆积的土山；人居丘东南。

"宛丘"所有的字义、词义皆与昆仑地望相符：圣王坪地下系纵横交错、回环盘曲的喀斯特溶洞群，八千年前伏羲时代太皞部落许多民众都居住在圣王坪周边的岩洞岩龛之内；圣王坪系典型的四方高中央低的喀斯特陷落洼地；昆仑丘为著名的"增（层）城九重"（《楚辞·天问》）："昆仑悬圃，其尻安在，增城九重，其高几里？"，"三成（重、层）为昆仑丘"（《尔雅·释丘》）；

昆仑丘周边及其顶面有数不清的古人穴居的废窑包；昆仑丘系一座高1700多米的非人为堆积的天然"土"山；自古便传说"人居在昆仑东南，逝葬在昆仑西北"，"中邦之居在昆仑东南"（《说文解字·丘部》）。

显然，以上"宛丘"所有的重要标志皆与昆仑丘一致，而与"淮阳宛丘"丝毫不相符。所以说"宛丘"二字无疑创字于八千年前伏羲时代的昆仑丘，也表明昆仑丘就是所谓伏羲王都宛丘（参见图10.03）。

例五：王屋

有称因"天台（坛）山山形如王者车盖，故名王屋"。这似不确，因创"王""屋"二字时，王者尚无车盖。那么"王屋"二字到底在何时何地创生？

甲骨文"王"有两解：一解为下砍的大斧（王），象征权威，最高统治者；二解由孔子解为"一贯三为王"，并由董仲舒详释为"上横为天，下横为地，中横为人，而参通天地人者谓之王"。故《说文解字·王部》谓："王，天下所归往也。"

上述第一解解释为"下砍的大斧，象征权威"，明显是阶级社会的观点。实际上"王"字创生的太皞伏羲时代尚未进入阶级社会。第二解从"天地人"神学角度解释王字，则与太皞伏羲时代人们的观念很相符。故谓第二解较为准确。

中华先民以天中地中之昆仑丘为通天达地之天柱，王者唯于中央天柱昆仑方可"参通天地人者"，且道界称伏羲于昆仑"王天下"百有余年，伏羲后"十五代皆袭包牺之号"。故甲文"王"字原创于伏羲时代之昆仑当属顺理。

古文"屋"（𡲬），像远古半地下穴居上面层草覆盖顶部之形，下从至，会人所至止。原始时期既无后世之屋宇，更无后世之车驾，故"屋"并非造字于后世之屋宇，更非造字于车盖，而是创字于远古时代穴居、龛居式屋。

伏羲及后世古帝王在昆仑"王天下"时所居与族民一样皆为穴居、龛居，顶覆盖层草以防风雨、防寒暑、防蚊虫、防兽害。如今昆仑丘仍有许多洞龛式原始村落遗址。故"王屋山"其名本原于远古帝王穴居、龛居之山，非指"山形如王者车盖"。

例六：龙、凤

龙与凤，都是远古时代的部落图腾。

甲骨文"龙"（�龙），是闪电的神化形象。《说文解字·龙》："能幽能明，能细能巨，能短能长，春分而登天，秋分而潜渊。从肉，飞之形。"

辞书中有关龙的传说，明显取自三种原型：一是龙形闪电；二是龙形星座；三是龙形山体（见图5.08）。

龙图腾，除在上述辞书中有记载外，战国前的《易经》和《楚辞》亦有记载。分析可知，《易经》所描述的"飞龙在天""群龙无首"等和《说文解字·龙》所说的"春分而登天，秋分而潜渊"等明显是以龙形北斗星象的形与踪为原型；《楚辞》中的龙则明显与昆仑丘的形态有关。如《楚辞》"驾两龙兮骖螭，登昆仑兮四望""驾青虬兮骖白螭，吾与重华游兮瑶之圃"，是说昆仑丘的山体形态是传说中龙的原型。

据考察，昆仑丘北部为石灰岩陷落洼地，南部为峻脊状砂岩地貌。原始时期，昆仑丘

系亚高山草甸，顶部因砍伐而不长树木，所以远古先民能很容易看清其形态酷似一动物。于是人们便取昆仑丘之形体而造字龍（�龙），取龙形北斗星之行踪而称龙能上天入地，取龙形闪电、卷风之声响与呼风唤雨之本领而发音lóng（隆）。

甲骨文"凤"（𠃌），明显是鸟形。寻找象形文字"凤"的出处非常简单。

《礼记·曲礼上》记："前朱雀而后玄武，左青龙而右白虎。"朱雀即凤凰，玄武即灵龟。既然昆仑丘是神龙的山体原型，那么白虎当在西，凤凰当在南，灵龟当在北。于是考察昆仑丘西侧，十分轻易便找到了凤、龟、虎等山体原型。甲骨文"凤"字当是据此鸟形山体所造之字（图17.05）。造字时，凤、风同音同字，刮风时似"fēng"声，所以凤发音"fēng"。

例七：漢

漢，汉族、汉字、汉朝。甲骨文汉（𦰩），会意字。像人牲放在火上焚烧之形，会以人牲火祭求雨之意。卜辞中用以表示干旱、旱灾。隶变后楷书写作堇（jǐn）和莫（hàn）二形。后因堇和莫作了偏旁，干旱之义便另加义符"日"写作"暵"；求雨功成，天降甘露，大地滋润之义便另加义符"水"写作"漢"。可见漢、暵、謹、艱、難等字的初字是"以人牲火祭求雨"的"堇""莫"。

我中华民族历来敬重舍己为人、以己为牲、火祭祈雨的英雄"汉"，故中华、华夏民族的自然承袭便自诩谓汉族。

中国远古时期自伏羲起的历代帝王在天地正中昆仑丘皆以羊、新禾、白米等烧牲燃禾以

图 17.05　"凤"字原创于昆仑丘西侧凤凰台

祭，祈求年丰。自私有制出现后的黄帝起，改以被俘的人为牺牲祭天求雨。进入到奴隶社会的夏商时，地球正处冷干期，天下连年大旱，帝王以人牲火祭求雨几成定式。"汤王昆仑虚焚身祷雨"便是流传民间，颂扬英雄"汉"的故事。"莫"字亦由原先的贬义经中性义化变为正面义的"英雄汉"。自此，"漢族"便自然而然地承袭中华族、华夏族而成为本民族值得骄傲、受人尊崇的响亮称谓。

春秋、战国起逐渐取消人牲火祭。其后历朝历代，直至北宋年间，帝王始终在天中地中昆仑丘或天台山（五代后称"天坛"）以羊、新禾、酒等祭天祈年。明永乐后改行北京天坛祭天。我国昆仑、天台山祭天，前后长达七千年。故以祭天祈雨为本义的"汉"字无疑原创于昆仑丘。

自从创生了汉字，发源于南天门，即神龙下颌处的河道便称南门河、天河、天汉、银河、"银洞河"。至今，坐落在该河源头的村庄仍称银河村或南门河村。

例八：楼、金、京、亭、享、高、亳

同一地象并非只造一个字。人们依据一种地象可以造出形义相似、形声相谐的若干个象形文字。这是中国象形文字的一大特征。"楼、金、京、亭、享、高、亳"等字就是据昆仑丘圣王坪西侧同一座楼形石山山脊所造的象形、象义、象声字（图 17.06）。

该楼形石山在有巢氏、燧人氏、伏羲时代便称为石楼山，又称狼牙山（后雅称琅琊山）。道书《荣氏遁甲开山图》载："石楼山在琅琊，昔有巢氏治此山南。"因此山山形雄伟奇美，八千年前地球刚进入暖湿盛期，为躲避洪水，有巢氏便带领部落民众从沟谷平川地带迁居此山南。至伏羲氏时，便按此山山脊形态创生"楼"字。其后，又按此山

图 17.06　楼、金、京、亭、享、高、亳等字，同创于昆仑丘西侧支脉石楼山之楼形山脊

山脊形态创生亭、享、高、亳、金、京等字。

京与亭、享、高、亳等字，甲骨文或金铭文皆象形于石楼山，皆像在高平台基之上筑亭屋形。只是后世分化出：京，犹于高处瞭望之用；亭，于道旁供行人停留、歇息、食宿之用；享，象祭献神祖之意；高，象楼台高大之意；亳，象居住地之意，本义为地名，如汤始居亳。

楼，甲骨文"𦦙"金文"𦦙"，象形、象意字。左边从𨸏（阜），即（阝）象征楼梯，右边是重叠的庐屋形，表示楼房，是"楼"的本字。金文像楼房建造在高平台基之上。

远望石楼山山脊，众多"楼房"果似都建在高平台基之上。

以上从创生"楼"字的历史背景、自然环境和象形物，都表明昆仑丘西侧的石楼山就是当年创生"楼"字的象形物。

金，甲骨文未见，金文"𨥀　𨥀"，象形兼会意字。左边像两块铜饼，右边为上矢下斧，会制作箭斧的金属之意。另一解谓"金"曰"舍内多玉"，会金贵之意。据上可做如下解读：①从字形看"金"字与埃及金字塔相仿，都是以石楼山金字状山脊为原型。②伏羲时尚无金属之概念，故其时无"金"字。"黄帝采首山铜，铸鼎荆山下"之后，人类才首次认识有以铜为先导的金属。③敲击铜鼎发出"jīn jīn"之声，于是便取石楼山脊之形而造字金（𨥀），取敲击铜鼎之声而发音"jīn"。④那时称金鼎，"三代"时人类发现真金后，才改称其谓铜鼎。⑤所谓"舍内多玉"，是形容金玉之显贵。

以上，从创生"金"字的时代背景、自然环境和象形物，都表明黄帝铸鼎处的石楼山就是当年创生"金"字的象形物与原创地。

京，甲骨文"𩰬"，初文义为在高平台基之上筑建供瞭望的亭屋形，后泛指尊高显贵。尊莫过帝王，大莫过王宫，贵莫过金玉。于是"京"遂比为帝王、金玉所在之王都，"京"亦随"金"读"jīn"的近音"jīng"。

自巢燧羲……炎黄……尧舜禹近四千年间皆立都于石楼山—宛丘—昆仑丘。故无论从何角度论，"京"字必然原创于石楼山。

亭，甲骨文"𩰬"，形声字。台基之上建楼形之意。会设在道旁供路人停歇。字典多误标"丁声"，实与"京"同源谐声，形同、义同、音似、实同创字于石楼山。

享，甲骨文"🏛"，金文"🏛"，象形字。像在台基上建殿堂形之意，象征祭祀神祖的宗庙。享，本义指用食物祭献神祖。

自远古始，几千年间几百代帝王皆在天地正中昆仑丘（仙称璇玑玉衡）"类于上帝，禋于六宗，望于山川，遍于群神（《舜典》）"。故无论从"享"字之形和百神享用之所在，"享"之造字无不指向昆仑丘石楼山和昆仑丘圣王坪。

亳，甲文"🏛"，会意字。像在台基上建亭屋形，上从高省，下从乇，会寄住地之意。本义指地名。商汤时王都：汤始居亳。

然传亳有三地：商丘东南有南亳；商丘北有北亳；偃师西有西亳。并皆谓与汤克夏桀有关。但该三地皆未见有创生"亳"字的地象，故似与安徽亳州一样，该三地取名"亳"仅是后世人的附会，并非本初之"亳"。

《史记·殷本纪》记："成汤，自契至汤八迁。汤始居亳，从先王居，作《帝诰》。"记中"汤始居亳，从先王居"是谓汤之王都与帝喾、帝尧、帝舜、帝禹时之王都同，皆在亳。那么本初之亳在哪里？

按字形，亳（🏛）字亦当原创于昆仑丘石楼山。因此，假如在昆仑丘石楼山附近找到上古时称"亳"这地名，则可认定这"亳"地就是本初亳地。

据实地考查，在石楼山西南三十八千米的山西垣曲，上古时便有称"龙清河""亳清河"者，河岸建有"上亳城""下亳城"（图17.07）。几千年过去了，至今仍沿袭此名。山西阳城、垣曲，河南济源一带自古以来广为传颂"舜耕历山，渔雷泽"，又传颂汤王在昆仑丘圣王坪中央焚身祷雨故事。三四千年过去了，舜、汤所经沿途及天地元等地的

神路与祭天台、宰牲池等遗迹仍清晰可见。山西阳城、垣曲，河南济源等地的百多座汤王庙仍香火不绝。

以上史实无不证明亳字原创于昆仑丘石楼山。

上述列举前七例十三个字皆以昆仑丘圣王坪之天象地象为原型；第八例六个字则以昆仑丘石楼山之地象为原形。实际上，创生于昆仑丘的首批象形文字何止几百。诚望天下鸿儒进一步考证，以正吾中华文字之本原。

据"字原应时"创字原则与理络，象形文字的创生，前后历时几千年，有些文字首创于伏羲时代，有些文字创生于黄帝时代。但不论其创生于何时，此期间内的文字一般原创于昆仑丘一带。直至夏朝初年昆仑丘成为无人区，文字创生才随着部落迁徙而转移他方。

今考黄帝生、都、墓地均在昆仑丘一带，故所谓仓颉造字于河南新郑云云似可疑。反之，伏羲或传说伏羲臣飞龙氏朱襄首造字于昆仑丘者，则经籍理据历历在目。

四、伏羲昆仑造字说的理据

（一）由"八卦造字"抑或由"鸟兽迹造字"

本章前文已摘引历史上记载伏羲由八卦而造书契的部分经史典籍。以下再专引清代徐文靖《竹书纪年·前编》所记太皥庖牺氏"造书契"。

（笺按：《系辞》曰："上古结绳而治，后世圣人易之以书契。"《物原》曰："燧人氏作绳。"盖上古未有文字，大事则大结其绳，小事则小结其绳。至太昊始易以书契也。

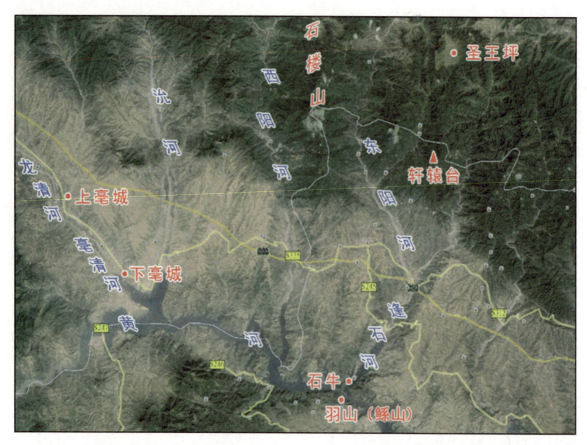

图 17.07　"亳"字原创于昆仑丘西侧石楼山

《河图》代姓纪，天皇命臣飞龙氏造六书。

《外纪》注曰：论字，学者谓始于仓颉，而不为始于伏羲。仓颉为黄帝史官，或伏羲制字，至仓颉而大备，或仓颉即伏羲之臣，而其成书契，皆无从稽考也。今按伏羲时朱襄为飞龙氏造书契，何必疑仓颉为伏羲臣也。）[1]

此"笺按"透彻地阐明了如下史实：既然伏羲臣朱襄已经首创书契，又何必还要多此一举地推出伏羲之后三千年的黄帝臣仓颉造字？既然已经明确"伏羲始画八卦而造书契生文籍"，又何必还说"仓颉观鸟兽迹而造文字"？

很明显，对蒙昧时期的人们来说由直觉而形象的龙形北斗星座第一步先推演出抽象的龙形八卦符号，第二步再在抽象的龙形八卦符号的启发下创生出更抽象的文字。这种"两步造字说"似乎比由鸟兽迹一步造字说"真实客观"得多。故人们有理由认为，所谓仓颉由鸟兽迹而造文字，或是后世人们凭想象所编的故事，而由八卦造文字则更真实可信。

按字原象形、字原应时造字解字原则与理路，如同"太极本图"只能由八千年前的天龙地龙推演而得一样。本章前文所举若干象形文字亦只能创生于八千年前伏羲时代。

[1] 引自（清）徐文靖统笺《竹书纪年》，育文书局，1921年版。

由此便要诘问：八千年前的人们已经学会由八卦符首造书契文字，五千年前的人们反倒还得模仿鸟兽迹造字？

这显然说不通，所以说，仓颉这个人可能是"因（黄帝）庙设（仓颉）神"的产物，顶多只是社会发展到私有制以后急需"字原应时"地补造一些新字罢了，如"莫""金""京"等字。

实际上，从伏羲始到春秋战国，汉字造字从未停止过。即便仓颉曾经造过字，也不过是时处造字中期的造字者之一，决非首位造字者。

（二）首批文字必造于部落联盟之初

人类区别于动物最为显著的标志之一是具有复杂而系统的语言功能。但一个民族有了语言并不等于进入了文明时代，按学界普遍认同的文明时代标准，只有当这个民族创生并使用了文字才能称跨入了文明时代的门槛。那么一个民族尤其古老民族的文字通常是在什么历史阶段创生的？

这可从生产力与生产关系、经济基础与上层建筑的辩证发展过程进行分析。

人类在氏族、部落时代已经具有语言功能，否则在本部落内部也无法进行思想、信息交流，这无异于动物。当生产力发展到较高程度，随着人口增加，人们交往频繁和领域范围扩大，也为了更快更好地发展，近亲、近邻部落之间必然会发生以经济更发达、思想文化更先进的部落为核心的自发自愿的结合。这就是部落联盟产生的最初模式。

在中国，这一过程就发生在远古时称为宛丘、石楼山（今山西省阳城县西南部和河南省济源市西北部）的地方（参见本书《第十二章神圣昆仑之四　四千年王都　百余代帝墓"》。大约八千年前，创建了以伏羲为首领（时称"王""皇"）的中华雏形太皞部落联盟。但联盟内各部落的语言不同不通，严重影响各部落的思想信息交流和人员交往。于是，创生统一的文字便成为部落联盟创建之初的第一要务。

此时正值伏羲以天龙地龙推演太极图八卦符之时，由是人们联想，既然按天龙地龙形象可以画制出太极图形和八卦符号，那么同理，仿照天地间其他各种各样的形象物就可以造出千千万万各式各样的文字。这就是首批中国象形文字由"伏羲画八卦以记文字，由此文籍生焉"的早期过程。

（三）首批文字必造于远古王都

没有需求就没有发展，没有对文字的需求就不能产生文字。同理，在血缘氏族式管理进化为非血缘社会化管理的历史大转折时期，因各部落之间语言不同不通，部落首领在治天下时深感没有文字的无能为力和对创生文字的急迫心情，文字便应时而生。而普通氏族民众则不会有这种急迫感。且假设普通族民有意无意地创生了一些文字，又如何为其他民众所接受，又如何传世后代？故此说，文字的创生必定是部落联盟初创帝王的要务，也必是初创帝王之所为。诚如《说文解字·叙》谓："盖文字者，经艺之本，王政之治。前人所以垂后，后人所以识古。"文字无疑是帝王治理天下的先决条件。

在中国，这一艰巨的历史重任落在了立都宛丘（昆仑虚）的太皞部落联盟首领、百王先的伏羲肩上。

公元前六十世纪，伏羲推演了太极图，又推演了八卦符。紧接着，伏羲又在画八卦的基础之上创生了推动中国文化大踏步向前进的象形文字。可以推测，伏羲创生最早的文字就是包括本章例一到例六共 12 个字在内的以专有名词和祭祀词为主的几百个首批象形文字。

至于古籍中所谓朱襄造字说，其实与仓颉造字说一样，仅系扑朔迷离之谓。据《汉书·古今人表》《帝王世纪》《金楼子》《三皇本纪》《丹壶书》《路史》等载，朱襄、仓颉又都是古帝王。试问，同一个人，怎能既是古帝王又是伏羲臣、黄帝臣？足见记史之混乱。

另，据远古以来所谓"龙书""龟书""洛书"之说，近年来在鳌背山、大罗岭等地发现多处"天书崖"。以下转录部分"天书"，供学界评说（图 17.08）。

"中华""太皞"，是中华民族的首批象形文字。首批象形文字原创于伏羲时代昆仑丘的事实表明"字原象形、字原象义、字原象声、字原应时"不但是创生、解析象形文字的重要原则与有效理路，同时表明象形文字的确是解读并认识史前文化乃至认识中华文明的重要信息源，还表明后人发现、解析、解读象形文字尤其解读首批象形文字应该努力寻找、切实依据创生象形文字的原创时空环境，而不应闭门解字，也不应故步自封于殷商甲骨文。这才是唯物的、历史的。

a 在济源市王屋镇天台山北发现的"天书"（供稿：李立政）

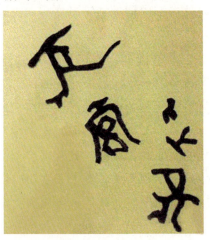

b　在阳城县河北镇孤堆底村发现的"天书"（供稿：杨鹤仙）

c　在济源市邵原镇鳌背山发现的"天书"（供稿：翟钢炮）

图 17.08　近年在"首批象形文字原创地"发现的"天书"

一、族外对偶家庭的出现

考证人类社会是否进入文明时代，社会婚姻状况是一项重要指标。

通常，人类初始时期为原始群婚、血缘婚，后又出现族外群婚，后又过渡为对偶婚（有史书又称对偶家庭）。

显然，群婚、血缘婚是人类社会处在蒙昧、野蛮时期的主要社会形态，而族外对偶婚或族外对偶家庭的出现则标志着人类社会已经进入到文明时代。朱寰先生在《世界上古中古史》一书中就这一发展过程做过详细论述。

因各地社会发展进程有早有晚，有快有慢，王屋山区昆仑丘一带的华虚——太皞部落在科技、经济、社会、文化乃至婚姻状况等各个领域的发展早于、快于、优于包括朱

寰先生所举与华虚—太皞部落同时代的陕西沙苑、河北虎头梁一带在内的其他地区。犹如当今世界已普遍进入现代化管理模式，但在非洲、亚洲个别地区仍处部落式管理时代，我国也有一些少数民族如"白裤瑶族""摩梭族"乃至河南"淮阳宛丘"一带的汉族，至今仍遗存走婚制等部落痕迹，表明世界各地发展并不一定都是同步划一的。在交通、信息十分落后的原始社会，各地更不可能同步发展。发展存在先后、快慢是正常现象。

那么昆仑丘华虚—太皞部落的社会婚姻状况是怎样的？人们解读文献记载可知那时正处氏族血缘婚向族外对偶家庭的转型期。

前文已述，据伏羲、女娲随其母亲祖居华虚部落风姓氏族成己村落，故其姓风；又

据其母亲与华虚部落雷（龙）姓氏族小伙走婚而生伏羲、女娲的传说，表明那时已跨越原始群婚、乱婚阶段，但尚处在燧人氏末期的母系氏族向父系氏族转型的走婚时期。

其理如次：既然史称"燧人氏""燧皇"（《三国志·魏书》），表明那时父系氏族制已开始萌芽；既然伏羲随其母亲姓风，表明那时仍处知母不知父的母系氏族时代；既然风姓女子与雷姓小伙相爱走婚，又表明那时已处于氏族血缘婚刚结束不久的族外走婚时期，即处《世界上古中古史》中所谓族外对偶婚前夜。

应该说，更具原始血缘婚性质的是伏羲、女娲兄妹成婚的传说：

李冗《独异志》："昔宇宙初开之时，只有女娲兄妹二人，在昆仑山（丘），而天下未有人民。议以为夫妻。"

1942年，湖南长沙东郊子弹库出土的楚帛书《创世篇》，有载文大意谓：远古时，庖戏（伏羲）出生于华虚氏，过着采摘狩猎生活，后娶其妹女娲为妻，生有四子，是为四种。其时无日月，由四神分守四方，以步量推算岁月定四时。

《独异志》和《创世篇》所记当是伏羲女娲二十岁左右，即伏羲尚未"继燧人氏为王"之时社会普遍流行血缘亲婚姻状况，或表明伏羲年少时尚处母系氏族社会。

伏羲继燧皇而王后，不久便在华虚部落基础之上建立了太暤部落联盟，从此，无血

缘关系的不同部落之间的人员交往频繁。与此同时，文字的创生又为不同部落间人们的交往提供了互通平台。这些皆为族外对偶家庭的出现奠定了基础。同时，为鼓励建立族外对偶家庭制式，伏羲还制定了"嫁娶之礼"：

《世本·作篇》记载："伏羲制俪皮嫁娶之礼。"

（汉）班固《白虎通德论·号篇》记："谓之伏牺者何？古之时未有三纲六纪，民人但知其母，起之呀呀，饥则求食，饱即弃余，茹毛饮血而衣苇。于是，伏牺仰观于天，俯察于地，因夫妇，正五行，始定人道。"

（三国）谯周《古史考》记："伏羲制嫁娶，以俪皮为礼。"

（东晋）王嘉《拾遗记》记："春皇者，庖牺别号……规天为圆，矩地以法，……审地势以定山川，始嫁娶以修人道。"

（唐）司马贞《补史记·三皇本纪》记："太昊伏羲氏……于是始制嫁娶，以俪皮为礼。"

归纳以上史籍所记，大致可得结论于下：

1. 由"古之时未有三纲六纪，民人但知其母"可知伏羲年少时，社会处母系氏族末期，尚行胞婚、走婚等习俗。

2. 由"于是，伏牺仰观于天，俯察于地，因夫妇，正五行，始定人道"可知伏羲"王天下"后，随着生产力的发展和社会的转型，父系氏族制逐渐替代母系氏族制，胞婚退出历史舞台而被对偶婚所取代。

3. "规天为圆，矩地以法，……审地势以

定山川，始嫁娶以修人道。""因夫妇，正五行，始定人道。"可看出随着社会、文化的发展，人们意识到社会、婚姻需要似"规天为圆，矩地以法"一样有个规制，只有有了规矩，社会才会安定。这个规制就是倡导"对偶婚"，建立"对偶家庭"。

4."伏羲制俪皮嫁娶之礼。""伏羲制嫁娶，以俪皮为礼。"……表明伏羲时制定了嫁娶之制、嫁娶之礼。

伏羲"王天下"后，社会婚姻状况发生了天翻地覆的变化，在短短几十年内便由先前的氏族血缘婚转型为非血缘的对偶婚（对偶家庭）。这是人类历史上一次了不起的大进步，标志着人类社会已进入父系社会的初始。

当然，按说如此巨大的社会形态大变革不可能在几十年内完成，但实际上，这场"婚制"大变革是建筑在生产力大发展、部落联盟形成和文字创生基础之上的，故对偶家庭的出现只是"水到渠成"的必然，是由量变到质变的辩证发展过程。

同时，也必须意识到，伏羲所倡导的对偶家庭与现今社会的对偶家庭还存有很大差距。其中最显著的差别是那时还习惯走婚及"桑林野合"等陋俗存在。所谓"桑林野合，俗而不丑，众而不陋"，正是源出伏羲前后昆仑丘及其附近的上桑林、下桑林一带。前文说过许多陋俗甚至遗风至今。

再一方面，伏羲时代对偶家庭的出现并不等同于私有制的必然出现。因为产生私有制的基础不仅是家庭的出现，同时还包括社会财富的积累。只有大量社会财富的积累及其分配不均，才会产生生产资料私有制，产生阶级，产生国家，产生世袭制。从对偶家庭的出现到产生阶级、国家、世袭制，其间还有一段漫漫长路。在中国，这一时期大约始于临炎黄前期。

当然，这里讨论的主题是何谓文明时代？到底是对偶家庭的出现即可认定为文明时代的到来，还是阶级、国家、世袭制的产生才算文明时代的到来？这一定义已在前文讨论过：不懂科学，没有文化谓之蒙昧；群婚、乱婚、血缘婚谓之野蛮。而对偶家庭的出现则是人类进入文明时代的重要标志之一（不是唯一）。私有制、国家、世袭制则只是文明进程的后续过程。

远古文化，有些能留存遗迹遗址，有些则很难留下遗迹。类似八千年前出现的对偶家庭这样的文化就很难在昆仑丘一带找到实物遗存，但不能因为难以找到实物证据便否定对偶家庭的客观存在。

从另一角度看，虽然物质的证据已难以找到，但考证"姓""氏"等象形文字的创字时代和创字地点同样可以证明伏羲时代昆仑丘已经出现对偶家庭。其证如下：

（宋）罗泌《路史·太昊纪上》载："太昊伏羲氏……正姓氏，通媒妁，以重万民之俪皮荐之以严其礼……"

（清）吴乘权《纲鉴易知录·太昊伏羲氏》

载：太昊伏羲氏"制嫁娶。上古男女有别，太昊始制嫁娶，以俪皮为礼。正姓氏，通媒妁，以重人伦之本，而民始不渎"。

何为"正姓氏"？正，即正风气、规制。姓是母系氏族社会的反映。甲骨文从女，从生，意为女所生。本义为标志家族的字。上古有姓又有氏，姓是族号，随母系，不能改变；氏是姓的分支，随男系，可以自立，能改变。即所谓"因生以赐姓，胙（赐）之土而命之氏"。本义指根柢，用以区别子孙之所由出生。"姓""氏"两字、两义原创于伏羲时代。

《补史记·三皇本纪》记："太皞庖牺氏，风姓，代燧人氏继天而王。母曰华胥（华虚）……而生庖牺于成纪（成己）。"这一段记载非常明确：燧人时为母系氏族，伏羲母亲为华胥（虚）部落风姓氏族成纪（成己）村落人氏，伏羲随其风姓氏族母亲而姓风；其后，因教民驯养牺牲、杀牲以祭，上天胙以天地正中昆仑丘而命之曰伏羲氏。且其后至少十五代皆系姓风，又皆称伏羲氏，直至伏羲后五千余年之春秋时还有任、宿、须句、颛臾等国仍以风为姓，以伏羲氏为宗氏。

由上可知，燧人氏前无姓、无氏，群婚、乱婚。伏羲后，实行对偶婚并组成对偶家庭，天下方才有条有理，天下之人才有姓；正氏，即正根柢，只有正根柢，这对偶家庭才有一片真正属于这个家庭的土地——根柢，天下才能安定安稳，天下人才能既有姓又有氏。举个并不十分贴切的比方，姓，好比现代人的同姓祖居地；氏，好比现代人各自的户籍地。

综上，伏羲"正姓氏"，标志那时已经出现对偶婚（对偶家庭）。而对偶婚的出现是人类社会脱离群婚、乱婚的野蛮时代而进入文明时代的重要标志之一。

二、礼乐的出现

国家大典，婚礼大典，古今皆为隆庆盛事。自对偶家庭出现后，婚礼与帝王祭天祭祖一样必伴以礼乐，祭天祭祖之礼乐常以庄重的开天立基词曲为主调，婚庆大典礼乐则以歌颂欢乐劳动、生活和美为主调。这些庆典礼乐自伏羲时代起便已有之，是当时重要的社会活动形式。有史为证：

《世本·作篇》记："伏羲乐曰《扶来》。"

《礼记·乐记》正义引《孝钩命决》记："伏牺乐名《立基》。"

《孝经纬·援神契》记："伏羲乐名《扶来》，又曰《立基》。"

（汉）王逸《楚辞章句》记："伏羲作瑟，造《驾辨》之曲。"

《隋书·乐记》："伏羲有网罟之歌。"

（宋）罗泌《路史·太昊纪上》记："太皞伏羲……爰作《荒乐》，歌《扶来》，咏《网罟》，以镇天下之人，命曰《立基》。……徵《天音》，操《驾辨》……灼土为埙，而礼乐于是兴焉。

仅据以上所记，伏羲时代至少有《扶来》《立基》《驾辨》《网罟》《荒乐》《天音》等首礼乐。其乐有颂扬上天、颂扬勤政、劝农劝业等。总之，与现今歌曲的主旨是相同的。

伏羲时代，除已有各种乐曲、歌曲外，还有多种乐器。有史为证：

《世本·作篇》记："伏羲作瑟，八尺二寸，四十五弦。""瑟，庖牺氏作，五十弦，黄帝破为二十五弦。""女娲承庖牺制，始用笙簧。"

（明）王三聘《古今事物考·卷五·乐器》引《通礼义纂》曰："伏羲作箫，十六管。"

《礼记·明堂位篇》记："女娲之笙簧。"

（汉）王逸《楚辞章句》："伏羲作瑟。"

（汉）许慎《说文解字》记："琴，庖牺所用弦乐也。"

（晋）王嘉《拾遗记》："春皇者，庖牺别号……礼义文物于兹始作，……丝桑为瑟，灼土为埙，礼乐于是兴矣。"

（唐）司马贞《补史记·三皇本纪》记："太皞庖牺氏……作三十五弦之瑟。"

（宋）罗泌《路史·太昊纪上》："斫桐为七尺二寸之琴，绳丝为弦，弦二十有七，命之曰'离'，徵《天音》，操《驾辨》，以通神明之贶，以合天地之和。丝桑为三十六弦之瑟以修身理，反其天真，灼土为埙，而礼乐于兴焉。"

（清）吴乘权《纲鉴易知录·太昊伏羲氏》记："斫桐为琴，绳丝为弦。弦二十七，命之曰离徵，以道神明之贶，以合天人之和。绠桑为瑟，三十六弦之瑟，以修身养性，反其天真，而音乐自是兴焉。"

归纳以上所记，伏羲时代已有琴、瑟、笙、簧、箫、埙等多种管弦乐器的出现。故史界认为这是礼乐兴于伏羲时代的直接证据。而礼乐的直接功用一是于祭天祭祀时"通神明之贶，合天地之和"；二是修身养性，反其天真。故礼乐一是用于祭天祭祖大典，二是用于婚庆典礼及常时身性修养、民间娱乐。

当然，由竹木丝绳等材质制作的乐器皆早已腐去，但由兽骨、灼土等材质制作的乐器则有可能留存至今。我国河南舞阳贾湖等地出土一万年前的骨笛乐器就是明证。

但是，仅有乐器而无乐曲也便失去了乐器的功用。故史书记八千年前伏羲已按不同场合主题与氛围谱写出人间首批乐曲并填写出天下首批歌词《荒乐》《驾辨》等。故古谓"礼乐由是兴焉"，"音乐自是兴焉"。

然而这是真的吗？既然乐器等有形物皆已腐去，那么又如何考证伏羲曾经在昆仑丘谱曲填词，演奏《驾辨》《扶来》《网罟》等礼乐呢？其实这只需要分析这些乐器与乐曲名所反映出的时空环境便可得知这些故事发生在何时何地，谨举三例。

例一，《驾辨》，传说由伏戏所作歌曲名。屈原《楚辞·大招》："伏羲《驾辨》，楚《劳商》只。"《楚辞》已经交代《驾辨》系由伏羲所作。

驾，驾御，古时帝王乘坐的车马轿舆。借指帝王，此指伏羲；辨，篆文"𧦮"，本义为剖分，天地剖分；驾辨，谓伏羲开天辟地，开天立基，天地由此从混而伦，故谓伏羲开天辟地之处曰"昆仑"，《驾辨》曲亦名《立基》曲。《驾辨》乃古帝王于天地正中祭祀上天时演奏的乐曲。类似当今之国歌。

不过，至今“驾辨”二字未见于甲骨文，故《驾辨》曲或是后人据流传于伏羲时代的故事、曲调而后冠之名。

例二，《扶耒》，伏羲乐名。“扶”字未见于甲骨文，金文“”，右边从手，左边从夫（人），本义为扶，扶持。“耒”，甲骨文“”，象形字，像犁形，本义为古代翻土农具耜上的曲木柄：斫木为耜，揉木为耒，扶犁翻土。

八千年前有巢、燧人、伏羲时代，先民已定居于宛丘（昆仑圣王坪），并在其上大片种植黍类作物，表明其时已发明“扶耒”翻土；同时也证明“扶”“耒”“黍”等字原创于伏羲时代昆仑丘。

各地出土的骨耜和圣王坪上初耕于伏羲时代的次生黍遗迹当是伏羲作《扶耒》的有力证据。

例三，《网罟》，伏羲咏歌。网，甲骨文“”，象形字，像一张网形。《说文解字·网部》：“网，庖牺氏所结绳以佃以渔也”，本义为用绳线结成的用于渔猎的器具。

网，不仅用于渔猎，还用于圈养牲畜。《古史》记：“太昊伏羲氏……作网罟，以佃以渔，圈养牺牲，服牛乘马，故曰伏羲。”

时间与历法的发现与使用，是人类的一次科学大革命；而网的发明与使用，让野兽主宰的世界一夜间变成了人类主宰的世界，是一场人类斗天斗地的技术大革命。自从掌握了时间历法，学会网的制作与使用，人类社会才真正进入了定居农业时代。昆仑丘北部的圣王坪，南部的大罗岭上上下下，有无数岩洞岩龛，远古时是极好的人居环境，其时防兽的山门、家门、畜门皆系用绳结成的网制成。可惜这些网世界如今皆已腐没。是“网”字、“网罟之歌”等将这些远古文化传颂至今。故这些文化无疑原创于八千年前伏羲时代昆仑丘。

例四，“昆仑”“协和”，这些字词原创于伏羲都地，最早由伏羲倡导。

“仑”，甲骨文“”，本义为编排完整，有条有理。“协”，甲骨文“”，像三耒同耕形，会合力同耕，本义为共同协力。“和”，甲骨文“”，从龠（口吹排箫，手弹琴弦），禾声，会音乐和谐，本义为声音相应，和谐悦耳。“禾”，甲骨文“”，像一棵茎叶根俱全而成熟的禾谷垂穗形，本义为黍谷。又若无禾、无黍谷，即便声音多么悦耳相应，亦无从读“和”，饿着肚子怎能有心情欣赏悦耳歌曲？

以上四字中，仑、和、禾三字皆与演奏和谐礼乐的排箫、琴、瑟等乐器有关。这既表明这些象形文字原创于伏羲时代昆仑丘，又表明伏羲时代已经发明乐器并谱写出乐曲。

以礼乐为代表的文化艺术，虽然并不一定是人类社会进入文明时代最重要的标志，但却同样标志着人类已经洗尽草野蛮荒。

社会化管理理念的形成

　　人类社会从血缘氏族进化到非血缘社会化关系的部落联盟是一次地覆天翻的社会大变革。如此之大的社会变革必须有也必然会有一整套强大而稳固的管理机构作为组织保证，必须有也必然会有先进的思想理念和虔诚的信仰作为理论指导，尽管古时还没有这些词汇。但这是社会发展之必然趋势，并非可有可无。

　　氏族，也称"氏族公社"。生产资料共有，集体生产，平均分配，无剥削，无阶级，公共事务由公推的氏族长管理。氏族公社阶段为世界各古老民族所必经。

　　部落联盟，原始社会后期形成的部落联合组织。通常由若干近亲和近邻部落结成。联盟强化了各部落间的经济、文化联系，并为部族和国家的形成准备了条件（《辞海·部落联盟》）。

　　不过，部落联盟从最初创建到最后形成国家和民族，其间可能经历很长的历史时期，各个部落联盟的经历并不完全一致。目前所知，古中国和古埃及是最早进入部落联盟时代的两个古老民族。按古中国模式，"前联盟时期"在"大同天下，协和万邦"的共同理念之下，以"近者阅，远者来"的和合大同、共同发展为思想基础，由各部落自愿合成部落联合体——太皞（又称中华）部落联盟。到临炎黄时代，私有制并阶级的出现，联盟首领（犹帝王）改禅让推举制为帝王世袭制，于是为争夺帝位而爆发了中国历史上最早的三场争帝大战。争战结果，黄帝、颛顼所在部落依仗武力先后战胜了炎帝、蚩尤、共工等部落而建立了华夏部落联盟。

　　早期如伏羲时代所建立的部落联盟主要在于和合天下，共同发展；而私有制出现后所建立的部落联盟则"主要在于共同从事出战或自卫等军事行动"(《辞海·部落联盟》)。因世界上除古埃及外的其他各古老部族多晚于中国炎黄时代,所以欧、美地区的古部族如古希腊荷马时代等皆受黄帝以武力建立华夏族的影响而在一定程度上都以为部落联盟必须建立在"以军事自卫或出战为目的"的基础之上。由此,直至今天,人们仍误以为部落联盟不可能建立在和合发展的基础之上,而只能建立在武力征服的基础之上。显然,这是对历史的误解。实际上,不但中华民族在八千年前昆仑丘按和合发展理念建立过太皞部落联盟,而且古埃及也于公元前四千多年前后的尼罗河下游为了共同发展灌溉农业而在许多农村公社基础上自愿联合组成了约四十个诺姆(州)。这些诺姆有自己的图腾、神祇和管理机构。统治者称诺玛克(Nomarches),即"州长"。这明显已具有完全意义上的部落联盟性质。直至五千年前进入私有制,上埃及首领才靠武力征服了下埃及而筑孟斐斯城,又于距今四千六百年前受中国昆仑文化的影响仿照"百神之所在"的圣王坪、"开明兽"和"伏羲六耋"的形义而开始建造金字塔(详见第二十六章"昆仑文化的世界性影响")。

由上可见,当人们站到历史的高度,站到世界的广度,那么所谓"和合建盟"抑或"武力建盟"只不过是一种方法、手段问题,而非本质问题。同时可以肯定,"和合建盟"与"武力建盟",两者间不存在谁对谁错,谁先进谁落后,或谓武力建盟是开历史倒车等问题。前者是原始公社制时期的必然形式,后者是私有制出现后的必然形式,是由历史

发展规律决定而非由主观意志所决定。应该说,是否已经进入部落联盟时代才是问题的本质。这如同"战争是政治的继续","政治是经济的集中表现,既产生于一定的经济基础,又为经济基础服务,给予经济的发展以巨大影响"一样,经济基础和经济发展才是根本性、决定性因素。从为了达到经济、社会双发展这一总目标,则"和合建盟"的方式优于"武力建盟"。因此,八千年前由伏羲以和合理念建立的世界第一个(太皞)部落联盟实实在在具有巨大的世界性与历史性意义,实实在在是人类文明史上一面光辉旗帜,而五千年前黄帝依仗武力建立的(华夏)部落联盟只是私有制出现后人类文明进程中的后续过程。

那么,太皞部落联盟与其先前的华虚部落从本质上有何区别或说有何进步?据研究并经现场考察认为,两者间大致有如下两方面质的变化:社会化管理体制和社会化管理理念。

一、社会化管理体制的形成

所谓社会化管理体制,是指脱离了华虚部落血缘氏族制而进入到太皞部落联盟非血缘社会化以后,在部落联盟内部所设置的管理系统或管理机构。

太皞部落联盟全盛期,其人口数量与地域范围至今已很难考定,但据流传至今与伏羲有关的故事,譬如传说伏羲女儿宓妃淹死在洛水后化升洛神,伏羲遣马队往返蒙汜盐池等,推测其大致范围包括黄河北岸的南太行山西段、中条山和黄河南岸的崤山、熊耳山、嵩高山、外方山在内的今山西南部、河南西

北部一带约二万平方千米，其中心为古济水之源王屋山区昆仑丘。总人口不足五十万。（以上数据仅供参考）

在人类社会尚处氏族时代，一因相互间系氏族血缘关系，无多公共事务需要处理，二因人口少、地域窄，所以通常无须设置层级管理机构，仅在族内公推一位德高望重的氏族长即可。

但是，与氏族时代不同，当社会进入部落联盟时代，一因相互间为非血缘的社会关系，二因人口众多，地域广阔，管理不便，三因需要协调的公共事务繁多，所以既需要设置行业管理机构，又要分区设置地方管理机构。但不要一说"管理机构"就理解为当今的官方机构。

层级管理机构的建立是血缘氏族制管理转型为非血缘社会化管理的重要标志，也是人类社会进入文明时代的重要标志之一。（以上详见第十六章"太皞部落联盟的建立"）

但是，层级管理机构的出现只是人类社会进入文明时代的表象，其本质则是社会化管理理念的初步形成。只有产生了较为先进的思想理念并成为全社会统一的意志与行动，人类社会才真正进入到原始文明成熟期。那么，这先进的思想理念是什么，又是如何形成的？

二、社会化管理理念的形成

当人类社会进入部落联盟后，原先氏族管理模式已经不适用于社会化管理体制，故一则从"中央"到地方必然要采用层级管理机制，二则必然要创生新的管理理念，形成全社会统一的意志。什么是新的管理理念呢？这就是如同《淮南子·览冥训》所言"伏羲氏之道"。

所谓"伏羲氏之道"，是指由"天地自然之道"而引申的"社会伦理之道"。这"社会伦理之道"就是"伏羲氏之道"，而"天地自然之道"就是"伏羲氏之道的根柢"。

那么，伏羲是如何将天地自然之道引申为社会伦理之道的？请看：

原始古人，其认知主要来自对天地自然之感性直觉，那时的思维形式主要为形象思维而较少抽象思维。当人们直觉地"远取"（远望）日月星辰运移，直觉地"近取"（近观）自然万物生生息息，便自然而然地感生出"日月星辰各行其道（日月星辰各行各的轨道，从不错乱，凡错乱者后世称'贼星'。），亿万斯年环中不休（不论远近明暗，所有天体一皆围绕天帝所在的天极运转，从不违逆。）；天地万类生息有序（万物都自由自在地繁衍生息），大千世界和合包容（相互间和睦共荣）"等天地大道观念。而这些观念都明确表达在"伏羲画八卦而化天下"之中。有关这方面的记载很多。

（春秋）管仲《管子·轻重戊》："自理国宓戏以来"，"宓戏，作造六峜以迎阴阳，作九九之数以合天道，而天下化之。"

（战国）尸佼《尸子·卷下》："伏羲始画八卦，列八节而化天下。"

（汉）司马迁《史记·天官书》：称伏羲氏"苍帝行德，天门为之开"。

（汉）孔安国《尚书·序》："古者伏羲氏之王天下也，始画八卦，以代结绳之政，由是文籍生焉。"

《易传·系辞下》："……于是始画八卦，以通神明之德，以类万物之情，作结绳而为网罟，以佃以渔。"

归纳以上诸说，伏羲画八卦，至少在三个方面开化了天下。

其一，列八节，通阴阳，合天道。

这是说八卦的功用之一是授时推历。人们从掌握授时推历这门科学起，就将一昼夜分为八个"时辰"，又将一年分为八个"节气"（时令）。自那时起，人们懂得了春夏秋冬、昼夜时辰等天道变化规律。由是在以授时推历为代表的原始科学指导下，农业生产得以大发展，并学会了结绳网罟，学会了服牛乘马、驯养禽畜。

其二，代结绳之政而生文籍。

这是说八卦的功用之二是启迪文字的创生。人们学会了用八卦符号标记时间、时令，便再也不必用结绳记事的笨办法管理事物了。不但如此，在八卦符号的启发下，人们又学会了创制象形文字。于是在不太长的时间内，按当时的实际需要并依据昆仑丘各种各样的天地自然物象，人们便首创了几百个当时急需的独体象形文字。故说"始画八卦，文籍生焉"。其实八卦符号本身表明，那时已基本脱离了"依样画葫芦"的形象思维而进入到具有一定规则与抽象功能的雏形文字阶段。所以说，八卦是文字的前夜与先导。

其三，通神明之德，类万物之情。

从文字学角度对《易传·系辞下》此段话可做如下解读：

通，施行，推行。神明，天地间一切神灵之总称。帝王曰圣，圣之精曰神，《易传·系辞》之"神明"，有特指天帝与圣王伏羲之意。通神明之德，意谓施行、推行圣王伏羲的大道圣德。类，法则，规范。情，道理，情理，形态，情态。类万物之情，意谓规范天地万物的情理、情态。整句意谓八卦的功用是"推行天地大道圣德，规范天下行为准则"。通、类的过程也就是人类社会的开化过程。

从文字学和"伏羲氏之道"角度，对孔子所言做以上解读，当能对伏羲八卦的意思和功能有个确切的了解。

以上就是八卦的三大功用。那么什么是伏羲的大道圣德？又是如何产生的？

诚如上述，所谓大道圣德，就是由伏羲在昆仑丘俯察地理，直觉"天下万类生息有序，大千世界和合包容"而引申的"大同天下""协和万邦"的和合大道观。和合大道观是"伏羲氏之道"的精髓。

同时和合大道观还产生于由伏羲在昆仑丘仰观天象，直觉"日月星辰各行其道，亿万斯年环中不休"而引申的以正统、伦理为核心的社会伦理观。这伦理之道便成为进入社会化以后部落联盟的管理之道。人人都遵循伦理之道则社会必然和合美好，否则社会必然纷纷扰扰。

既然说伦理、和合理念皆本自伏羲时代，那么伏羲时代应该已经出现"伦""和""同""容"等与伦理、和合有关的象形文字，以教化民众。

事实果亦如此，"伦""和""同""容"等象形文字确实原创于伏羲时代昆仑丘。这也证明伏羲时代确已进入以正统、伦理、和合、包容为核心理念的社会化管理时代。

伏羲画八卦，人类第一次懂得了以时间历法为代表的原始科学，实现了人类史上首次科学大发现；伏羲画八卦，为人类创生象形文字开启了大门，实现了人类史上首次文化大发展；伏羲画八卦，为人类进入部落联盟之后倡导和合社会、大同天下的社会化管理理念提供了理论的与物象的依据，实现了人类史上首次思想大进步。

是的，伏羲推演的太极八卦是肇启中华文明的奠基石，是人类社会由草野蛮荒登上科学文明的天梯。故古誉"画八卦而化天下"。

伏羲倡导的和合大道理念不但是初始文明成熟的标志，也是中华几千年历史、文化思想意识发展的理论指针。

三、和合大道理念的历史与民族意义

以上讨论了和合大道理念的产生机制与形成过程。因其形成于伏羲时代昆仑丘，故统称这一文化为"昆仑文化"。

不过，有学者认为河图、洛书、术数才是中华民族的主体思想。这也许是"仁者见仁""智者见智"，不同的视角会得出不同的看法。但思想理念是社会实践的总结与提高，反过来又指导社会实践。因此说，能成为一个民族的主体思想者，不但应该在推动原始社会前进中曾经发挥过巨大功用，而且在推动阶级社会乃至现代社会前进中同样也应该能发挥积极作用。否则就不能称为这个民族的主体思想。这就是和合大道理念的历史与民族意义之所在。

如上述，这一主体思想就是源自天地自然的和合大道，而河洛、术数等文化并没有如此强大的影响力。

（一）推动原始社会前进的和合大道理念

伏羲之前，人们尚无社会、文化等方面的知识或理念。犹如古籍所记：

（春秋）辛妍《文子》："虑戏氏之王天下也……其民童蒙，不知东西，视颠颠，佝然自得，莫知其所由。浮游凡然，不知所本。"

（汉）王充《论衡·齐世》："宓羲之前，人民质朴，卧者居居，坐者吁吁，群居聚处，知其母而不知其父。"

《吕氏春秋》："昔太古尝无君矣，其民聚生群处，知母不知父，无亲戚兄弟夫妻男女之别，无上下长幼之道，无进退揖让之礼，无衣服履带宫室畜积之便。无器械舟车城郭险阻之备，此无君之患。"

上述古籍主要描述了原始时代的两件事：其一，生产力极端落后；其二，思想意识、社会习俗尚处蒙昧、蛮荒状态。故此，其时的主要社会需求是为了生存而必须加快发展生产力以及提高人们对自然、对社会的认知能力。

于是，在科学技术方面，据天龙地龙和日月星辰、周天星河周而复始地东升西落，伏羲便发明了晨考日出、昼参日影、夜考极星等授时推历科学方法，又发明了结绳而网罟等渔猎、自卫等先进技术。人类由此一步跨进了原始科学文明的门槛。在科学技术的支撑下，定居农业的发展又让人们在一夜间登上了食养无忧的天堂。从此部落民众再也不必颠沛流离，再也不会身不由己地任兽扑食。

在思想意识方面，依据北斗星"引日月以指极""日月星辰各行其道，亿万斯年环中不休""天下万类生息有序，大千世界和合包容"等天地之象，伏羲又引申出正统伦理、和合包容，天下大同，共同发展等社会理念。

在上述先进生产力、先进思想理念的指导、

影响下，很快在华虚部落基础之上建立了以昆仑丘为中心，以伏羲为首领（王），以天下大同、共同发展为宗旨的太皞部落联盟。这天下大同、正统伦理、和合包容、共同发展，也就是推动原始社会前进的和合大道理念。

记载伏羲以大道治天下的史籍很多。谨举三例：

《易经》："观天之神道而四时不忒，圣人以神道设教而天下服（伏、化）矣。"（此"圣人"，即伏羲。意谓伏羲以大道治天下而天下化之。）

《法言·问道》："是以法始乎伏羲。"

《淮南子·缮性》："逮德下衰，及燧人、伏羲始为天下，是故顺而不一。"

以上记史意谓各氏族部落虽统一在太皞部落联盟之下，但各自都有相对独立的自主空间。故先秦、两汉及后世诸多典籍多有颂扬伏羲功德者。如成玄英注《庄子·天运》谓："三皇行道，人心淳之。"表明伏羲氏之和合大道深得人心。

《淮南子·览冥训》："昔黄帝治天下，……然犹未及虙戏氏之道也。"那么黄帝在哪些地方不及伏羲之道，后文将做详解。

人们不禁要问，君主制的核心理念是正统伦理，而大同世界的核心理念是和合包容，两者明显相对，那么伏羲氏之道怎能同时适用于这决然对立的两种不同的社会形态呢？

其实，大道理念原本就是一种源自天地自然的无阶级性的初始哲学理念。它既不附属于哪个阶级，也不依附于哪种制度。无论何种制度，无论哪个阶级甚或是唯物、唯心两哲派都可从大道理念中汲取各自所需的养分，都可找到支撑自己观点的依据。这是其一。

其二，正统、伦理，和合、包容，相互间本就存在着必然的依存性与关联性。譬如，有正统才能讲伦理，没有正统就无法讲伦理。又如，和合当以包容为基础。所谓虚怀若谷，有容乃大，是说做人要有阅、恕、虚怀之心。如此，社会才会和合。但一个社会若没有正统，也便没有了中心；没有了凝聚目标，又何谈和、容。相反，失却了和、容，又何谈正统。所以说正统、伦理，和合、包容，是相互依存、互为因果，只是原始公社时较多强调和合包容，私有制后较多强调正统伦理。

上述之一切皆系大道之核心理念。当年伏羲唯以"近者阅"才赢得"远者来"，唯以和合包容才博得天下归心，才建立了人类史上第一个（太皞）部落联盟。足见唯包容才能和天下。

大道理念的这种性质，决定了其具有适于各种社会环境的能力，也决定了其具有与时俱进的发展空间。春秋、战国时期蓬勃兴起的诸子学说，从根本上说大多都是大道理念的承袭与发展。

（二）君主制的理论基础

由伏羲开创的这些大道圣德，后世君王和历代文人无不心悦诚服，对圣王伏羲无不顶礼膜拜。

伏羲至炎黄、尧舜近四千年间，百余代帝王多立都于昆仑虚；在思想意识方面也一皆遵循伏羲所开创的大道理念，尊伏羲为圣王；大道理念开创后的三千年间，整个社会始终处于"顺而不一"的和合环境之中。

及后世，随着生产力快速发展，社会进

入私有制，帝王禅让制改成了帝王世袭制，人世间出现了高低贵贱。到黄帝时单凭"伏羲之道"似已很难治理天下，故除继续宣扬伏羲之"和合大道"外又出现了以武力统天下之"武道"。但武道只能暂安天下却不能顺遂民心，即所谓"黄帝始为天下，是故安而不顺。"（《庄子·缮性》）所以在以武力建立华夏部落联盟之后，黄帝仍然维持以伏羲氏之道为治世方略。但诚如《列子·黄帝》《淮南子·览冥训》等所言："昔者黄帝治天下，……治日月之行律，治阴阳之气，节四时之度，正律历之数，别男女，异雌雄，明上下，等贵贱，使强不掩弱，众不欺寡，人民保命而不夭，岁时孰而不凶，百官正而无私，上下调而无尤，法令明而不暗，辅佐公而不阿，田者不侵畔，渔者不争隈。道不拾遗，市不豫贾，城郭不关，邑无盗贼，鄙旅之人相让以财，狗彘吐菽粟于路，而无仇争之心。于是日月精明，星辰不失其行，风雨时节，五谷登孰，虎狼不妄噬，鸷鸟不妄搏，凤凰翔于庭，麒麟游于郊，青龙进驾，飞黄伏皂，诸北，儋耳之国，莫不献其贡职。"如此殷勤勉力五十八年，"然犹未及虑戏氏之道也"。

黄帝下了这么大功夫，为什么"然犹未及虑戏氏之道"呢？一则黄帝只是"依样画葫芦"地照搬照学，自己无多创新发展；二则黄帝以武力统天下后，为巩固其世袭政制而"杀蚩尤、两暤"部落民众，甚至将蚩尤砍头、抽筋、剥皮、剁肉酱（据长沙马王堆帛书记），其行为完全悖逆和合大道而有失民望。如此作为当然"未及伏羲氏之道"。

不过黄帝建立华夏部落联盟却是事实。

同时从促进生产力发展的角度，又传说黄帝时发明了养蚕缫丝、织布制衣、冶铜铸鼎、制车造船、完善文字、编定甲历、整理医药、制作乐律等。所以虽说黄帝在大道学说方面无多建树，但战国末、西汉初还是有人将黄帝与老子并称为"黄老道"。那么黄帝在发展道学方面到底有无建树？有。主要反映在他突出了帝王世袭制与中央集权制。其一，自黄帝始，改帝王禅让制为帝王世袭制，这为中国四千余年帝王世袭制打开了大门；其二，黄帝自称中央大帝，强调处中为尊，这为后世五行说、五方说、五岳说等的兴起和帝王专制独裁、君临天下等奴隶制、封建制奠定了基础。而世袭制、集权制的社会基础是私有制的出现，其理论基础则是由大道理念中的天中地中、天龙地龙和"日月星辰各行其道，亿万斯年环中不休"等而引申为人类社会的正统伦理观。所以说"大道"又是君主制的理论基础。

（三）诸子学说的先师

不过，历史上真正全面发展或扭曲伏羲氏之道的先哲是周朝的周文王、周公旦、老子等易家、道家和孔子、韩非子等儒家、法家人物而非黄帝。这些易、道、儒、法等大家们在伏羲氏之道基础之上又从不同角度拓展出诸子学说，其中有些还成为今天人们尚看得见并可作为重要历史证据的有形体的物质文化遗产：

1. 伏羲氏之道的物质文化遗产

这些文化、文物，随着对伏羲大道文化研究的深入而逐渐浮出水面，并成为研究、认证中华文明八千年的重要依据。其中许多文化、文物如"中华神龙""太极八卦""天中地中""远古王都""炎黄结盟碑""伏羲故里""伏羲墓地""黄帝故里""黄帝墓地"等的发现机理与过程，已在相关章节中叙述过。以下再举四例，以便对此段历史有一个较为完整的印象。

例一，伏羲仰观天象，俯察地理，按当时北斗星与北天极的位相便认为北天极为天帝之天宫。道家称天宫所在天区谓"紫微垣"，称北斗星为紫微垣的天门。斗杓为紫微垣入口，道家称其为南天门。继而，道家又引申出太微垣及其中天门、天市垣及其朝天门和天地相接处的正天门（后改称正阳门）。

同时又据天文岁差反演，八千年前伏羲时代的杓极夹角为21°，此系25 800年岁差周期中杓极夹角最小者；五千年前黄帝时代杓极交角为44°；三千年前文王时代杓极交角为85°；当今杓极交角为95°。西周时十分崇信天人合一、星象分野，认为凡人得道成仙必须经由南天门方能进入天宫，于是"21°"遂成为登天成仙的吉祥圣角。由此便将星象学引申进地理学，这就是初期占星堪舆说的由来。

按占星堪舆原理，洛阳东周王城至昆仑天地元的连线与真子午线间的夹角亦为21°，昆仑虚（北斗坪）是天门，大罗岭南端轩辕双台中间的缺口是南天门的入口，古称朝天门或朝天阙。洛阳王城便是相当于天帝所在的天宫，是天下正中。

经周公虔诚"复卜申视"后，最终选定涧水入流洛水处筑建大周王宫。为此本书建议，洛阳定鼎路至王城路之纵向街路应与昆仑丘联合申报"'天中地中远古上古王都'世界自然、文化双遗产"。

例二，颛顼"绝地天通"以后，祭天道场转移到昆仑虚东南的天台山。同理，唐代司马承祯便认定济水之源天台山（五代后称"天坛山"）为天下之中央。于是，按同样的原理，天台山下南偏东21°的紫微宫便是登天的中天门。司马承祯便于此地按象天法地理念，以中垣紫微形制建筑了紫微宫，帝王进入紫微宫，便意谓进入中天门，步步升高及至天台顶便喻已得道成仙。

例三，"绝地天通"以后，普通人群通常再也不可能登临昆仑虚天地元祭天祭祖，于是依据南向为正、居中为尊等象天法地理念，从昆仑神龙龙尾起始，继续向南延伸出所谓龙脉、龙穴等。从昆仑神龙龙首直至大河（黄河）就是早期风水学的原创地。其中的龙穴，到后世又被衍义为潜龙、储君之位，于是帝王人等在登基前多有到龙穴处行祭天祭祖礼仪者，认为在此祭祀方能永保帝业兴旺，江山永固。由此，按礼制在龙穴南侧的案山一带定会遗留帝王、储君们祭天时的遗物。这一研究成果，本书著者于2011年3月、7月、9月、11月在河南济源、山西阳城学术会议发布后，大宋皇族后裔济源人赵长法、杨鹤仙等便在案山出土"宋代感恩祖宗国泰民安碑"。碑文如下："感恩祖宗 祈福神龙 国泰民安 子孙繁荣 宣和乙巳年清明德基子发赤心阖祈。"（此碑之真伪请国家文物部门进一步考证。）

例四，直至当今，几乎所有的道教宫观皆以开创于八千年前的神龙、伏羲（辞世后化神为元始天尊）、太极八卦、盘古、莲座等远古文化作为标志。北京天坛的形制亦效法昆仑虚。

以上四例证明：伏羲生活在八千年前的昆仑丘；后世所谓象天法地、星象分野、占星堪舆、复卜申视等所依据的都是伏羲时星象与昆仑虚之间的天地相应；唯有八千年前的星象、地望才能由天地双龙推演出太极八卦，才能引申出正统、伦理，和合、包容的大道理念；大道理念原创于天地正中昆仑虚，开创者是伏羲，大道理念指引中华八千年前行历程；春秋时道、儒、法等诸子学说都植根于伏羲大道文化。

2. 伏羲氏之道是西周礼制的宗师

如上述，自黄帝始，治世（治国）、平天下多采用文武两手。后虽有短暂尧舜禹禅让制而天下和，但瞬间复又进入漫漫四千年世袭制，直到清朝末年。夏、商、周三代时，虽发生两次新朝以武力推翻旧朝，但本质上仍属新旧君主制政权的交替。在总结旧政权灭亡的教训后，周文王、周公旦复采伏羲氏之正统伦理、和合包容之大道理念，做了几件前无古人后无来者的大事：

其一，由《史记·周本纪》："古公亶父……乃与私属遂去豳，度漆、沮，逾梁山，止於岐下。豳人举国扶老携弱，尽复归古公於岐下。"可知周先祖亶父祖居豳，后迁至岐山之下，定居周原。

因周朝祖地豳（今陕西彬县）位中原（洛阳）西北方，于是周文王改伏羲"乾天坤地"的"先天八卦"为"乾位西北"的"后天八卦"，其目的是从政治上、精神上确立以周代商的正统性和顺天应地的神圣性。

其二，因伏羲时杓极夹角为"21°"，按象天法地理念，经周公"复卜申视"而选址天中地中昆仑虚东南21°天地中央的洛邑（洛阳）营建王都成周，再次彰显大周王朝"与皇天相比肩，与天地共久长"的正统性、神圣性。

其三，因伏羲以天地双龙推演太极八卦，由此开化天下，开创中华文明，天龙地龙便成为标志并护佑万年江山的天瑞祥物，于是大周朝便以龙旗作为王国的标识。

其四，因圣王伏羲出生地四周东有青龙，西有白虎，南有朱雀，北有玄武，上有北斗，后世认为唯正对北斗七星的"四灵神兽"之中央才能出真龙天子，才能确保江山永固，于是大周天子出行或行军布阵都按前朱雀、后玄武、左青龙、右白虎、中竖招（shao）摇（北斗）大旗的阵式排布。

其五，因伏羲推演的太极图、八卦符既基于神异神圣的天龙地龙，又依傍神龙、灵龟之地望，随着远古文化的失落，太极图遂讹变为中华最神秘、最神圣的文化符号。为此大周朝廷便企望借用这些神秘神圣的符号以抬升大周天子的神性。于是便编造神话故事："伏羲时有龙马从黄河出现，背负'河图'，有神龟从洛水出现，背负'洛书'，伏羲根据这种'图''书'画成八卦，就是后来《周易》的根。一说禹治洪水时，上天赐给他以《洪范九畴》（《尚书·洪范》）。"刘歆认为《洪范九畴》即洛书。这一神话传说到了宋代又起变化。宋朱熹《周易本义》首列"河图""洛书"，以九为河图，以十为洛书，实源出于道士陈抟。但刘牧两易其名，以十为河图，九为洛书。清代学者黄宗羲、胡渭等均对宋儒说表示反对。以上便是所谓"河图洛书"出世过程。可见，后世的"河洛文化"只是西周朝廷为粉饰其合法性、正统性、神秘性而借用远古伏羲大道文化所编诌的政治性神话故事。另一目的是意图借此抬高《周易》之神秘性。

本义河图者，伏羲推演之太极图；本义洛书者，伏羲推演之八卦符。关于"河洛文化"，本书第二十三章"本义讹义太极八卦与河图洛书"将做专题讨论。

其六，遵和合包容之大道理念，周灭商后，并未对商民实行大杀戮，而是在王都洛邑建"大邑商"，让商民平等地过着与周民同样的生活。《尚书·召诰》载："旦曰：'其作大邑，其自时配皇天，毖祀于上下，其自时中乂；王厥有成命治民。'今休。王先服殷御事，比介于我有周御事，节性惟日其迈……"所记即此事。

其七，应该说，由伏羲太极八卦而引申的正统伦理、和合包容等大道观，仅是流行于原始时期的一种思想理念，但当时并未形成制度条文，即便到了夏商时代，亦未有条文式的道德规范。据文献记载，直至西周时期，才有以"诰""命"等形式由君王对臣下以训导劝勉。如唐代刘知几《史通·六家》所言："宣王道之正义，发话于臣下"。

上说有文献依据吗？有！《礼记·表记》称："殷人尊神，率民以事神，先鬼而后礼……周人尊礼尚施，事鬼敬神而远之，近人而忠焉。"这是说殷商前，民智未开，奴隶主贵族多仰靠鬼神筮巫以维持其统治。西周时，随着社会的发展，原始鬼神信仰渐趋淡薄，伦理道德则日渐登上历史舞台，成为西周社会的主流思想观念，且已形成制度条文。其突出反映在两个方面：宗法制与民彝制。

西周的宗法制与民彝制既是伏羲时正统、伦理观一脉相承的制度化体现，又是后世传统道德的基础，故称中国的传统道德为"伦理道德"。

西周时，将道德伦理制度化，即所谓礼制。正如王国维所称："周之制度典礼，实皆为道德而设。"此制传之后世，人们遂称中国是礼仪之邦。

3. 伏羲氏之道是先秦诸子的先师

《史记·历书》称："幽、厉之后，周室微，陪臣执政，史不记时，君不告朔，故畴人子弟分散，或在诸侯，或在夷狄。"此记谓西周末期朝廷微弱，掌管学术技艺的世宦子弟不得不云散诸夏、夷狄。

《史记·太史公自序》："幽厉之后，王道缺，礼乐衰，孔子修旧起废，论诗书，作春秋，则学者至今则之。自获麟以来四百有馀岁，而诸侯相兼，史记放绝。"言周天子的号令失去约束力，各地方诸侯势力膨胀，周初朝廷制定的礼乐典章无人遵约，各诸侯国相互间争霸攻伐，春秋前史料遗失，连年战争，民不聊生。诚所谓"春秋无义战"。

俗话乱世多磨难，磨难出英才。身处纷繁乱世的春秋、战国时期，无数有识之士痛惜"礼崩乐坏"，痛恨无义争霸、天下无爱。于是纷纷提出各自的治世方略，由此形成多个学说流派及代表人物。其中较为著名的有道家学派的老子、庄子，儒家学派的孔子、孟子，墨家学派的墨子，法家的商鞅、韩非，等等。史称诸子及诸子学说。

儒家，指崇奉孔子学说的学派。主张祖述尧舜，宪章文武，崇尚"礼乐""仁义"，提倡"忠恕""中庸"之道。政治上主"德治""仁政"，社会主伦理道德。

墨家，儒家的反对学派。初始，以墨子所主张的兼爱、非攻、尚贤、尚同、天志、明鬼、节葬、节用、非乐、非命等为中心，与儒家展开一系列政治学术思想大辩论。汉武后，崇儒抑墨，墨学渐衰。

法家，指体现以君主为核心的统治阶级意志的政策、法令。其主要理念是以法治国，规范法律，废除世袭贵族的分封制、世袭制，用法律统一思想。

春秋、战国诸子学说，说到底无不以天地自然为准则。老庄的天道观；孔孟的"为政以德，譬如北辰，居其所而众星共之"；荀子的"天行有常""天有常道矣，地有常数矣，君子有常体矣"；墨子的"莫若法天""故君法之，必度于天"；韩非子的"道者，万物之始，是非之纪也"……其思想、其学说，无不则于天地自然。

这些文化流派中，发展最早的是道家学派，依次为儒、墨、法家及名、阴阳、纵横、农、杂等流派，《汉书·艺文志》统称为"九流"。中华主体思想几乎多集中体现在道、儒、墨、法等诸子思想之中，更以"圣人经书"或"圣人作"的形式，长期左右着中国社会的发展方向。所谓老庄之道、孔孟之儒、商韩之法等诸子学说，说到底是大道文化在不同社会背景下，以巩固皇权统治、天下安定、社会发展为目的，而对道、德、法所做的实用性、选择性解读和发展。譬如天尊地卑之道、维护皇权之法，本都是帝王们所最爱，但桀纣失民、极权亡秦之训，又警示君王要披上中和儒雅的美丽外衣，如此等等。当然，道家所倡导的"和合大道"理念，儒家所倡导的"以

德化民"思想，墨家所倡导的"兼爱利人"标准，法家所倡的"依法治国"主张，在促进社会进步方面的确都有积极意义。

大道思想成为中华民族几千年主流文化的源泉，并深深影响几千年直至现代中国。以正统伦理、和合包容为核心的主体思想、主体文化。大道文化突兀于世界的性质及其在中华民族历史、文化、思想、社会发展中所起的作用，表明其具有强大的感召力、凝聚力、生命力。唯有大道文化才能保证民族昌运，才能推动中华历史巨轮永远向前。

以和合大道为核心的社会理念，为原始社会的和合大同，为阶级社会的君临天下，为家庭关系、社会、国家的维系，为道、儒、墨、法等诸子学说的创立和发展提供了直觉的物象依据，是人类社会进入社会化以后的管理理念。

社会化管理体制和理念的形成是人类社会进入文明时代的根本性标志，其中以正统伦理、和合包容为核心的社会化管理理念，成为几千年中国社会的思想方式、道德规范、行为准则，成为独具特色的中国文化。无数事实证明一条真理：宽恕能化解人间一切；包容能守护三千年和宁。而贪欲只能带来仇恨，忌妒只能带来杀戮。

八千年前大道文化的产生标志着中华远古文明已经进入初始成熟期，也标志着中华文明特异于其他文明。直至今日，中华仍然信守正统伦理、和合包容之大哲大道，并在世界文化史上产生一定影响。

有学者称，既然和合大道理念及帝王禅让公推制形成于并促进了初始文明的发展，

为何又会被后世私有制及帝王世袭制所取代。这不是自相矛盾吗？

其实，这是性质不同的两回事。

以和合大道为理念的原始公社制过渡到存在等级差别的私有制是由生产力与生产关系，经济基础与上层建筑等社会发展规律决定的。伏羲时代尽管已处文明初始，但生产力毕竟尚不发达。当历史进入伏羲之后三千多年的炎黄时代，生产力已有较大发展，资源高度集中于少数人手中，私有制、家天下及帝王世袭制由此登上历史舞台，生产关系随之发生根本性变化。

由原始生产力发展而引发生产关系的变革，是社会前进的体现，而不是社会的倒退。犹如历经奴隶社会、封建社会、资本主义社会等私有制后又将进入公有制的共产主义社会，这种社会变革不存在谁对谁错的问题。

但是，纵观中华八千年文明史，正统伦理、和合包容始终是中华主体思想。即便在长达近五千年私有制时代，这一主体思想仍然贯穿于历朝历代的诸子学说之中，且正是这主体思想，才屡屡拯我中华于危难之中。

断代太皞伏羲时代

贰拾

当前，关于太皞伏羲所处年代，文史界有多种说法：

1.《太昊伏羲时代》一书认为伏羲出生于西方甘肃天水，而太皞族是东方氏族。据考古，西方天水大地湾文化距今约八千年至四千八百年，东方山东后李文化距今约八千二百年至七千八百年，大汶口文化距今约六千三百年至四千七百年。由此认定大汶口文化为少皞时代，大地湾文化和后李文化为太皞时代，于是得结论伏羲所处年代为距今八千年前。

2.《太昊伏羲时代》一书中又提出，《左传》记"太皞以龙师而龙名"，龙是太皞部落图腾，那么出土最早的龙形文物所赋存的年代便可认定为伏羲所处之年代。据考古，濮阳西水坡文化遗址 M45 号墓的"蚌塑龙"距今六千四百余年，安徽含山玉豕龙距今亦

六千五百年，由此认定伏羲所处年代为距今六千四百年前。

3.《伏羲甲历为公元前 4495 年》一文运用"七曜会聚""以齐七政"等天文现象，得结论伏羲历纪年为公元前 4495 年。

4.《三皇五帝时代》一书运用"一天内日月双食"和"心灵感应"得结论伏羲所处年代为距今九千余年。

5.《走进伏羲》一书据道、儒、法三家对伏羲的记录，推测伏羲所在年代为距今五千至四千年前。

6.《易经图典精华》一书根据"河图洛书"数理标志，认为伏羲所在年代为距今八千年至五千年。

以上是当前断代伏羲时代的主要观点。

然而上述测年断代方法似缺失科学性，譬如：甘肃天水、山东后李文化之第一期文

化层的出土文物皆与伏羲文化无关，不能用于断代伏羲；濮阳西水坡和其他各地出土的皆为人工仿制龙，并非最早的原型龙，故也不能用于断代伏羲；其他各种测年断代技术则多属臆测或是臆猜，不足采信。

近几十年来，随着科学技术的进步，除 C_{14} 测年外，中科院研究的古冰川测年、古海岸线测年、古气候测年、古天象测年、占星堪舆测年等，为远古史测年断代提供了更多的技术支持。以下举例古天象测年与占星堪舆测年等技术在远古史尤其在太皞伏羲断代中的应用。

一、古冰川消长测年技术

地质史上，冰川的消长、冰期与间冰期的交替，是地球进入暖湿期与冷干期的指示性标志。因此，研究古冰川的消长、冰川舌的伸缩及冰碛垅的前进与退缩，并将其与人类文化发展时序建立关系，便可以宏观地测定人类文化发生的大致年代。

关于人类起源于何时何地，至今学界意见不一。有说起源于四百万年前的非洲，有说起源于不同时期的世界多地；关于人类蒙昧时期，通常以氏族制度及采摘渔猎、制陶术为其标志。

在蒙昧野蛮时期，人类生产能力极端低下，很难抗御严寒。以中国为例，人类通常游居于中低纬度的中低地势黄土台地和山谷洞窟地带。考察研究证实，第四纪末次冰期的冰川遗迹南界直抵北纬三十度的庐山一带，表明那时中纬度带的中高山区尚处人类不宜定居环境。[1]

[1] 引自李四光撰《冰期之庐山》，山东出版社，1992年版。

据中国科学院青藏高原综合考察队于1973—1976年在西藏地区科学考察的第四纪地质专题之《西藏第四纪地质》和气候专题之《西藏气候》等研究报告（请参见图2.05西藏全新世古环境和气候变化图式与考古文化层之相关性），末次冰期于一万年前渐趋结束，地球渐转暖湿期，古气候学称此时期为"转暖期"，地质学称此时期为早全新世。约距今八千年前，人类才能趋栖、定居类似昆仑丘这等中纬度带的中高山区。此时正值有巢氏、燧人氏、伏羲时代。约距今八千年，尤其自约七千八百年至七千五百年前始，地质学称此时期为中全新世，地球进入了最温暖湿润时期，古气候学称此时期为"气候最宜期"，《开山图》所谓"女娲氏没，大庭氏王有天下，次柏皇氏……无怀氏，凡十五代皆袭庖牺之号"正值此时期。距今八千年至三千五百年前为地球暖湿期，其中尤以距今约七千五百年至四千五百年前为最佳暖湿期，《开山图》所记"王天下百有余代未详年代"，《山海经》所记"昆仑，百神之所在"，《淮南子·泰族训》所记"怀柔百神，及河峤岳"等有巢、燧人、伏羲到炎黄、尧舜禹间的百余代古帝王正处此时期的昆仑丘。炎黄大战、蚩黄大战、颛顼"绝地天通"发生在距今四千六百年前，其时昆仑丘仍处于适宜人类居住的暖湿末期。由此说把太皞部落、蚩尤部落民众驱逐出昆仑丘并非全因自然因素，而主要是政治因素。距今三千五百年前始，地质学称其为晚全新世，气候最宜期结束，晚全新世新冰期到来，气候趋向寒冷干燥，所传汤王昆仑祭天祷雨（《吕氏春秋》："汤乃以身祷于桑林。"《淮南子·主术训》

说："汤之时七年旱，以身祷于桑林之祭。"）正发生在这气候干燥期。

纵览一万年来气候变迁与人类文化历史发展规律可见，全新世冰期、间冰期、新冰期与人类文化发展时序之间具有一定的相关性，既表明人类文化与自然环境息息相关，又表明冰川消长的确可以作为历史断代的参考。那么全新世间冰期与现代的温湿度相差多少？青藏高原全新世气候变化与我国东部的气候有何关联？

据《西藏气候》按冰川舌、冰碛垄退缩和湖泊水位、地下水位、孢粉、树木年轮、石器分布等多因子综合分析，推测上新世间冰期比现代气温高 2 ℃~10 ℃，冬季高 6 ℃~10 ℃，全新世间冰期比现代气温高 3 ℃~5 ℃。又据《西藏第四纪地质·古气候》之结论："西藏全新世气候变化总的趋势与我国东部，甚至与世界上的气候变化是一致的，同竺可桢先生提出的五千年来气候变化相吻合。"

"西藏全新世气候变化中气温与湿润有一定的关系。中全新世既是温暖期，也是湿润期，而晚全新世气候是寒冷期，相应也是干燥期。依此分析，新冰期是与干燥相对应，而气候最宜期是与湿润相对应。"由上便得结论，距今八千年至三千五百年前的昆仑丘具有适宜古人类居住的气候环境，而早于公元前六千年或晚于公元前一千五百年则不适宜生产能力极度低下的古人类居住。据推算，最佳暖湿期，昆仑丘年平均气温达 18 ℃以上，年平均降水量 1 200 mm 上下，约同于今华南中部地区。昆仑丘年花期达八至九个月，像一派生机盎然的鲜花海洋。故屈原《天问》称其谓"昆仑悬圃"，古巴比伦仰慕昆仑悬圃美名便在两河流域仿建"空中花园"（伊拉克人又称其"悬苑"）。可以说，年花期如若仅似当今的三至四个月，那么屈原不会称其为"昆仑悬圃"，巴比伦不会慕名而建"悬苑"，百余代古帝王亦不会选择昆仑丘建立近四千年王都，也不会选择昆仑丘作为自己身后的归藏（归葬）地。

二、古海岸线进退测年技术

中国东部大平原，主要是由江、淮、河、海四水夹带大量泥沙在浅海大陆架堆积而成的平原，平原纵比降约十万分之一。输沙量不一，其中以黄河为最。

黄河，据近百年水文测量，年平均输沙量达 16 亿吨，其中洪水期输沙量占总输沙量的 80%~90%，按此反推，距今八千至四千年前的暖湿期，洪水频发，年平均输沙量几为当今的两倍，达 30 亿吨上下。由此在黄河、淮河、海河的共同作用下，于上新世、更新世堆积的基础之上，几千年内又在东部浅海大陆架堆积了约五万亿立方米的泥沙，形成了约二十万平方千米的黄淮海西部大平原。这就是我国三十万平方千米华北大平原的雏形。那么八千年前的海岸线位处什么地方？

据牡蛎礁测年结果以及黄淮海平原纵比降、黄淮海输沙率等综合因素反向推算，五千年前天津尚处浅海；八千年前伏羲时代的海岸线大致位于今河北白洋淀，山东临清、菏泽（约当今京九铁路）一线以东不远处（请参见图 2.06　公元前六千年黄淮海平原古海岸线示意图）。其时，河南淮阳一带仅系刚刚成陆不久、海拔约 3 米、年年遭受黄河洪水洗劫的盐滩沼泽地。远古人类绝无能力生活在如此恶劣的环境之中，更无可能在荒无人烟的盐滩沼泽地内，在滔滔洪水之下建立王都及修建伏羲墓。

实际上，直至公元前二千八百年至前二千三百年龙山文化时期，地球进入晚全新世新冰期，海岸线后退，黄淮海大平原渐渐出露海平面而成为新生陆地，此时生活在中原地带的先民才开始大规模走出黄土台地进入东部大平原。故所谓公元前四千五百年的大汶口文化或公元前六十世纪的后李文化，其早期文化仅系活动于高阜地带的当地原住民的本土文化，与中原太皞伏羲文化并无关联。直至龙山文化中晚期黄淮大平原出露海平面成陆后，中原的太皞伏羲部落后裔文化才东进并与原早中期大汶口文化融合而成为大汶口中晚期文化。那么如此推理有史证与文物依据吗？有！

其一，公元前二千六百多年，颛顼"绝地天通"驱离太皞后裔出昆仑，其中一部分太皞后裔沿济水东迁并定居于包括大汶口、淮阳在内的今山东西南部、河南东部等地。而太皞后裔东迁恰值黄淮平原成陆，太行山、伏牛山与山东丘陵相连之后不太久远之时。这表明中原太皞文化东移必在晚全新世新冰期开始之后。东移后的中原文化，史界称其为东夷文化。故所谓东夷亦必在"新冰期"之后，或说在公元前二千六百年颛顼"绝地天通"之后，东夷文化是太皞伏羲文化在东方的延续。不过，此时的太皞伏羲文化已掺进黄帝华夏文化，所以，以大汶口晚期文化为代表的东夷文化既有伏羲时代的文化成分，又有黄帝时代的文化成分，但主要是伏羲文化。

其二，大汶口早中期，仅出土玉铖、大

口尊、瓬、骨雕筒等日用生活器具。大汶口文化中晚期，出土含铜的孔雀石，表明其时已进入青铜时代早期。大汶口文化晚期，出土"陶尊文字"。这些文字均刻在大口尊的外表，至今已发现20余件标本。据传莒县土陶尊之上刻有"皞""炅""戌""斤"等文字。邹平出土的龙山文化的文字，共11个皆系独体字，且已组成一句短语。

纵观大汶口早、中、晚三期文化的发展历程，基本上可以明确，早期文化仅系当地的本土文化，中后期文化融入了太皞、华夏等中原文化。

以上，因冰期、间冰期引发的冰川消长，与冰期、间冰期同步的地球气候的冷干、暖湿，受地球古气候和古海岸线制约的人类文化发展史，相互之间构成了一条自然演化史与人类文化发展史链。沿着这条史链，可以得出，唯有早全新世晚期，即约八千年前才是太皞伏羲文化之开创年代。

三、古天象反演测年技术

据史料记载，武王灭商前两年某日清晨发生"天再旦"的日全食天象。天刚亮而复暗，暗后复又亮的现象古称"天再旦"。据报道，中国科学院国家天文台李勇研究员据此推定了武王灭商为公元前1044年，为"夏、商、周断代"起了决定性作用。

这是世界上一次著名的古天象反演测年案例。

古天象反演，不仅能以日全食历史记录作为测年断代依据，还可以按其他有关古天象的历史记录或历史传说作为测年断代依据。譬如其中著名的有依据"伏羲推演天地双龙太极图"的传说和《易经·乾》"飞龙在天，群龙无首"，《九叹·远逝》"引日月以指极兮""龙尾伏辰"，《史记》"复卜申视定都洛邑""占星堪舆定位、定向王屋天台山紫微宫"等多种古天象反演技术测定伏羲所处年代。以下兹逐一讨论这几种测年断代技术及测年结果。

（一）八千年前伏羲推演天地双龙太极图

明初道士赵撝谦误把远古时伏羲推演的"天地双龙太极图"讹解为缺乏义理的"阴阳鱼太极图"。

那么当年推演太极图的目的何在？前文讨论过，昆仑丘是原始先民心目中的地龙，北斗星座是天龙，天龙围绕天极旋转，在北天夜空似乎构成一圈群龙御天图案，这就是《易经·乾·象》"大明终始，六位时成，时乘，六龙以御天"的出处。当北斗天龙旋转到上中天时，天龙呈现昂首向天或龙头朝南面东态，恰与龙头朝北面西的昆仑地龙呈首尾相交相合态。由此人们便直觉天龙地龙合成一组首尾相交相合的对称图案，后人称其谓"太极图"，道家称其谓"太极真图"。

以上就是伏羲推演天地双龙太极图的机理与过程。但是，并非任何时候的北斗天龙都能与昆仑地龙推演而构成太极图。据天文岁差反演得知，唯有公元前六千年在昆仑丘南段北望夜空，才能直觉北斗天龙与昆仑地龙首尾相交相合成太极图案，有学者称此为"太极龙"。其机理如下：

因岁差运动，天极在恒星际间移动。譬如，当今北天极基本上位于北极星附近，北斗星座斗柄连线与北天极夹角，即"杓极夹角"达95°，公元前一千年文王时代夹角达85°，公元前三千年黄帝时代夹角达44°，而公元前六千年时夹角仅为21°（以上均按圆周度360°计，实际上汉前圆周度为100°，原始时期则尚无圆周度之概念）。据岁差反演计算，21°是25 800年岁差周期中夹角最小值。只有这一时期的北斗天龙与昆仑地龙才能比较形象地相交相合成太极图案。而在这之前或之后的其他时期如黄帝、文王时期或八千五百年前的天龙地龙都不可能呈现相交相合态。天地双龙太极图唯于八千年前方能推演而得之事实，证明伏羲所在年代为公元前六千年（图20.01）。可以说，正因为唯有在公元前六千年时才能在昆仑丘见到这一天地奇观，所以我国才能流传"伏羲推演天地双龙太极图"的故事。如果说年年都能见到，或者说是毫无义理的"双鱼太极图""河曲太极图"等人人都能编的故事，那么还要伏羲花那么多年工夫推演太极八卦吗？还能流传百千万年之久吗？另外，如果说任一时期的天龙、地龙都能合成太极图，那么人们岂不是早就应该直觉地发现推演太极图的机理过程，还用费那么大劲反演天文岁差？同时，自古以来都把"太极"与"八卦"并称为"太极八卦"，表明太极、八卦是同时期由伏羲在八千年前昆仑丘依据北斗天龙在天运行之规律推演而得，而非后世讹传的占卜谶纬之说。（详见第二十三章"本义讹义太极八卦与河图洛书"）

（二）八千年前"飞龙在天""群龙无首""龙尾伏辰""携日月以指极""玉衡杓建天之纲"

前面讨论了太极图系伏羲于八千年前昆

公元前六千年（伏羲时期）北斗天龙与昆仑地龙四季位相

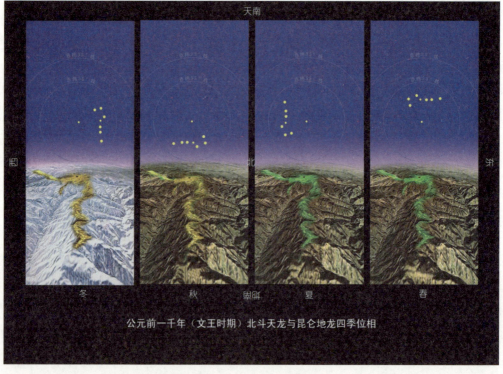

公元前一千年（文王时期）北斗天龙与昆仑地龙四季位相

图 20.01　伏羲唯有在公元前六千年时才能推演出天地双龙太极图

仑丘据天地双龙推演而得。本节拟讨论《易经·乾》"飞龙在天，群龙无首"，《律志》"玉衡杓建天之纲""龙尾伏辰"亦系八千年前北斗天龙之形与踪。

（春秋）左丘明《左传·昭公十七年》："太皞氏以龙纪，故以龙师而龙名。"此记表明龙是太皞部落的图腾。俗称"图腾龙"。

《易经·乾》："九五飞龙在天，……用九见群龙无首。"此记明显是描述北斗天龙的形与踪。有学者称此为"易龙"。

（汉）许慎《说文解字·龙》："能幽能明，能短能长，能细能巨；春分而登天，秋分而潜渊。"此亦是描述北斗天龙的形与踪。可称"说文龙"。

（汉）班固《汉书·律志》："玉衡杓建天之纲。"此记是说北斗斗柄指向天极。

《律志》："龙尾伏辰。"有学者称此谓"伏辰龙"。

（汉）刘向《九叹·远逝》："引日月以指极。"此记亦指北斗斗柄指向天极。俗称"指极龙"。

于是，按"准其地望，皆与古书相合"准则，假若在某时某地直觉北斗天龙在天运行的形与踪果与"易龙""说文龙""图腾龙""指极龙""伏辰龙"所记相合，那么便可证明其时其地必是"中华龙"原创之时之地，亦必是太皞部落所在地。那么在何时何地才能直觉"飞龙在天，群龙无首"和"龙，春分而登天，秋分而潜渊"以及"斗杓指极""龙尾伏辰"？

为便于说明，在此先简要解释古天象中经常遇到的几个名词：中天、天顶、恒显圈、斗极角距、杓极夹角、北辰等。

中天：天体经过观测者的子午圈。天体每天经过子午圈两次，离天顶较近的一次叫上中天，离天顶较远的一次叫下中天。

天顶：观测点的铅垂线与天球上方相交的一点，俗称"头顶"。昆仑丘天顶即赤纬35°、东经112°所在地的头顶。

恒显圈：又称"拱极圈"。以北半球为例，天球上北极距等于观测地纬度的赤纬圈称为该地的恒显圈。在这个圈内的天体永远在地平面上。譬如，昆仑丘地理纬度约35°，那么天球上北极距（90°−35°＝赤纬55°）便称为昆仑丘所在纬度带的恒显圈。于昆仑丘北望星空，赤纬55°以北的天体（恒星）永远不会落入地平面以下，远古时称这一天区为天中，古代《步天歌》和道家称这一天区为紫微垣。

角距，两物体在观测者眼里所张开的角度；斗极角距，指地面观测者所见北天极与北斗星之间所张开的角度，通常取北斗七星中距北天极最近及最远的两颗星各自与北天极之间的角距。斗极角距决定了北斗天龙位于恒显圈内还是恒显圈外还是横跨恒显圈两侧。这对识别天龙行踪是否与古书相合是一项非常重要的指标。

杓，北斗星斗柄；杓极夹角，指斗柄（北斗天权、玉衡、开阳）连线与天权星至北天极假想线之间的夹角。杓极夹角决定了北斗天龙对北天极的指向。占星堪舆说认为，夹角越小则越顺遂、吉利，夹角越大则越悖逆、凶险。这对识别天龙行踪是否与古书相合，是又一项非常重要的指标。

北辰：指北天极。道家称天中。

下面仍以天文岁差反演为技术路线，探讨到底什么年代北斗天龙的行踪与古书相合。

兹反演公元前八千年、公元前六千年、公元前三千年（黄帝时期）、公元前一千年（文王时期）四个不同历史时期北斗天龙相对于北天极的位相。位相，即北斗天龙相对于北天极的斗极角距和枸极夹角（参见图2.03-h），反演之结果证明了以下事实：

1. 唯有公元前六千年前后的北斗天龙位处恒显圈两侧；天龙逆时针循行于夜空，似群龙御天，故《易经·乾·象》曰"时乘六龙以御天"；抵下中天时，天龙龙首已潜渊于地平面下，而其龙身龙尾仍见于地平面之上。故《易经·乾》曰"用九见群龙无首"；上中天天龙龙首（北斗"天璇"距天顶的角距为49°－35°＝14°）呈高昂向上（指向天顶）态，天龙似飞升于天。故《易经·乾》曰："九五：飞龙在天。"

2. 唯有公元前六千年前后的枸极夹角为25 800年岁差周期中角度最小者，其时仅为21°。远古时人们认为那时的北斗斗枸似乎"正指天极"，所以《律志》《九叹》记："玉衡枸建天之纲"，"引日月以指极"。"玉衡枸"，即北斗斗柄；"建"，斗柄指向；"天之纲"，即北天极、天中央，又称北辰，大辰。又因为北斗星斗枸正指天极，于是古人又将北斗星比喻为天宫之门，称天阙。上中天时，北斗星位处天极之南，故又称南天门。因其时存有21°夹角，故后世占星堪舆家认为唯于天宫南偏东21°处建都城、建王宫、建道观方为上上吉。又因上中天时北斗天龙龙尾似乎伏在天极上方，北天极又称北辰，故又有"龙尾伏辰"之说。

3. 公元前六千年以外的其他时期，都不可能有如此独特而神奇的天象。譬如公元前七千年或公元前八千年，虽然枸极夹角只比公元前六千年时大了约3°～4°，仍可称其为"正指天极"，但因斗极角距的变动，结果在下中天时不但龙首已潜渊于地平面以下，而且龙身也快沉入地平面以下了。再如，公元前三千年黄帝时代或公元前一千年周文王时代，枸极夹角已分别为44°、85°，已不可能称"正指天极"，故周汉年间的文人称其时的北天极与北斗星的位相关系为"斗为帝车，运于中央，临制四乡"（《史记·天官书》），北斗星座成了天帝的坐车。同时，这一时期的斗极角距也发生了很大的变动，北斗天龙在下中天时其龙首已不再潜渊地下，上中天时也无飞龙在天之直觉。

4. 《说文解字·龙》虽详细描述了北斗天龙不同时节在天巡行的形与踪，但因这种形与踪在几千年内亦无明显变化，所以《说文解字》中描述的龙不能用于测年断代。

以上依据伏羲推演天地双龙太极图和"易龙""伏辰龙""指极龙"等历史文献记载，并采用古天象反演测年技术，最终一致得出结论：太皞伏羲时代为公元前六千年。

四、占星堪舆测年技术

伏羲以北斗天龙推演八卦而授时推历、告民农时，于是后世尤其道家、风水家便宣称伏羲会占星预测，并尊他为占星术祖师。同时，八千年前伏羲时代的北斗天龙与北天极之间存有21°交角，道家、风水家便称凡人登天成仙、成就大业者必须从天极南偏东21°之神角圣地拾阶登天，王国都城、道教宫观亦应选建在天中地中昆仑丘或天台山南偏东 21° 之天下正中，王都纵向街路必须朝向北偏西 21° 的昆仑丘。这便是古代占星堪舆说的起源。于是，深谙天地大道的名道名家在王都、道教宫观择址选形时皆宗承此 "21°" 说。（参见图 2.03-b）

当然，所谓 21°，只是今人的度量。今人以 360° 为圆周度，而西汉前以百度为圆周度。原始时期尚无度量衡之概念，所谓二十一度只是一个相似于 21° 的客观存在的模拟角量。如同伏羲在圣王坪造 "六垒" 一样，原始时期并无 23° 27′ 回归线的知识，但伏羲却能造出精准度不差几十秒的古天文授时台，其采用的便是直觉而客观存在的模拟量。

因此，凡若后世建造的王都、道宫在择址或建筑物朝向等方面与北天极构成 21° 交角者或与昆仑丘、天台山正对者，则无疑表明其是伏羲大道文化的承统，同时亦反证伏羲所处年代确系八千年前。现谨举历史上著名的一都一宫两例以证之。

（一）周公 "复卜申视" 选址昆仑南偏东二十一度之洛邑建王都

大周王朝初时建都镐（今西安西南沣水东岸），称宗周。成王时，按武王遗愿，由周公在洛水北岸之涧水、瀍水间大规模营都洛邑，称成周。并在成周西南涧水两侧建王城。那么，周公当年为何选定在洛水北岸的涧水即将汇流洛水之处营建王城？王城又是按什么形制布局的？下面先参见《史记·周本纪》《尚书·召诰·洛诰》等史料所记。

《史记·周本纪》记："成王在沣，使召公复营洛邑，如武王之意。周公复卜申视，卒营筑，居九鼎焉。曰：此天下之中，四方入贡道里均。作召诰、洛诰。"为什么要 "如

武王之意" 营都洛邑呢？《周本纪》又记：（武）王曰："定天保，依天室，……自洛汭延于伊汭，居易毋固，其有夏之居。我南望三涂，北望岳鄙，顾詹有河，粤詹雒伊，毋远天室。"

对武王上面所说，历史上有不同解读，但总的意思是说大周王都不要远离雒、伊（洛邑），因为这里靠近天室。故武王再三叮嘱要 "依天室，毋远天室"。那么天室在哪里呢？史界亦有不同解读。

一说天室即嵩山[1]。然而，中国风水学认为洛邑位嵩山西偏北的 "鬼方"，乃 "大不吉位"，周公、武王决不会选址 "鬼方" 建王都。

二说天室即昆仑丘。洛邑位于昆仑丘南偏东，乃大吉之位，故《说文解字》言："中邦（王城）之居在昆仑东南。"

三说天室即洛邑本身所在地。亦有史料为证：其一，《史记·周本纪》记：（周公）曰 "此天下之中，四方入贡道里均"。其二，《尚书·召诰》："王来绍上帝，自服于土中。注：洛为天地之中。" 意为成王于天下之中虔诚地卜问上帝治国方略；或谓成王今来居洛邑，继天为治，躬自服行教化于地势正中。土中，四方之中，犹言天下之中。那么为什么说 "洛为天地之中" 呢？这还得从 21° 杓极夹角和天中地中昆仑丘说起。

占星堪舆说一方面认为北斗星与昆仑丘分别为天中地中的大门，另一方面又认为天门南偏东 21° 的北天极为天帝之宫（天之中），于是相应地认为昆仑丘南偏东 21° 的洛邑当为帝王之宫（天下之中）。

---

[1] 引自王晖著《商周文化比较研究》，人民出版社，2000 年版。

这就是占星堪舆说的起源，也是周公复卜申视的结果。复卜，即返卜伏羲时星象；申视，即勘申与伏羲时星象相对应的舆地。周公勘申的结果是：洛邑尤其是涧水入洛水处一带恰位处昆仑丘南偏东21°之大吉位。于是周公便鼎定在此营筑大周王城（图20.02，20.03）。

从上可见，所谓天室，除嵩山非天室外，其他两说皆可谓之。天室既是昆仑丘，又是洛邑本身。但洛邑之天室是由昆仑丘引申来的，归根到底天室还是昆仑丘。所以，周武王反复叮嘱选址大周王都一定要"依天室""毋远天室"。"天室"是指昆仑丘。唯有依傍天中地中昆仑丘，才能"自时配皇天，毖祀于上下，其自时中乂"（《尚书·召诰》）。意谓才能与皇天相比肩，与天地共久长，王业永兴旺。那么洛邑的什么地方是大吉天位呢？《尚书·洛诰》记：周公"卜河朔黎水"不吉；"乃卜涧水东，瀍水西惟洛食"大吉。当周公把地图和卜兆献给成王时，成王曰："休恒吉，我二人共贞，公其以予万亿年敬天之休。"洛邑如此吉瑞美好，让我们共同敬享上天赐予的信任。

周公复卜申视，选建王都洛邑，是证明伏羲大道开创于八千年前最强有力的证据。

（二）司马承祯选形天台山南偏东二十一度营建紫微宫

四千六百多年前，颛顼"绝地天通"以后，原先的昆仑丘祭天大典改在昆仑丘东南十多千米的天台山（五代后唤天坛山）。从那时起，人们便渐渐淡忘昆仑丘祭天而习惯天台山祭天，以致把天台山当成了天下中。既然天台山成了天下中，那么天台山南偏东21°便成

为登天之门的入口。

奔着这一信念，唐代名道司马承祯便在天台山南偏东21°处营建了紫微宫。

紫微宫名自紫微垣。紫微垣，上天三垣之中垣。三垣：太微垣、紫微垣、天市垣。中垣紫微十五星，分两列，在北斗以北，以北极（天帝之所在）为中枢，成屏藩状。东藩八星，由近斗杓的左枢起之天龙、仙王、仙后等星座中的部分星体组成；西藩七星，由近斗杓的右枢之天龙、大熊、鹿豹等星座中的部分星体组成。左右枢之间即斗杓之"开阳"为阊阖门（有学者称西天门为阊阖门），即俗称南天门。凡人得道成仙皆须经南天门入。天地对应，昆仑南端东西轩辕台之间的轩辕门即为阊阖门中的一天门，又称朝天门。绝地天通以后，祭天台转移至天台山，司马承祯营建的紫微宫便是天台山的中天门，阳台宫为朝天门。

与周朝王城位于昆仑丘南偏东21°一样，紫微宫亦位于天台山南偏东21°处。

今天的人们若对以上21°持疑，可亲自测量洛邑大周王城至昆仑丘连线与真子午线之夹角。或可直接测量今洛阳市东起周公庙西侧之定鼎路西至王城大道纵向街路与真子午线的交角，并可于晴日顺此街路向西北望，此街路当正指北偏西21°昆仑丘圣王坪。汉代张衡《东京赋》"左瞰旸谷，右睨玄圃"即指此。《书经图说》中之"体国经野，辨方正位""卜食洛邑"，"攻位洛汭"，所记所画皆系当年周公"复卜申视"后由太保姬奭按21°形制而选址规划洛邑王城时的场面。还可量测紫微宫中轴线与天台顶间的交角（图20.04）。

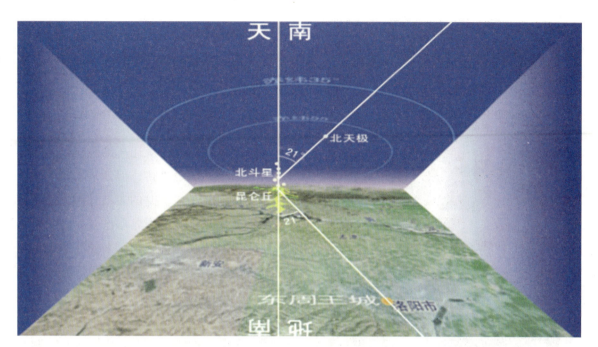

图 20.02 "洛为天地中"本义示意图

图 20.03 东周王城（定鼎路至王城大道）纵向街路与真子午线交角为 21°

图 20.04 紫微宫与天台山位相示意图

量测结果若非 21°，则表明这一技术不能用于测年断代；若确系 21°，则既表明这些文化皆系一脉相承于伏羲大道，也证明伏羲所处年代无疑是公元前六十世纪。

二十一度，是中华传统文化中极其神秘而神圣的数字。所谓"天机不可泄"，此仅其一也。尚有许许多多极度隐秘的中华文化至今仍若云里雾里，愿各界有识之士不辞辛苦，努力发掘伟大的中华文化。远古史的测年断代不可能永远停留在传统技术年代，我们相信，我国测年断代技术会越来越多样化，越来越成熟。

以上谨举两例"占星堪舆测年技术"便足以证明太皞伏羲所处年代为公元前六千年。

象天法地，"二十一"自古来已成为中国人心目中的天地吉祥、神圣之数，已在东西方文化交往中遍传世界。直至当今，各国皆以二十一响礼炮欢迎来访国家元首，皆本源于伏羲时代昆仑文化。

五、出土龙文物测年

随着太皞部落民众迁离昆仑丘，龙的形态及其义理亦随之外传，但是，比较易于外传并被仿制的往往是龙的表象外形。于是自八千年前伏羲首次发现龙形昆仑丘和太皞部落以龙为图腾之后，几千年来便在北起松花江流域南至长江流域始终未中断过龙的仿制品。在具备玉器加工能力之前主要以堆石龙、蚌塑龙为多，在具备玉制品加工能力之后则出现玉雕龙、铜铸龙乃至金银龙等。仿制龙的目的主要是作为吉祥护符，以祈盼持龙者或逝者永远得到神龙护佑：统治者祈求天下太平，江山永固；庶民期望龙凤呈祥，世代安康。

显然，人工仿制龙不可能早于伏羲氏发现昆仑神龙的年代，因此堆石龙、蚌塑龙等亦不可能早于距今八千年。

事实果真如此，据考古，至今发现最早的堆石龙为八千年前辽河流域阜新县沙拉乡查海的"红褐石堆塑巨龙"，最早的蚌塑龙为六千四百年前黄河流域濮阳西水坡 M45 号墓的"蚌塑龙"。

八千年前天下最早仿制的堆石龙和六千四百年前的蚌塑龙的出土，同样证明伏羲所在年代为公元前六十世纪。

六、昆仑丘及其周边出土文物测年

昆仑丘南三百多千米的舞阳贾湖和昆仑

丘北五十多千米的沁水下川等地，近年都出土包括骨笛、半地下民居等在内的一万年前远古文化遗址、遗物。在昆仑丘北部圣王坪最近亦发现石斧、石刀、陶片等新石器时期的文化遗物，表明昆仑丘于一万年前后已有古人类在此繁衍生息。但是一万年前的昆仑丘尚处末次冰期尾间，古人还没有能力在冰天雪地的高山地区长期定居，所以推测昆仑丘石斧、石刀仅系八千年前地球转暖初期至青铜器出现前的人类遗物。

七、古文献反推测年

据古文献相关记载进行合理反推，所得测年结果也可作为断代的参考。不过，这并非一种测年技术，顶多只能作为其他技术测年结果的印证。

我国文史界通常因《史记》无记黄帝之前历史，故称黄帝之前的帝王为古帝王，称那个时代为古帝时代。因其位于五帝之先的三皇时代，故又称三皇时代。因无史料记载，故又称其为传说时代或口史时代。

古帝时代也罢，三皇时代也罢，传说时代也罢，其上界通常认为始于有巢、燧人、伏羲时代。但因有巢、燧人时除发明巢居、取火外，在社会、文化、思想意识等方面无多建树，而在伏羲时代则发生了翻天覆地的变化，故史界多认同唐·张九龄《龙池圣德颂》所记"巢燧之纪（有称'巢燧之前'），寂寞无纪；书契而后，焕炳可观"中华文化肇启于伏羲时代之说。其实，此说早在《易传·系辞下》中已有记载："古者包牺……以类万物之情，作结绳而网罟……包牺氏没，神农氏作……以教天下，黄帝、尧、舜氏作。"

实际上，对中华文化肇启自伏羲的说法，司马迁《史记》也未完全否定。或则因史料不足，或则疑多讹传，或则因出于政治（政权）因素，《史记》才不得不记自黄帝起。尽管唐代司马贞补写的《补史记·三皇本纪》明确中华历史应从伏羲始，但其系统性、史证性、影响力终不及司马迁《史记》。

以下从有关古文献所记反推伏羲所处之可能年代。

比较明确记载且可用于反推伏羲所处年代者是西汉荣氏《遁甲开山图》：伏羲"王有天下百有余代，未详年代也，莫知都之所在。"这是说伏羲之后直到炎黄年间有一百余代古帝王皆不知其所在之年代，也不知其王都在哪。类似的说法也见记于宋代《路史》。《路史》甚至还列出了其中五十余代古帝王之名，而《庄子》《遁甲开山图》则列出了十余代古帝名。那么到底有多少代古帝王，据中国神话类小说比较一致的说法是一百零八位。至于这数目是否准确，当须今后做深入研考。远古时实行帝王禅让制，相互间无攻伐杀戮、谋权篡位者。故宜按自然更替计，若假设按一百零八代古帝计，每代在位按 25~30 年计，则共约为 2 700~3 240 年，概称三千年。按此反推，则伏羲所在年代为炎黄 4 800 + 3 000=7 800 年，概称八千年。

此结论与《山海经》《淮南子》所记很相吻。《山海经·海内西经》："昆仑之虚……百神之所在。"《淮南子·泰族训》："怀柔百神，及河峤岳。"古谓帝王曰圣，圣逝曰神。"百神之所在"，意为有百余代古帝王辞世后皆归葬于昆仑虚。"怀柔百神，及河峤岳"，是谓祭祀百余代古帝王，应在大河（黄河）至峤山。峤山，即昆仑丘中南段，道家又称峤山谓大罗岭。

《山海经》《淮南子》所记不但与《遁甲开山图》《路史》所记相吻，而且回答了"不知都之所在"的问题：这百余代古帝王不但立都在昆仑虚，而且辞世后都归藏于昆仑虚。

八、断代太皞伏羲时代

通过古冰川消长、古海岸线进退、古天象反演、占星堪舆、出土文物和古文献反推等测年技术与方法，基本上得出较为一致的结论：伏羲时代约为公元前六千年。因各种测年技术与方法的误差有大小，其平均误差约为300—500年。对漫长八千年历史来说，这是可以接受的。

另外，由周公"复卜申视"选定洛邑建大周王都一事，证明我国早在西周初年（约公元前1036年）已计算出较为精准的岁差值，并付之实际应用，比原先认为是东晋（约公元330年）虞喜早1366年。周公是我国古代的一位大科学家。

在此，建议国家文物管理部门组织考古部门对已被盗墓者盗挖的伏羲墓做C_{14}分析，以期得出更精确的太皞伏羲年代。

伏羲本出生于昆仑丘华虚部落风姓氏族成己村落，但因当时尚无系统文字记载，或者还没有可以将文字留存至今的载体，所以这段历史在几千年人们口耳相传过程中发生了讹变，于是史书中记载伏羲故里者竟多达几十处。有学者研究后将其归纳，仍多达六处之多。经近年考古取证，这六处之中仍然无有一处能认证伏羲本人曾在那里生活过。

《中华始祖太昊伏羲》统计，战国以来，各种史籍记载伏羲出生地有六处：其一，先秦前多主"华胥履大人迹出雷泽生伏羲"的山东雷泽说。其中又有成阳雷泽、济阳雷泽、鄄城雷泽诸说。其二，汉时多主"成纪县在陇城西北"的甘肃天水成纪说。其中又有治平成纪、显亲成纪、秦州成纪诸说，统称汉置成纪。其三，甘肃静宁说。其四，"仇夷山四绝孤立，太昊之治伏羲生处"的甘肃仇池山说。其五，"所都国有华胥之渊，盖华

胥居之而名，乃阆中俞水也"的四川阆中说。其六，"蓝田为三皇旧居，境内有华胥陵"的陕西蓝田说。

"六说"之中，有三说皆集中在甘肃天水一带，且三者间具有比较相同的文化历史背景，故可统称其为甘肃天水说。长期来，学术界比较倾向于"成纪天水说"，于是近几十年来对传说是伏羲故里成纪的天水大地湾展开了大规模考古发掘。

据2003年《甘肃秦安县大地湾遗址仰韶文化早期聚落发掘简报》[1]，大地湾遗存共分五期：7 800—7 300 年前的前仰韶期；6 500—5 900 年前的仰韶早期；5 900—5 600 年前的仰韶中期；5 500—4 900 年前的仰韶晚期；4 900—4 800 年前的仰韶 / 齐家过渡期。五期文化层上下跨越三千余年。

《甘肃秦安县大地湾遗址仰韶文化早期

[1] 赵建龙《甘肃秦安县大地湾遗址仰韶文化早期聚落发掘简报》[J]，《考古》杂志，2003（06）。

聚落发掘简报》称"大地湾文化遗址为伏羲断代找到了如下六方面的依据"：①发现了我国最早的原始文字。②出土了我国最早的房屋建筑。③出土了标志父系社会的陶祖。④出土了标志原始政权的420平方米的"原始宫殿"。⑤出土了标志原始农业的籽黍。⑥出土了标志生殖崇拜的陶瓶。

大地湾考古对认识中国西部原始文化发展史起到了十分重要的作用，是中国西部原始文化的代表。不过，在这些出土文物中看不出有哪一件可以证明大地湾就是伏羲故里成纪，看不出大地湾文化与伏羲文化之间有什么直接相关性，看不出"大地湾文化遗址为伏羲断代找到了依据"。

大地湾出土文物中确有公元前五千多年"前仰韶文化"遗存，但类似这种"前仰韶文化"，在其他地方也有出土，甚至更早。不过这些文化遗存仅能证明大地湾在七八千年前已有人类活动，却不能证明他们是太皞伏羲部落的成员，更不能证明太皞伏羲本人曾在这里出生或生活过。恰恰相反，只能证明所谓"甘肃天水是伏羲故里"的说法仅是历史的讹误。在此兹就这一问题展开讨论，并探讨产生此讹误的起因与过程。

一、伏羲故里成纪甘肃天水说的重要史料

今人所见最早记载伏羲出生成纪的古籍是战国时魏国史书《竹书纪年》，最早记录华胥（虚）氏国的古籍是战国时的《列子·黄帝》。不过以上两本古籍并未明说成纪和华胥氏国位于何地。截至唐朝，明确记录伏羲出生地成纪在天水的古籍有西汉荣氏《遁甲开山图》，东汉《后汉书·隗嚣传》《续后

汉书·郡国志》，西晋《帝王世纪》，北魏《水经注》，唐《汉书·地理志注》。此外还有不少古籍亦曾记载伏羲出生于天水成纪，本章将在后文逐一引用。在所有古籍中，至今所见记载伏羲最详细的当数（唐）《补史记·三皇本纪》，本章亦将于后文引用。

（一）伏羲故里成纪天水说的文献史料

（西汉）荣氏《遁甲开山图》："伏羲生成纪，徙治陈仓。""仇夷山四绝孤立，太昊之治伏羲生处。"

（西晋）皇甫谧《帝王世纪》："庖牺生于成纪，今天水郡有成纪县。"

（南朝宋）范晔《后汉书·隗嚣传》注云："成纪县在陇城西北。"

（北魏）郦道元《水经注》："成纪水故渎，东迳成纪县，故帝庖牺所生处也。"

（唐）颜师古注《汉书·地理志》："朱围山在冀县南梧中聚，山上有古风台，传说是伏羲出生地。"

（唐）李吉甫《元和郡县图志·卷三十九》记载伏羌县注此曰："出吴门，望羝群。"

（宋）李昉《九域志》："朱围山在成纪、大潭二县。大潭以伏羌旧名也。"

以上文献史料表明：①伏羲生天水成纪之说最早出自西汉，此时距伏羲时代已久达近六千年。②单就天水一地，所谓伏羲生处便有治平、仇夷山、陇城、天水，静宁、显亲、朱围山等多处。可见这些文献史料都是汉、晋、北魏时天水一带原住民的口述记录。③唐代以前，天水一带是伏羌之地，即是太皞伏羲部落后裔之居地。

上述文献史料只能表明天水一带是当年太皞伏羲部落后裔的迁居地。

（二）伏羲故里成纪天水说的文物史料

《秦安县志》记有在阳兀州《阳亲川》何氏地掘得一石刻，上有"成纪"字。

1965年在显亲川郭嘉河谷叶堡乡杨家沟南山坡一处唐墓耳室甬道口，发现刻有"州成纪县安乐里"的砖。（《文物》1975年第四期）。

秦安县南郭城门上嵌有金代砖刻"伏羲故里"。

甘谷大像山太昊宫大佛左侧有"羲皇故里"石碑。

甘谷大沙沟西，蒋家湾南的古风台有"伏手""伏羲洞""龙眼泉"等伏羲文化遗存，并有"伏羲爷生在古风台"的民谣。

明成化十九年（1483年），天水建有一座伏羲庙，原名太昊宫。

"伏羲故都"河南淮阳太昊伏羲陵统天殿伏羲神龛两旁，古来悬挂一幅铁铸对联："后天地而生朱围犹堪寻胜迹，立帝王之极白云常此护灵宫。"告诫来淮阳太昊陵拜谒的龙子龙孙们还应到伏羲生地天水朱围山朝祭。

太昊部落图腾是龙，甘谷文物中也有彩陶瓶上绘制的"人首蛇身"的鲵鱼。

大地湾出土文物中有一件"人头形器口彩陶瓶"，器形恰似一个"人头蛇身"像。

仇池山主峰为伏羲仙崖。山腰崖壁有伏羲洞，传为伏羲生处，崖顶平旷，有伏羲庙，庙内有伏羲儿时塑像，头上长角，赤子赤足，腰裹树叶，手持日月二星。

唐肃宗乾元二年（759年），诗人杜甫登临仇池山，写有"万古仇池穴，潜通小有天"。小有天，指昆仑东侧王屋仙境，号称十大洞天之首。诗句谓仇池本一脉相承于昆仑。

上述文物史料同样表明：

其一，凡已确定年代者，除彩陶瓶外几乎全部为汉、晋、前秦、北魏年间的文物；其二，绘有人首蛇身的彩陶瓶，明显为仰韶文化与齐家文化过渡期，即炎黄时代前后的文物；其三，天水一带的原始文化是伏羲原创文化的承续。

（三）伏羲故里成纪天水说的政权沿革史证

1. 公元351年氐人苻健在长安建立前秦政权，376年苻坚统一中国北方；淝水之战后，383年羌人姚苌在长安建立后秦政权；南北朝时氐人杨氏在仇池山建立仇池政权。

2. 自西汉元鼎至唐宋一千多年间，在天水、秦安、静宁、甘谷等地曾长期置设成纪县。

以上表明，在西汉，尤其自东汉至南北朝期间，天水一带基本上以氐羌势力为核心，而氐羌人是太皞伏羲部落后裔，所以所谓后赵、后凉、前秦、后秦、仇池等其实是太皞伏羲后裔建立的政权。

以上所有文献、文物和政权沿革等史证都一致指明当时甘肃天水是氐羌人的天下，是太皞伏羲部落后裔的天下。所有文化，除仰韶期前的本土文化外皆为伏羲后续文化。表明氐羌人就是伏羲部落的后裔，甘肃天水一带就是伏羲部落后裔氐人居住的氐地。

二、氐、羌、东夷、西南夷皆为伏羲部落后裔

翻开中国历史地图，赫然在目：从原始社会末期起经秦始皇大统一直至南北朝的二千五百多年间，天水一带始终为氐人氐地。其西为羌人羌地，其东才为中原大地（图21.01至21.07）。

这表明先秦乃至秦、汉、晋年间天水一带并非华族（后世汉族），而是当时"少数

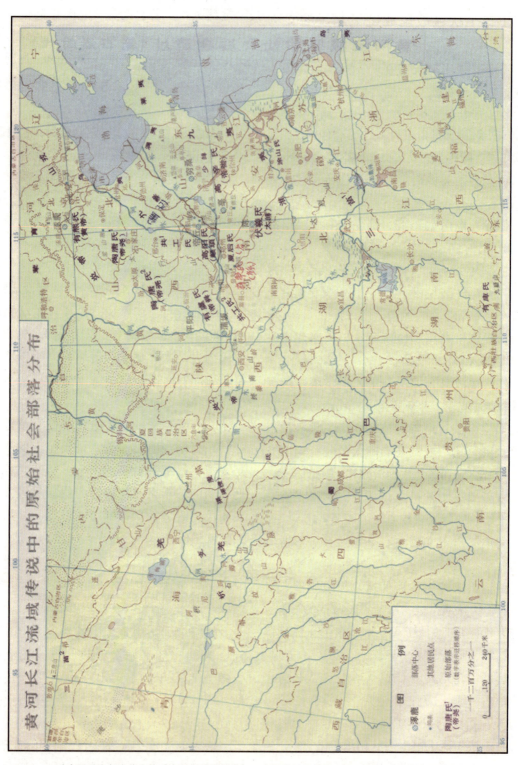

（本图引自郭沫若主编《中国史稿地图集》，中国地图出版社 1996 年 6 月版，第 9 页。）

图 21.01　原始社会末期氏、羌、三苗部落分布

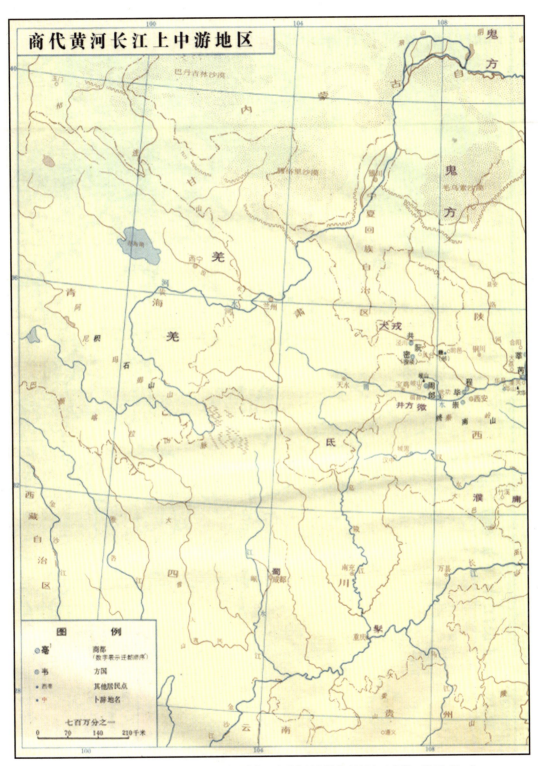

（本图引自郭沫若主编《中国史稿地图集》，中国地图出版社1996年6月版，第11页。）

图 21.02　商代氏、羌部落分布

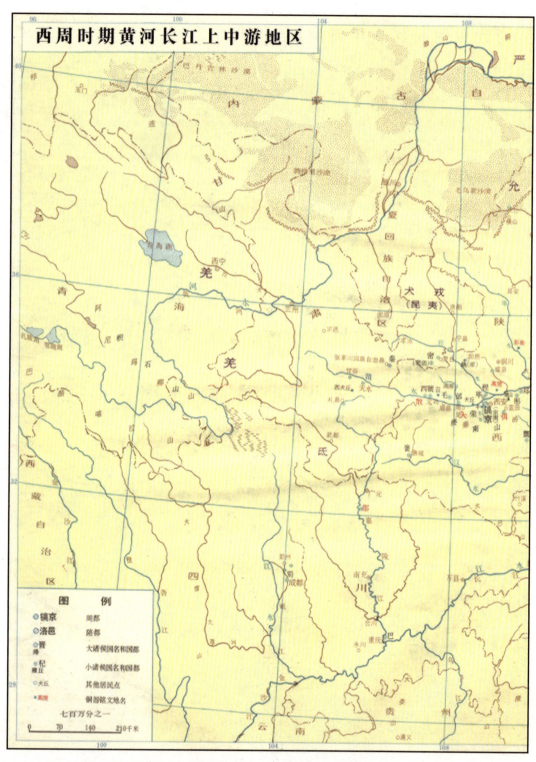

（本图引自郭沫若主编《中国史稿地图集》，中国地图出版社1996年6月版，第13页。）

图 21.03　西周时期氐、羌分布

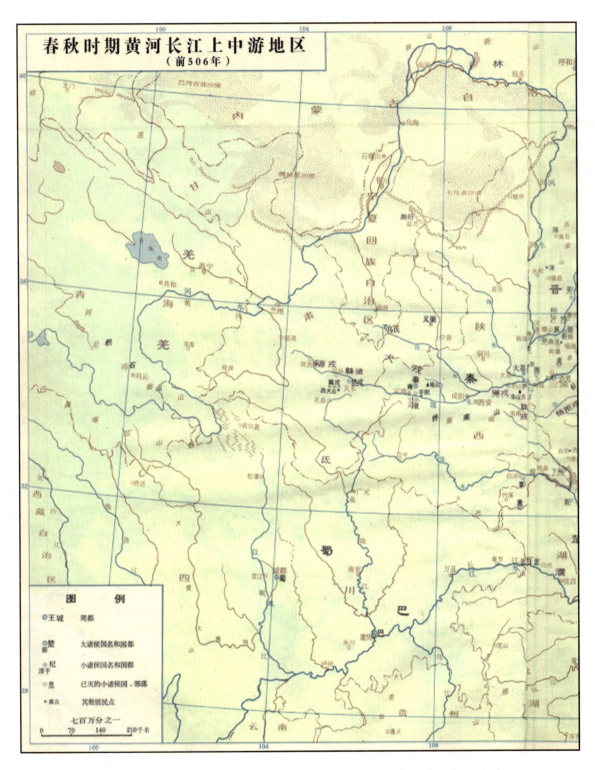

（本图引自郭沫若主编《中国史稿地图集》，中国地图出版社1996年6月版，第15页。）

图 21.04　春秋时期氐、羌分布

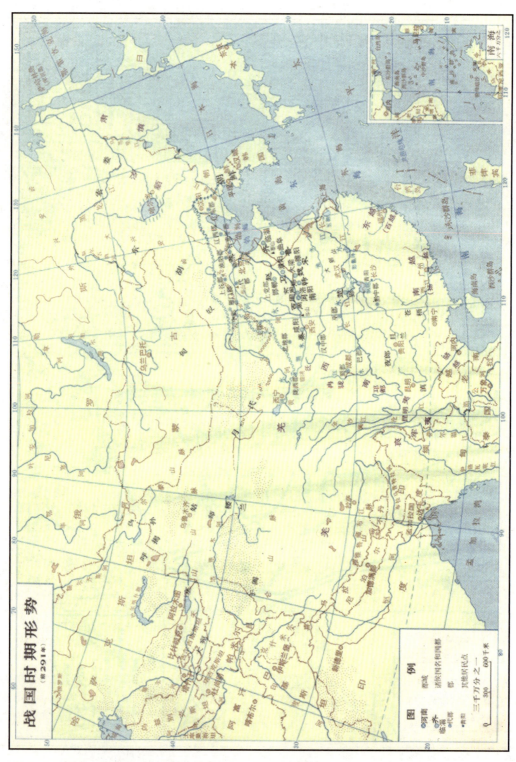

（本图引自郭沫若主编《中国史稿地图集》，中国地图出版社1996年6月版，第19页。）

图21.05　战国时期氐、羌分布

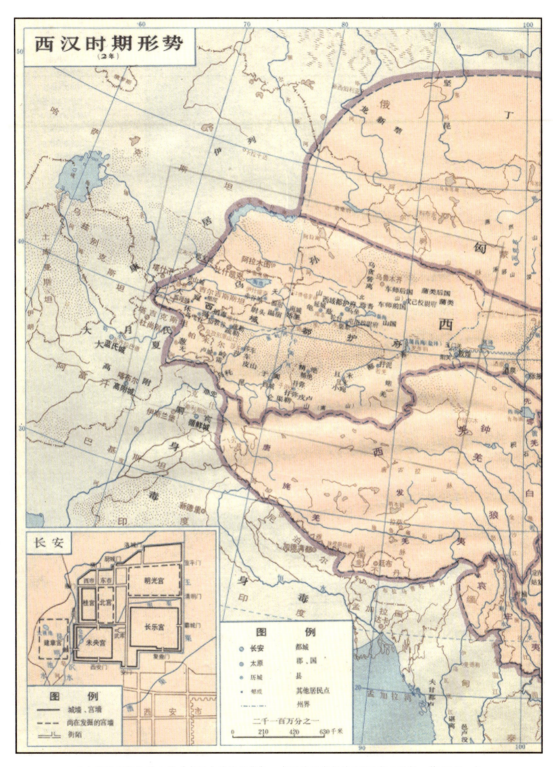

（本图引自郭沫若主编《中国史稿地图集》，中国地图出版社1996年6月版，第29页。）

图21.06　西汉时期氐、羌分布

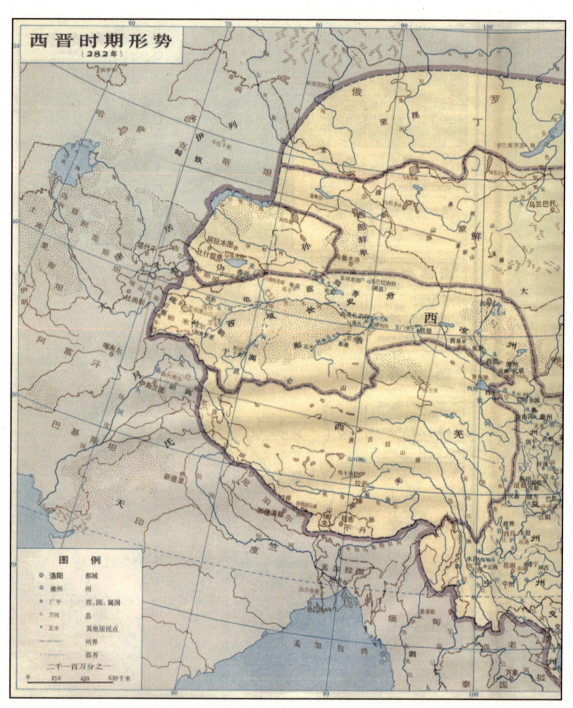

（本图引自郭沫若主编《中国史稿地图集》，中国地图出版社 1996 年 6 月版，第 49 页。）

图 21.07　西晋时期氐、羌分布

民族"氐人。因此，战国时（位于今山西、河南）魏国的史书《竹书纪年·太昊庖牺氏》所记载的"太昊之母生帝于成纪"的"成纪"只能是中原魏国地界上的成己，而不可能记载远在两千里以外甘肃天水"氐人氐国"历史上的成纪。

这也就是说，伏羲时代的成己不是在天水而是在春秋时代的晋国或"三家分晋"后战国时代的魏国地界之内，伏羲故里也不在天水，而是在春秋时的晋国、战国时魏国地界之内。

以上从历史地理角度对战国《竹书纪年》中"生帝于成纪"是指"晋魏成己"抑或"天水成纪"做了历史的解释，肯定了伏羲时代成己在昆仑丘而不在天水。

可是，到了秦统天下后的汉代和魏晋南北朝时却有某些学者称"庖牺氏生于成纪"是指天水成纪。为什么会发生这种历史性误判呢？这还得从氐羌人的宗源及太皞部落迁徙史说起。

伏羲在昆仑丘开启了中华文明，也开创了太皞部落（联盟）。直至炎黄之前的三千年间，部落首领更迭基本上都实行禅让推举制。随着人口增加，部落领地逐渐向周边扩大，不过基本上还是没离开天下正中昆仑丘一带。到临炎黄时代，随着生产力发展和剩余物资增多，私有制开始萌芽，部落首领亦由原先的禅让制改行世袭制。这一变革是根本性的。从此"公天下"变成了"家天下"。之后，围绕禅让制与世袭制，在中国历史上

首次发生了"炎黄""蚩黄""共颛"三场争帝大战，直至尧、舜、禹时才又复行禅让制。在黄帝打败炎帝、蚩尤以后，为稳固世袭政制，又发生了"杀戮蚩尤、两皞（皥）"后裔的严重政治性事件（西汉桓宽《盐铁论·结和》）。两皞，学者有说是指太皞、少皞部落后裔，有说是太皞部落向东、西两方向迁徙的部落民众。其实这两种说法都对，少皞本就是太皞部落后裔之一。太皞部落向西迁徙，少皞部落向东迁徙。之后，为巩固黄帝世系的统治地位，在黄帝孙子颛顼统治期间，更发生了彻底驱离住居昆仑丘一带的原太皞部落后裔的"政治性事件"，史称"绝地天通"。直到舜称帝前才又重登昆仑丘"耕历山，渔雷泽"（《史记》《阳城县志》）。

几十年内历经两次大劫难，太皞部落后裔便不得不从故地昆仑丘一带举族向东、西两个方向大迁移。

向东迁徙者不愿离开神圣的宗祖地昆仑丘和发源宗祖地的圣水济水流域。所以他们主要沿济水流域中下游向今山东一带迁徙。史书统称这一族为"东夷"，夏、商、周时称"九夷"。九，多也。"其后裔当春秋时任、宿、须句、颛臾，皆风姓之胤也。"（《礼记·月令》）"任、宿、须句、颛臾，风姓也，实司太皞与有济之祀"（《左传·僖公二十一年》）等是证（图21.08）。

向西迁徙者主要溯渭水而上向今陕、甘、川一带迁徙。其中一部分定居在以天水为中

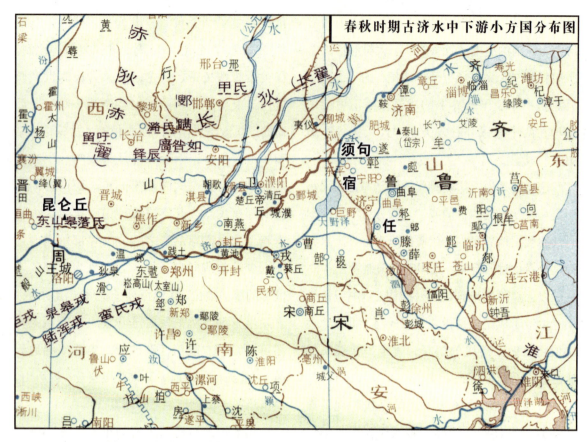

（本图引自郭沫若主编《中国史稿地图集》，中国地图出版社 1996 年版，第 16 页。）

图 21.08　春秋时期古济水中下游小方国分布图

心的陇西山地，这就是所谓"氐人氐地"；另一部分又继续向西迁徙，定居在黄河两岸的今甘、青、川一带，这就是所谓的"羌人羌地"。史上统称其谓"西戎"。

更有一部分继续向西南迁徙，进入今川、黔、滇、藏等地的就是后世的"夷人夷地"，汉时统称其谓"西南夷"。夷族，新中国成立后改称"彝族"，仍居我国西南川、滇、黔、桂等地（以上参见图 21.02 至图 21.07）。

那么有何证据证明这些氐、羌、夷人是太皞伏羲部落后裔呢？对此史界早已有不少学者论述过，普遍认为其确系伏羲部落之后裔。例如：

其一，西南许多少数民族中有不少确系夷族的分支，他们直至今日仍普遍祭祀伏羲、女娲。所谓盘古开天辟地神话，起初也是由迁居西南的夷民依据其祖辈在昆仑丘时的传说而追忆的故事。多年以后又回传汉地。所以今天仍有学者误称"盘古在南，女娲在北"。

其二，本章已引述《礼记·月令》《左

传·僖公二十一年》《九域志》《伏羌县修城记》等史料证明氐、羌、夷人是伏羲部落后裔。在此拟再从象形文字"字原象形""字原象义""义近音谐""字原应时"等角度剖析"氐""羌""夷"诸字确系脉承于"羲"字，以此证明氐、羌、夷人与伏羲部落有着千丝万缕的联系，证明氐、羌、夷人确系伏羲部落后裔。

羲，甲骨文"𦏆""𦏆"，会意字。从羊，从我（刀锯），表示用刀锯屠宰牛羊以祭祀。本义为杀牲以祭。是犠（牺）、义（义）的本字。

羌，甲骨文"𦏩"，会意字。从羊从人。右下之"系"或"𢎘"可当作联系、维系、承继解，如"系尧统，接汉续"，也可当作以绳索缚人颈解，犹如"殷捆缚获羌人"。

因氐羌人从原始社会末期起已偏居陇西山地及其以西地域，且从原始时期到殷商始终受中原人所欺凌，所以上述后一解中的"殷人捆缚俘获羌人"实则自黄帝或颛顼时代起已"捆缚俘获羌人"，但因后人以为甲骨文始于殷商，故误以为"羌"字起自"殷人捆缚俘获牧羊羌人"。

从甲骨文"羲""羌"皆从羊，羌字右下加一"系"字，当可解读出羌与羲同宗同源，羌系于羲，即羌人系伏羲部落后裔。

氐，甲骨文"𠂤"，象形字。氐与氏同源，像种子初萌长出一芽形，本义指根柢。

上古时姓是族号，氏是姓的分支，用以区别子孙所由出生。人们的姓氏标志祖宗的

来源，故是一种根柢。中国三皇五帝多系以氏，而百王之先的风姓伏羲氏更是天下第一姓氏，是中国姓氏之祖，是中国姓氏之根柢。所以"氏"即谓根柢于伏羲氏之人。

以上，罗泌《路史·太昊纪上》"太昊伏羲正姓氏"是证。

夷，甲骨文"𡰥"，象形字，像蹲踞的人形。古代谓东方人喜欢蹲踞，故义为东方人，后又泛指中原以外民族，其义不确。本义实为旧时中原人对中原以外人的蔑称，所谓"背躬之人"。

应该说，单从字构、字形并不能看出夷与羲之间有何关联，但伏羲部落被逼外迁到中原以外却确有史证。那时中原人称呼外迁的伏羲部落后裔发"羲"（xī）为"羲"（yí）之音而取名"夷"（yí）。或谓中原人对外族的仇称，意为"夷灭"。如《国语·周语下》："是以人夷其宗庙……"《论语·八佾》："夷狄之有君，不如诸夏之亡也。"

另外，中国历史上有以氐、羌、夷、三苗、瑶、羯、黎、壮等为代表的二十多个少数民族，五千年来从不祭祀黄帝却虔诚祭祀伏羲，这既是对黄帝、颛顼驱杀蚩尤、两皞部落后裔的回应，也是证明这些少数民族都是伏羲部落后裔的有力证据。

三、氐羌人的崛起是伏羲故里误讹成纪天水说的主因

上面提及从原始社会到殷商，氐羌人始

终受着中原人的欺侮。实际上，自西周、春秋战国到秦汉年间，氐羌与中原之间的关系基本上处于各自为政的状态。秦始皇大统一前后，秦在天水一带置陇西郡，西汉置天水郡，东汉置汉阳郡。此时期内的天水氐人与中原的关系仍处于类似殷商时"自彼氐羌，莫敢不来享，莫敢不来王"的矛盾态，于是最终酿成东汉晚期的羌人起义。

汉晋时，氐羌势力渐渐东抵至河。魏晋时，氐羌人苻氏、姚氏、吕氏先后建立了以长安、姑臧为国都，东自海、西止葱岭，南起长江、北过蒙古高原的前秦、后凉、后秦王朝。天水"成纪"城亦在汉、晋、魏时期建成。

随着氐羌势力的增强和前秦、后秦、仇池等氐羌政权的建立，与伏羲有关的文化便在天水一带得以大规模发展，既建制了成纪县、伏羌县，又建筑了纪念、祭祀性质的伏羲像、女娲祠、女娲庙等。于是，汉、晋、北魏时期的一些学者便误把这些伏羲后裔的追念性仿制文化当成了伏羲的原创文化。以上由郭沫若主编的图 21.09 至图 21.12 作证。

（本图引自郭沫若主编《中国史稿地图集》，中国地图出版社 1996 年 6 月版，第 42 页。）

图 21.09　东汉时期羌族起义

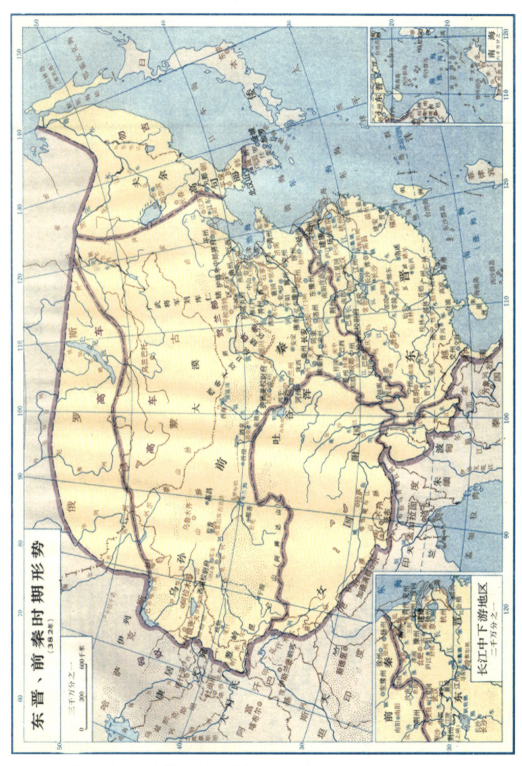

（本图引自郭沫若主编《中国史稿地图集》，中国地图出版社1996年6月版，第58页。）

图21.10 东晋、前秦时期形势

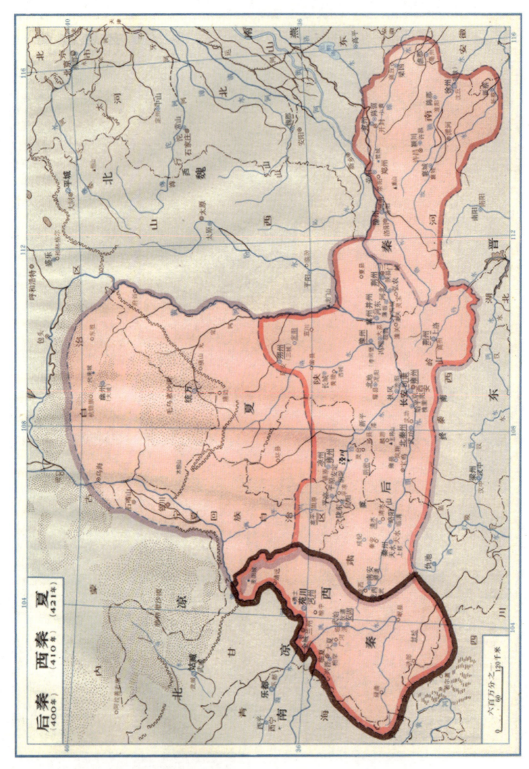

（本图引自郭沫若主编《中国史稿地图集》，中国地图出版社1996年6月版，第62页。）

图 21.11 后秦时期形势

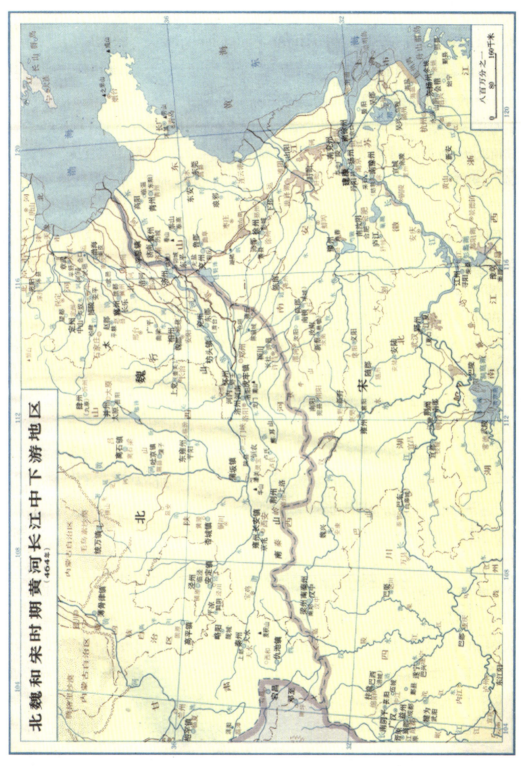

（本图引自郭沫若主编《中国史稿地图集》，中国地图出版社 1996 年 6 月版，第 66 页。）

图 21.12　北魏时期形势

从汉武帝元鼎三年（前114年）至北魏孝文帝末年（500年）的六百多年中，共发生了三次对后世具有巨大负面影响的历史扭曲。

（一）两汉时期天水成纪说的误讹

秦始皇一统后实行郡县制，天水一带的氐人氐地设置为陇西郡，西汉设置为天水郡。其结果，一方面强化了中央集权制，另一方面加速了氐人汉化。作为氐人，深知氐与汉本起自同一宗祖伏羲。只因黄帝、颛顼时驱杀蚩尤、两暤部落后裔，才酿成兄弟氐汉对立。

据史书记，汉武帝击走匈奴后，公元前114年在河西置四郡，并设护羌校尉统领。宣帝时氐羌人与汉人争夺湟水流域牧地，汉军胜利后置金城属国以接纳归附羌人。羌人渐内迁与汉人杂居。王莽末年，羌人大量入居塞内与汉人杂处。东汉永初五年（111年），部分羌人进至河东、河内，直逼王都洛阳。部分汉人与羌人反而合作抗拒东汉官吏。桓帝延熹二年（159年），汉大族皇甫规、张奂主张"招抚"羌人，惩治羌人所痛恨的东汉贪虐官吏。（以上参见翦伯赞《中国史纲要》）正是在武帝"置四郡""设护羌校尉"和桓帝"招抚羌人""惩治贪官"期间，为安抚并满足氐羌人追念宗祖、常伴先皇伏羲的意愿，便在氐人集中聚居地天水秦安北建了一座城，并以伏羲诞生地（昆仑丘）成己之名取名"成己"。"三代"时"己"字为借义所专用，其义便另加义符"糸"写作"纪"，由是西汉时便把"成己"写成"成纪"。

这便是所谓"汉置成纪"的由来，也就是《遁甲开山图》"伏羲成纪"、《续后汉书·郡国志》"成纪，古帝庖牺氏所生地"的由来。

由此可见，《遁甲开山图》《续后汉书·郡国志》是误把发生在公元前114年至公元159年天水一带的"伏羲转移文化"误当成"伏羲原创文化"的首次错误记史。

（二）十六国时期天水成纪说的误讹

不过在历史上，汉代这次误解还不是最严重、最根本性的。应该说，公元500年后北魏《水经注》才是彻底错定"伏羲故里天水成纪"的主因。

公元318年，匈奴贵族刘曜在长安建立前赵，公元329年羯人石勒灭前赵，迁都邺城（今河南安阳）建立后赵。在此期间，氐族大量徙居中原。公元351年，氐人苻健率众西归关中，在长安建立前秦。其后，苻坚又废苛政，重用汉人王猛治理国家，兴水利，劝农桑，倡儒学，修交通。"四夷宾服，凑集关中，四方种人，皆奇貌异色。"370年灭前燕，376年灭前凉并灭代，不久夺巴蜀进西域，一统中国北方。淝水之战后前秦亡，羌人姚苌在长安建后秦，417年为东晋灭。（以上见翦伯赞《中国史纲要》）

苻坚是一位较有作为的君王。统治期间，前秦社会稳定，生产发展，并如前述大规模接受汉族文化的生产技术，说汉话、穿汉服、习农耕、从汉姓，呈现一派民族大融合的美好景象。与此同时，为永远纪念并祭祀本族先祖，便在氏人发祥地天水秦安成纪建造了"女娲祠"，永远供奉先皇伏羲、女娲。

然而，氏人知道宗祖地昆仑丘是一条伟大而神圣的龙，伏羲、女娲是龙的化身，因此，女娲祠必须择址于龙脉之上，或附近至少应有龙之征讯，于是，那时的氏民便在那里找到了一块大青石，据说青石之上天然有一条长约二尺的白蛇（龙）。后人称这谓"白蛇石扁"，并谓这白蛇石扁就是女娲、伏羲的化身。这些故事都发生在天水北之显亲峡一带。就这样，天水显亲峡又有成纪，又有白蛇石扁，又有女娲祠，当然就成了毋庸置疑的"显亲成纪"。这就是所谓的"显亲成纪"的由来。

显然，与《遁甲开山图》等的误解一样，后人便误把苻坚时（约360年）在显亲峡所建的女娲祠当成了伏羲原创文化。同时自北魏起又把原本龙身人首的昆仑神龙改成了毫无文化内涵的"白蛇石扁"蛇身人首。其实伏羲时代几乎什么人工建筑都还不可能有，怎会留下女娲祠！

（三）北魏时期天水成纪说的误讹

公元376年，苻坚灭北方鲜卑拓跋部而建代国。淝水之战后，拓跋珪于386年又重建并改国号魏，史称北魏。至439年魏灭北燕、北凉，继前秦后重又统一中国北方。493年孝文帝迁都洛阳，在位期间（471—499），大规模实行改革：以汉服代鲜卑服；朝廷禁用鲜卑语；改鲜卑姓为近音汉姓；允许族外通婚；改拓跋氏为元氏。改革加速了拓跋全族与汉族的融合，促进了封建经济的发展。（以上见翦伯赞《中国史纲要》）

北魏地理学家郦道元正是生活在孝文帝迁都和改革前后。改革所带来北魏中期的政治清明、社会和谐、经济发展为郦道元"访读搜渠"、研考地理，撰写地理巨著《水经注》铺设了条件。

所谓"北魏时期天水成纪说"，就是指郦道元《水经注》中有关天水成纪的"考察报告"。可以说，《水经注》是史书中有关"伏羲生天水成纪"较权威，很具影响力的依据。但是，《水经注》"伏羲生天水成纪"同样是一场误会。下面详细摘引《水经注》中有关天水成纪"考察报告"：

瓦亭水又南迳成纪县东，历长离川，谓之长离水，右与成纪水合，源导西北当亭川，东流出破石峡，津流逐断，故渎东迳成纪县，故帝太皞庖牺所生之处也。汉氏以为天水县，王莽之阿阳郡治也。又东，潜源隐发，通之成纪水，东流入瓦亭川。……略阳川水又西北流入瓦亭水，瓦亭水又西南出显亲峡。石岩（宕）水注之，水出北山，山上有女娲祠，庖羲（义）之后，有帝女娲焉，与神农为三皇矣。其水南流，注瓦亭水，瓦亭水又西南迳显亲县故城东南，汉封大鸿胪窦固为候园。……应劭曰：县氏陈山，姚睦曰：黄帝都陈言在此，荣氏《开山图》注曰：伏羲生成起，"起，宋本作纪"，徙治陈仓也。《帝王世纪》云："庖牺生于成纪，今天水郡有成纪县。"非陈国所建也。……应劭曰，四面积高曰雍。阚骃曰：宜为神明之隩，故立郡祠焉。又有凤台凤女祠。秦穆公时，有箫史者，善吹箫，能致白鹄孔雀，穆公女弄玉好之，公为筑凤台以居之，积数十年，一旦随凤去，云雍宫世有箫管之声焉，今台倾祠毁，不复然矣。

今人所谓天水成纪是伏羲、女娲故里，主要因此文起。

可是，《水经注》是以江河为主要记叙对象的地理著作，书中除记有"故渎东迳成纪县，故帝太皞庖牺所生之处也"和"石宕水注之，水出北山，山上有女娲祠"两处似乎与伏羲有关外，其余皆与伏羲无任何关系。

那么《水经注》所记"故渎东迳成纪县"与"石宕北山上有女娲祠"果真能证明这里是伏羲诞生地吗？当然不能。

1. 伏羲所处的原始社会晚期尚无城市，更无郡县，所谓"成纪县"，仅是汉、前秦时的氏人后裔为了能依傍先皇，凝聚族心而沿用宗祖伏羲诞生地"昆仑成己"之名。

2. 原始社会晚期还不会建房盖祠，所谓女娲祠，仅是前秦时氏人后裔因怀祭先祖所建之纪念性、祭祀性祠庙。

这就如同记载夏、商、西周、春秋时晋国和战国时魏国史事的《竹书纪年》不可能历史颠倒地记载发生在七百年以后魏晋南北朝时期氏地的史事一样，公元前六千年在昆仑丘开天辟地的伏羲怎会到汉魏时期的天水氏地去呢？

因此可以肯定，《水经注》所记"伏羲生天水成纪"是历史颠倒、地望混淆的误记。

四、伏羲故里讹为天水成纪的初始原因

与中华创始神话原创地误讹"盘古在南，女娲在北"说一样，伏羲故里讹为天水成纪的初始原因同样是出于颛顼"绝地天通"。太皞部落后裔被迫迁移昆仑丘而沦落为氏、羌、蛮、夷等远古"少数民族"，其中的一部分即定居于甘肃天水一带。这些氏羌人的后裔因思念故土昆仑丘，便在氏羌之地筑"成纪城"、建"女娲庙"、祭"白蛇石扁"、建立"氏羌政权"。汉、晋、五代时，人们便把这些"转移文化"误当成了伏羲的原创文化。

可是，那么多的文献史料，那么多的文物史料，那么多的政权史证，都一致认为伏羲故里在天水成纪，为什么还说是一场千年误会？

是的，表面上看各种史料很是齐全，很是权威。但是，这些史料存在着一些致命的弱点：

其一，伏羲尚处原始社会晚期，既没有系统文字记载，又缺乏可留存后世的文字载体，许多真实的历史文化仅靠一代又一代人的口耳相传，不免产生讹传。这是传说时代存在的普遍问题。

譬如拿本例来说，记载于汉代以后史书中的伏羲故里多达六处以上，其原因既有讹传的问题，更有氐人、羌人崛起后各氐地、羌地争抢"正宗伏羲故里"的问题，如同今天各地纷建佛寺道观，争抢"XX帝王故里"，争抢"梁祝故里""董永与七仙女故里"一样。

因此今天人们的责任之一便是客观地、科学地、历史地做好去伪存真的辨识工作。

其二，从春秋、战国到汉、晋、唐，史官记史的凭据，有"官修文史"，有民间传闻，有亲眼见闻，但是都很少有也不可能有现代意义上的科学考古资证，也缺乏多角度、全方位宏观分析的条件。所以记史常多不实，包括司马迁《史记》、皇甫谧《帝王世纪》、郦道元《水经注》在内也有不少不实之处。因此我们既要承继历史，又要实事求是地对具体史例进行具体分析，不要让《史记》《帝王世纪》《水经注》中的某些错误成为不可逾越的教条而遮住我们的视线，束缚我们的思想。

其三，研究历史，尤其研究上古、远古史，一定要从唯物史观出发，遵循历史研究重原、重初、重物三大准则。

例如，既然伏羲尚处无房无屋无庙的原始穴居时代，却为何一见到前秦时所建的女娲庙就认定是伏羲女娲故地？既然伏羲时尚处无国无郡无县的原始氏族时代，却为何一见到汉置的成纪县便不加分析地认定是伏羲故里？既然说伏羲的巨大功绩之一是"创龙图、推太极、演八卦"，却为何在天水未见到龙图、太极、八卦的一点影子便认定所谓"白蛇石扁"的天水就是伏羲故里？

应该说，只要坚持唯物史观，就不难发觉天水一带的伏羲文化明显是汉以后，尤其是前秦、后秦时由早年间迁徙来此的伏羲后裔氐羌人所追建、仿建的"转移文化"，而不是伏羲当年的原创文化，天水也不是伏羲文化的原创地。

千百年来，世人多以为天水是伏羲故里，可是在天水又找不到可以证明伏羲创龙图、推太极、演八卦，启祚中华文明强有力的证据，所以司马迁《史记》只能从黄帝记起。到唐代，虽有司马贞补上了《三皇本纪》，但也因苦于史证不足而只能泛泛地描述一下伏羲的功绩。由于缺乏具体事例，故后人乃至今人始终没重视过《三皇本纪》中有关伏羲身世及其功绩的记载，也没重视《竹书纪年》对伏羲功绩的肯定。为引起世人重视，本书在此转录上述两史籍中与伏羲有关的段落：

（唐）司马贞《补史记·三皇本纪》："太皞庖牺氏，风姓，代燧人氏代天而王，母曰华胥，履大人迹于雷泽，生庖牺于成纪。蛇身人首，有圣德。仰则观象于天，俯则观法于地，旁观鸟兽之迹与地之宜，近取诸身，远取诸物，始画八卦，以通神明之德，以类万物之情。造书契以代结绳之政。于是始制嫁娶。以俪皮为礼。结网罟以教佃渔，故曰宓牺氏；养牺牲以充庖厨，故曰庖牺。有龙瑞，以龙纪官，号曰龙师。作三十五弦之瑟。……女娲氏亦风姓，蛇身人首，……无革造，唯作笙簧。……当其末年也，诸侯有共工氏，……不胜而怒，乃头触不周山崩，天柱析，地维绝。女娲巧炼五色石以补苍天，断鳌足以立四极，聚芦灰以止滔水，杀黑龙以济冀州。"

《竹书纪年·太昊伏羲氏》："龙马负图出河，始作八卦，以龙纪官，立九相九佐治九州。造书契，作甲历，造琴瑟，作立基之乐。"

回首往史，由于这一段历史误会，几致湮没真实的伏羲故里；由于真实的伏羲故里长期被湮没，致使伏羲文化亦被长久湮没；因为伏羲文化是八千年中华文明起始点的代表性文化，因此也就耽误了对中华文明的正确认识。

在否定了伏羲故里天水成纪说之后，真实的伏羲故里在王屋山区昆仑丘华虚部落风姓氏族成已村落将喜迎世人，一个八千年前由伏羲开创的光辉灿烂的中华文明也将惊天出世！

当然，我们这些后辈永远会怀着崇敬之情，感激氏羌先辈为中华民族延续了伟大的伏羲文化。可以说，如果没有天水成纪的"转移文化"，也许伏羲文化将永远湮埋在历史长河之中，那才是中华民族最不愿意看到的啊！如若天水成纪与王屋山昆仑成已，淮阳宛丘与昆仑宛丘联手开发伏羲文化，那将是多么美好的事！

自《左传》："陈，古帝太皞之虚也。"《诗经·陈风·宛丘》："子之荡兮，宛丘之上兮。"之后，尤其自《帝王世纪》："宓羲为天子，都宛丘，在《禹贡》豫州之域。"《水经注·渠水》"陈城北，故陈国也。城东北三十里许，犹有羲城实中。"之后，"宛丘在陈，陈在淮阳，淮阳是伏羲王都"之声便世代相传。然而，1978—1980年河南省考古研究所对疑是宛丘的淮阳平粮台进行考古挖掘，测年结果证实，平粮台第一期文化层为距今四千五百年前的大汶口文化晚期。因大汶口文化晚期远晚于伏羲所在年代三千余年，同时平粮台乃至整个淮阳出土文物中无一件可以证明与伏羲本人直接相关。由此断定，所谓"淮阳是伏羲故都宛丘"的说法乃历史之误讹。

那么为什么会产生这种误讹呢？

一、伏羲王都宛丘说的主要史料

（一）伏羲王都宛丘说的文献史料

历史上记载伏羲"都陈""都宛丘"的史书不少，但直接记载伏羲故都宛丘或陈在淮阳的却仅有《帝王世纪》与《水经注》两书。以下兹转录春秋战国至南宋一千七百多年间记载有关伏羲故都的主要史料。

（春秋）左丘明《左传·昭公十七年》记："陈，古帝太皞之虚也。"

（春秋）《诗经·陈风·宛丘》谓："子之荡兮，宛丘之上兮。"

《诗经·陈谱》谓："陈者，太皞宓戏之墟。"

《尔雅·释丘》："丘上有丘为宛丘""陈有宛丘"。

（西汉）王符《潜夫论·五帝德》："伏羲世号太昊，都于陈。"

（西晋）皇甫谧《帝王世纪》："太昊帝庖牺氏，风姓也……帝出于震，未有所因，故位在东方，主春，象日月之明，是称太昊，都陈。""宓羲为天子，都陈，在《禹贡》豫州之域。"

（北魏）郦道元《水经注·渠水》："沙水又东南，经陈城北，故陈国也。伏羲神农并都之。城东北三十里许，犹有羲城实中。"

（唐）司马贞《补史记·三皇本纪》："太昊庖牺氏代燧人氏继天而王……都于陈，东封泰山，立一百一十五年崩。其后裔当春秋时任、宿、须句、颛臾；皆风姓之胤也。"

（北宋）苏辙《古史》："太昊伏羲氏，风姓……居于宛丘，后世所谓太昊之墟也。"

（南宋）罗泌《路史·太昊纪上》："太昊在治百六十有四载落，而女弟胞娲立，年百九十有四，葬山阳，都于宛丘，故陈为太昊之虚。"

以上所录从春秋至南宋史籍，基本上代表了古今史界的观点。除《帝王世纪》《水经注》外，以上其余古籍皆只记太昊伏羲"都陈""都宛丘""居宛丘"，而并无记"陈在淮阳""淮阳有宛丘"。这是为什么呢？

实际上，后人引用这些文献，意欲证明"太昊伏羲'都陈''都宛丘'之地在淮阳"。但是这明显存在一个历史性缺陷：西汉以前

的春秋、战国时期尚无"淮阳"这一地名，又怎能证明"太昊伏羲'都陈''都宛丘'之地在淮阳"呢？

"淮阳"这地名首取于西汉初年。《辞海·淮阳》："汉高帝十一年（公元前196年）置淮阳国，都于陈。"这就是说：其一，在中国历史版图上，先有陈、宛丘这两个地名，后有淮阳这一地名。由此表明西汉以前所有古籍文献中所记之"伏羲都陈、都宛丘"并非指淮阳那里的陈与宛丘，而是指别处的陈与宛丘。其二，西汉以后有了淮阳这个地名，且淮阳国是西汉鼎鼎有名的"同姓九国"之一，那么西汉后的文史学家本应明确注明伏羲都陈、都宛丘在淮阳国或淮阳郡，然却在西汉后的诸多历史文献中丝毫无记，仅在晋《帝王世纪》、北魏《水经注》中含含糊糊地记"《禹贡》豫州之域"，"城东北三十里许，犹有羲城实中"。其三，考古证实，所谓"羲城实中"根本与太昊伏羲文化不相关。

据上，人们不得不怀疑"太昊伏羲都陈、都宛丘之地在淮阳"之说的真实性。

那么，皇甫谧《帝王世纪》、郦道元《水经注》是如何把"陈""宛丘"与淮阳相混在一起的？本章其后将做详解。

（二）伏羲王都宛丘淮阳说的文物史料

1.羲城实中

《水经注·卷二十二》：（陈城）"故陈国也，伏羲、神农并都之。城东北三十里许，

犹有羲城实中。"现场考察在淮阳城东北有一座朱丘寺。《淮阳县志》载：县城东北三十里有五代赵丑为梁太祖朱全忠建的朱丘寺，寺西北有伏羲庙，早毁，因朱丘寺遗址系中央高四方低的高台，所以当地学者认为这里就是郦道元笔下祭祀伏羲的"羲城实中"。然而这"羲城实中"顶多只能证明其是五代时祭祀伏羲的建筑物，而与公元前六十世纪的伏羲王都丝毫不相关。

2. 平粮台

《晋书·地道记》载："陈城南道东有宛丘，渐欲平。"宋代《太平寰宇记》载："宛丘在县东南五里，高二丈。"但《陈州府志》《淮阳县志》却未见记宛丘，而仅见记"平粮台在城东南五里，俗称平粮冢，高二丈，大一顷，有四门，林木蔚，未详何代所筑。"

以上所记，传说中的"宛丘"与平粮台同位于城东南五里，高二丈，表明宋时平粮台即是传说中的"宛丘"。于是1979年至1980年，河南省文物考古所对疑是宛丘的平粮台进行了大面积考古发掘。

平粮台遗址分五期文化堆积层：第一期为距今四千五百余年的大汶口文化晚期；第二至第四期为龙山文化；第五期为二里头一期文化。考古基本结论中有：①"平粮台古城是座建于四千五百年前的龙山文化遗址，应是太昊伏羲氏后人进入文明时期的遗留"。②平粮台就是古宛丘。③"平粮台一期的大汶口文化与六千年前的伏羲时代相符合，敲定了宛丘古城址的

历史定位，结束了几千年来关于太昊伏羲故都具体遗址坐落的历史诉讼"。

然而，其中的第③项结论明显存在失误：其一，平粮台古城是大汶口文化晚期遗址，远晚于伏羲时代三千余年；其二，平粮台遗址出土的如石钟、石斧、骨箭头等文物，仅能证明平粮台在四千五百年前大汶口文化晚期已有人类活动，但不能证明其是距今八千年前太昊伏羲时期留下的遗物。因此说，平粮台遗址考古挖掘结果，没能证明这里是伏羲王都所在地。同时认为，仅以淮阳平粮台出土文物或仅以甘肃天水大地湾出土文物便断代四千五百年前或六千五百年前为伏羲时代也是不够科学、不够严谨的。

3. 伏羲陵

春秋前的史书中仅有伏羲都地，而无伏羲葬地方面的记载，及至宋、明以后才有伏羲葬地太昊陵的记载。

据淮阳当地学者分析，现今的淮阳太昊陵是在早年伏羲坟基础之上改扩建的，而早年的伏羲坟又是在更早年间伏羲墓的基础之上推土而成的。由最初时"不封不树""与地平"的伏羲墓到"易之棺椁""封土为坟"的伏羲坟，再到周代甚至汉代的伏羲陵，直至二十世纪还存在的"太昊伏羲氏之莫（墓）"或"太昊伏羲氏之陵"碑文；从无坟无树的平地墓直到高达21米，周长150米，苍松翠柏，巍峨壮观的"天下第一陵"，其间相隔几千年，见证了中华文明悠悠发展史。二十世纪九十

年代被国务院列为国家重点文物保护单位，并被誉为"十八名陵之首"。

然而，据近年来多处地勘数据，探知春秋时代淮阳的地面高程约为海拔 34 米，位于现地面以下 12 米。按此堆积速度反推，伏羲时代淮阳地面高程不足海拔 3 米，尚系成陆不久的盐滩沼泽地或潮间带。黄水滔滔，水患无穷，现代人尚且无法在此环境中生存，更别说远古先民在这里建王都修帝墓了。

4. 伏羲庙

淮阳还有伏羲庙、太极门、统天殿、八卦坛等等许多近、现代建筑物，被认为是太昊伏羲建都于此的物证。

其实，这些仅是围绕"伏羲陵"由后世人们追建的纪念性、祭祀性、宗教性建筑物，并不能作为史料。1984 年 8 月 8 日发现的白龟和蓍草园等，同样不能作为史料，因为只要环境适宜，其他地方也会出现白龟、蓍草。

归纳以上文献与文物史料，可得基本结论于下：

第一，"陈"与"宛丘"是先于淮阳而存在的古地名，因此汉前古籍中的陈与宛丘并非指在淮阳，而是指在他地。

第二，距今八千年前，淮阳仅是一片海拔不足 3 米、滔滔洪水、成陆不久的重度盐化沼泽地或潮间带，还不适宜远古人类居住。由此进一步证实伏羲所都之宛丘、陈并非指淮阳，而是指他地。

第三，直至公元前二千五百年前大汶口文化晚期或龙山文化前期，淮阳一带才有人类在相对高阜处建立定居点，所谓"平粮台"古城(即所谓"宛丘")就是在这一时期堆筑的，即筑

于颛顼"绝地天通"后的公元前两千五百年至周武王褒封舜后裔于此的公元前一千年。

那么，伏羲都陈、都宛丘又是如何错误地与淮阳挂上钩的呢？或者说皇甫谧和郦道元为何把淮阳错当成了伏羲王都呢？这还得从淮阳宛丘与陈的由来说起。

二、伏羲王都宛丘淮阳说的讹因

（一）颛顼时代东迁的太昊部落后裔是定居淮水的首批居民

太昊部落本定居在王屋山区昆仑丘，至黄帝、颛顼时代，因黄帝"杀蚩尤、两暤"后裔以及颛顼"绝地天通"大规模驱离太暤、少暤后裔出昆仑。这些太暤部落后裔被迫分别向东（东支）西（西支）两侧迁离昆仑丘，其东支不愿离开发源于天中地中昆仑丘的神山圣水——济水流域。于是他们沿着济水一路东下，其中大部分到达并定居在济水中下游今山东西南部的高阜（丘）地带，继而自然形成几个部落中心，这就是殷商时期"条氏、徐氏、萧氏、索氏、长勺氏、尾勺氏'殷民六族'"（《左传·定公四年》）与西周、春秋时期"任、宿、须句、颛臾，风姓也，实司太暤与有济之祀"（《左传·僖公四年》）等小方国的先祖。其后有一部分继续向东北方向迁徙，直至定居在今朝鲜半岛甚至更远达今中美洲墨西哥等地（参见第二十六章"昆仑文化的世界性影响"），史称东北夷。又有一部分则向南迁徙，定居于今河南淮水一带的高阜处，成为淮水一带最早的原住民。更有一部分继续南下定居于长江流域甚至岭南，成为"三苗"和后世苗、瑶、黎等族的先祖（这

部分先民也可能来自西支并经由天水、武陵、岭南大瑶山等地最后直抵海南五指山一带）。直至今日，岭南苗、瑶等族仍以伏羲、女娲为其先祖。瑶族中的盘瑶，自称是盘古的后代，而盘古恰是伏羲的化神。帝舜时迁封其弟象于有庳（今湖南道县北）。这些都表明其时（或其后）岭南一带已为伏羲后裔居地。

那么任、宿、须句、颛臾等方国的先民是黄帝、颛顼或帝喾时代迁居来此的说法有依据吗？请看古籍所记。

《世本·帝系》记："颛顼五世而生鲧。"《大戴礼记·帝系》："颛顼产鲧，鲧产文明，是为禹。"

《史记·夏本纪》："禹为姒姓，其后分封，用国为姓，故有夏后氏、有扈氏……""与夏后联姻的有仍氏，在今山东曹县西北……后灭夏的商族，居河济不远的豫北冀南一带，他们与颛顼氏、祝融氏等共同组成了'夏族'。"[1]

以上表明，夏代前有任氏等已迁居河济中游一带，并已融入"夏族"，成为"夏族"的重要组成部分。到商代，有仍氏等仍为商的方国。《诗经·商颂·长发》记"有娀方将，帝立子生商"，这说的是有娀女简狄正年少时，天帝让她生下商的祖先契的故事。

有娀即有仍。以上表明，从颛顼、帝喾起直至夏、商、周，任、宿等始终是历朝历代在河济中下游的部落或小方国。从郭沫若主编的《中国史稿地图集》亦可证明上说（图21.08，图22.01）。

（二）周武王褒封帝舜后裔妫满于陈是定居淮水的第二批居民

《史记·周本纪》记："武王追思先圣王，乃褒封……帝舜之后于陈。"《正义》引《括地志》云："陈州宛丘县在陈城中，即古陈国也。帝舜后遏父为周武王陶正，武王赖其器用，封其子妫满于陈，都宛丘之侧。"

那么武王为何褒封帝舜之后于陈却不封于他地？其因如下：

《史记·五帝本纪》记："舜，冀州之人也。舜耕于历山，渔雷泽。"《尚书·舜典》记："正月上日，受终于文祖。在璇玑玉衡，以齐七政。"以上史书明记，舜乃冀州历山、雷泽一带人，并在璇玑玉衡祭祀上天。本书前文已就这些问题做过讨论，证明历山、雷泽、璇玑玉衡皆指昆仑丘或其附近，表明舜与太皞伏羲故里同在昆仑丘一带，亦表明舜的后裔与太皞部落的后裔有着一定的亲缘性。

你也许要问，颛顼"绝地天通"以后，昆仑丘不是已经无外族人定居了吗，为何舜及其后裔还在此定居？其实这在《史记·五帝本纪》中可找到答案："自黄帝至舜、禹，皆同姓而异其国号，以章明德。"表明舜乃黄帝一族，自当留驻昆仑丘，但因相隔时间久远，其时已不知舜与太皞亦为同族。这乃其一。

其二，尧舜禹时代，一反黄帝、颛顼、帝喾世袭制而重新实行受人称道的禅让制，推行政治清明、协和万帮之政制，故此，百多年前被驱离昆仑丘的原太皞后裔中的部分民众多有返归者。由此共同构成定居昆仑丘的新居民。

"虞（舜）帝之后，夏禹封舜子商均于虞城，三十二世孙遏父为周陶正，生满。武王以元姬配之陈，赐姓妫，奉舜祀，是为胡公。"（《新唐书》）"胡公不淫，故周赐

[1]引自沈长云著《中国历史1：先秦史》，人民出版社，2006年版。

之姓，使祀虞舜。"（《左传·昭公八年》）。于是"武王褒封帝舜后于陈"。

据上可推知武王褒封帝舜后于陈的原因：既然太皞部落中的一部分于早年间已被黄帝、颛顼强令迁居到淮阳一带，那么今日再褒封帝舜后裔到淮水，以使相隔一千五百年的"两代"太皞部落后裔相聚于淮阳宛丘当是一桩圣举，与当年强令驱离完全不是一回事儿。

（三）汉高祖置淮阳国、都于陈是"伏羲王都宛丘淮阳"说的直接起因

如前文所述，"汉高帝十一年（前196年）置淮阳国，都于陈""陈在宛丘之侧"。以上明确告诉人们，公元前六千年华虚部落已对部落所在地取名曰"宛丘"，而那时的淮阳一带尚属盐滩沼泽地；公元前二千六百年前后东夷先民因思念"昆仑宛丘"便在淮水高阜处仿建宛丘，史称"淮阳宛丘"；公元前一千年前武王封舜帝的后裔又于"淮阳宛丘"处建陈国；公元前二百年前后的西汉才置"淮阳国"，都于陈。

从上述"宛丘""陈""淮阳国"的历史沿革可知，先有宛丘、陈，后有淮阳，其间相隔5 800年，证明早年的华虚部落、太皞部落联盟或伏羲王都并非在淮阳。

以上就是"周武王封妫满于陈，都宛丘之侧"的来龙去脉，也是后人把《左传》"陈，古帝太皞之虚也"讹解为"（淮阳）陈，古帝太皞之虚也"的缘由，更是皇甫谧、郦道元错把淮阳当成伏羲王都的根本原因。

（四）平粮台即"淮阳宛丘"

平粮台，传系北宋年间在包拯"陈州放粮"时由百姓为纪念包拯所起的台名。宋时台高二丈，台大一顷，有四门，台址坐落在淮阳城东南方向五里。此与《晋书》《太平寰宇记》所记之"（昆仑）宛丘"相同，故河南省文物考古所认定其即传说中的古宛丘。

考古证实，"淮阳宛丘"筑于公元前2500年前后的后颛顼时代。为什么要在淮阳筑一个台呢？为什么又取名宛丘呢？其实这一切的目的只是为了安定、安抚迁徙来此的太皞部落后裔的民心。

这些太皞部落后裔离开了祖祖辈辈居住的昆仑丘（有巢、燧人时称宛丘），又离开了依依不舍的济水，来到了无依无靠的淮水流域，思祖思乡便成为当时的主流情绪。这是背井离乡者的共同感受。于是，为了满足部落民众缅怀先祖、祭祀宗祖的愿望，同时也为了躲避水患的现实需要，族民们便仿照祖居地"昆仑宛丘"的形状在淮阳高阜之上又人工堆筑了一座台城，并沿用心目中的老地名而称其谓"宛丘"，甚至还仿照昆仑宛丘而给这新筑的（淮阳）宛丘筑建了南、北、东、西四门（四个缺口）。不但如此，这些太皞部落后裔还十分留恋在昆仑宛丘时自由自在的生活，尤其留恋原始部落走婚时期的祭天祭祖及在祭祀活动之后的男女歌舞娱乐自由野合的习俗。于是便把这些老习俗全部搬到了新建的（淮阳）"宛丘之上""宛丘之下""宛丘之道"。这一风俗一直延续了几千年，便有了春秋时期《诗经·陈风·宛丘》"子之汤兮，宛丘之上兮。洵有情兮，而无望兮。坎其击鼓，宛丘之下。无冬无夏，值其鹭羽。坎其击缶，宛丘之道。无冬无夏，值其鹭翿"的真情描述。

历史常是这样，一种文化在一地消失，又在他地新生；一些原始习俗在某些民族早已消失，却在另一些少数民族中绵绵不绝。东巴艺术、走婚等原始文化、原始风俗早在

汉族消失，但在东巴族、摩梭族、白裤瑶族等地却仍承袭至今。伏羲文化也是这样，大约在四千六百年前，在昆仑丘发生了颛顼"绝地天通"，从此昆仑丘及昆仑文化渐渐消失在历史长河之中。然可喜的是，在彝族、羌族、瑶族、苗族、壮族、侗族、黎族、布依族、水族、纳西族、畲族、仫佬族、毛南族、傈僳族、拉祜族等少数民族和汉族中的"淮阳宛丘"却又重塑了太皞部落的原生态环境，延续了太皞部落的原生态文化。

发生在淮阳的这一切到了春秋时代甚至西汉时才被文人们记于书籍。所以后世的人们便只知有"淮阳宛丘"却不知有"昆仑宛丘"，只以为伏羲"都淮阳""都宛丘"，却不知伏羲"都昆仑"，不知昆仑丘才是本真宛丘。

这便是淮阳宛丘的由来。所以说，淮阳宛丘是伏羲昆仑原创文化在后世的"转移文化"。所谓"伏羲都宛丘，宛丘在陈，陈在淮阳"，只是历史的误会。

当然，以上所谓太皞后裔中的一支从济水流域又迁徙到淮阳的说法只是一种推理，其推理依据如下：

1.考古证明"淮阳平粮台宛丘"的仿筑年代与颛顼"绝地天通"年代相吻，即都发生在公元前两千六百年至前两千五百年前后。

2.人工的平粮台宛丘与天然的昆仑宛丘一样都有南、北、东、西四门（四缺口）。

3.据《尔雅·释丘》谓"丘上有丘为宛丘"，又据毛传曰"四方高中央下曰宛丘"，再据《说文解字·丘》"丘，土之高也，非人工堆筑"，并据《说文解字·丘》"中邦之居在昆仑东南"。

这是说宛丘有四大特征：一是"丘上有丘"；二是"四方高中央下"；三是"非人工堆筑的土堆"；四是"中邦之居在丘之东南"。这四大特征在"淮阳宛丘"一概皆无，而昆仑宛丘样样齐全（参见图 10.03）。

4.据《诗经·陈风·宛丘》所云，春秋时淮阳宛丘的民俗与原始社会伏羲时代昆仑宛丘的民俗十分相似，主要体现在祭天祭祖，祭祀后歌舞娱乐和男女野合。据说此类风俗一直延续至近代。

当然，无论如何，上述作为推理的若干依据都只是间接的，要证明淮阳宛丘的确是昆仑宛丘的"复制品"，只能冀望于有朝一日以两地宛丘四千年前古人遗骨的DNA比对。

（五）陈——老地方

淮阳宛丘的来历弄明白了，那么淮阳与陈又是怎么回事呢？其实这更简单。

陈，原意是原始公社时期，族民们分工把食盐、食品等物品分头从各地弄来后按老习惯摆放（陈列）在昆仑宛丘的某一处老地方（陈地，据象形文字"陈"，应在宛丘东门附近），供族民分用。因此"陈"字初创时期，其义就是"旧""老""老地方""陈列"的意思。如今族人都迁徙到（淮阳）这个陌生地方，很不习惯，很不方便，很是思念昆仑宛丘那个老地方，于是便按照昆仑宛丘的形状在（淮阳）仿筑了一座宛丘。这样，人们好似又回到昆仑宛丘那个老地方，大家很是快活，后来大家索性就把仿建的宛丘及其周边一带这个老地方称为陈地，久而久之，陈地也就叫开了。另外，淮阳本就位于昆仑宛丘之东，位于"黄土窑洞上下脚窝"之东，所以陈这个地名就更名副其实了。这就是四千五百多年前淮阳"陈"的出处。

几千年过去了，后世的人们已经不知道

"陈"的最早出处是在八千年前的昆仑宛丘，误以为"陈"最早源于四千多年前的淮阳宛丘。所以后人才误以为春秋时史书所记"陈，古帝太皞之墟也""陈有宛丘""春秋时陈国都于宛丘之侧"之陈、宛丘在淮阳。

这便是淮阳"陈"的出处。

现在可以厘出一部淮阳宛丘的履历：先有八千年前有巢、燧人、伏羲时代的宛丘、昆仑、陈；次有四千五百年前太皞后裔东迁后追建、追称的宛丘、陈地、伏羲衣冠冢；次有三千年前武王分封舜后裔到淮阳宛丘并建陈国；次有二千五百年前春秋时太皞部落后裔在淮阳宛丘之侧模仿昆仑宛丘时歌舞欢娱；次有《诗经·陈风·宛丘》；次有汉高祖十一年（前196）置淮阳国并都于淮阳宛丘之侧；次有一千年前北宋百姓为纪念包拯陈州放粮而将淮阳宛丘改名平粮台。这就是淮阳宛丘、陈的历史沿革。

伏羲开创的昆仑文化失落以后，昆仑文化几乎全赖仗迁徙到上述多个少数民族和淮阳陈地、天水成纪等地太皞伏羲后裔的努力才得以延续下来。我们这些伏羲后辈的后辈，既要感激他们的传承，也要感激《左传》《诗经》《易经》《楚辞》《春秋》《庄子》《史记》等古籍作者的辛勤劳作。没有他们的辛勤劳作，也许今天的我们不知如何去认识伟大的伏羲，不知如何去认识中国原始社会史。我们没有也不能责备前辈记史之不实。今天的科学技术已经很发达，纠正并完善前辈不正确的记史正是我辈应尽的责任。

太极八卦与河图洛书是中国历史上最难理解的远古文化，几千年来几乎都被认为是谶纬筮占文化。本章不得不用大量文字讨论太极八卦的来龙去脉，并明确宣称太极八卦是伏羲开创中华文明的初始文化与原始科学。

（唐）李冗《独异志》记："昔宇宙初开时，伏羲、女娲兄妹在昆仑山（丘）……"

《易传·系辞上》记："是故《易》有太极，是生两仪，两仪生四象，四象生八卦。"

《易传·系辞下》记："古者包牺氏之王天下也，仰则观象于天，俯则观法于地，观鸟兽之文与地之宜，近取诸身，远取诸物，于是始作八卦，以通神明之德，以类万物之情。""以体天地之撰，以通神明之德，以类万物之情。"

有类似记载的古籍很多。这些记述明确叙说了伏羲推演太极图、八卦符的地点、时间、义理与机理过程：①伏羲是在昆仑丘推演的太极八卦；②伏羲是在"王天下"之后推演的太极八卦；③伏羲是在昆仑丘仰观天象，俯察地理之后，依据天地物象的变化规律而推演的太极八卦。

伏羲推演太极图之本义：其一，图示天地开辟原始宇宙观；其二，定方正位。

伏羲推演八卦符的本义及衍义：其一，授时推历，告民农时；其二，创生象形文字；其三，开创以和合大道为核心的社会化管理理念。

应该说，《易传·系辞》对太极八卦形成过程、目的和义理的阐释是比较客观的，这为后人探究太极、八卦的文化内涵、历史意义及确切出处提供了极其重要的资料。但《易经》和《易传·系辞》毕竟没有明指太极、八卦的直接出处，也没有明说太极、八卦的具体义理。另外，推演太极、八卦的伏羲时代尚无完整的文字记录，即便曾有图形和简单文字标画刻凿于石板、石壁、羊皮、树皮，在八千年风雨长河之中恐怕早已连同昆仑文化一起失落殆尽。于是，使原本并不复杂的太极、八卦变得非常复杂，以致几千年过去，太极、八卦之本义，太极、八卦的形成过程仍然扑朔迷离，难觅其宗。不但如此，在漫漫探索之途上，后世在太极八卦基础之上又横生出许多枝节，如"易学""风水学""河洛学"等。其实，这些"学"本都是以太极、八卦为本体的"赘生体"，可久而久之，这些赘生体反而颠倒成了太极、八卦的"母体""本体"。如今，人们只能在关于周易、河洛、风水等书籍中才能见到太极八卦的存在，似乎太极八卦是周易、河洛、风水的"儿辈"。这就本末倒置了。为彻底扭转被颠倒了的太极、八卦与易、风水、河洛之间的混乱关系，必须从源头上正本清源，还太极八卦以本义。为此有必要先用较大篇幅弄清讹传的所谓太极、八卦，河图、洛书之说的出台与筮化、讹化过程。

一、太极八卦与河洛说的出合与筮讹化

翻开古今有关书籍，几乎都声称《易经》为中华文化之源，也有的称"河洛"文化为中华文化之源。譬如《全本周易·周易探秘》谓："源远流长，丰厚华美的中华文化，其最初源头正是古老而博大精深的《易经》。"《风水与建筑》谓："河图与洛书是中国文化发展的起源，有称中国文化为河洛文化。"[1]

[1] 亢亮，亢羽编著《风水与建筑》，百花文艺出版社，1999年版。

《易经图典精华》谓："五千年文明也好，一万年文明也好，其源头活水就是河图洛书。"有学者称："易"是类似在太极八卦之上所冠的哲学概念。

然而，"易经""河洛""风水"这三门本来互不相关的"学科"却都本原于同一基础——太极八卦，而且在这三门学科中都认为太极八卦的功用是天兆祥瑞，预测未来，避凶趋吉。更加不可解释的是，似乎"易""河洛""风水"只是一个与文章主题并不相关的"词牌名"，而太极八卦才是具体的、有实质内容的文章主题。那么，既然后者是文章主题，又何必在太极八卦之上还要加上什么"周易""河洛""风水"等与文章主题毫不相关的"词牌名"呢？为什么不直言太极八卦为中华文化之源，为何不反过来说易、河洛、风水等只是太极八卦的次生或衍生文化呢？

也许正如《中国思想史·先秦时期思想史料介绍》所说："多数先秦文献本来没有篇名，现在看到的篇名是后人整理编定时加上去的……至于书名，更是后人编集成书后加上的。"这一观点与高亨、李镜地两先生的意见很是一致。据考，甚至《周易》中的六十四卦卦名也不是先命题后填辞，而是先有卦爻辞，而后再追加卦名的"，更何况"周易""河图""洛书""风水"等名呢。

以上引文是想说明一个问题：伏羲推演太极八卦（指先天八卦，本书中又称本义八卦）是在尚无阶级的原始时期，远早于阶级社会出现后才问世的"周易""风水""河洛"数千年。且前后两者之间并无因果关系。

后世的所谓"周易八卦"云云，只是后人借用早期伏羲推演的太极八卦之名声蓄意宣扬人生预测，避凶趋吉等谶纬筮占说。

事实的确如此，几千年来正是后世的所谓"连山""归藏""周易""河图""洛书""风水"中大量充斥的占卜谶纬之说，把原本优秀的、科学的太极八卦文化搅得乱七八糟，尤其是其中颠三倒四的筮占之说根本与伏羲太极八卦的科学本义毫不相关，也与伏羲时代的生产、生活、社会、文化现实风马牛不相及。诚如《全本周易·周易探秘》所言："《周易》一书分为《易经》《易传》两大部分。《经》乃筮之书，编于殷周之际，为上古丞史文化的遗存；《传》乃战国中后期作品，为自成体系的哲学著作。"其实《易经》中之所谓筮说，本义并非筮术，而是后人对《易经》的错误解读或有意曲解。那么殷周或后世对"连山""归藏""周易"等为什么会发生本末倒置和颠三倒四的筮占性解读呢？

（一）太极迷宗

"太极"一词，始见于《易传·系辞》："易有太极，是生两仪，两仪生四象，四象生八卦"一语。这一段话，本来是表述中国古代的一种宇宙观，一种宇宙生成说与宇宙结构说。但《易传·系辞》并未就此说展开讨论。老子在《老子》中阐述道家学说时提出了"道生一，一生二，二生三，三生万物"的宇宙创生说。很明显，《易传·系辞》与《老子》表述的是同一个主题，而且观点相近。

在研讨易、道本义及太极八卦出处等方面，《易传·系辞》和《老子》在四个方面可以相互印证：其一，易、道乃同源同义。其二，道无形（《庄子·大宗师》），易无体（《易传·系辞上》），所以易、道无图（无形无体便不能成图）。其三，太极才是生两仪、生四象、生八卦、生万物，有形有体的"有"，所以就有了"太极图"。但是，太极虽有体却仍处天地混沌未分状态而仍不能成图，只有混沌初开、阴阳两仪后才能成图。这就是说，后人所见的不是太极图，而是"阴阳两仪图"。故古人有言："太极难图。"这很唯物，很辩证。不过，"太极图"一词，因后世谬称惯了，也只能"将谬就谬"地把两仪图称为太极图了。其四，八卦由太极、两仪、四象而"演生"，其根是太极，所以认识八卦必从认识太极始，而又因"太极难图"，故实际应从认识天地阴阳两仪始。

然而，虽然《易传·系辞》《老子》观点相似地论说了这些太极、宇宙，可后世对"太极"，尤其对"太极图"的研究却还是迷失了方向。

历史上释注"太极"的名人比比皆是，较著名者有（宋）陈抟《龙图序》、司马光《温公易说》、苏东坡《东坡易传》、朱熹《周易本义》、周敦颐《太极图说》、黄宗羲《太极图说辨》等，这些释义基本上都未曾脱离《易传·系辞》《老子》的太极、宇宙说。不过，历史上留给世人印象最深刻的并不是太极释义，而是所谓的"太极图"。

太极图，以其简易的图案示于世人，期望人们领悟"易有太极，是生两仪……"的天地宇宙观、唯物辩证观和大千世界既生生不已（易）又万古不变（不易）的哲理。但是，大多数世人也许不知晓，在夏、商、西周、春秋、战国乃至秦、汉、晋、隋、唐等历朝历代的学问家中却似乎并不存在"太极图"的概念。

以至直到北宋早期才有刘牧（1011—1064 年）画了一张与当今世人所见完全不一样的"太极图"（图 23.01）。世人才知中国历史上曾有所谓太极图这个东西，商、周时的双龙太极图是近现代才出土的，宋朝时尚不知有双龙太极图。刘牧在文中释曰："太极无数与象，今以二仪之气混而为一以画之，盖欲明二仪所从而生也。"由此刘牧亦认为"太极难图"。其所画之太极图实仍为"二仪之气混而为一图"。既然"太极难图"，于是南宋朱熹（1130—1200 年）在《易学启蒙》中干脆把太极图画成一个圆圈（图 23.02）。与刘牧同时代的周敦颐（1017—1073 年），将《易传·系辞》中的太极阴阳之理图式化，并著述《太极图说》。现摘其首段于下："无极而太极。太极动而生阳，动极而静，静而生阴，静极复动。一动一静，互为其根；分阴分阳，两仪立焉。"周敦颐生动地描述了太极生两仪的机理过程，为后人所推崇。不过，周敦颐在书中并没有画出太极图，而是之后由南宋朱震、明代黄宗羲等复载其太极图，世人方能见周子太极图（图 23.03）。说到如何读周子太极图，蔡清曰："今学者但知'○'之为太极耳，而不知此个圈子，周子本欲其团圆旋转百千万周不已，乃是形容其动静无端，阴阳无始之妙也。但画之笔下则无可奈何，仅得如此而已。况太极虽一气循环，而实界分阴阳。今此个圈子终是不见得阴阳动静之别，至是则周子之技又穷矣。于是再为阴静阳动图，而以左白者为阳，右黑者为阴。白中之有黑为阳之根，于阴黑中之有白为阴之根，于阳而中复结之小圈子以为太极。盖此个圈子原非小也，与上面大圈子只是一个，而阴静阳动实皆其中所原有之物也。但笔画之际，外此再无余法耳。岂三才之理，真能使其活泼于此也？噫！书不尽言，言不尽意。"[1] 显然，以上之周子太极图或蔡氏之"读太极图"，仍然在说一句老话"太极难图"，所画之图，仍为静态"两仪图"；另据黄宗羲说，周敦颐的太极图说，始于西汉河上公，传自北宋陈抟，原名无极图；

---

[1] 引自（明）蔡清撰《易经蒙引》，全国图书馆文献缩微复制中心，2003 年版。

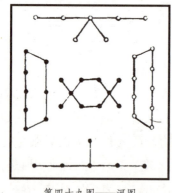
第四十九图——河图

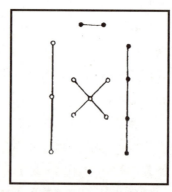
第五十三图——洛书五行生数

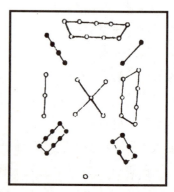
第五十四图——洛书五行成数

图中白点为阳，由白点组合的图形均为奇数；黑点为阴，由黑点组合的图形均为偶数。

图 23.01　宋代刘牧《易数钩隐图》

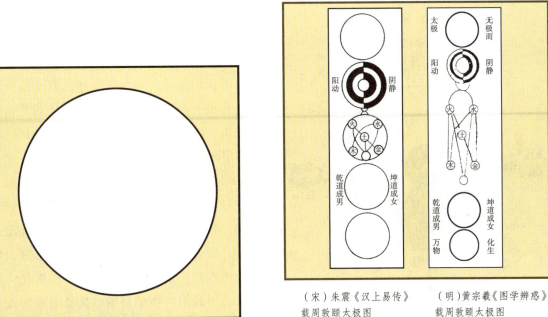

图 23.02　朱熹《易学启蒙》中的太极图

（宋）朱震《汉上易传》
载周敦颐太极图

（明）黄宗羲《图学辨惑》
载周敦颐太极图

图 23.03　周子太极图

并说陈抟曾刻此图于华山石壁，后传于穆修，修传于敦颐。更有清代朱彝尊《太极图授受考》谓周子太极图乃受于唐道教典籍《道藏》。

宋时的太极图与今传"阴阳鱼"式太极图相去甚远。那么这所谓"阴阳鱼"太极图又是从哪里传出来的呢？

《道学正宗》曰："古太极图（图23.04），阳生于东而盛于南，阴生于西而盛于北；阳中有阴，阴中有阳，而两仪，而四象，而八卦，皆自然而然者。"先天太极图又称天地自然之图。此图传自陈抟，民间流传最广，有太极含阴阳，阴阳含八卦之妙。明代赵撝谦《六书本义》曰："天地自然之图，伏羲氏龙马负之出于荥河，八卦所由以画也。世传蔡季通得于蜀隐者，秘而不传，赵氏得之于陈伯敷氏。熟玩之有太极含阴阳，阴阳含八卦之妙。自明洪武以后，此图遂盛传于世。"

以上即"阴阳鱼太极图"的出世。故所谓"古太极图""天地自然之图""先天太极图"，皆此"阴阳鱼太极图"者。明代来知德在《易经来注图解》中亦称"古太极图"是伏羲所画，非由陈抟传出。

自"双鱼太极图"问世后，又有明代来知德"来氏太极图"，倪云璐《儿易外仪》"俗太极图"，张介宾太极图，清代胡煦"循环太极图"，罗愿太极图，端木国瑚图等数不清的太极图出世，真个叫人眼花缭乱。

从上述太极图的出世过程可以看出：其一，除"○"状太极图外，其余均为两仪图。其二，元，尤其是明代洪武后多以"双鱼太极图"为模本，但对双鱼是何义，又是如何根据宋太极图、双鱼太极图推演出八卦符的，则很少关注。其三，对双鱼太极图是出自伏羲还是出自陈抟，则因缺乏考据而多停留于

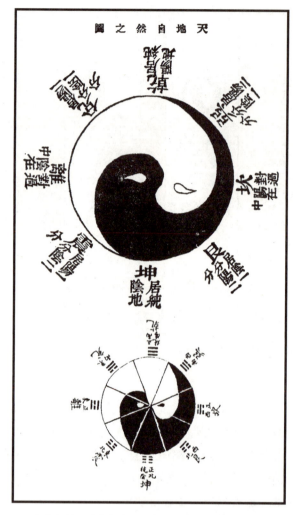

古太极图又称太极真图、先天太极图、天地自然之图、阴阳鱼先天太极图。

黑白两鱼的头部中间各画一个小圈，黑鱼中白，白鱼中黑，表示阴中有阳，阳中有阴。

图 23.04　古太极图（天地自然之图）

猜度。因此，千年来，对太极图义理和出处的研究实际上始终处于迷茫状态。究其根源，主要是因太极图的宗源已经与昆仑文化一起失落久久，后人已不知太极图之原始本义，由此太极图的义理就更被炒得荒诞不经而无人懂其理了。

其实，在出土的商代青铜盉上和西周青铜郝伯壶盖上早已塑有双龙太极图案（图 23.05）。

周天子出行时也打着双龙缠绕的旗帜，这本来很能说明至晚于西周时，朝廷和某些地区的民间还流传着太极图系由双龙推演而得的传说，可到明代，太极图却把双龙换成了双鱼。这不明显存在 2 500 多年的太极图传承断层吗？

综上，可以得出太极图在历史上的三次演化过程：初创期，即伏羲昆仑推演太极图时期，其义理主要是以双龙相绕解释天地开辟、万物创生的道理，并明定大地五方，规范天地六位（定方正位）。第一次演化：黄帝时出于政治、军事目的，太极图成为九天玄女降予黄帝战胜蚩尤的"图策"。第二次演化：同样出于政治目的，西周初年，太极图又成为"龙马负图出于河"的"河图"。第三次演化：宋、明后，太极图成为谶纬筮图，成为兆示吉祥的符号。又多年过去，如今学界大多已不信谶纬说，但又苦于不知太极图的原始本义，于是把太极解读为"阴阳相济""以柔克刚"，甚至作为"互相推诿"的代名词。

认识了太极图的产生、失落和被演化扭曲的历史过程，人们就可回归到伏羲初创太极的那个时期，真正认识太极图的原始科学本义。

（二）八卦迷茫

相对于太极迷茫，几千年来对八卦的研究与解释则更加使人迷茫。在今天普通人群心目中，八卦几乎成了筮占、命算、术数、人生预测等"神学、玄学"或不负责任、胡说八道的代词。

所谓迷茫，主要是说既不知八卦原始本

商代青铜盉上的人
面龙身太极图

西周青铜郝伯壶
盖上的双龙太极图

图 23.05　双龙太极图案

义，又不知八卦真实出处。正因为这"两不知"，才发生几千年来对八卦义理和出处的种种偏离正义、迷失宗源的臆猜。不过，在这长期偏离正义的臆猜过程中，却一方面既拓宽了八卦在思想、哲学、医学等领域的应用，另一方面又把八卦推入筮占说的死胡同。这些拓展后的八卦"两重性"文化，集中地体现在兴起于夏、商、周各代的"易学""风水学""河洛学"之中，它们从正面和负面深深地影响了中国文化几千年，成为中华传统文化的一部分。

　　探源八卦的本原、本义，首先要了解殷周以后易学界对八卦卦爻象起源和卦爻辞义理的几种代表性假说。

　　1. 关于八卦卦爻象起源的几种假说

　　据朱伯崑 1995 年《易学哲学史》统计，八卦卦爻象有五种起源说。下面就民国以来基于考古学、文献学等新材料所提出最具代表性的古文字说、筮数说、天文历数说三种假说展开讨论。

　　①古文字说

　　所谓古文字说，始于《易纬·乾坤凿度》[1]，该书卷上《古文八卦》中记，"☰古文天字，今为乾卦重"；"𠀎古☷，地字，辝于乾，古圣人以为坤卦"；"☴古风字，今巽卦"；"☶古山字，今为艮"；"☵古水字，今为坎"；"☲古火字，今为离"；"☳古雷字，今为震"；"☱古泽字，今之兑"。对此古文字说，宋代杨万里，明代黄宗羲和近人梁启超、郭沫若等均宗此说。其中，郭沫若先生在分析了八个卦形"坤地（☷）、坎水（☵）、震雷（☳）、兑泽（☱）、乾天（☰）、离火（☲）、艮山（☶）、巽风（☴）"中的前六个卦形后认为，八卦符号系脱胎于古文字。对此，学界以为似过牵强，而且认为很难解释八卦为何与筮占有关。据形象思维遵循通过实践由感性认识发展到理性认识的这一普遍规律，认为：八卦符应在前，文字则在后；八卦是古数列、古数符、古文

[1] 引自（东汉）郑玄撰《易纬》，新疆人民出版社，2000 年版。

字的雏形，不应相反。犹如《书序》所曰："伏羲始画八卦，由此文籍生焉。"

②筮数说

《汉书·律历志》明说："自伏羲画八卦，由数起，至黄帝、尧、舜而大备。"《汉书》此记似谓伏羲时已有自然数之概念。的确，自然数或数列是伏羲画八卦的基础，相反，在伏羲所画的八卦中却丝毫无一点筮占的影子，甚至到了大大地发展了数功能的黄帝时代，亦仍然无筮占的影子。

本来这完全可以证明"伏羲八卦"与筮占无关，可北宋易学家邵雍却认为八卦卦爻的形成与筮数有直接的关系，且后人多认同邵雍此说，都认同伏羲"画八卦由数起"之数是筮数之数，不是数字、数律之数。这一说法也很为近人所推崇，于民间的影响亦最为深广。与太极、河洛一样，周、汉、晋、唐各代本无筮画八卦，只是到了北宋，才由陈抟、邵雍、刘牧、周敦颐等推出筮画八卦图。

从宋起，直到现在，许多人便深信伏羲当年"始作八卦"是出于筮占之需，以至在研究周易、河洛、风水的无数书籍中，通篇讲述的也都是关于八卦、六十四卦或八卦配河图、八卦配洛书等各种各样的筮说演绎卦图。面对数不清的筮卦图，真有点让人目瞪口呆，兹举较有代表性的数例，如图 23.06 至图 23.23。

从上述所举十数例最具代表性的著名卦图，已经让世人领教到所谓先天、后天八卦筮图前后之重重矛盾与莫名其妙，更何况从宋至今各式各样的八卦、六十四卦筮图何止百千。仅据《周易辞典》[1]不完全统计，古来列入八卦、易学之开创、开拓及比较著名的

研究者，从伏羲、神农、黄帝始止于二十世纪末，有两千二百多位；主要著作（不计论文），从《连山》《归藏》《周易》始止于二十世纪末，约有三千余部，总字量达上亿。自宋以来，所画太极、八卦、河图、洛书各式筮图多达数千。然至今，何为易，何为八卦仍是一团看不透的迷雾。所以今人把太极比作"相互推诿"的代名词，把八卦比作"胡说八道"的代名词。

试想，几千年来莫名其妙、莫衷一是、数不清的八卦筮图之本身就显露出筮数说的随意性、虚无性和不确定性的本质。然而，这还不是问题之根本所在，真正的问题在于：其一，从发生学和认识论角度，必然是先有自然数、数律的概念和需求，尔后才会有自然之数符；必然是先有自然性的数符，尔后才能被引申用于社会生产、生活和筮数术，不可能相反。其二，从社会生产力发展规律，人类是由渔猎、采摘进入定居农业，而定居农业的出现又反过来促进了以认知天文、地理为先导的原始科学和以文字、数符为代表的原始文化的发展；进而，科学、文化的进步又推动了生产力的更大发展，如此循环向前。这是不以人们意志为转移的客观规律。而巫史、巫术的形成几乎与阶级的产生同步，远晚于"伏羲八卦"形成时期。其三，巫史、巫术只是社会前进中的一个侧面，而不是社会主流文化，决不能成为推动社会前进的强大动力。再说，在原始公社的伏羲时代，人人平等，无高低贵贱之分，故无筮占之社会需求，无筮占之概念（颛顼之后才有"巫"的概念），又何来筮数之说呢。其四，原始社会时期的崇天崇山观念和祭祀天神等"自

[1] 吕绍纲著《周易辞典》，吉林大学出版社，1992年版。

然宗教"与后期专职巫史的筮占巫术等"人为宗教"有着本质的区别，前者属于文明初期的自然宗教信仰，后者则属于为少数人政治目的、经济利益而杜撰的人为宗教。

　　综上便可以认为，由伏羲依据龙图而推演的八卦符不是筮数。解析各种筮说八卦、六十四卦卦形亦可知，所谓八卦筮数说，其实是后世少数人为一己私利而借用北天星座的天道左旋、地道右行的周期性视运动和自然数律的奇偶性（阴阳互变）、升降性（顺逆消长）、周期性（八卦、六十四卦、三百八十四爻）等特性，相互组合演绎，改头换面、随心所欲地将其变成世人看不懂或可随意排列组合的筮占巫说。

　　此外，必须澄清一个根本性问题：伏羲根据"龙"推演的"图"在当时果真称"八卦"吗？如果不是，"八卦"一词又是何时取称的？邵雍的"八卦筮数"又是指哪个"八卦"？分析如下：

　　（1）《周礼·春官宗伯》载："（大卜）掌三易之法：一曰连山，二曰归藏，三曰周易，其经皆八，其别皆六十有四。"东汉杜子春注："连山，宓戏；归藏，黄帝；周易，文王。"唐代贾公彦疏："卦之为言挂也，挂万象于上也。"《周礼》一书，确证为战国时作品。按杜子春说，《连山易》由伏羲所创，那时已有八"卦"和六十四"卦"之"经"与"别"。但这"卦"不是"算卦"之卦，而是指挂在天上的天象或星象。且请注意，《周礼》中并未出现"卦"字。

　　《易经的智慧》[1]一书中说："传说《连

山易》为神农氏所创……《归藏易》为轩辕氏所创……《周易》为周文王在羑里被囚时演绎。"该文将《连山易》说成神农所创，而《汉书·艺文志》在解释"人更三圣，世历三古"时称：宓戏氏始作八卦，文王重易

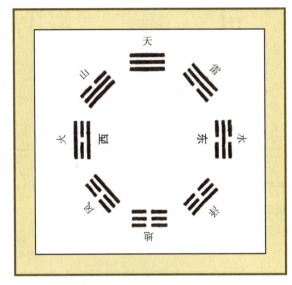

（注：本书认证的伏羲先天八卦方位）

图 23.06　伏羲先天八卦方位图

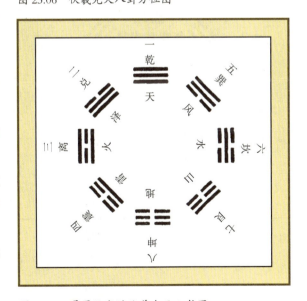

图 23.07　易界认定的伏羲先天八卦图

---

[1]殷旵，殷珍泉著《易经的智慧》，九州出版社，2005年版。

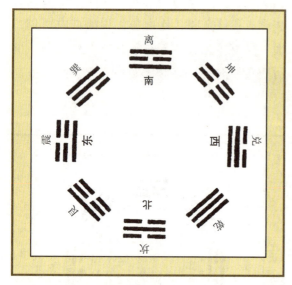

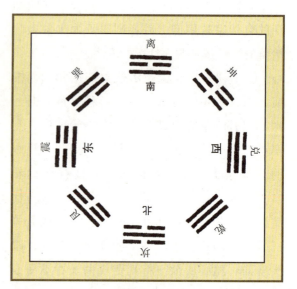

　　此帛书八卦仅是据三代时传说的臆画。既异于先天卦，又异于后天卦。

图 23.08　帛书先天八卦图

图 23.09　文王后天八卦图

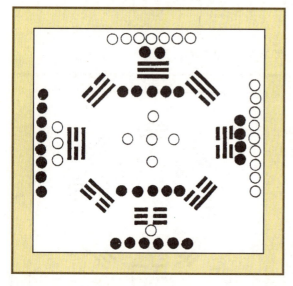

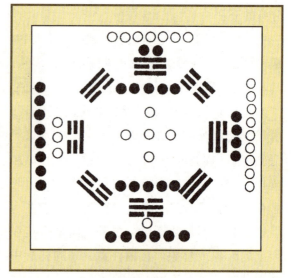

图 23.10　伏羲卦配河图之象图

图 23.11　后天八卦配河图之象图

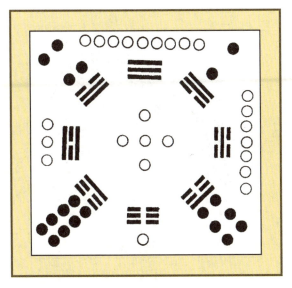

图 23.12　先天八卦配河洛之数图

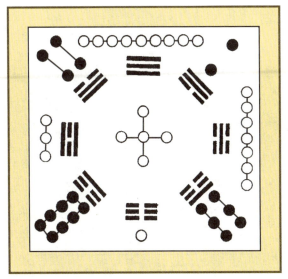

图 23.13　朱熹先天八卦配河洛之数图

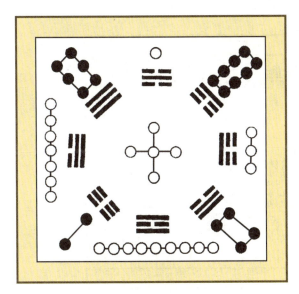

图 23.14　朱熹后天八卦配洛数之图

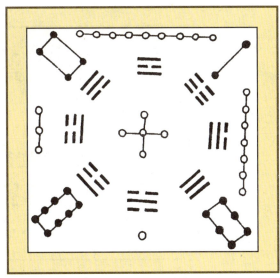

图 23.15　后天八卦配洛数之数图

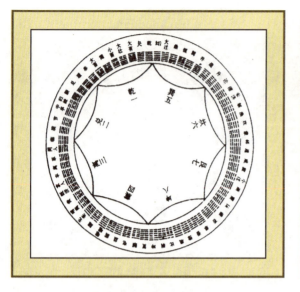

图 23.16 伏羲六十四卦圆图

图 23.17 伏羲六十四卦阴阳倍乘图

師 臨坤升解坎蒙
遯 同人姤否漸旅咸
咸 秋分 革大過萃蹇小過遯
旅 離鼎晉艮遯小過
小過 寒露 豐恆豫謙咸旅
漸 家人巽觀遯艮蹇
蹇 既濟井比咸謙漸
艮 霜降 賁蠱剝旅漸謙
謙 明夷升坤小過蹇艮
否 立冬 无妄訟遯觀晉萃
萃 隨困咸比豫否
欽定四庫全書
晉 噬嗑未濟旅剝否豫
豫 小雪 震解小過坤萃晉
觀 益渙漸否剝比
比 大雪 屯坎蹇萃坤觀
剝 頤蒙艮晉觀坤
附 四正卦變二十四卦
離 位豐革閒 旅大有噬嗑賁同人豐
乾 位夬姤閒 姤同人履小畜大有夬
坎 位渙蒙閒 節比井困師渙
坤 位剝復閒 復師謙豫比剝

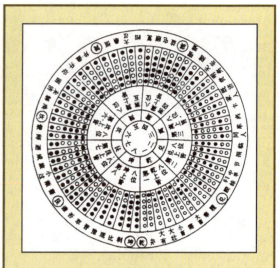

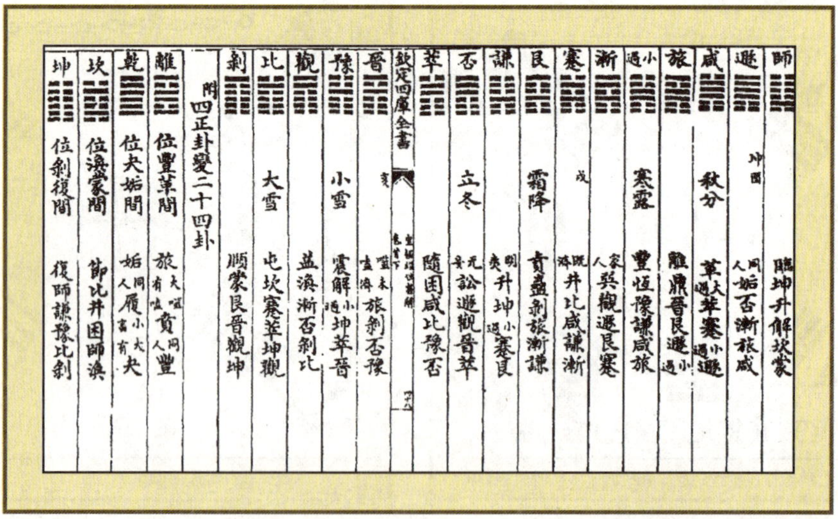

图 23.18 六十四卦变三百六十卦图

图 23.19 焦氏卦变图

兑宫	离宫	巽宫	坤宫	艮宫	坎宫	震宫	乾宫	八宫
兑	离	巽	坤	艮	坎	震	乾	八纯卦
困	旅	小畜	复	贲	节	豫	姤	一世
萃	鼎	家人	临	大畜	屯	解	遯	二世
咸	未济	益	泰	损	既济	恒	否	三世
蹇	蒙	无妄	大壮	睽	革	升	观	四世
谦	涣	噬嗑	夬	履	丰	井	剥	五世
小过	讼	颐	需	中孚	明夷	大过	晋	游魂
归妹	同人	蛊	比	渐	师	随	大有	归魂

图 23.20 京房八宫卦图

坤 64	剝 32	比 32	觀 16	豫 32	晉 16	萃 16	否 8
謙 32	艮 16	蹇 16	漸 8	小過 16	旅 8	咸 8	遯 4
師 32	蒙 16	坎 16	渙 8	解 16	未濟 8	困 8	訟 4
升 16	蠱 8	井 8	巽 4	恆 8	鼎 4	大過 4	姤 2
復 32	頤 16	屯 16	益 8	震 16	噬嗑 8	隨 8	無妄 4
明夷 16	賁 8	既濟 8	家人 4	豐 8	離 4	革 4	同人 2
臨 16	損 8	節 8	中孚 4	歸妹 8	睽 4	兌 4	履 2
泰 8	大畜 4	需 4	小畜 2	大壯 4	大有 2	夬 2	乾 1

图 23.21 伏義六十四卦方图

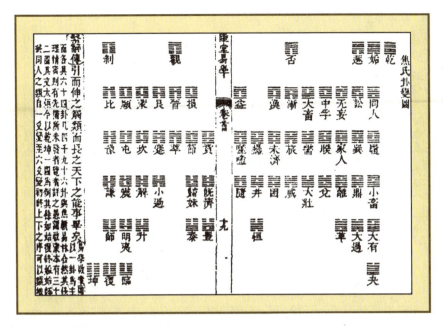

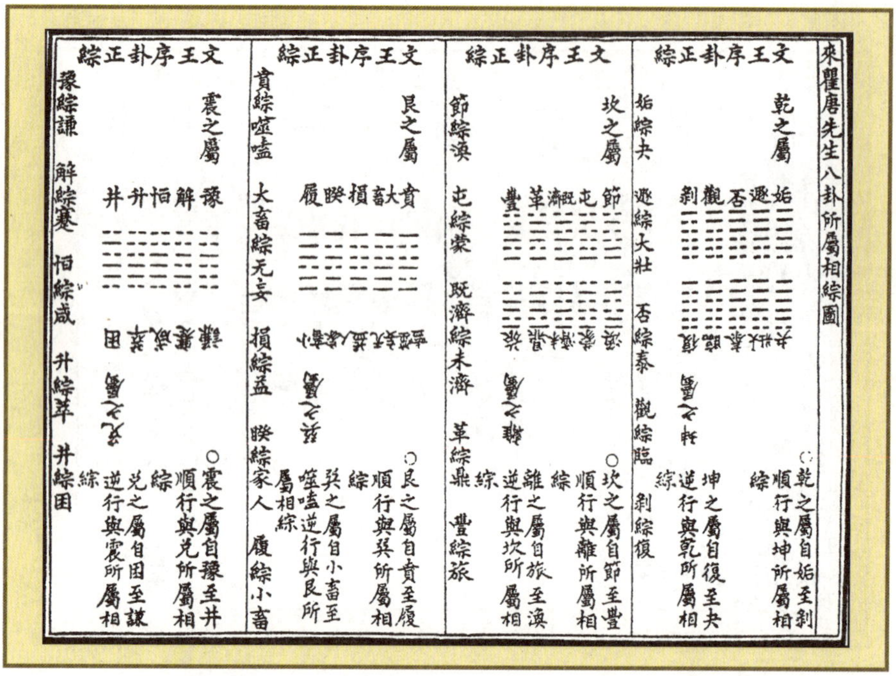

图 23.22　文王序卦正宗图

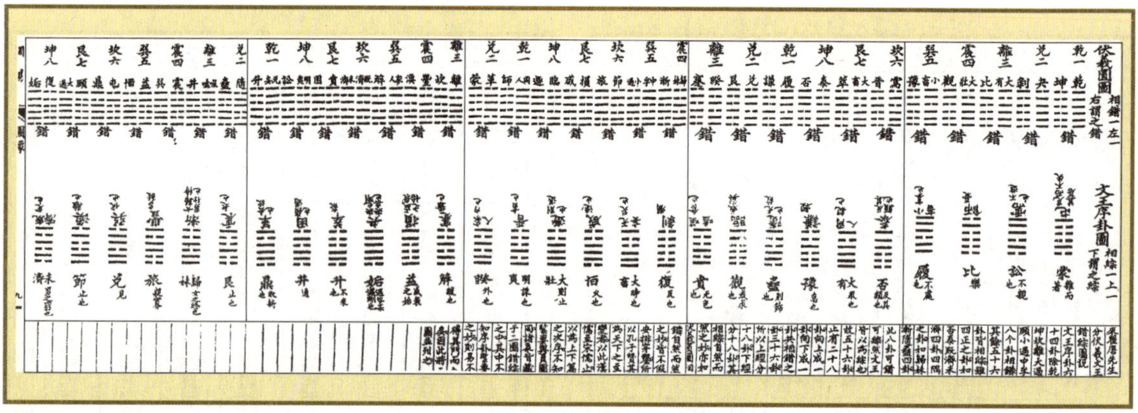

图 23.23　伏羲相错文王相综图

六爻，作上下篇，孔氏为彖、象、系辞、文言、序卦之属十篇。文中并未提到《连山易》由伏羲或神农所创事，这与上二文所说又有不同。总之，限于历史原因，有关八卦之首创，已很难取得实证。不过，只要认真探索，总可从一些"蛛丝马迹"中探寻端倪，探明真相。

（2）后又传夏时《连山》、商时《归藏》、周时《周易》，其经皆八，其别皆六十有四。《连山》《归藏》的卦爻符号是个什么模样，至今无人知晓，就连《周易》卦爻符也是七说不一。例如，近年出土的西汉长沙马王堆帛书的卦爻符为"—""∧"。而据古文字学家考证，"—"即古之"筮"字。并说《周易》之前筮有两种：一是由"—"和"———"组成的画卦，图23.24为商末周初刻在铜甗和铜罍上的画卦；二是由张政烺先生提出的卦字卦（图23.25）。更有意思的是，西汉杨雄在《太玄》中又创作了"—""———""————"三种基本符号组成的四爻卦。以上所有卦爻符，均异于现今所常见的"—""——"。历史上混乱的卦爻符，表明伏羲八卦卦爻符早已失落，后人都是据先民一代代越传越讹臆画的，甚至是古代缙绅先生们自创的。

另外，假如说在殷商早期已将"卦"或"八卦"等作为筮占性专用词汇，则应在殷墟中大量出现"卦"字的甲骨文或金铭文，然而"卦"字却至今未见于甲骨文、金铭文。甚至在专论八卦、六十四卦的《周易》经文中并没有"卦"这个字。所谓八卦、六十四卦的××卦，纯粹是后世的文人在编集《周易》时为方便读用而取的名。这表明，"卦"之字、"卦"之符、筮卦之义都是后人附会加上而不是伏羲原创的。故今人若企望以这些卦爻符破解伏羲八卦本义则几乎不可能。由此可以认定，所谓伏羲"始作八卦"的八卦卦爻符不是筮数，而是记录"掛万象于上"的星座巡行周天的历数，即八卦卦爻是天文历数。

问题讨论到此，应该说已经从根本上否定了邵雍所谓"卦爻的形成与筮数有关"的说法。那么筮数说又是怎么产生的呢？其实，邵雍筮数说的产生与夏、商、周"三易"，尤其与《周易》卦爻辞以及两汉象数说有紧密联系，而与"伏羲八卦"完全不相关。

以下简单回顾"伏羲八卦"在历史上被人为地由历数说讹变为筮数说的过程。

昆仑文化失落后，龙图、太极、八卦便仅剩下一个有名无实的空壳，其内涵早已不明，这给后世讹化、筮化八卦埋下了种子。同时从表面看，殷周之际的《易经》的确似一部通篇都散发着筮占味的著作，所以才有人说《周易》是筮书。可另有一些人又认为在《周易》的背后隐藏着深深的哲理，说《周易》是一部哲书。另有个别学者认为《周易》是一部从原始社会到周初文武成王的史书[1]。

这三种尤其前两种截然不同的观点，便产生了《周易》义理派和象数派。两千五百多年来，两大派系不但各持己见，而且都在各自的道路上发展着自己的学说。坚持《周易》为哲书的义理派，如孔子《易传》："夫《易》开物成务，冒天下之道，如斯而已者也。"《荀子·大略》："善为《易》者不占。"《庄子·天下》："《易》以道阴阳。"司马迁《史记·自序》："《易》以道化。"这些先圣、先哲都坚持《易》为哲学书。

坚持《周易》为卜筮书的象数派，更是大有人在，尤其到了两汉时，筮占说几达鼎盛。如孟喜、京房、焦赣、荀爽、郑玄以及三国时的虞翻等，他们在《易经》筮性表象之上又旁生枝节，大力发展卦气、爻辰、纳甲、飞伏、世应、半象、逸象、互体、旁通等一整套筮占理论和占卜操法。宋代时，又有陈抟、邵雍、刘牧、周敦颐和朱熹等在象数的基础上创立了"图书"派。从此《周易》学在筮说之路上越说越远，越说越玄。几千年过去了，至今还没说明白。

以上所陈述的《周易》史表明，本义八

---

[1] 引自胡朴安著《周易古史观》，上海古籍出版社，2005年版。

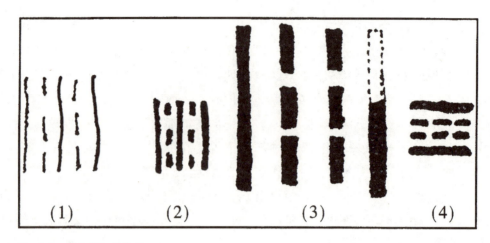

图 23.24　商末周初的画卦

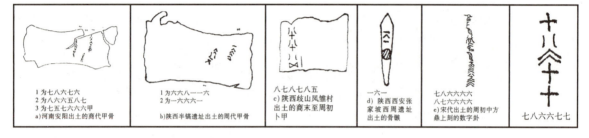

图 23.25　张政烺先生考证的数字卦

卦随同昆仑文化的失落和传说中的夏《连山》、殷《归藏》的散佚以及《易经》的筮性表象，便是产生八卦筮数说的三大根源。

（3）天文历数说

上文采用排除法已明确"伏羲八卦"是天文历数。有关天文历数说，本章下文将做详解。

2. 关于八卦卦爻象义理的多种假说

从概念上分开了"伏羲八卦"和"夏、商、周三代八卦"之后，混淆在八卦中的许多模糊概念就容易解开了。例如，关于卦爻象的义理（有文章称呼其为卦爻象的功能或卦德），原本因"混卦"而使许多卦义说不清，解不开；如今概念清晰，何为"伏羲八卦"之义，

何谓"三代八卦"之功能一目了然。现按《说卦传》等所述，将八卦符号的所谓象征功能分类列于表 23-1。

表 23-1　八卦符象征功能 [1]

卦名	自然	特性	家人	肢体	动物	方位	季节	阴阳	五行
乾	天	健	父	首	马	西北	秋冬间	阳	金
兑	泽	悦	少女	口	羊	西	秋	阴	金
离	火	丽	中女	目	雉	南	夏	阴	火
震	雷	动	长男	足	龙	东	春	阳	木
巽	风	入	长女	股	鸡	东南	春夏间	阴	木
坎	水	陷	中男	耳	猪	北	冬	阳	水
艮	山	止	少男	手	狗	东北	冬春间	阳	土
坤	地	顺	母	腹	牛	西南	夏秋间	阴	土

表 23-1 中，八卦卦义几乎包罗万象，从自然现象、时间空间、动物、人体人伦、五

[1] 引自陈来著《古代宗教与伦理》，三联书店，2009年版。

行五色到世间万物无所不包。诚如邵雍所说："伏羲之易初无文字，只有一图以寓其象数，而天地万物之理，阴阳始终之变具焉。"然而，从辩证角度，凡无所不包者则反将无所适从。故邵雍此说恰恰证明了筮性八卦的确如同荒谬的筮词一样有着可正可反、可是可否、可福可祸等无数解。这种可做正反解、无数解的谶纬之说又有何用呢？所以近人高亨先生说："其中乾为天、坤为地、震为雷、巽为风、坎为水、离为火、艮为山、兑为泽，'盖八卦之原始卦象，传统之说法，自先秦以来，言《易》者皆尊用之'；而其他则为引申卦象。'《易经》本为筮书，筮占本为巫术，八卦之引申卦象，筮人可以由基本卦象触类旁通，灵活运用，甚至信口雌黄，提出个人之说法'。"[1]高先生对筮说八卦卦义的评说是客观中肯的。此外，如果人们留心观看，表23-1之中包含着许多有关人伦、人体方面的卦义。然在人人平等、知母不知父或刚刚步入对偶婚的伏羲时代还没有普遍的人伦意识、人体知识、动植物引申义知识，甚至连五行学说、色彩知识，"动词""杂词"等概念都还没有，又怎能体现在伏羲八卦卦义中呢？显然，这些知识和概念都是"三代"时的产物。据此可知，除其中的"自然义"为"伏羲八卦"的"原始卦义"外，其他卦义均为"三代"时为筮占之需而添加上的"赘义"。在剔除了后加上去的赘义之后，"伏羲八卦"的本义便完全明了。即只回答"原始卦象"中的"乾天、坤地、震雷、巽风、坎水、离火、艮山、兑泽"之本义为何解便可以了。按《说卦》的说法即是"天地定位，

[1] 引自高亨著《周易杂论》，齐鲁书社，1979年版。

山泽通气，雷风相薄，水火不相射，八卦相错"。但是，更深入研究却发觉，伏羲时代连"八卦"两个字尚无，又怎么会有如此复杂的卦名和如此深奥的卦理呢？就算认其有，这种卦理又能为原始社会的生产、生活带来什么用处呢？况且那时还没有"乾、坤、震、巽、坎、离、艮、兑"等如此丰富的文字和如此深奥的词义，又如何能流传后世呢？如果说是依赖口耳相传及"一图以寓其象数"，又如何能让当时的原始先民和后世的人们透彻理解"天地万物之理，阴阳始终之变"的无边无底的道理呢？等等疑问提醒人们必须重新认识"伏羲推演八卦"的本义到底是什么。

在排除了上述各种不实假说之后，"伏羲八卦"之正义又重新回归到天文历数说：八卦，让人类懂得了时间，让人类懂得了四季；八卦告诉人们何时种庄稼，何时收庄稼；八卦还启发人们发明了象形文字，启迪人们以和合（又称"和协""协和"）理念管理好社会（其时或称"无为而治"或"协和天下""和合天下"）。八卦给人们带来了方便，带来了好生活。八卦是人类伟大的科学发明。

（三）河洛迷乱

相对于筮说太极八卦，几千年来对河图、洛书的研究与解释则几达不知其所云为何物的程度。先请看历史上有关河图、洛书出处的若干说法：

河图首见于《尚书》，次见于《易传·系辞》；洛书则首见于《易·系辞》。从这可见它俩不完全是同一件事。《尚书》中的河图是周王朝的国宝之一。《尚书·顾命》谓康王即位时，陈设成王留下的镇国之宝有："越玉五重陈宝：赤刀、大训、弘璧、琬琰在西序；

大玉、夷玉、天球、河图在东序。"这表明河图是一件玉制的国宝级重器。而在《易传·系辞》中却说:"河出图、洛出书,圣人则之。"河图、洛书变成了黄河、洛水河神上献的神物。这神物是献给谁的呢? 在《礼纬·含文嘉》中进一步说"伏羲德洽上下,天应以鸟兽文章,地应以河图洛书"。明确了河图、洛书是献给伏羲的。这就是说河图、洛书故事首传自伏羲时代。其故事传说大致如下:伏羲时有龙马从黄河(有说从荥水,有说从孟水)出现,背负秘图,呈祥显瑞,后世称之为"河图";又有神龟从洛水出现,背负奇书,显瑞呈祥,后世称之为"洛书"。伏羲根据这些"图""书"画成八卦。而到西汉末,刘歆又说大禹治水时,上天赐给他以《洪范九畴》,故认为《洪范九畴》即洛书。东汉班固亦同此说。他在《汉书·五行志》中说:"伏羲氏维天而望,受河图而画之,八卦是也。禹治洪水,锡洛书而陈之,洪范是也。"

解读以上传说,不论作为宝物的河图,还是龙马负图出河、神龟负书出洛,总之都是为美化大周新王朝而故称"天兆祥瑞"的造伪之作。所谓河图、洛书,其实是周公旦借用伏羲在天中地中昆仑丘由天地龙图推演的太极图八卦符移花接木地造神于西周初年的陪都洛邑。概况如下:

"周初定天下,管叔、蔡叔……与武庚作乱,衅周。"(《史记·周本纪》)天下不宁,王权不稳。故亟须借助"天示祥瑞"以神化、美化新王朝的神圣性、正统性。于是周公旦一方面利用当时社会普遍信仰的"天兆"观念,另一方面又借重当年伏羲在雒、伊西北天室(即昆仑丘)推演的"太极图""八卦符"造伪"(黄)河出(秘)图、洛(水)出(天)书",以此托称:"兴周灭商"乃上天旨意,今"河出图、洛出书"乃周王朝授命之天瑞也,吾大周王朝合天道正统,当与皇天相比肩,是与天地共久长。由此定鼎大周王朝七百年基业。如《汉书·翟义传》谓:"河图洛书……乃皇天上帝所以安我帝室,俾我成就洪烈也。"

不过,首次借用伏羲"太极图"造伪"秘图"者,是发生在黄帝战蚩尤不胜而上昆仑丘祭天时。传说九天玄女密授黄帝法力无边的"图策",就是这"太极图"。中国风水学所传"伏羲得河图,夏人因之说《连山》;黄帝得河图,商人因之说《归藏》;烈山氏得河图;周人因之曰《周易》"可作证。但是,把"太极图"更名为"河图"则不在黄帝时而在西周初年。

这就是说,第二次借用"太极图"造伪天兆祥瑞,周公旦是从黄帝那里学来的。而到汉魏时期,诸侯争霸又无不以编造"河图、洛书重显瑞"为手段以达其欺世盗天之目的。这些花招似乎皆始于黄帝、周公。

到了宋代,太极图再一次被筮化为筮图。还是这位刘牧,他"一口气"出了三卷《易数钩隐图》[1],内中将古来传说的"河图""洛书"与秦汉时期流传的"九宫明堂图""五行生数图"生拉硬扯地揉到了一起,并又引进了战国时邹衍的阴阳五行学说,用黑、白两种点代表阴阳与奇偶。他前后共画了六十四幅各式各样的筮占化河图、洛书。据说,刘牧的这些筮占化的河图、洛书主要由秦汉明堂图和五行生成数图点化而来。那好,现将其中对中国易学影响最大的三幅以

[1](宋)刘牧撰《易数钩隐图》,世界书局,1986年版。

及人们俗见的两幅河图、洛书与秦汉明堂图、五行生成数图并列于下加以比较，看看两者之间到底有何关联（图23.26，图23.27）。

从这两幅图，看不出秦汉间的明堂图、五行生成数图与筮占之间有何必然联系。明堂九宫图顶多只是一个初级幻方；而五行图则明显与历数相关，却与筮数不相关。

从图23.01、图23.28、图23.29，也看不出刘牧、蔡氏、"戴九"的河图、洛书与五行历数、九宫明堂之间有何必然联系，却与筮数紧相关。

图23.01、图23.28、图23.29对比表明，筮占河图洛书是由宋代刘牧点化而来的，与传说黄帝时的太极图策，与周代的河图、洛书根本是两回事。

然而自从刘牧的黑白点河图、洛书问世后，河洛之说便沿着筮占之路越走越远，并得到朱熹的肯定，由此"河洛"成为"筮说易学"的重要组成部分。

与太极、八卦一样，宋以后的各种河洛筮图、河洛配图不下百千，让人眼花缭乱。可时至今日，谁也说不清河图、洛书到底是什么，源头在哪里；谁也说不清筮占河洛到底说些什么，解决些什么问题，有何用途。所以，说"河洛迷乱"一点也不过分。

问题至此已经很明白：筮占河洛是宋代以后某些易家对"河洛"的臆解；在原始社会末期的黄帝到大禹时代，尤其在奴隶社会的周代，"河洛"被神化、伪化为上天示人的符兆之物；在远古伏羲时代，因其时尚无"河洛"之概念和词汇，故所谓河图、洛书实即龙图、龟书，亦即所谓太极、八卦。

厘清了河洛之说的三次历史变革，"河洛"

研究就有了清晰的理路。实际上，从社会发展角度，伏羲时代，人类刚刚步入定居农业不太久长，生产力仍极度低下，亟待原始科学、原始文化的出现以促进农业生产的发展和社会文化的进步。所以说伏羲时不可能编创"龙马负图出河，神龟负书出洛"等故事。

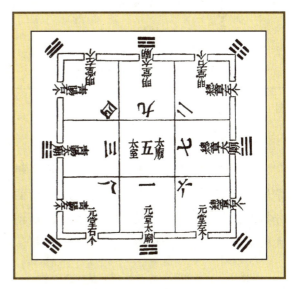

图23.26　明堂九宫图

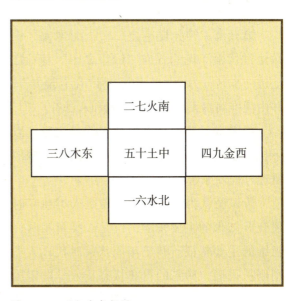

图23.27　五行生成数图

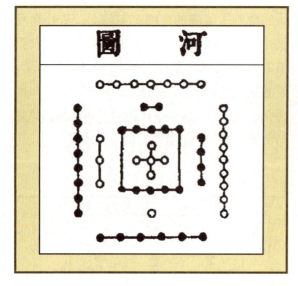

图 23.28　蔡元定河图

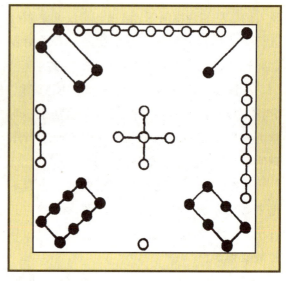

图 23.29　洛书（"戴九履一图"）

在下两点中，让我们换个角度，换个科学思路看问题。相信经过正、反两个方面的分析对比，几千年笼罩在中国人心中的所谓太极、八卦，河图、洛书等迷雾也就拨开了。

二、太极八卦定方正位、授时推历原始科学的出现

第五章"神异昆仑之二　天龙地龙"中讨论过伏羲于昆仑丘在"燧皇之图"基础之上进一步区分为"北斗天龙"与"昆仑地龙"，并由此推演出天地双龙太极图和八卦符。

在否定了筮说、讹说太极八卦之后，以下拟专题讨论伏羲推演天地双龙太极八卦的机理过程及原始本义。

认识论认为，直觉和想象是人类童年时代获取知识的主要来源，也是人类童年时代思维的主要特征。八千年前伏羲时代，人类刚刚从采摘、渔猎的自在状态步入早期定居农业的自为状态，迫切需要大量科学知识的

支持。其中尤为重要的是，必须掌握农事节律，以保障农业正常生产，这就需要有人去观测研究以得知四时更迭、昼夜交替等规律，之后还要以相应的一般人都能看得懂、记得住、用得上的词汇和符号，如图形、数符、文字等记录下来、传播开去，以指导农业生产和安排人们日常生活。这便涉及地理方向、空间方位以及年、月、日、昼夜、四季等等空间、时间、历法方面的基本概念知识。这些都是人类进入定居农业之时急需掌握的知识。当然，对于现代人来说，这些知识是最简单不过的，可对刚刚脱离茹毛饮血的原始人类来说，犹如登天般难。创新这些原始科学、原始文化的先哲就是古代的大科学家、大学问家，古时称圣人。伏羲就是这样一位大圣人，一位人类历史上最早创建历法，最早应用图形、数符的伟大科学家、发明家。

下面就地理方向、空间方位（即古之"定方正位"）和时间、历法（即古之"授时推

历"）及其记录符号（即"告民农时"的太极图、八卦符）等科学文化概念展开讨论。在讨论之前，有必要提请现代人暂且把思维方式回归到八千年前的伏羲时代，把人们的知识层面局限在原始社会，把人们的视线拉回到八千年前的昆仑地象和八千年前的北斗星象。

（一）定方正位的基本概念

苏东坡曰："太极者，有物之先也。夫有物必有上下，有上下必有四方，有四方必有四方之间，四方之间立而八卦成矣。此必然之势，无使之然者。"[1]苏氏之说，既可以表明方向、方位概念与太极之概念形成于同时，又可从反面理解，在有太极概念之先的远古时，人们还没有东西南北中、上下前后左右等方向、方位概念和词汇。而没有方向方位概念，也就不可能有过去、现在、将来，快慢、早晚和年、月、日、时等时间概念和词汇，也没有春夏秋冬、寒来暑往，春播、夏锄、秋实、冬藏等时令节律概念和词汇。且因没有这些科学认知方法和文化交流手段，便无法有效地发展农业生产。由此，食物的短缺必然满足不了日益增加的人口需要。于是原始科学、初始文化的滞后便成为阻碍定居农业发展的主要因素。其中方向、方位，时间、律历知识的缺乏便是定居农业生产中最关键的限制性因素。故此以建立方向、方位，时间、历法概念为先导的原始科学与初始文化必然是定居农业早中期的产物。按人类一般的认知规律，通常是生产力发展—科学发现—生产力再发展—科学再发现……如此循

[1]引自（宋）苏轼撰《东坡易传》，吉林文史出版社，2002年版。

环向前直至无穷，人类社会也在这永不停息的循环发展中前行。

现代汉语中，方向与方位义相近，均可理解为东西南北中、上下左右前后等。在古时，方向与方位用词亦不十分严格。但在不少场合，用词方向多指东、西、南、北、中五方，而用词方位多指上、下、前、后、左、右六位，合一起通称五方六位。但亦有称东、西、南、北为基本方位，东北、西南、东南、西北为中间方位，故如加上中间方位，又有称八方者。

不过，无论怎样称谓，在尚无东西南北中、上下前后左右概念及其交流词汇的原始社会，人们在生产、生活和人际交往中常常会遇到很大的困难。因此在人类进入定居农业以后，确定地理方向，辨正空间方位，便成为一件大事。这就是"定方正位"或"辨方正位"一词的出世。那么，在原始社会的伏羲时代，最初是如何表达和传播方向、方位概念的？

1. 定方

定方，即确定地理方向。狭义的定方，只是确定地理概念上的东、西、南、北、中五方。

原初，人们凭直觉认为天是圆穹形的，地（尤其是"昆仑，虚四方"）是方平形的，天好似倒盖在地上的锅，所以世人称这天圆地方为"盖天说"，伏羲时代的人们就是这样认为的。人们又凭直觉，太阳朝升夕落，中午"易"至极高，于是便把太阳升起的方向称东方，落下的方向称西方，极高的方向称南方，与南相反的方向，即太阳极高时日影所指的方向称北方。然而人们又发觉，太阳不总在同一方向升落：冷时升起于东方与南方之间，落下于西方与南方之间；热时升

起于东方与北方之间，落下于西方与北方之间。于是便又于东、西、南、北四方之间增加了东南、西南、东北、西北等概念和称谓，四方变成了八方，或四面八方。而这一切，在原始初创期，均以昆仑丘中心之"天地元"为中央。一般场所则以"人"所在为中央，于是便有了五方这概念。

实际上，古代先民在测定准确的地理方向时，通常要借助简单工具。伏羲时，仅取一根垂直插入土中的木棍或竹竿作为表杆。殷周时，这种表杆发展成为晷仪。《周髀算经》谓："以日始出，立表而识其晷（日影），日入复失其晷。晷之两端相直者，正东西也。中折之指者，正南北也。"这是由日影先定东西后推南北的定向法。另一种是以正午时最短日影先定南北后推东西的定向法。这两种定向法都很科学且实用，古时称这为"昼参日景"。定向是昼参日景的功能之一。

除盖天说外，还有一种浑天说，认为"天与地的关系好似鸟卵壳包着卵黄那样。天的形体浑圆，所以叫'浑天说'。天和天上日月星辰每天绕南、北天极不停地旋转"。至宋代时，甚至量算出"北极在正北出地36°，南极在正南入地36°，该组数据表明这是生活在北纬36°附近的中原先民根据北天极位角测算而得的，但这不是伏羲时代的认知。

凭直觉，先民们很容易发现日月星辰都围绕着天之某一点旋转，人们就称这一点谓天极。目前的北天极在北极星附近，但因天文岁差，伏羲时的北天极则在武仙星座与天龙座之间。那时北斗星的斗杓几乎指向北天极。另外，在黄河流域的先民们看来，北斗星座和北天极"永驻天空，永不落下""斗极常在，知为天之中也""北斗恒居中国星空之北"。所以那时的人们一方面把北天极称为天帝所在的天中，另一方面又把北天极和北斗星座当作夜间指示方向的标志。古时称这为"夜考极星"，并与"昼参日景"共同组合成一套完整的远古定向系统。不过，在伏羲时，北天极所在天区并无明亮的极星作为定向的目标，而北斗星又在不停地绕极旋转，所以，那时还不可能利用极星很准确地测定方向，所谓夜考极星主要不是用于定方正位，而是用于授时推历。

2. 正位

正位，即辨正方位。狭义的正位，只是确定空间的上下、前后、左右。若以人体为中，则首处上，足处下；面朝前，背朝后；黄帝后，以面南为尊为正（之前通常以面北为尊为正），则命东谓左，命西谓右。并由此引申天为上，地为下，南为前，北为后。帝尧后，为便于认记四季天象顺次，在中国古天象学和风水学中也采用左（春，东方）青龙，右（秋，西方）白虎，前（夏，南方）朱雀，后（冬，北方）玄武等形象记忆法。西周后，定方正位概念更逐渐引申为普遍的社会意识。如形成"君为上，位中面南；臣为下，位南面北；父为上，子为下；夫为上，妻为下；长位东，次位西"等一整套以正统伦理观念为核心的礼制。当然，上述引申义是阶级社会出现后的伦理观，并非伏羲时所初创。

明确了方向与方位概念以后，就可以进入下一步授时与推历。

（二）授时推历的基本概念

授时推历的基本概念及其"斗纲授时""六壬授时""日晷授时""星宿授时"是形成

于伏羲时代和帝尧时代的四种基本授时方法，是一组完整的远古授时体系。（详见第十四章"太皞伏羲时代原始科学的出现"）

三、本义太极八卦——表述开天辟地授时推历的图解符号

在进入太极八卦主题论证之前，有必要就以下两个话题做些说明，以便于理解"太极""八卦"两个词出世的历史背景。

其一，文字的创生经历一个漫长的过程，先期的象形文字当然不可能有后期那么多，所以"先秦文献用字与后代主要的不同点是多使用假借字。汉字有本义、引申义、假借义。一个汉字一般有一个本义，但可以有几种引申义和更多假借义"（《中国思想史》）。因此，一些原本多属自然本义的字、词往往被引申甚至被假借成诸如哲义、政义、文义、筮义，以至几千年后反把原本的自然本义给遗忘了。例如在太极、两仪、四象、八卦及八卦中的天、地、风、雷、山、泽、水、火等原本属自然义的字、词之中就有一些被引申、被假借为如乾、坤等不易懂理的筮义、哲义，后人只知其筮义、哲义，却遗忘了原先的自然本义源自何时、何方、何物。这为今人研究这些文化带来了许多困难。

其二，应该承认，如同昆仑文化一样，除"颛顼绝地天通""尚无系统文字、数符可用于记录"等因素是造成这些文化失落的原因之外，原始人群中的绝大多数尚处草昧状态也是重要原因。氏族部落时代的人群不可能都是学问家，且人类天生的好奇心又驱使他们更愿意、更容易接受大众化和神话性质的东西。相反，对"如何辨方正位、如何授时推历"等纯科学话题则因其"枯燥乏味""不易懂理"而不感兴趣。于是，伏羲便适应当时情势而有意识地采用由龙、凤、虎、龟、天、地、风、雷、山、泽、水、火等当时人容易接受的自然物画制成所谓太极、八卦（"太极""八卦"四个字中的某些字亦是后人所造之字、所取之名，并非伏羲时原字、原名）图形或符号，并以这种图案形象地记录、描述和传播诸如方向、方位、时间、历法等原始科学知识。今人称这为形象记忆法。

（一）本义太极图——开天辟地原始宇宙观的图示形象

在道教宫观、道教典籍中，常可见到开天辟地的盘古或开劫度人的元始天尊与太极图合而为一，也可见到太极图上方有飞龙在天，还有说盘古就是伏羲的化神，等等。但是，至今谁也不清楚这些究竟是什么意思。在此拟从原始宇宙观角度简述太极图是开天辟地故事的图示形象。

没有天地就没有上下四方，也就没有昼夜、时间、律历。所以定方正位，授时推历之概念必产生于开天辟地之后。实际上，这三者本就是根据同一自然现象在同一时期、同一地点一体形成的原始宇宙创生与宇宙时空观。那么其形成的机理过程是怎样的？又是如何记录和表达这些观念的？

盘古开天辟地神话故事，成书于三国时徐整，但故事所表达的从天地混沌到天地开辟的原始宇宙观念当源起于远古、上古时。这些原始宇宙观早在先秦的一些典籍中已有记。屈原在《楚辞·天问》中开篇即问："曰遂古之初，谁传道之？上下未形，何由考

之?"他从科学角度设问谁能考明白天地是如何产生的。老子在屈原前二百年的《老子》第二十五章中曾说:"有物混成,先天地生。萧呵!谬呵!独立而不改,可以为天地母。吾未知其名,字之曰道……人法地,地法天,天法道,道法自然。"老子在这里说天地由物混成。这体现了中国原始宇宙观的唯物思想。接着,《老子》四十一章中说:"天下之物生于有,有生于无。"是怎样生于无的呢?《老子》四十二章中说是:"道生一,一生二,二生三,三生万物。万物负阴而抱阳,中气以为和。"老子从哲学角度解释天地万物是遵循大道规律、中和阴阳二气而逐渐生成的。这与神话故事中的盘古逐渐长大最后天开地辟的说法是一致的,而与西方神话中天地是一瞬间产生于"神说"(《圣经》)过程不一样。表明中国开天神话源自《老子》及更早时期的盖天说或浑天说。二百年后,与屈原同时代的庄周又在老子道论基础之上,进一步阐发了道家的自然哲学观。他在《大宗师》中十分清楚地阐述了"道"是宇宙万物发生、发展、变化的终极原因和原理法则。尤其他根据前人传说,首次集中提出的太极、混同(挈)、昆(hún)仑(混沌初开)、伏羲、昆仑神堪坏(pēi)等太极宇宙观,更明确了原始宇宙生成说与宇宙结构说源起于原始时期。以下摘引庄周在《庄子·大宗师》中专以论述的天地之道:

"夫道,有情有信,无为无形;可传而不可受,可得而不可见;自本自根;未有天地,自古以固存;神鬼神帝,生天生地;在太极之先而不为高,在六极之下而不为深;先天地生而不为久,长于上古而不为老。狶韦氏得之,以挈天地;伏戏氏得之,以袭气母;维斗得之,以袭昆(hún)仑;冯夷得之,以游大川;肩吾得之,以处大山;黄帝得之,以登云天;颛顼得之,以处玄宫;禺强得之,立乎北极;西王母得之,坐乎少广,莫知其始,莫知其终;彭祖得之,上及有虞,下及五伯;傅说得之,以相武丁,奄有天下,乘东维、骑箕尾,而比于列星。"

与《易传》"易有太极"大体一致,庄子在这段论述中,开门见山地说:道,在天地太极之先,是生天生地之宗。为了更明白地让人们理解,庄子又列举了古帝、古神和日月星辰等十四例在得道之后的大作为。其中有能混同万物、判分两仪的古代帝王狶韦;在昆仑调阴阳,合元气,推太极,画八卦,演六爻的三皇之一伏羲;纲维日月众星的北斗;昆(hún)仑神崔坏(pēi);登昆仑祭天的黄帝;在昆仑"绝地天通"的颛顼;"见证"开天辟地、定方正位、授时推历的日月;黄帝之孙、驾两龙的禺强;穴居昆仑的西王母。

不难看出,庄子笔下的这些帝、神、星,尤其是狶韦、伏羲二帝和维斗的所作所为,几乎都与昆仑、与开天辟地、与定方正位、与授时推历等概念紧密相连。中国文化史也表明,后世人们所传说的昆仑、伏羲和许多古帝王最早几乎都是从《庄子》《楚辞》中得知的。自《庄子》《楚辞》以后,才有更多学者发掘发生在昆仑丘的远古、上古文化。但是,老、庄或《周易》等的论说,其实只是对流传于更早年间原始宇宙观的理论提升,并非原始宇宙观本身。比如作为原始宇宙观代表性符号的太极图,早在此前的殷商、西周时代已见有"双龙太极图"。

以上表明，中国古代的原始宇宙观确系形成于伏羲时代的昆仑丘，是昆仑文化的重要组成部分。那么太极图是如何在昆仑丘被推演出来的呢？

通过逻辑推理和天文岁差反演，2006年科研人员真实地复原出伏羲在昆仑丘所推演的太极真图。

因地球自转和公转运动，伏羲之时，昆仑先民可年年月月在晴朗彻夜，面朝北天仰望北斗天龙"天道左旋""地道右行"，可直觉地看着那北斗天龙似乎围着昆仑地龙不停地变动着角位：时而双首相合（图23.30），时而双龙相分相错（图23.31），时而首尾相交（图23.32）。与此同时，天地时明时暗，天龙地龙随之"时隐时现"。

先民们便很自然地从直觉天地交错离合、隐现变幻而产生出天地由混沌到开辟及判阴阳、分两仪的联想，诚如所谓"直觉和想象是人类童年时代的主要知识来源和主要思维方式"。而在双龙交错离合的多种天象中，唯图23.32的双龙首尾相交之天象最能完美表达"混沌初开、阴阳判分"之宇宙观。于是，伏羲将处于首尾相交状态的天龙地龙上下意合在一起，便组成天地双龙相合图形，并以此图作为描述、记录、表达那个时期对天地起源和结构的认识。到后世有了较为完整的文字，人们（主要是道家）便按这种图形及义理给这张图取了一个很有哲理的名字——太极图，道界称其谓"太极真图"。不但如此，人们直觉生成太极图的天龙地龙相互绕转，很似天地"刚柔相推"（《易经·系辞》），所以人们又称这为"伏羲推演太极图"。

知道了太极图的出世，也就能知道太极图的标准画法。可以说，现在道观、道书中的不少太极图多数是非标准的，未能表达太极图的深刻内涵。现谨就标准太极图的画法做一简单介绍：

图23.33是根据太极真图经简化、艺化、美化处理后的"俗太极图"。俗太极图的标准画法：昆仑地龙位东（右），龙首朝北（上）面西（左）；北斗天龙位西（左），龙首朝

北斗天龙位处下中天时与昆仑地龙构成双首相合态。

图23.30　天龙地龙双首相合示意图

北斗天龙位处上中天时，天龙地龙呈首尾相合态。其他时段，北斗天龙与昆仑地龙呈相分相错态。

图23.31　天龙地龙首尾相合相分相错示意图

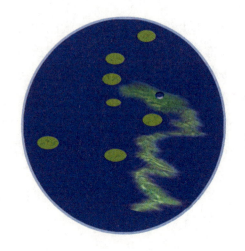

伏羲由天龙地龙首尾相交而推演的太极图，即"太极真图"。

图 23.32　太极真图

北

西　　　　东

南

太极真图经简化、艺化、美化处理后的"俗太极图"

图 23.33　俗太极图

南（下）面东（右）；双龙呈逆时针相绕转态；天龙饰以明（白）色，地龙饰以暗（黑）色；龙睛位处中轴对称。这才是和合对称的天地双龙太极图唯一的标准画法。除此之外，包括天龙在上、地龙在下等画法都是非标准的。

以上就是天地双龙太极图（本义太极图

太极真图）出世的全过程。

（二）本义八卦符——授时推历、告民农时之图解符号

这里称八卦符而不俗称八卦图，是因八卦本就不是图形，而是一组类似数列的原始符号。那么这组数符是怎么形成的，或者说八卦到底是什么，又有什么用呢？按传统说法，八卦符跟太极图一样是由北斗天龙与昆仑地龙相互推演（"刚柔相摩，八卦相荡"《易传·系辞上》）而得。其实，八卦符就是远古时期的"钟表年历"。

"天地开辟"以后，宇（空间）宙（时间）便形成了。时间是什么？在古人看来，最直觉的莫过于看着日月星辰一刻不停地在天运行，眼望着太阳、月亮东升西落，昼夜更迭，寒来暑往，草木枯荣；作为世主，最急迫的是如何让氏族民众懂得并能预测预知时历，以便提前准备春播、夏锄、秋收、冬藏等农事活动。本部分旨在说清楚由伏羲"推演"的时间、历法知识，说清楚在没有系统文字，没有钟表年历的年代，伏羲是如何以八卦符的形式让普通民众都能掌握时间历法以指导农业生产。

前文说过，伏羲时代的八卦符早已失落，后期的八卦卦爻符只是后世的人们根据前人口耳相传而做的猜画或臆画，因此企求以这些猜画或臆画的卦爻符破解八卦本原本义是不可能的。不过，无论伏羲八卦卦爻符是个什么样子，有两点总是不会改变的：一是就像今天的人们需要用钟表和历书预知时间和节气一样，八卦卦爻符就是伏羲时代的钟表、挂历。有了这种"钟表""挂历"，人们就能种好庄稼，生产生活就变得方便。二是仍

然像今天的钟表、历书一样,伏羲部落的钟表、历书就是天龙在天运行的时位。

1. 本义八卦义理

由于北斗天龙(北斗星)永远悬挂在昆仑虚北天,并绕北天极呈现"天道左旋,地道右行"态,由此龙尾(斗杓)也就年年月月、白昼黑夜永不停息地旋指昆仑丘四周各个方向。犹如《灵枢·九宫八风篇》所言:"太一为北天极,乃古之观天象、定时位之标准,以北斗围绕其旋转之方位为指针,按季节依次移行。每宫四十五日或四十六日。"于是人们据不同时节、不同时辰龙尾的指向,便可以提前预知未来的农时节气,以便早早做好农事准备。古人称这为"夜考极星"或"斗纲授时"。

更其后,在实际生活中,人们还用一种更简便的方法识别季节,如《鹖冠子·环流》所记:"斗柄授时法则:斗柄东指,天下皆春;斗柄南指,天下皆夏;斗柄西指,天下皆秋;斗柄北指,天下皆冬。"

伏羲应用"夜考极星"和"昼参日景"十分准确地预知预测农时节气,无不应验。于是就被后人夸张或讹传为"伏羲预测"。最后又讹变为"人生预测"等筮占说。"伏羲预测"是"周易预测"的缘起。但前者是科学,后者是玄学。

这样的"钟表""挂历"是人人都能看得懂、学得会、记得住、用得上的。

不过在原始时代,不可能、也没有必要把"夜考极星"考得非常准确,也没有必要把每一天、每一时的"极星指向"都在昆仑丘周边设置标记。按逻辑推理,在人类步入定居农业不太长时,普通氏族民众对时间和

时令的要求以及对"极星"可能达到的目测精度,实际上只要在八个主要方向上做些标记或不做标记仅凭目估就可以基本满足了。

从太阳周年运动规律和农业生产实际需求出发,对中纬度带来说,所谓八个主要方向,是指"四正""四维",或者称"二至""二分"和"四立":冬至、夏至、春分、秋分、立春、立夏、立秋、立冬八个最重要的、最具代表性的节气。只要能够提前预测预报这八个节气,就能保证农业的正常生产。

所谓八卦符,就是以八个循环数符表示这八个节气在一年之中各自所位处的方位。类似现今之年历,有了八卦符就能预先推知距某个节气的大致天数,以便早备农事。所以说,本义八卦不是筮数而是天文历数。

以上所论,在古籍,尤其在易学家著述中均有一些记载,只是记叙不甚全面、系统。

(宋)吕祖谦《古周易》:"伏羲之易,初无文字,只有一图以寓其象数,而天地万物之理,阴阳始终之变具焉。"

(宋)洪咨夔《春秋说题辞》:"易者,气之节,含五精,宣律历。上经象天,下经计历。"

(宋)邵雍《皇极经世·观物外篇》:"先天学,心法也,故图皆自中起……先天图,环中也。自下而上谓之升,自上而下谓之降。升者,生也;降者,消也。故阳生于下,阴升于上……是以循环而无穷。"

《易传·系辞下》:"古者庖羲氏之王天下也,仰则观象于天,俯则观法于地……于是始作八卦……作结绳而为网罟……"

(战国)《竹书纪年·太昊庖牺氏》:"龙马负图出河,始作八卦……造书契,作

甲历……"

（唐）司马贞《补三皇本纪》："太皞庖牺氏，风姓……始画八卦……造书契以代结绳之政。"

（春秋）管仲《管子·轻重戊》："伏羲作九九之数以合天道。"

总之，八卦就是记"天地之理"，记"阴阳终始""定节气""象天计历"的历书，就是表示"甲历"的"书契"，是"取代结绳记事、记时、纪年的书契"，而不是筮占巫书。

这就是本义八卦义理之所在。

2. 本义八卦卦爻符产生过程

那么伏羲当年画的八卦爻符到底是什么模样？

其实只要走出筮说阴影，就能找回本义八卦的基本卦爻形。

下面先摘引部分典籍中有关八卦起源的说法，以便从中探寻本义八卦可能的卦爻形。

《易传·系辞上》："是故《易》有太极，是生两仪，两仪生四象，四象生八卦。"

《易传·系辞下》："古者庖羲氏之王天下也，仰则观象于天，俯则观法于地，观鸟兽之文与地之宜，近取诸身，远取诸物，于是始作八卦。"

《尚书·中侯·握河记》："伏羲氏有天下，龙马负图出于河，遂法之以画八卦。"

（战国）《竹书纪年·太昊庖牺氏》："太昊……元年即位，都宛丘。龙马负图出河，始作八卦。"

（西晋）陈寿《三国志·魏书》："易博士淳于俊曰：庖羲因燧皇之图而制八卦。"

（北魏）郦道元《水经注》："粤在伏羲，受龙马之图于河，八卦是也。"

归纳以上诸说，八卦卦爻符中的爻形选择以下三类"自然象"之中的某一"象"画制而成：一是伏羲在昆仑"仰观俯察"，按天地龙图形象画制而成；二是在昆仑"近取诸身，远取诸物"，按"四灵神兽"四种动物形象画制而成；三是取"天、地、风、雷、山、泽、水、火"八种自然形象画制而成。

以上三类自然形象中，第三类已被用作八卦卦名；第二类的形象过于繁杂，很难归类并艺画成简洁又规则的符号。由此推断，唯有第一类中在北天绕转的北斗天龙才是当年伏羲画制八卦爻符的唯一依据或唯一"象"。这一推断与古籍中大量记载的所谓由"龙马负图"而"画八卦"的传说相一致，龙马负图即双龙太极图；也与"庖羲因燧皇之图而制八卦"的记载相一致，燧皇之图即龙图；也与"伏羲昆仑丘推演太极八卦"的传说一脉相承。这就是说，伏羲既在昆仑丘以天地双龙推演出太极图，又在昆仑丘以天龙推演出八卦符。

按此推理，伏羲画制八卦符的过程大致如下：

第一步，直觉画制八卦符的必要性。

伏羲虽知天龙在天运行的八个方位正对应八个节气，但还必须采用一组系列符号加以形象化表达才能让广大普通民众都能看得懂、记得住、用得上。

事实确实如此，自从有了八卦符，族民学会了利用农时节气指导农业生产，人们过上了有节奏的生活，人类从此进入了"时间时代"。

第二步，爻形的产生。

太极图是依据天地双龙相交相合而合成的艺术化、简洁化图形，八卦符则是在北斗天龙绕天极旋转轨迹线上选取上、下、左、右、左上、左下、右上、右下八个时位并分别以不同角位的天龙图案组成的系列符号。

第三步，卦符的产生。

伏羲当年推演、画制的八卦卦符是什么样，通过上述一系列的推理过程，可以析理出一条八卦符形成的逻辑路径。

（1）八卦符是以数符的形式记录、表述、授受八方位、八时令、八时辰概念的系列图解符号，是人类最早以图解形式介绍时间与历法等知识的授教工具：其一，与当今钟表功能相仿，有了八卦符，可查知当下所处的时间，并可顺逆推知过去与未来的时间，以安排日常作息。其二，与当今历书一样，有了八卦符，可查知当下所处的时令，并可顺逆推知过去与未来的时令，以安排农事等活动。显然，以上利用了数列的顺逆性质。其三，周日也好，周年也好，都有一个终始周期，八卦符既可表达一日之内时间的顺逆与一年之内时令的顺逆，还可以数列的周期性质表示一日之终始和一年之终始，所以八卦符呈循环圈状。其四，为了便于辨识和记忆，以数列中的偶数表示四正（二至、二分），以奇数表示四维（四立）。

图解八卦符的发明，表明伏羲时代已经懂得并会应用数的顺逆性质、周期性质、奇偶性质。显然这比较伏羲早期的结绳记事前进了一大步，堪称人类认识史上一步质的跨越。

（2）犹如笔画是组成汉字的基本单元一样，爻形是组成八卦符号的基本单元。因爻形的基础是天龙地龙，所以八卦符号的基础也必是天龙地龙。

（3）为了便于互相交流，必须给八个卦象分别取名。其卦名主要采自自然界，以"天、地、风、雷、山、泽、水、火"八种自然现象，并按其相应的方位和时令特征取卦名。不过在当时尚无完整文字系统，所以只有卦名、卦义、卦爻符，但并无卦名之文字。

这一说法，与梁启超、郭沫若等先生所言"八卦系古代象形文字"不太一样。

"古文字说"认为八卦卦符源自"天、地、水、火、风、雷、山、泽"诸古文字。然就当时的文化，似乎仅八卦卦符之义、之音取此，而其字形则恰恰相反，即先有"卦符形"而后有"文字形"。且诚如上述，卦符形产生的基础一是天地龙图，二是循环数列，三是八种自然现象。这才符合人类认知规律。

另外，既然爻形是以双龙在天地间的运行姿态"则而象之"，那么从形象记忆角度，卦符理应仍以双龙尤其以天龙在天地间运行的八个位姿描述八卦卦象。这便是《易经·乾》《易经·坤》中"潜龙，见龙在田，夕惕，或跃在渊，飞龙在天，亢龙，龙无首，龙战于野"等"御天之龙"八个卦象义的由来。

此解亦非臆说，实于《易经·乾卦·象》中已作解："大明终始，六位时成，时乘六龙以御天。乾道变化，各正性命……"对《易经·乾卦·象》此解，后世多表赞同。如《全本周易》解之谓："明亮的太阳周而复始，乾卦各爻按不同的时位组成，犹如六条龙接连驾御天地之间。天地自然变化形成万物的规律……"陈鼓应、赵建伟《周易今注今译》解之谓："太阳终而复始地周天运动，宇宙上下四方之位于是确定；这就好像太阳按时乘驾着六龙有规律地运行于天空。由乾元之气决定的天道有规律地运动变化……"

针对以上释解，本书多有赞同。不过，包括《易经·乾卦·象》解在内，似乎把"八龙以御天"误解成了"六龙以御天"，又把"北斗天龙"本身巡御天地误解成了太阳"时乘六龙"巡御天地。显然，《易经·乾卦·象》等的"六龙御天"与《易经·乾》《易经·坤》中的八龙不相符，也与"三代八卦"之义相矛盾，更与伏羲本义八卦相悖。

"六龙以御天说"似出自"天地六位说"，或则未将八龙中潜渊地下的"潜龙"和"龙无首"两龙计入内。

（4）伏羲是在昆仑仰观北斗天龙，俯察昆仑地龙而画制的八卦。实际上，伏羲当年唯有在昆仑南端，古称"轩辕台"，今称"双合寨"的昆仑地龙龙尾处面朝北方仰观俯察，方能更真切地感受到天龙"天道左旋，地道右行，并治而错行，亿万斯年环周不休，终始地中"等"设卦观象，刚柔相推""八卦相荡""八卦相摩""八卦相错""双龙相交相错、相分相合""天地定位，山泽通气，雷风相薄，水火不相射。八卦相错。数往者顺，知来者逆，是故《易》逆数也"（《说卦》）之情景。因此，今人识读八卦符亦应遵循"登临昆仑地龙龙尾，背南面北，终始地中"的规则，才能体会并领悟伏羲先天八卦的形成过程及义理。

不过，今日所见之八卦符，除所传"伏羲先天八卦"外，其余均系"三代"后甚至宋代后讹化、筮化的卦符，这些筮讹化的八卦根本不可能与当年天地双龙"并治而错

行"。犹如所谓"文王后天八卦"，更是政治化与筮占化相结合的产物，完全失去了本义八卦之义理。譬如，文王将乾天卦移至西北，明显是意图告诉世人"位处中原西北的'周祖地（豳）'是乾天之位"，以示兴周灭商之必然性、正统性、神圣性。可见"三代"后的八卦已远离伏羲推演的八卦本义，已成为周王朝的政治工具。至后世，为附会周文王的"乾位西北说"，易界、风水界又把三百六十圆周度的罗盘改为三百六十五点二五度，岂不更是荒谬。

（5）伏羲画八卦的目的是向原始先民传授辨识时空的知识，以方便生活、指导生产。因此，八卦符不可能十分复杂难懂。假如八卦符变成了"三代"以后，尤其宋代以后千变万化符咒似的筮图，又有哪位族民能看得懂、学得会、记得住、用得上呢？伏羲推演、画制八卦又有什么意义呢！又如，殷周时把原始先民都能看得懂的"天位上，地位下""'雷'姓氏族位东北，'风'姓氏族位西南"的先天八卦故意改为谁也弄不明白的"乾（天）位西北、坤（地）位西南"的后天八卦，又有什么意义呢！

以上，对本义八卦符形成路径所做的逻辑分析是客观的，可验证的。

按上述逻辑推理，传说中的"伏羲先天八卦"是唯一符合上述逻辑的图解符号。图 23.34 是根据伏羲先天八卦反推的初始卦爻形。

3.初始八卦卦符、卦义浅释

在此就反推的初始八卦卦符、卦义做一探索性释解，供学界评批。

图 23.34 标示初始卦符与卦名、卦义（方

位、时辰、时令）及配象、配位关系。从中或可解读出一些具有规则性、趋向性的信息：

（1）抛开"三代"后的筮说、哲说。那么包括近年马王堆、双固堆出土的有关《易经》《易传》诸本，的确是认识本义八卦符的产生及义理的最明确、最正确、最全面的释本。可以毫不夸张地说，没有《易》之经、传，也许国人永远无法解秘本义八卦，也永远无法认识中华文明开创者伏羲为中华民族建立的丰功伟业。而其他古籍，虽从不同角度记叙、阐说了许多关于八卦卦形、义理和伏羲其人其事等很有意义的史料，但在其完整性、缜密性等方面均无出《易经》《易传》之右者。

（2）既然爻形是单龙、双龙的形象符号，那么卦符必然是由单龙、双龙按八卦定义相配列的八组数符。其中，单龙龙首遵"数往者顺、知来者逆，亿万斯年环周不休"之规则排列；双龙遵天人和合之大道理念排列；八时令按背南面北，右春左秋，上夏下冬，终始春中规则排列；八时辰按天午地子，右晨左昏，终始地中规则排列；卦名按天道左旋，地道右行，终始天中之规则排列为"天、山、火、风、地、泽、水、雷"。如此排序既符合天尊地卑，山高泽低，春水秋火，夏雷冬风等自然之象、自然之律；也符合风姓氏族位处西南银河畔凤凰台，雷（龙）姓氏族位处东北昆仑丘雷池的真实地理方位。可以肯定，如此排布很能被原始先民所接受，很容易被原始先民看懂、记住。

自从伏羲由龙图推演太极八卦，掌握了定方正位、授时推历知识后，太皞（中华）部落民众过上了定居农业的美好生活。所以说这是伏羲将"龙"选作太皞部落联盟图腾

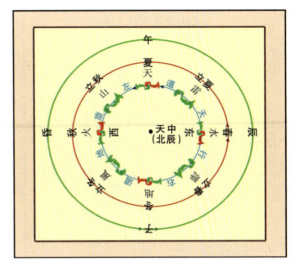

图 23.34　据伏羲先天八卦反推的初始卦爻形

最重要的原因之二。其他原因请参见第五章"神异昆仑之二　天龙地龙"中的"四、天龙地龙孕护太皞部落"所谓"二进制"式八卦符，原始先民无人能看懂。故其并非伏羲先天八卦之原始卦符。按八卦爻形的演化史及按数列、数律、数论发展史分析，"二进制"式八卦符不会早于宋，实际上"二进制"的发明并不是受周易"阴阳爻八卦符"影响。

郭书春在《古代世界数学泰斗刘徽》一书 461 页指出："中国有所谓《周易》创造了二进制的说法，至于莱布尼兹受《周易》八卦的影响创造二进制并用于计算机的神话，更是广为流传。事实是，莱布尼兹先发明了二进制，后来才看到传教士带回的宋代学者重新编排的《周易》八卦，并发现八卦可以用他的二进制来解释。"因此，并不是莱布尼茨看到阴阳爻八卦才发明二进制。梁宗巨著《数学历史典故》一书 14~18 页对这一历史公案有更加详尽的考察，想进一步了解者可参考（图 23.35）。

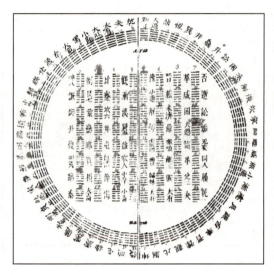

图 23.35　1701 年白晋送予莱布尼兹周易八卦符

四、本义河图（龙图）洛书（龟书）

本章前文讨论过"河图洛书"其实是西周朝廷出于政治需要，借用先王伏羲推演的太极图、八卦符之名声，并将其改为具有"天兆祥瑞"性质的"龙马负图出河"（为便于念读便简称"河图"），"神龟负书出洛"（为便于念读便简称"洛书"）等谶纬故事。此外，本章还讨论了"河图""洛书"的四期历史变革：第一期，伏羲本义太极图、八卦符开创期；第二期，黄帝至大禹"秘图""奇书"神化期；第三期，西周初期"河图""洛书"伪化期；第四期，北宋以后河图洛书筮化期。"河洛"沿革史表明，除伏羲当初创建、推演龙图（太极图）、龟书（八卦符）系中华正宗文化外，其余被神化、伪化、筮化的河图、洛书均系没有科学品位、缺乏文化内涵的筮化产物。今后不必再下大功夫研讨那些没有意义的所谓"河洛之学"，更没有必要争着抢着耗巨资开发那些意义不大的所谓"河洛文化旅游"。

不过，北宋刘牧为了自圆其说，在筮化过程中，"河洛学"确也吸纳了一些天文、易学、阴阳五行等辩证思维，今人运用易学、阴阳五行知识确也在中医学等方面解开了一些疑难，于是人们便以为是"河洛学"的贡献，其实这是一种误解。毋庸置疑，"阴阳五行"是独立于"河洛"之外的一门学说，有其自身的辩证体系。就像龙图、太极、八卦并非易学、风水、河洛的附属品一样，阴阳五行亦非河洛的附属品。

厘清了以上关系，就可以把研究目标直接指向龙图、龟书。

那么龙图、龟书是什么？其实这个问题很简单，顾名思义，或按故事传说，龙图即神龙所负之图，龟书即灵龟所背之书。所谓神龙即昆仑地龙；所谓图即伏羲推演的、由天龙地龙相交而合成的太极图；所谓"负"，即图在龙脊之上。由此，昆仑地龙背负着天地太极图，原始先民便俗称这为"龙图"。同样，所谓灵龟即鳌背灵龟；所谓书即伏羲由天龙推演的八卦符，八卦符就是历书；所谓"背"，即书在鳌背之上。由此，鳌背灵龟背负着八卦历书，原始先民便俗称这为"龟书"。

对于生活在昆仑丘、鳌背山一带的原始先民来说，昆仑丘既是天地双龙之一的昆仑地龙，又是龙、麟、凤、龟四灵神兽之一的神龙；鳌背山既是"女娲截鳌足立四极"故事中的无足巨鳌，又是龙、麟、凤、龟四灵神兽之一的灵龟；伏羲推演的太极图是龙图，推演的八卦符是龟书。一切解释就这么简单、明了。况且许多种类的乌龟背壳之上的确似有九宫八卦状符书。

以上"龙图""龟书"中的龙、图、龟、书四种原型山体、原型星象非常完整而真实地展现在昆仑丘、鳌背山。而且这一切统通发生在开创昆仑文化的王屋山区，统通与中华龙文化、与中华原始文明紧密联系在一起，故此证明这里就是龙图、龟书的原创地。

同样，随同昆仑文化的失落，太极、八卦或称龙图、龟书亦一起失落，不过在少量辞书、古籍中仍有所记载。《汉语大词典·龙图》：即河图。《辞海·龙图》："河图"别称。（南朝）陈徐陵《劝进梁元帝表》："卦起龙图。"

遗憾的是，我国现在所能见到最早的史料几乎都是春秋以后的书籍，在周王朝的炒作下，那时已经普遍流行河图、洛书之说。这是本义太极八卦和龙图龟书失落最主要的历史原因。

五、太极八卦讹化简史

（一）八千年前伏羲推演太极八卦

岁差反演结果证明，唯有公元前六十世纪的北斗天龙才能与昆仑地龙相交相合成太极图；这表明传说中的"天地双龙太极图"与"先天八卦符"同时在八千年前昆仑丘推演成功；也表明"三皇五帝之首伏羲"是八千年前活动在昆仑丘的古帝王。

史载伏羲推演八卦的功用有三：一是"授时推历，告民农时"，从此天下掌握了观象测天，授时推历，告民农时技法；二是"文籍生焉"，从此天下有首批象形文字，有文籍，有"太皞""中华""龙凤"等名词；三是"天下化之"，太皞（中华）部落（联盟）从此

跨入了文明时代门槛。

伏羲过后三千年，中国进入炎黄时代。随着生产力发展和原始积累，私有制及帝王世袭制代替了原始公社及帝王禅让推举制，"公天下"变为"家天下"，社会"顺而不一"变为"安而不顺"。总之，私有制出现后从社会形态到社会理念都发生了质的变化。实际上，北斗天龙与北天极的位相也同时发生了根本性变化：北斗天龙由"飞龙在天""群龙无首""龙尾伏辰""引日月以指极兮""永不落入地平下"的"天中"变为"斗为帝车"。

以上表明，自然界和人类社会都在不停地运动，人们的观念和知识也在与时俱进地不断提升，不会永远停留在原地。

（二）五千年前黄帝时代太极图的讹变

第一次演化：黄帝时，出于政治、军事目的，太极图成为九天玄女降予黄帝战胜蚩尤的"图策"。

传说上古之时，黄帝与蚩尤鏖战于涿鹿（按：非河北北部涿鹿），九战而不胜。蚩尤困黄帝于西太山（今济源邵原南侧泰山岭）下，后西王母命九天玄女授予黄帝"天书图策"，遂战败蚩尤。"天书"图策即伏羲推演之太极图八卦符。

（三）三千年前周文王改"先天八卦"为"后天八卦"

第二次演化：同样出于政治目的，西周初年太极图又成为"河图"。

由《史记·周本纪》："古公亶父……乃与私属遂去豳，度漆、沮，逾梁山，止于岐下。"可知周先祖亶父祖居豳（今陕西彬县），后迁至岐山之下，定居周原。

因周朝祖地幽位中原（洛阳）西北方，故周文王改伏羲"乾天坤地"的"先天八卦"为"乾位西北"的"后天八卦"，其目的是从政治上、精神上确立以周代商的正统性和顺天应地的神圣性。

（四）一千年前北宋创图说太极八卦图

第三次演化：宋后，太极八卦成为谶纬筮图，成为兆示吉祥的符号。

宋代时，陈抟、邵雍、刘牧、周敦颐和朱熹等在象数的基础上创立了"图书"派。从此易学在筮说之路上越说越远，越说越玄。

（五）六百多年前"双龙太极图"讹变为"双鱼太极图"

明洪武年间道士赵撝谦既没分析义理，又未做考证便在《六书本义》中轻言传说于远古的太极图是"阴阳鱼式太极图"。

"阴阳鱼式太极图"顶多只是本义太极图的简洁化、艺术化之作，已失去科学、历史研究价值。赵撝谦的一句话湮没了中华文明八千年的代表性文化——天地双龙太极图。

（六）当代对太极八卦的误解

因几千年来搞不清太极八卦之本义，所以今人便以太极、八卦调侃社会现象：太极图被讹称为不负责任，相互推诿的代词；八卦符被讹称为不着边际，胡说八道的代词。

相信不久后，本原于远古时代昆仑丘的太极、八卦，终将正本清源，重现中华初始文明时期的初始文化、原始科学之本义本貌，再不会在筮讹道路上越说越离奇。

大道文化是纯正的中国文化，本原于天道地道。《老子》曰："人法地，地法天，天法道，道法自然。"所谓道法自然，是谓道以自然为法则，犹谓道本原于自然规律而不可违之。

那么何谓中华大道呢？

对原始先民来说，最直觉、最形象者莫过于日月星辰在天运行之天道和天下万类生息有序之地道。古代圣王、贤哲把这些天地自然之道引申为人类的思想意识、道德准则、行为规范等社会伦理、社会管理之道。这就是中华大道。

在中国，这些天道、地道、人道，本皆肇启于八千年前伏羲时代王屋山区昆仑丘。然而，到唐末五代，这些大道文化却都迷失了本原、本体、本相。

一、天下第一洞天王屋山

（一）第一洞天"王屋天台山"

唐道士司马承祯，初师从嵩山道士潘师正，后入主（王屋）天台山。请注意并非入主"天坛山"，更非入主浙江、山东"天台山"。修道其间，首次提出"十大洞天，三十六小洞天，七十二福地"说，并在《天地宫府图》中引出洞天福地之领治神仙，其中洞天由上天真神领治，福地由仙道真人领治。

洞天，道教称其为神仙之居处。天下第一洞天，本指由西王母领治的天帝下都王屋山昆仑丘（《山海经》）。

那么司马承祯的洞天福地说，尤其天下第一洞天及领治神仙说是如何出世的？

人们知道，世界各大宗教都有各自的教义，中国人较熟悉的佛教，于汉明帝永平十年（公元 67 年）由古印度传入中国，归驻洛阳东郊白马寺。佛教教义之一是主"佛修来世"。

中国人所熟悉的道教原创于汉顺帝汉安元年（公元 142 年），略晚于佛教传入我国 75 年，相对于"佛修来世"的"不可企及"性，道教教义便主更具积极性的"道修今生"。

所谓"道修今生"，是劝导天下众生、凡夫俗子行善积德、潜心修道，则今生便可成神成仙：王者为圣，圣精曰神；善者为贤，贤精曰仙。神者仙者，与天地共久长，与日月同光辉。由是，洞天领治者当为得道君王之精神，福地领治者当为得道大贤高道之精气。（关于"神""仙""鬼"的定义见诸史籍另有许多说法，在此不做详解。）

这是道教长生不老说的理论基础，并非玄学所谓人之身体永生不灭之谓。

显然在当时，"道修今生"比之"佛修来世"更具现实、积极意义，也更具吸引力。

实际上，道教之教义、教仪，从其创教之初，其诸神诸仙，譬如开天辟地、开劫度人元始天尊的人物原型伏羲，玉山昆仑虚领治真神玉皇大帝的人物原型轩辕黄帝，紫微宫太上老君原型人物老子，领治天墉五城十二楼昆仑虚的女仙领袖西王母的原型人物羲王之母华虚氏等，都是远古、上古时期曾在中华历史上做出过巨大贡献，深受历朝历代普天下赞颂的人间帝王、天下英雄、高道大贤等真人之化神、化仙。甚至包括中华神龙、四灵神兽等都是曾经在中华文明历史上发挥过巨大功用的，天地间真实存在的自然物的化神。这是中国道教与其他宗教本质之差别。且上述诸神诸仙中的远古、上古神仙的原型

人物都是实实在在定居、归藏或修持在王屋山区昆仑虚的古帝王、古贤哲们。这些古帝王、古贤哲和古山川，数千年来在昆仑虚为开创中华文明、开创中华文化留下了无数丰功伟绩。故谓中国道教之宗源与中华文明之圣地实实在在是同时同地、同宗同源于昆仑丘。中华民族对曾经为人类、为文明做出过贡献的人和物都怀有永世不忘的崇敬之情。这是我们这个民族的优良品质，也是中华民族屹立天地间强大的精神源泉。

如此之多的神、仙修真于王屋山昆仑丘是中国道教异于其他宗教之所在。但自颛顼"绝地天通"以后，王屋昆仑丘不再作为帝王祭天道场，以免侵扰安息于昆仑丘上的古帝王。所谓"神圣不可侵犯"即源于此。于是一般情况下，后世帝王祭天道场改到昆仑丘东南约十千米的一座无名山头，并因系"帝王祭天之台"便取此无名山头曰"天台山"。

由上，天台山便成为帝王新的祭天道场，久而久之，后人便误把天台山当作天中地中。这是司马承祯入主王屋天台山并将王屋天台山列位天下第一洞天之主因。

（二）第一洞天"天坛王屋山"

1. 黄帝天坛王屋山祭天说

唐末著名道士杜光庭在《天坛王屋山圣迹记》中曾记述："黄帝于元年正月甲子，列席王屋山，清斋三日，登山至顶，于琼林台祷上帝破蚩尤。帝遂敕西王母降于天坛。母既降，黄帝亲供侍焉。王母乃召九天玄女，授破蚩尤之策。黄帝依命杀蚩尤于冀，天下乃无不克，海内安然。"

自杜光庭后，世人又误以为天坛王屋山是黄帝祭天求术破蚩尤处，并以为司马承祯

因此才列位此山为天下第一洞天。

其实，所谓"黄帝于元年正月甲子列席王屋山""祷上帝破蚩尤"之说系臆构：一者，试想黄帝正在与蚩尤生死决战，尚未定鼎天下，又何来"元年正月甲子"。再者，传说黄帝又于"甲子元年正月会诸侯于西太山"（轩辕黄帝与诸侯会盟碑碑文），黄帝怎能在同年同月同日同时辰既到王屋山祭天祷上帝破蚩尤，又到西太山与诸侯会盟？两者明显自相矛盾。三者按《山海经》《列子》《庄子》等记，黄帝与天坛山并没发生关系，却与昆仑丘有着不解之缘。

据发生在原始社会中晚期"绝地天通"政治性事件推测，帝王祭天移至昆仑丘东南天台山的时间应是发生在黄帝辞世，颛顼继位并实施"绝地天通"之后；再据"字原应时"创字解字原则与理路，象形文字"王""屋"二字原创于伏羲后不很久远的昆仑丘，而并非"因天坛山山形如王者车盖，故云"。

又据《黄帝内传》《真诰》所记解之，琼林、璇玑、玉衡本皆宝玉，故《天坛王屋山圣迹记》中的琼林台非指杜文中的"天坛王屋山"，而是指"璇玑玉衡"昆仑丘。（参见第三章"昆仑丘——析城山"）

以上从多个方面证明，黄帝并未在"天坛王屋山"祭天求术，而是在王屋山区昆仑虚南端轩辕台或仍在昆仑虚天地元祭天。（参见第十一章"神圣昆仑之三 黄帝故里 黄帝墓地"）

2. 天坛山、天台山、王屋山相混说

唐司马承祯的《天地宫府图》和唐末五代杜光庭的《洞天福地岳渎名山记》已佚，今人所见"洞天福地"之列位系北宋张君房《云笈七签》。

十大洞天：第一洞天山西、河南王屋山；第二洞天浙江委羽山；第三洞天陕西西城山；第四洞天西玄山；第五洞天四川青城山；第六洞天浙江赤城山；第七洞天广东罗浮山；第八洞天江苏句曲山；第九洞天江苏林屋山；第十洞天浙江括苍山。

《云笈七签》之十大洞天原文如下：

"第一王屋山洞：周回万里，号曰小有清虚之天。在洛阳、河阳两界，去王屋县六十里，属西城王君治之。

第二委羽山洞：周回万里，号曰大有空明之天。在台州黄严县，去县三十里，青童君治之。

第三西城山洞：周回三千里，号曰太玄总真之天。未详在所，《登真隐诀》云，疑终南太一山是，属上宰王君治之。

第四西玄山洞：周回三千里，号三元极真洞天。恐非人迹所及，莫知其所在。

第五青城山洞：周回二千里，名曰宝仙九室之洞天。在蜀州青城县，属青城丈人治之。

第六赤城山洞：周回三百里，名曰上清玉平之洞天。在台州唐兴县，属玄洲仙伯治之。

第七罗浮山洞：周回五百里，名曰硃明辉真之洞天。在循州博罗县，属青精先生治之。

第八句曲山洞：周回一百五十里，名曰金坛华阳之洞天。润州句容县，属紫阳真人治之。

第九林屋山洞：周回四百里，号曰尤神幽虚之洞天。在洞庭湖口，属北岳真人治之。

第十括苍山洞：周回三百里，号曰成德隐玄之洞天。在处州乐安县，属北海公涓子治之。"

上述第一洞天王屋山，道教明确其领地

包括今山西垣曲、阳城和河南济源境内的整座王屋山区（图 24.01）。这表明《天坛王屋山圣迹记》中"黄帝列席的王屋山"并非天坛王屋山，而是"王屋昆仑丘"。

然而，受杜光庭《天坛王屋山圣迹记》的影响，五代后的人们便把天下第一洞天王屋山解读为河南济源境内的一座小山头——"天坛山"。明显与道教"第一洞天——王屋山洞天"所指地域相悖。

把王屋山误解为天坛山或把天坛山误解为王屋山，主要出于如下误因：

（1）地望错讹：王屋山本系垣曲、阳城、济源三市县内包括昆仑虚（现称析城山）、天台山（现称天坛山）、历山（现称舜王坪）、

不周山（现称斗顶）、五斗峰、鳌背山、小尖山、中华山、底柱山、云蒙山等在内约四千平方千米的王屋山区，并非仅指该山区中的一座小山头天台山（杜光庭后称其谓"天坛山"）。昆仑虚又包括圣王坪（古称宛丘）、峤山（又称大罗岭，俚称待落岭）、轩辕台（今分称双合寨、玉皇顶）、盘亭列嶂（古称石楼山、狼牙山、琅琊山，现俚称十八罗汉山）。地望错讹必然导致文化错讹和历史错讹。

（2）名称错讹：今名"天坛山"者，系杜光庭后起之名。原始社会黄帝至颛顼时期（公元前二十七世纪）称天台山。台，四方而高者之谓，意谓颛顼以后的许多远古帝王在四方而高之天台祭祀天帝，并同时面向西北隔水遥祭归藏在昆仑丘上的历代先圣王。三千六百年后的公元十世纪，天台山被杜光庭改称为"天坛山"。坛，人们学会酿酒技术之后并以覃盛酒设坛祭天祭祖之谓。

据考，黄帝、颛顼时代既无"覃"字又不会酿酒，祭天祭祖主要以新禾、羊、牛等作为牺牲或残忍地以战俘作为人牲火祭。故颛顼时只有"天台山"其名而无"天坛山"之名。近年在济源"天坛山"出土的唐"天台山"碑刻证明此说的正确性。

以上表明，所谓"黄帝于元年正月甲子，列席王屋山""于琼林台祷上帝破蚩尤"只是杜光庭把颛顼以后甚至"三代"以后帝王登"天坛山"祭天误当成了黄帝本人登"天坛山"。

道教十大洞天	
王屋山洞天	山西垣曲、阳城和河南济源等县之間
委羽山洞天	浙江黄岩
西城山洞天	未詳
西玄山洞天	未詳
青城山洞天	四川都江堰
赤城山洞天	浙江天臺
羅浮山洞天	廣東博野
句曲山洞天	江蘇句容
林屋山洞天	洞庭湖口　杜光庭稱在江蘇吳縣
括蒼山洞天	浙江仙居、主峰在臨海境内。

图 24.01

实际上，自颛顼至尧、舜、禹六百年间，许多古帝王均未在天坛山而仍在昆仑丘祭天祭祖。《尚书·舜典》"正月上日受终于文祖。在璇玑玉衡，以齐七政"是证。

（3）请注意，杜文取此名谓"天坛王屋山圣迹记"，并非"王屋天坛山圣迹记"，这就是说，他并未把今称之"天坛山"者称为"王屋山"。从语法上讲，"天坛"只是祭天之坛，并非专有地名，而王屋山才是专有地名。全句意谓"在王屋山设坛祭天"或谓"王屋山设有祭天之坛"。但不能把天坛释为专有地名，否则两个专有地名排列在一起则通常是前者为总，后者为辅。偌大的王屋山反倒成了天坛的一个组成部分。好比当今"北京天坛"，假若倒称"天坛北京"，那就于（地）理于（语）法都说不通了。

以上用千余文评述了杜光庭《天坛王屋山圣迹记》，希望能纠正"天坛山与王屋山"，"天坛山与天台山"的模糊概念，也希望厘正王屋山的地望、文望。

基上，便可明确告诸天下：公元前2698年黄帝九战蚩尤不胜，遂升登王屋昆仑虚，于琼林台（天地元）祷上帝破蚩尤。（详见本书第十一章"神圣昆仑之三 黄帝故里黄帝墓地"）黄帝依命杀蚩尤于冀（昆仑虚轩辕台下，今济源邵原镇马坡村）。今有蚩尤观、蚩尤碑为证（参见图5.03）。碑中记有："天坛之阳有蚩尤观……脉从昆而来龙。"

厘清了误传于道界和民间的一些错误概念，就可进入对大道文化本原本体本相的研讨。

二、原始宗教与王屋昆仑丘祭天

所谓"原始宗教"，是指尚无宗教经典，也无宗教组织的一种有神信仰，属于宗教发展的早期形态。中国先民从原始社会起已出现有神信仰。不过，按人类童年时期的认知规律，这种信仰似乎又经历前期"多神信仰"，中期以天神、图腾为主的"主神（一神）信仰"和颛顼"绝地天通"以后的"祭天转场"与"巫史信仰"三个阶段。

（一）泛源性多神信仰阶段

此阶段的人们一般认为"无物不神""万物有灵""灵魂不灭"。出于对天、地、日、月、风、雨、雷、山、川、水、火等神灵的感激与恐惧，人们多以贡献牺牲、舞蹈礼神等祭祀形式以求博取神灵的欢心，达到祈福避灾之目的。这就是所谓原始自然宗教。

因多神信仰阶段具有泛神性特征，故其为泛源性，不存在具体的宗与源。

（二）昆仑虚主神信仰阶段

主神信仰，又称一神信仰。

原始社会晚期，随着原始科技进步、生产力发展和人口增加，各部落间的交往日益增多，进而产生了部落之间的结盟，称之为部落联盟。部落联盟已经超越氏族血缘关系而进入社会化。为了凝聚部落联盟的紧密关系，其中最紧要的是选择好本联盟的图腾标识。这是其一。

即使同属中原地区，各地的发展也是不平衡的。据考证，定居于王屋山区济水之源昆仑丘一带的原始先民，在圣王伏羲统领下，率先进入部落联盟阶段。

因伏羲所在太皞部落中心昆仑丘（那时尚称宛丘）与北斗星、闪电、卷风四种物象都形似某种动物（那时称"燧皇之图"），于是伏羲取宛丘之形状，取北斗星上天入地之行踪，取闪电与卷风隆隆巨响、呼风唤雨之本领，便造字"龍"（秂）。发音"lóng"；同时称北斗为天龙，称昆仑为地龙。又认为天龙与地龙相交相合孕育了太皞伏羲部落，并由天龙地龙相交相错推演出太极八卦（定方正位，授时推历）。人类懂得了时间历法，由此极大地促进了农业生产，部落民众过上了安定的定居农业生活。这是其二。

伏羲在宛丘仰观天象，八千年前的北斗星座横跨拱极圈两侧，其时称拱极圈内的天区为中央天区，即天中央，乃天帝居所；由此亦认为形同北斗的宛丘位天下正中称地中，是天帝下都，是帝王之居所。"天中地中"观念由此而出，宛丘亦增名昆仑丘。这是其三。

基上三条，太皞部落便理所当然地选择孕育、呵护自己又位居天地正中的天龙地龙作为本部落的图腾，并认为自己是龙的子孙。因天龙与天帝同位上天中央，所以很自然地把天帝作为本部落最为主要的甚至是唯一的祭祀主神。这便是以天帝为主神的"一神教"

的开始，也是祭天的开始。

这一阶段的祭天比之祭祀多神阶段，其仪式要庄重、复杂、规范得多：①必须在每年冬至日，子夜时分于天地正中（又称天下正中）昆仑丘之中心高台（称天地元）才能举行最高等级的祭天大典。②必须由帝王亲自主祭。③祭天前三天，帝王必须禁欲、斋戒沐浴。④必须贡献牲畜、新禾、舞蹈并烧柴烧牲，烟达于天。⑤必须为主神诵读祭文，演奏乐曲。⑥必须投池祭品、刻石等物。这些庄重的祭天仪式一直延续到后世。

显然，主神信仰阶段具有明确的祭祀对象，也有明确而具体的祭祀地点与族团。比如太皞部落联盟必须在昆仑丘天地元祭天，在龙池（华池，黄帝时称鼎湖）南高台祭祖。

（三）"祭天转场"与"巫史信仰"阶段

1. 昆仑祭天转场到天台山

隆重的昆仑祭天大典，从伏羲直至黄帝、尧、舜、禹近四千年间几未间断过。但社会在前进，事物总要发生变化，即使在原始社会时期也是这样。

当社会进入私有制，黄帝、颛顼、帝喾等古帝王便由帝王禅让制改行帝王世袭制，于是昆仑祭天遂成了世袭帝王的专权。由此围绕禅让制与世袭制爆发了中国历史上最早的"炎黄""蚩黄""共颛"三场争帝大战。大战结束后，为了根除对世袭制的威胁，同时也为了防止人们侵扰安寝昆仑丘的先帝王，颛顼便采取了一项强力政治措施——"绝地天通"——禁止除巫史（颛顼本人）外的其他所有政治势力登临昆仑祭天。从此拆断神人糅杂、神人往来的"昆仑天梯"。

至帝尧、帝舜、帝禹时代又复行受天下人称道的禅让制。于是帝尧又"命舜摄行天子之政，以观天命。舜乃在璿（璇）玑玉衡，以齐（斋供）七政（七正），肆类（面北祷告）于上帝，煙（升烟以祭）于六宗（六位），望（周望而祭）于山川，辨（遍）于群神"（《史记·五帝本纪》）。但不久，帝启杀伯益而自立，又推行世袭制，直到清朝末年。

历史上对颛顼昆仑"绝地天通"和"舜乃在璿玑玉衡，以齐七政"素有不同解读。本书的观点集中在第十章"神圣昆仑之二 伏羲王都 伏羲墓地"和第四章"神异昆仑之一 天中地中"、第五章"神异昆仑之二 天龙地龙"三章中，请参阅。

在颛顼"绝地天通"之后，祭天道场不得不迁离昆仑丘。昆仑丘东偏南十千米的王屋天台山遂成为举行祭天大典的首选道场。

天台其名，形真义切，故天下多效之，如浙东有天台山，鲁东日照有天台山。因王屋"天台"在五代时易名"天坛"，故后世多把原本发生在王屋天台山的如"祭天""天鸡""桃都树""神荼郁垒"等故事浑搬到五代后才得名的浙、鲁天台山，王屋山神道文化便渐多失落。据专家（济源市文物局考古队）统计，夏、商、周三代及其后世约有几十位帝王曾在王屋

天台山举行过祭天大典。这就是所谓"天坛王屋山圣迹"的由来。按此推算，王屋天台山祭天约晚于王屋昆仑祭天三千余年。但即便如此，从帝颛顼到明成祖四千多年间，王屋天台山仍是中国除昆仑丘外最早、持续时间最久的"国家级"祭天道场。

那么颛顼为什么选择天台山作为祭天道场呢？分析其因有二：其一，与昆仑丘一样，天台山也是屹立于大河之阳的峻极高山，同样能极目天下。其二，按"斗极常在知为天之中"（汉代桓谭《新论》）之说，昆仑为"斗"，天台山为"极"，同处天地正中，故于昆仑或于天台山祭天，其义类同（图24.02）。不过，天台山既非"天帝下都"，又非"帝王所居"，也非"百神所在"之昆仑，所以在天台山，除祭天外还得同时祭山。所谓祭山，就是隔河遥祭天台山西北方向十余千米处先圣皇伏羲、先帝黄帝和百余代古帝王安寝之昆仑丘。故所谓祭山实际是祭祖。

"杀蚩尤两皞""绝地天通""祭天转场"是造成大道文化扭曲和原始文化失落的重要历史原因。

2."巫史信仰"

私有制出现以后，因贫富差别而产生了"我命在我不在天"的巫史信仰。巫史信仰，是原始宗教中对后世尤其对道教的创立产生过深刻影响的一种信念。道教的符、咒、通神、成仙等等皆系巫史信仰的延续与发展。巫史信仰最为重要的教义，归结一句话叫作"我

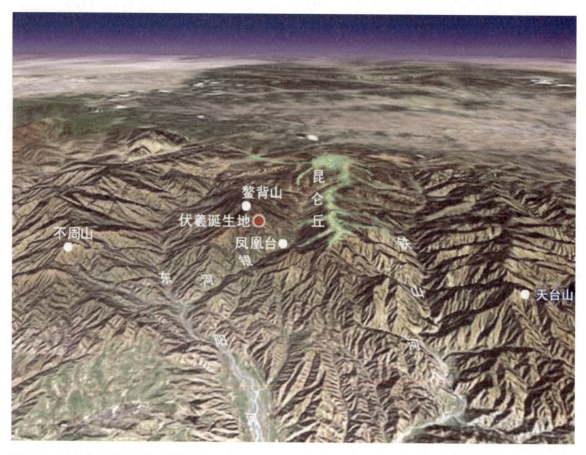

图 24.02　天台山与昆仑丘地理方位图

命在我不在天，百年修炼可成仙"。

　　那么巫史信仰产生于何时何地？下面先摘引《辞海》中关于世界"萨满教"的"定义"："萨满教，原始宗教的一种。以满一通古斯语族各部落称巫师为萨满而得名。认为世界分作三界：'天堂'为上界，诸神所居；地面为中界，人类所居；'地狱'为下界，鬼魔和祖先神所居。"

　　萨满教就是本书所说的巫史信仰，萨满教中所描述的"三界"，或埃及金字塔，或中国早期门神"郁垒""神荼""陆吾"等

全都是以王屋昆仑或其附近山体为原型，其故事多原创于颛顼"绝地天通"之时。所以称颛顼是中国巫文化的开拓者。

　　萨满教是一个大题材，将在第二十六章"昆仑文化的世界性影响"中做专题讨论。

　　以上，从多神信仰到主神信仰到巫史信仰的教义转变以及从简单的祭祀形式到规范的祭天大典再到祭天道场转移的教仪变革，在社会形态上同步于从原始公社制到私有制的社会变革，在思想上同步于从盲目到主观再到"我命在我不在天"的人类认知能力的

提高。所有这些都为日后道教的创立提供了必要的原始材料。同时，除多神信仰系泛源性外，主神信仰和巫史信仰都原创于昆仑虚。

这些都表明中国大道文化与中华初始文明是同步共生的。这是中国道文化区别于其他民族文化的又一标志。

三、中国道教是伏羲昆仑大道理念的承统

（一）道教教仪取象于昆仑形义

道教教仪，一指道教宫观、祭天道场、诸神神像及其神座等有形体的各种神物，二指宫观内外用于强化道教氛围的装饰品，三指道教礼仪、礼制。

道教教仪取象，指道教各种教仪所依据的原始物象和崇敬人物。

当年，伏羲在昆仑丘为中华文明乃至为全人类留下了许多影响深远的宝贵遗产，其中许多遗产已成为全民族的道德规范、行为准则或道教的仪规仪典。尤其在道教仪规仪典之中体现得更加尽致。在原始时代这些仪规仪典主要取象于象形自然物体与象形天象。在这些象形自然物体、象形天象之中，最直觉、最能引起人们好奇与想象的唯有那些象形山体与夜晚明亮的象形星座。实际上，所谓"童年时期人类的认知主要源自天地自然"的说法，早在《国语》《易经·系辞》中已有记载。《国语·周语下》："上象天而下仪地。"《易经·系辞上》："成像之谓乾，效法之谓坤。"

这表明天人之间从来就存在着相依相从关系。

那么，天下道教有哪些教仪是取象于原始时期创道之初王屋山的象形山体与象形星座的？本文兹举道教教仪中最常见又极重要的四大仪物。

1. 天地双龙

道教宫观显要处如正门楣、屋脊、藻井、廊柱等，通常都仪饰天龙地龙图案（图24.03），这是道教区别于其他宗教最为显著的标志之一。

天地双龙，是八千年前伏羲于昆仑丘开创大道理念的本柢，即"道"之本原、本体、本相。故此，宫观仪饰天地双龙图案，即喻示本宫观垂统于伏羲昆仑大道。

实际上，随着昆仑大道理念的发展，天龙地龙的影响已远远超越道教范畴。例如，原始时期许多部落曾以龙为图腾；许多代古帝王都自称由龙感生；历代帝王都自称是真龙天子；至晚在周代时，天子出行时由龙旗开道；其后许多朝代皆以龙为旗标；在儒、

图 24.03　道教宫观天地双龙，太极八卦图案

道等各类重要建筑物包括帝王金銮殿、孔庙等显要处都饰有双龙图案。这表明天地双龙虽是道之本原、本体、本相，但其意义已远达整个中华民族。所以鲁迅先生概之曰："中国的根柢全在道教。"

2. 太极八卦

道教宫观的正厅、亭、井等处通常都仪饰太极八卦图案或采八卦形制。这是道教区别于其他宗教最为显著的又一仪物。

太极八卦，本是八千年前伏羲于昆仑丘以天龙地龙相分相合、相交相错之意象所推演，用于描述天地开辟、万物创生，定方正位、授时推历的图示形象或图解符号。人类自从掌握时间历法，便跨进了以原始科学为代表的文明时代。

太极八卦的推演过程，启示人们必须树立一种理念，一种思想，即树立"日月星辰各循其道，亿万斯年环中不休；天地万类生息有序，大千世界和合包容"的大道理念，又启示人们要谨遵天道，效法天道。可见，"道"的观念在久远前的原始时代晚期已进入人类思想和人类社会。故太极八卦也是道教极为重要的本原、本体、本相。

与天地双龙一样，随着昆仑大道理念的发展，太极八卦的影响力也远远超越道教范畴。例如，太极八卦成了《易经》阐述哲与筮和"风水学理气宗"阐述吉与凶的"图解符咒"，成了韩国国旗的创意原型，成了中国的历史文化符号。这表明，太极八卦虽是

"道"之本原、本体、本相，但其意义已远及世界。

3. 盘古昆仑开天地

道教第一尊神是玉清元始天尊。按道教说法，他"无宗无上，先天地生，为万物始，故名'元始'；出诸天上，故称'天尊'；度十一劫历四百五十一亿年"。因其无宗无上，为万物始，故（东晋）名道葛洪便把元始天尊塑造为创世神话中开天辟地的英雄盘古神的二次化神，喻示道教为天下第一古教；盘古最大功绩为"开辟天地，创生万物"，元始天尊最大功德为"开劫度人，度尽苍生"，喻示道教为天下第一义教。

那么盘古在何时何地开天辟地，元始天尊在何地"开劫度人"？当然是在"太极之初""天地正中"，在"天地从昆（混沌）到仑（伦理）"的昆仑（hún lún）之丘。其理有三：其一，昆仑位处天地正中，盘古当然在天地中央开天辟地，道教也要借重在天地正中开创的"天地大道"提升其自身的"神圣性"与"神秘性"，并借以夸耀道教教义之古远悠长、恢宏博大。其二，请注意，"开天辟地"神话所选用的故事原型不是"石破开天""葫破开天"，而是"蛋破开天"：上面的破蛋壳上升为穹庐似的天，所以天要下雨，要掉陨石；下面的破蛋壳下沉为地，所以地表为四周高中央洼的碟形洼地，洼地周边呈犬牙锯齿状，洼地底部则多为百孔千疮的漏斗形。此等地形地貌在中原唯昆仑丘

酷似。其三，所谓"天地从昆（沌）到仑（理）"，正是伏羲在昆仑虚推演天地太极图时"剖分天地，析理万物"的过程、目的与结果。所以道教称元始天尊就是盘古，盘古就是伏羲，三位人（神）都手执太极图，都是开天辟地、推演太极八卦的英雄大神（图24.04）。直到今天，几乎所有道教宫观都供奉元始天尊神位，许多宫观都仪饰盘古、伏羲画像即为明证。

4.北京天坛祭天是昆仑祭天的再转场

祭天，是古代帝王十分重要的社会活动。从伏羲到黄帝到尧、舜、禹的近四千年间，历代古帝王都在王屋昆仑祭天，后转场到王屋天台山祭天。明成祖定都北京后，为了既不失祭天大礼，又不劳师远涉，便诏令按昆仑祭天礼制并取法昆仑形制在京都择址新建祭天之坛。由是自明始，皇帝便又转场到北京天坛祭天，直到清朝末年。

因此，北京天坛自当与昆仑形、义相同相通（图24.05）。北京天坛是昆仑大道的承统。兹举七例：

（1）昆仑丘呈正南北向，北京天坛亦为正南北向。

（2）昆仑丘北端圣王坪中央高台称天地元，是远古帝王祭天之台，黄帝后改为祈年之台。传说神农、汤王等古帝王都曾于此祈求风调雨顺，五谷丰登。至今圣王坪天地元仍有祭天台、宰牲池等遗迹。

北京天坛北端建有祈年殿，明时称大亨殿，系皇帝祭天祈年之殿，其东亦有宰牲池。

（3）昆仑丘南端今称"双合寨、玉皇顶"的地方，即古轩辕东西台，是炎、黄之后许多代古帝王祭天之场所，也是炎帝、黄帝辞

a　伏羲

b　盘古

c　元始天尊

图24.04　开天辟地、手执太极八卦的伏羲、盘古、元始天尊

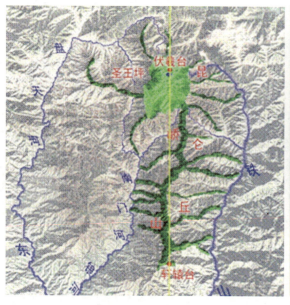

a　昆仑圣王坪—峤山—轩辕台

b　天坛祈年殿—丹陛桥—圜丘

图 24.05　北京天坛与昆仑丘形相同、义相通

世后安寝之墓地所在，至今仍留有祭天宰牲池等遗迹。

北京天坛南端建有圜丘，亦是皇帝冬至日祭祀昊天上帝之场所。周边牺牲所、七星石等附属建筑一应俱全。

（4）昆仑丘圣王坪与轩辕台之间长约 10 千米的大罗岭，似一座顶面平缓、两侧陡峻的峤状山脊，古称峤山（峤岳）。《诗经·周颂·时迈》《淮南子·泰族训》："怀柔百神，及河峤岳"之"峤岳"即谓此。峤山，锐而高顶平之谓，乃通达天宫之桥。

北京天坛连接祈年殿与圜丘之间亦有一座长约 300 米的丹陛桥，亦喻通达天宫之桥。

（5）昆仑，是伏羲故里，是伏羲王都，是伏羲开天辟地、推演天地双龙太极八卦、开创天地大道之道场，故道教奉伏羲为道之本祖，尊伏羲为天皇，后称昊天上帝。因此，当祭天大典转场到王屋天台山，则既要祭天又要祭山。祭山，即祭祀归藏于昆仑丘的圣王伏羲，亦兼祭轩辕黄帝等远古帝王。这一传统，传至今日。

北京天坛圜丘北侧建有皇穹宇。皇穹宇内奉祀昊天上帝——太昊伏羲之神位，喻示当年伏羲在轩辕台北侧仰观天象时升仙化神。

（6）前文说过，北斗星座位居天中，日月星辰皆拱卫天中央环周不休，昆仑丘位处天下正中，天下万邦万民皆拱卫昆仑而天下安宁。这是道家、儒家"天尊地卑""正统伦理"等天道皇统观之法象。

古书谓："昆仑三重，一曰樊桐，二曰

玄圃，三曰天庭，是为太帝之居。"(《水经注·河水》)《尔雅·释丘》又谓："三成为昆仑丘。"

同上，北京天坛从祈年殿三重圆形檐攒尖屋顶到圜丘、祈年殿三层圆形汉白玉攒心祭天台基，无不完美而直觉地体现道家"三重天""昆仑三重"等天人合一理念。

（7）天似穹庐，笼盖四野，日月星辰皆以圆形轨道拱卫天极作周而复始的圆周运动，给人们的直觉是"天圆"；而高出天宇的昆仑丘则为不规则的正南北、正东西向四边形，即古书中所记"昆仑，墟四方"，给人们的直觉是"地方"。同时又取名昆仑为天墉城，四边缺口为东门、南门、西门、北门，这更增强了"地方"的氛围。由此中国人便产生了"天圆地方"观念。

与此相合，北京天坛的外墙取方形，内墙及皇穹宇、祈年殿、圜丘则取圆形，并分别于四方建有南、北、东、西四天门，完美而直观地表达了"天圆地方"观念。

（8）1420年前后，道家规划设计师蒯祥，仿当年周公选建王都洛邑，并仿唐司马承祯选建王屋天台山紫微宫时所依据伏羲时21°杓极夹角（参见本书第二章"远古上古中原古天象、古地理、古生态"，第四章"神异昆仑之一　天中地中"）规划设计的北京紫禁城太和殿（金銮殿）至天坛祈年殿连线与真子午线之交角亦为21°。

5. 道教诸尊神系远古帝王之化神

道教教义之一是"道修今生"。认为王者为圣，圣逝为神。故道教最高尊神皆由中国历史上的得道君王所化。如百王先伏羲首次化神为盘古，再次化神为元始天尊，黄帝化神为玉皇大帝，等等。

6. 圣王坪是诸神莲座的原型

道教诸神（包括诸帝王）、儒教诸圣贤、佛教诸菩萨乃至释迦牟尼坐下的莲花宝座等皆取象于昆仑圣王坪的形貌。圣王坪及其上的无数座浅丘犹如天地间一朵硕大无朋的美丽莲花，（图24.06）莲花花萼（即浅丘）之上归藏有圣王伏羲等百余代古帝王。故道教等便仿照圣王坪的莲花状形义将诸神安置在莲座之上。可见，所谓"莲座"并非因"莲花出淤泥而不染"之谓。

以上六大仪物足以证明中国道教主要教仪皆取象于王屋山区昆仑虚，足以证明中国大道文化及其衍生的道教皆植根于八千年前由伏羲开创于昆仑虚的昆仑文化。

（一）道教主要教义皆取法于昆仑

道教教义指道教所信奉的义理，主要指道教的宗旨及产生机理。教仪很直觉，而教义却较抽象。

中国道教具有多神教的性质，所以其教义也具有泛性特征。不过，可将其中比较主要的教义归纳为如下三条：其一，与佛教"修来世"不同，道教主张"修今生"，认为人于今生就可以修炼成"长生不死"的神仙；其二，认为人可似巫师那样具备通神通灵的本领；其三，包括道家、儒家都认为唯有顺

图 24.06　圣王坪周圆八座浅丘形若盛开的八瓣莲花

天应道才能天下大顺，王权永固。

以上三条是道教开创者抓住了从帝王到庶民每一个人一生一世最为关切的内心世界，那么道教教义最初所取法于昆仑的是些什么物象呢？

1. 道教"长生不死"信仰取法于昆仑物象

原始时期的先民认为"无物不神""万物有灵""灵魂不灭"，应该说，这些观念最早产生于梦中见到逝去的亲人以及对神异天象、奇异地形和千年神树等的直觉。譬如：

（1）当梦中见到逝去的亲人，自然以为他还活着，梦醒后不见活人只见尸骨，便认为此人的灵魂还活着。那么人的灵魂到哪里去了呢？人们时常梦见所谓美好的仙境、天国，因此很希望他去到天国、仙境等最美好的地方。

那么最好的天国、仙境在哪里呢？当然在天帝所在的天中和帝王所在的天下中昆仑丘。于是，昆仑丘在原始时代便已成为名扬海内外的仙山仙境。这在古籍中多有记载：

《山海经》："昆仑之虚……百神之所在。"

（北魏）郦道元《水经注》："昆仑三级……下曰樊桐；中曰玄圃；上曰天庭，是为太帝之居。"

（汉）荣氏《遁甲开山图》："天下仙圣，治在柱州昆仑山（丘）上。"

（晋）王嘉《拾遗记》："昆仑……其高出日月之上。山有九层，每层相去万里，有云色从下望之如城阙之象；四面有风，群仙常驾龙乘鹤游戏其间。"

（汉）东方朔《海内十洲记》："昆仑，

真宫仙灵之所宗……天人济济，不可具记。"

（晋）张华《博物志》："昆仑……神物之所生，圣人仙人之所集也。"

（汉）刘安《淮南子》："昆仑之丘，或上倍之，是谓凉风之山，登之而不死。或上倍之，是谓玄圃，登之乃灵，能使风雨。或上倍之，乃维上天，登之乃神，是谓太帝之居。"

（汉）王充《论衡》："如天之门在西北，升天之人，宜从昆仑上。……如审升天，宜举家先从昆仑，乃得其阶。"

那么为何说人到了昆仑虚就能成仙不死呢？

（2）北斗星座与昆仑分居天、地之中央，分别是天帝的"天都"与"下都"。《山海经·西次三经》："昆仑之丘，是实唯帝之下都。"因天帝是永生不死的天神，所以说"昆仑之丘，或上倍之，是谓凉风之山，登之而不死"。

（3）原始时期直到现在，昆仑丘满山遍野、鲜花烂漫，千百万年永世不灭，所以古人认为昆仑丘多仙草，食之可长生不死。神话故事《白蛇传》中的白娘子为救许仙上"昆仑盗仙草"的故事即据此编创，登昆仑长生不死亦由此而来。

（4）自古传说西王母是昆仑虚长生不死的神仙，每年三月初三西王母生日都要在昆仑瑶池开蟠桃盛会。登昆仑与西王母共享蟠桃盛宴亦当长生不死。

（5）原始先民早已知道北斗是天龙，昆仑是地龙，其西侧的凤凰台是灵雀（凤凰或朱雀），鳌背山是灵龟（玄武），不周山是灵兽（麒麟或白虎），这些灵物统称为"四灵神兽"。"四灵神兽"亿万斯年永生永世与昆仑先民为伴，所以先民认为昆仑"四灵神兽"是长生不死的神灵，人登昆仑也能成为长生不死的神仙。

2.世界萨满信仰取法于昆仑"三界"

有关萨满文化和昆仑"三界"，请参见第二十六章"昆仑文化的世界性影响"中的"二、昆仑圣王坪是世界萨满教本原本体"。

3.道儒学说多取法于昆仑天道观

一般说，人类童年时代的认知首先来自于天地自然。包括"伏羲推演太极八卦"在内的原始科学的发现，都是人类对天道运行规律的初始认识。这是人类认知的第一步。

当人类由氏族社会进入部落联盟，必然要产生与之相适应的新的管理机制与新的社会理念。这是不以人们意志为转移的客观规律。从唯物论角度，这些新机制、新理念不可能脱离当时的知识范畴而产生于虚无之中。相反，这些新东西必然同样产生于人们对天象地象的认知。由天地运行之象、天地运行之律而引申进入人类社会，成为人类社会的管理之道。这是人类认知的第二步。

那么是些什么天地之象、天地之律，又是怎样被道家、儒家引申为社会管理与社会理念的？

（1）天象地象乃道儒之本原

实际上，道教教义的本原与道教教仪的本原是同一的，即都是产生于昆仑的天地之象。

道教之"道"，取自老子《道德经》，那么《道德经》之"道"又取自何？《老子》二十五章谓："吾未知其名，字之曰道。吾强为之名曰大。"于是乎名与字相联乃谓之"大道"。因"道"寓于天地，故又谓"天地大道"或"天地之道"（《庄子·天下》）。因大道观产生于昆仑，故本书又称这为"昆仑（hún lún）大道"。那么为何强名道曰大呢？《老子》说："大曰逝，逝曰远。"意为"道"无际无涯，无穷无尽，无始无终。什么才是无际无涯，无穷无尽，无始无终？《老子》又说"远曰反"，意为往往复复回返其初始。什么才是无际无涯，无穷无尽，无始无终，又往往复复回返其初始呢？在人们的直觉中，唯有天地间的日月星辰才日日夜夜、年年月月，拱卫天极，并周而复始、终古不忒地在宇宙间周行，这才是无际无涯、无穷无尽、无始无终又往往复复回返其初始。且我们人正是在这种"往往复复"中长大成与"道大，天大，地大"并列的"人大"。（《老子·二十五章》）

有学者称老子此之谓哲学，非谓日月星辰运行的自然科学。然哲学本于科学又导以科学，庄子的"天地""天道""天运""天下"皆系以自然之天地为本柢而阐发的哲理，离开了对天地自然运行规律的原始认识，老子就不可能写出《道德经》，庄子也写不出《南华真经》。

由"天道之与人道"的哲学理念，在道儒诸学中比比皆是。如"天道运而无所积，故万物成""夫尊卑先后，天地之行也，故圣人取象也"（《庄子》）。儒家代表作《论语·为政》第一句即谓："为政以德，譬如北辰，居其所而众星共之。"《易传·系辞上》首句亦谓："天尊地卑，乾坤定矣。"《礼记·礼运》谓："是故失政必本于天，殽以降命。"

这些表明，道家、儒家皆以天地之象作为"为政以德""尊卑高下""正统伦理"观的依范。那么具体说来，圣人主要取法哪些天地之象作为修身治世之道呢？

（2）首部"律法"由天道引入

老子、庄子不是最早观察研究天象的第一人，孔子也并非在亲自观察天象之后才写"为政以德，譬如北辰"。显然，在春秋战国以前不知多少年已经有无数先民在仰观天象了。其中最为著名者莫过于八千年前伏羲在昆仑丘"仰观俯察推演天地双龙太极八卦"。《易传·系辞下》记："古者庖牺氏之王天下也，仰则观象于天，俯则观法于地，观鸟兽之文与地之宜，近取诸身，远取诸物，于是始作八卦，以通神明之德，以类万物之情。"这是自古以来关于伏羲推演太极八卦最为详尽、最为权威的记录。那么伏羲在昆仑仰观俯察些什么呢？据《易经·乾》《易经·坤》《易传·系辞下》《说卦》和《礼记·礼运》等记，主要是仰观"飞龙在天""群龙无首"，俯察"四灵在地"和近取身边的"山泽""风雷""水火"诸身，远取"天地日月星辰"诸物，于是在这些自然现象基础之上画制了用于记时记历、授时推历，人人都能看得懂、记得住、用得上的图示形象——太极图和图解符号——八卦符。因八卦是依据北斗星座在其拱卫天极的天道之上运行的八个时位而画制的，所以后人形象地称这为"斗纲授时"。以上请见第五章"神异昆仑之二　天龙地龙"中的"二、北斗星座是天龙的原型星象"和第二十三章"本义诠义太极八卦与河图洛书"。

伏羲昆仑仰观俯察，除推演太极八卦外，还将天道观引入人类社会，制定了人类第一部原始律法。正如《法言·问道》所说："是以法始乎伏羲。"不过，伏羲之律法并非后世意义上之法律，而是道，是由"天道"引申而为的"人道"，是"自然伦理"通向"社会伦理"之道。正如《淮南子·览冥训》所言："伏羲、女娲不设法度，而以至德遗于后世。"那么这伏羲之道是如何生成的？其本质是什么呢？在此可以明确地说，伏羲之道取法于天道，其大致过程如下：

对地处北半球中纬度带八千年前昆仑丘的先民来说，北斗星似乎率领着日月星辰，日日夜夜、年年月月忠诚地拱卫着天帝居住的上天中央北天极一刻不停地运转，人们直觉众星拱卫天极，各循天道而行，于是理所当然地将这一天象引申到人类社会，便确立了忠君爱民、天尊地卑等以正统伦理、天人和谐为核心的自然观、社会观、哲学观。这从一些古籍对"斗南"一词的解释也可看出正统伦理观念的确源自天地之象。如《晋书·天文志》谓："相一星，在北斗南。相者，总领百司，而掌邦教，以佐帝王安邦国，集众事也。"故古时以"斗南"指宰相的职位。同时，古时还称"北斗星以南为天下"。显然，这些观念出自"北斗星率众星拱护天极"和"中原位北斗星以南"的中纬度带这一自然天象。

天人和谐、正统伦理观的形成，为原始社会的和合大同，为阶级社会的君临天下，为家庭关系、社会、国家的维系，为道、儒、法等诸子学说的创立和发展提供了物象的和理论的依据。八千年前"道"的产生构建了中华文明几千年的思想体系。相比而言，五千年前黄帝时代的代表性文化则若明若暗。故《淮南子·览冥训》谓："昔黄帝治天下，……然犹未及虑戏氏之道也。"

从道教教仪、教义所取象取法的昆仑天象地象，表明创道初始的本义皆本原于唯物而非唯心，大道的初衷只是希望在人类进入社会化管理以后能似天道地道那样和合有序，似天龙地龙那样大同包容。可见，道之本义与中华文明确系同宗共生，系中华文明初始时期的思想基础，是中华文明进入成熟期的标志。

任一民族的文化、历史既有自身承袭性，又有多方借鉴性。当今，中华民族已进入社会主义新时代，其思想体系亦在中华大道理念基础之上与时俱进地发生基因性变化。其突出体现在"指导中国'两个一百年'前进方向的'习近平新时代中国特色社会主义思想'"和"指导世界和谐发展的'人类命运共同体'"。这种基因性质变既是历史发展之必然，也是习近平在新时期对马克思主义唯物史观的重大发展。

四、王屋山道文化大事记

现在可以清晰梳理出一条"道教本原本体本相王屋山"八千年来的历史脉络：

1. 公元前六十世纪，伏羲在昆仑丘"仰观俯察"，为人类第一次掌握时间历法，促进农业生产大发展做出了巨大贡献。进而又将天道地道自然观引入人类社会，成为社会管理、道德规范、行为准则等社会观，促进了部落内外的和合发展，并成为后世道、儒、法等思想学派和中国道教之理论和物象的基础。这是人类史上具有划时代意义的首次思想大变革，是中华文明进入成熟期的标志。

2. 公元前两千七百年，炎、黄二帝仍在昆仑天地元和轩辕台祭天祈年，辞世后分别归藏于轩辕东台和轩辕西台。

3. 公元前两千六百多年，颛顼强令"绝地天通"，祭天大典从王屋昆仑丘转场到王屋天台山，除祭天外还须朝西北祭山（即祭祖）；与此同时又产生了"我命在我不在天，百年修炼可成仙"的巫史信仰。

4. 春秋、战国时期，一方面，道、儒、法等诸子百家又把天道观全面阐发为天尊地卑、以德化民、以法治国等修身、治世哲学。另一方面，各封国分别改在自己领地内祭天，由此演义出众多昆仑丘。

5. 汉晋期间，把伏羲、黄老以来逐渐形成的天道说、筮巫说、哲理说等加以神秘化、宗教化，创立了道教。尊伏羲为元始天尊，尊黄帝为玉皇大帝，尊老子为太上老君，尊羲王母为女仙领袖西王母，并从教仪、教义两方面全方位取法、效法昆仑丘的天象地象。

6. 尽管王屋昆仑祭天日渐衰微，但唐朝中期，司马承祯仍把四千年远古帝王祭天道场、百神所在之王屋昆仑虚和王屋天台山列位"天下第一洞天"。

7. 唐末五代年间，道士杜光庭把黄帝"昆仑天地元"祭天记为"天坛王屋山"祭天。从那时起，"天下第一洞天"之名号亦被记为"天坛王屋山"。

8. 金元年间，丘处机等"全真七子"在天下第一洞天灵山之巅潜心修道，并于济水之源大规模增建长春观等十多所道教宫观，从而形成"南正一，北全真"的道教架构，以重新振兴道教。

9. 明朝早期，效法昆仑形制在北京建祭天坛，帝王祭天道场再次转场，王屋昆仑丘祭天、王屋天台山祭天从此成为历史。

10. 从"道教本原本体本相王屋山"八千年来的发展历程可得结论：中华大道文化与中华文明早期文化是同步共进的。故鲁迅先生谓："中国的根柢全在道教。"

　　一种思想观念的形成，一种文化学说的产生，不可能脱离当时的社会背景和具体的自然环境。同样，中国风水学不可能凭空产生于虚无唯心。

　　在后期发展中，风水学又分化为许多不同宗派。尤其在道教开创者从易学、从民间吸纳了自原始社会至东汉末年历朝历代流传于世的有关龙图、太极八卦等各种传说之后，龙图、太极八卦便成为道教的教符教义，也奠定了风水学以龙为本原的根基。在这些本根基础之上，东晋郭璞（276—324）取先天八卦中与择址选形紧密相关的"风""水"二字，在《葬书》中正式推出了"风水"一词。

　　由于龙图更直觉，八卦较玄奥，且太极、八卦本就是在龙图基础之上推演而得，所以汉、晋、唐之前，风水界在择址选形时多崇信以龙真、龙脉、龙穴为本根的"形势宗"。宋后，特别是元、明后，在确定宅、墓等内外朝向时，风水界又衍生出以八卦为本根的"理气宗"。但是，一则天下不可能处处都是真龙、真脉、真穴，二则形势法、理气法皆须由专职风水师司仪，民间很难推行，于是在道界巫史说、"择址"说的影响下又衍生出操作比较简单易行的所谓"择日法""符镇法"。时至今日，寻常人家的婚生嫁娶、开业庆典、消灾免祸等皆袭用择日、符镇之法。

　　不过，上述风水学发展史告诉人们，最初之风水说系建立在以神龙为本根的基础之上，所以说，"龙"才是中国风水学最初之本原。为此，从历史研究必须重原、重初、重物原则出发，探讨中国风水学之本原、本义必须从探究最初为何以龙真、龙脉、龙穴作为风水之本根，在真龙、真脉、真穴之上到底发生过哪些与人生命运休戚相关又足以引发后人深度关切的重大事件？

　　本章就风水学中最为重要的神龙、龙脉、

龙穴等形势宗法初创时期和后世所发生的历史事件做一探讨。

一、天中地中昆仑神龙是中国风水学第一本原

既然风水学以龙为其本根，表明传说中的龙必有其实体原型；既然风水形势宗核心观念是神龙、龙脉、龙穴，表明传说中龙的原型定如道界所谓"龙脉即山脉"——真龙定是一座龙形山体。

（一）昆仑神龙是开创风水形势宗重要典据之首

那么哪座山的形状如龙形呢？或者说中华神龙是依据哪座山的形状创生的呢？这在第三章"昆仑丘——析城山"、第五章"神异昆仑之二　天龙地龙"中业已认证：王屋山区昆仑丘今称析城山的平面形状就是传说中华神龙的原型山体，民间又俗称其为地龙（图25.01）；形态酷似昆仑神龙，日夜围绕北天极周而复始旋转，永不落入地平面以下的北斗星座就是传说龙能上天入地的原型，民间又俗称其为天龙；形态酷似龙形的闪电和卷风就是龙字发声"lóng"（隆）和传说龙能呼风唤雨的原型。故民间传"龙是一座山，山是一条龙；天龙居天中，地龙居地中"。又因北斗星座绕北天极旋转且永不落入地平面下，故汉桓谭《新论》曰"斗极常在，知为天之中"，同时认为与北斗星座相对应的昆仑丘为地之中。"天中地中""天龙地龙"观念由此而来（详见第四章"神异昆仑之一　天中地中"）。

化身天中地中的昆仑神龙是中国风水学最为重要的物象基础，也是开创风水形势宗的重要典据之首。

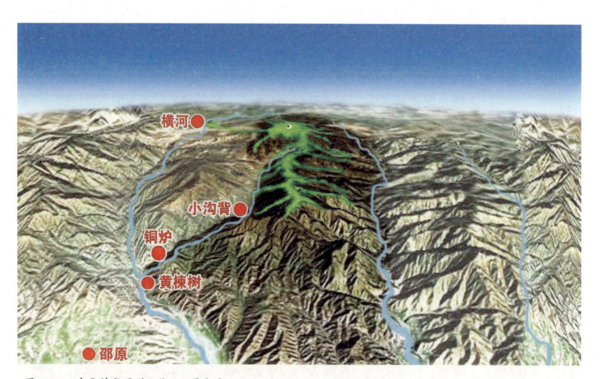

图 25.01　中华神龙原型山体——昆仑丘

（二）升登昆仑得道成仙、长生不老是开创形势宗的重要典据之二

原始时期的人们因缺乏对大自然的客观认知，故多十分敬畏天地神灵，认为上天中央是长生不老、主宰一切的天帝居所，昆仑是通天达地、交通天地、求取长生不老的天柱、天梯、天宫、天帝下都。于是从原始时期起，人们便视昆仑为长生不老、神仙居住的天墉城。天墉城，天上的城阙。

记载昆仑是天柱，是长生不老天墉城的古籍很多：

《山海经·海内西经》谓："昆仑之虚……百神之所在。"

《海内西经》记："开明北……有不死树。"

（汉）荣氏《遁甲开山图》谓："天下仙圣治在柱州昆仑山（丘）上。"

（北魏）郦道元《水经注·河水》曰："昆仑三级……上曰天庭，是为太帝之居。"

《水经注》引《昆仑说》："昆仑……去嵩高五万里，地之中也。"

（晋）王嘉《拾遗记》曰："昆仑……群仙常驾龙乘鹤游戏其间。"

（汉）东方朔《海内十洲记》载："昆仑真宫，仙灵之所宗……天人济济。"

《海内十洲记》谓："昆仑……上层是群龙所聚……其处有积金为天墉城，面方千里，城上安金台五所，玉楼十二……西王母之所治，真宫仙灵之所宗，上通璇玑，元气流布，五常玉衡……"

（晋）张华《博物志·地理略》载："昆仑……圣人仙人之所集也。"

（汉）刘安《淮南子·地形训》记："昆仑之丘，或上倍之，是谓凉风之山，登之而不死。或上倍之，是谓玄圃，登之乃灵，能使风雨。或上倍之，乃维上天，登之乃神，

是谓太帝之居。"

（汉）王充《论衡·道虚》记："升天之人，宜从昆仑上……如审升天，宜举家先从昆仑，乃得其阶。"

这些观念的形成是中国风水学以昆仑真龙为核心的形势宗极为重要的理论与物象的基础。可以说，没有天龙地龙，没有天中地中，就不会产生风水学，更不会产生所谓"形势宗"。也不会有如此笃信的神仙意识和如此追求的长生不死欲望。昆仑聚藏生生不息的旺生仙气。所以道家书籍言昆仑天宫的古帝伏羲"寿高197岁"，黄帝"寿高117岁"。

登临天地正中昆仑丘便能"得道成仙""长生不死""与天帝同在"，是风水形势宗的重要典据之二。

（三）以伏羲、黄帝为代表的百神所在之昆仑是开创形势宗的重要典据之三

前文所述，四千年王都、百余代帝墓，指从距今八千年前有巢氏、燧人氏、伏羲氏到五千年前的炎帝、黄帝到四千多年前的尧、舜、禹等近四千年间百余代远古帝王的王都与墓地皆在昆仑丘。

第十章"神圣昆仑之二　伏羲王都　伏羲墓地"，第十一章"神圣昆仑之三　黄帝故里　黄帝墓地"，第十二章"神圣昆仑之四　四千年王都　百余代帝墓"三章已经讨论过：从昆仑北端圣王坪经中段峤山到南端轩辕台，归藏着原始社会末期一百多代古帝王。有巢、燧人、伏羲墓位处圣王坪北部，炎帝、黄帝墓位处峤山南端轩辕台（图25.02）。如此之多的远古帝王在昆仑丘为中华民族开基创业近四千年，立下不世功勋，无论从哪个角度，无论从何高度评价这些先圣王都不为过。

中国古时称帝王谓圣，圣逝谓神。故归

a 帝王祭天台

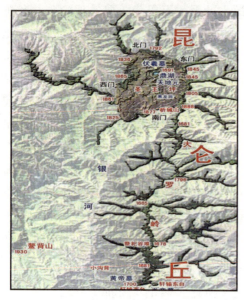

b 昆仑丘侧视全景（翟钢炮供稿）

伏羲墓位于龙角地鼎湖北高台；炎帝墓位于轩辕东台；黄帝墓位于轩辕西台；其他百余代帝墓位于北部圣王坪和中部大罗岭（峤山）。

图 25.02　伏羲、炎帝、黄帝及远古百余代帝王真身墓地遗址皆在昆仑丘

藏有百余代古帝王的昆仑丘谓"百神之所在"。由此，以伏羲、黄帝为代表的百神所在之昆仑丘理所当然地成为风水宝地，成为形势宗的重要典据之三。

（四）帝王祭天道场昆仑天地元是开创形势宗的重要典据之四

祭天，是原始时期帝王们极其重大的国事活动。祭天仪式必须由部落联盟最高首领（即帝王）率众在天地正中"天地元"举行。天地元，位于昆仑圣王坪中心高台，是一处

至高无上的神圣道场。《淮南子》中所说"上曰天虚，为太帝之居"。《水经注》中所说"或上倍之……是谓太帝之居"即指此。昆仑祭天道场是以神龙为本根的风水形势宗的重要典据之四。至今仍有祭天台及宰牲池遗迹。

二、龙脉龙穴和龙、麟、凤、龟四灵神兽是风水学第二本原

昆仑神龙是风水学第一本原。但天下真龙只一，从实用风水学角度，一尊龙又怎能满足天下人之需呢？于是后世风水家们出于功利目的便提出"真龙""真脉""真穴"诸说，同时又提出祖山、少祖山等说。总之，由昆仑真龙出发，一路上顺龙脉南行越接近龙穴则越有生气、灵气。这对风水信众来说是极具吸引力的说教。于是天下便出现了无数龙脉，无数龙穴。这就是从西汉尤其从北宋以来直到当今中国风水形势宗发展的总趋势。

按风水学的说法，龙穴是储君之位，与昆仑真龙同等神圣，同等吉祥。此观念本原于发生在原始时期和五代十国末期的两次历史地理事件。大况如下：

（一）圣王伏羲诞生于龙、麟、凤、龟四灵神兽山体之中央是开创风水形势宗重要典据之五

早期风水认为，龙穴之东西南北需有龙麟凤龟护持方为吉。在风水学中，龙、麟、凤、龟"四灵神兽"谓之四神砂。《礼记·曲礼上》

曰："行,前朱雀而后玄武,左青龙而右白虎,招摇在上。"招摇,指北斗七星杓端,西周时用以指示行军方向。古时,墓穴内外摆放"四灵神兽"是极为隆重的葬制。后世将这引申到龙穴、都邑、宫廷、村镇、阳宅、阴宅的规制和帝王出行时的仪仗,乃至"天四象"之命名。直到现在,寻常逝者的葬制仍下垫神龙上复七星,皆系承袭古制。

现在要问,先民为何采用此种规制、仪式?此种规制、仪式之本义是什么?这还得从百王先伏羲诞生地说起。

史载伏羲与女娲随其母亲华虚氏姓风,古时风、凤同音同字同义。经考证认定风姓氏族原始聚落在昆仑西侧鳌背山南坡下凤凰台一带。其东侧昆仑丘为传说中龙的山体原型,西侧不周山为白虎(有称麒麟)的山体原型,南侧凤凰台为朱雀(凤凰)的山体原型,北侧鳌背山为灵龟(玄武)的山体原型。于是据《吴书·胡综传》"四灵既布,黄龙处中"推定,龙、麟、凤、龟四灵神兽原型山体之中央即为伏羲(黄龙)诞生地(参见图9.03)。由此,早期风水家声言天皇伏羲诞生地是出真龙天子,由四灵神兽护佑的大吉大贵之风水宝地。因其时伏羲尚未登皇位,于是风水家又声言四灵神兽中央是储君之位或说"日后称王者在尚未登皇位前当居四灵中央"。于是,后世的风水家便借用此典故编造龙穴"四神砂"这一确有据莫明理的谶纬之说(详见第九章"神圣昆仑之一 伏羲故里昆仑华虚成己")。这就是龙、麟、凤、龟四灵神兽成为风水学第二本原的来龙去脉,也是以神龙为本根的风水形势宗的重要典据之五。

(二)大宋王朝肇启于"犀牛望月"所在"四灵神兽"卫护之龙穴

在风水家口中,四灵神兽卫护下圣王伏羲诞生地当然是风水形势宗用来说教信众极为重要的典据。但是,当好风好水顺着龙脉延伸到龙穴,如若在龙穴并未发生过神圣、神异、吉祥等故事,则便显不出龙穴的神圣与灵验。于是在五代十国末期和北宋末年,大宋王朝开国帝王宋太祖赵匡胤和南宋帝王宋高宗赵构等帝王级人物的大事例便应需(说应时、应"天意"也行)而出。

话说在中国历史上流传一句趣言"赵家江山杨家保""杨家打天下,赵家坐江山"。此话据说传自家居冀之南石牛沟(今河南济源下冶镇)的赵匡胤年幼时:

赵家贫,一日匡胤给一杨姓富户放牛至石牛沟石牛处,杨翁让匡胤把一件马褂塞进石牛嘴。可任凭怎么塞,牛嘴硬是不张口,匡胤遂将马褂挂于牛角,脱下自身破衣,刚欲塞,牛便张口吞之。匡胤急,心想如何向杨翁交代?咳!还是据实说吧。杨翁听后,叹口气说:"赵家江山杨家保,天意不可违啊!"

图25.03便是故事中的石牛,又称"犀牛望月"。于是,中国有了赵家大宋王朝与杨家将的故事。

这兴许是北宋年间风水家为宣扬大道风水而据这块牛形巨石及赵匡胤在石牛沟祖居地所编的故事。

不过,虽然故事可能是后人编造的,但这神龙、龙脉、龙穴却是客观存在的。几千年来信众对神龙、龙脉、龙穴的崇信亦是事实,故古时从帝王到庶民都相信龙穴是鼎气祥地。

譬如,千百年来中国礼制规约:帝王必于"天地元"祭天,储君必于龙穴祭天。据中国龙文化和中国风水文化规制,龙穴必位于昆仑神龙与大河(黄河)之间。分析中国历朝历代,唯有大宋王朝先祖曾经繁衍生息于中原冀州一带,于是推测大宋王朝多位储

图 25.03　石牛（现名"犀牛望月"，已被小浪底水库淹没）　　（杨型供稿）

君曾于龙穴祭天。祭后，"刻石以记"之碑刻必归藏在与龙穴遥相望的"案山"北坡。据上规制，本书著者之一华润葵于 2011 年 9 月 6 日在河南济源"黄河三峡景区"召开的中国首届风水学术文化研讨会上发表了"'黄河三峡孤山崖'系传说中的天下真龙穴，与龙穴遥相望的案山（今称孟良寨）北坡应该归藏有宋朝储君祭天刻石"的学术报告。有开发商听后，意图在此风水宝地建公墓，大宋皇裔赵长法、杨鹤仙告知此处是大宋皇族坟茔地和储君祭天之地，不可在此建公墓。2011 年 11 月 12 日，杨鹤仙陪同政府有关官员在真龙穴旁夫子堂找到了刻有"赵杨天启之，犀牛望月""从昆仑而来龙……"明代残碑。2011 年 12 月 11 日，在杨鹤仙具体指位下于犀牛望月的案山北坡发掘了宣和乙巳年宋高

宗赵构与北宋名将杨业重孙杨震的合祈碑（赵杨后裔称此碑谓"难逃碑"）。2012 年 2 月 2 日，在沁阳找到了宋仁宗和北宋杨业二兄杨嗣在祭天后埋于"犀牛望月"的赵杨合祭玉碑（大宋皇裔称此碑谓"合祈碑"）。

以上证据证明四灵神兽和神龙、龙脉、龙穴是中国风水学的第二本原。

可是近年有学者提出，赵家王朝祖地并非在济源"犀牛望月"处，且以上三块碑中之"合祈碑""难逃碑"也是 2012 年年初伪造的。

然而，图 25.04、图 25.05、图 25.06、图 25.07 又否定了"伪造说"，肯定了赵长发、杨鹤仙确是赵宋正宗皇裔，肯定了这些碑刻确系真迹。（以上诸碑业经河南省级有关部门鉴定认证，但尚未经国家级文物部门考证。）

那么风水学中的龙脉、龙穴之说是怎么

a 合祈碑：同天同地同胜 同心同德同盟 祖宗英灵永存 保佑社稷久安 益帅众嗣虔敬合祭 景祐元年二月初三

b 难逃碑：感恩祖宗 祈福神龙 国泰民安 子孙繁荣 宣和乙巳清明德基子发赤心合祈

c "明代残碑"

图 25.04　大宋王朝储君在归藏龙穴祭天碑

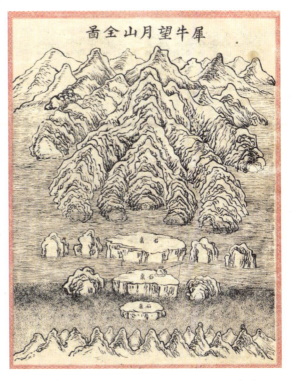

现保存在台北故宫博物院的福建泉州明代赵氏皇谱

图 25.05　《犀牛望月山全图》

图 25.06　中国易经协会授予中国河南济源黄河三峡 "中国风水之源"，全球易经文化协会、中国风水文化学会授予中国河南济源黄河三峡"中国风水原创地"

"犀牛望月"被证实是赵匡胤祖坟

在济源市黄河三峡景区孤山峡中段石牛湾中有一石山，状如犀牛，牛头朝东向孤山脚下一个牙地回望，称之为"犀牛望月"。相传赵匡胤就是得此"犀牛望月"风水宝地而一统大宋江山。

"'犀牛望月'就是赵匡胤的祖茔地，这个不是传说，是有依据的。"2月29日，宋高宗赵构的传人赵长法与妻子、杨鹤仙(北宋名将杨家的传人)对东方今报记者说。

□东方今报记者　王彦
实习生　毛云/文图

赵长法指认明代残碑中的"犀牛望月"字样

郑州到济源
将增旅游直通车

□记者　王彦　实习生　毛云

东方今报济源讯　2月29日，东方今报记者从济源市旅游局获悉，"郑州-济源"旅游直通车首发仪式将于3月9日在济源市举行，届时还将举办千人踏春活动。

据河南省中国旅行社副总经理孙丽华介绍，由于刚开通，目前每周六、周日开展一日游、二日游活动，从郑州绿城广场和紫荆山出发，开往济源市小浪底、王屋山、五龙口、黄河三峡、小沟背等五个景区。预热2个月后到5月份每周加开一班，等到七、八月份时每天都有直通车，旅行社将根据旅游人数的多少，适时增加车次，预计全年可向济源市输送10000名游客。

郑州至济源旅游直通车的开通，使济郑两地无障碍旅游成为现实，真正使济源成为郑州的"后花园"和"度假村"，2小时的车程，山水兼备的自然风光、底蕴丰厚的人文景观，将使济源成为1200万郑州市民周末休闲的理想选择。

据了解，为配合直通车的开通，济源市还将举办小浪底观瀑节千人观瀑活动，重阳节千人赏红叶活动。同时，在暑期，中秋、七夕，分别推出清凉夏日激情月、七夕情人节相亲、中秋团圆赏月主题活动。

●名人后代　寻石碑认先祖

"以前就听老人们说过'犀牛望月'是大宋风水宝地的传说，但一直没有找到依据。"杨鹤仙说，2011年9月6日，在黄河三峡召开的中国首届风水文化节和风水文化研讨会上，中科院东北地理研究所研究员华润葵教授发布了他数十年的研究成果，黄河三峡为天下真龙穴，这坚定了杨鹤仙找到依据的想法。

2011年10月，杨鹤仙在与黄河三峡景区董事长田孝建的接触中，了解到"犀牛望月"确实是大宋之前赵、杨的祖茔之地。

杨鹤仙认为这些根本不是传说，是有碑为证的，"后来我们得到周边的赵家，杨家热心人士到景区考察，按照祖上口传指导寻找石碑。"杨鹤仙说。

●残碑助赵杨二姓认祖

功夫不负有心人。"2011年11月12日，我们在黄河三峡凤凰山夫子堂找到了记载有'赵杨天启之，犀牛望月'等内容的明代残碑。"杨鹤仙说。

2011年12月11日，在"犀牛望月"的案山上，杨鹤仙一行又发现了宣和乙巳年宋高宗赵构与北宋名将杨霸的合祀碑。

据杨鹤仙介绍，1034年宋仁宗建洛阳会圣宫时，曾到祖茔之地犀牛望月迁蘖请牌位，当时还留有碑石，经多方寻找，2012年2月2日，他们在焦作市沁阳找到了宋仁宗时的赵构合祭玉碑。

2月29日，东方今报记者在黄河三峡景区看到了这三块与"犀牛望月"相关的石碑，虽然年代久远，但石碑上的字迹依旧清晰可见。在其中一块类似于三角形的明代残碑上，记者清晰地看到"犀牛望月"四字。

济源市文物局工作人员卢化南说，石碑的发现，对广大赵姓、杨姓后代认祖提供了很大的依据。

图25.07　2012年3月2日河南电视台《东方今报》报道：济源黄河三峡"犀牛望月"被证实是赵匡胤祖坟

产生的？

三、好风好水脉送穴中

那么风水学中的龙脉、龙穴之说是怎么形成的？

如上说，中国风水学本原于伏羲诞生地与远古王都所在地，本义是从伏羲诞生于灵龟化身的鳌背山到功成圆满于神龙化身的昆仑丘，再到归藏于龙首眉际一生走过的全路程乃鼎气氤腾、大吉大贵之圣地。于是东晋郭璞便取伏羲先天八卦中最为活跃的"风水"二字作为这门学说的名称。古时功勋碑或墓碑亦以灵龟为基，以神龙为端，中记勋功，皆本于此(图25.08)。

四千年间，由百余代远古帝王归藏于大吉大贵神龙所在之昆仑丘，后世人等逝后只能顺势向南归藏于昆仑神龙之余脉。故本书本章题名"好风好水脉送穴中"之"脉"，风水学称其为龙脉；送，送达；穴，龙穴，龙脉止聚、砂山缠护、川淑萦回处之谓。

既然说昆仑神龙是风水形势宗所说的聚纳天地真气的真宫仙界，是风水宝地，缘何还要衍生出龙脉、龙穴呢？

1.龙脉龙穴风水宝地说的由来

与"祭天转场"一样，此事还得从发生在原始社会末期私有制出现以后的一次史称颛顼昆仑"绝地天通"的政治事件说起。事件起因请参见第二十四章"中国大道文化本原本体本相"，在此仅就事件的后续发展做一探讨。

"绝地天通"以后，执掌最高神权(巫师)

与最高政权（帝王）的颛顼，为巩固"中央帝王"的政治地位和"天子祭天地"的神权地位，便强令推行多项举措。其中与祭天、"风水"直接相关的有若干项：其一，祭天道场由昆仑丘转场到天台山（参见图24.02）。其二，"好风水"由昆仑神龙顺着龙脉向南延伸至大河（黄河）。其三，将原居昆仑丘一带的太皞部落后裔强行迁至济水中下游和氐羌各地（参见图21.01）。

从那后，昆仑丘便成为自有巢、燧人、伏羲直至黄帝乃至尧、舜、禹近四千年百余代帝王安寝之神圣不可侵犯的宝地，以至于连后羿这样的射日大英雄也"畏"西面归藏有轩辕黄帝的昆仑"轩辕之台"而"不敢西向射"。

以上若干举措，虽在正史中未见明确记载，但流传于后世的许多故事、史事、风俗皆与之相符，足以证明原始社会末期在昆仑丘确曾发生过"绝地天通"这些大事变。例如：

北京天坛祈年殿、圜丘、皇穹宇及伏羲塑像、丹陛桥等是完整仿照昆仑形制的道家风水建筑群，这可证明原始时期帝王确系自伏羲起便在昆仑丘祭天祈年，颛顼之后的历代帝王才改在昆仑东岸的天台山祭天；直到商周时，济水中游仍有称"颛臾""须句"等"实司太皞与有济之祀"的风姓小方国，表明这些小方国民众原先确系昆仑丘的古太皞部落后遗；从昆仑神龙北部圣王坪到南部峤山轩辕台，三千多年内已有百代左右古帝王归藏其间，所以《淮南子·泰族训》谓"怀柔（祭祀）百神（归藏昆仑的百代圣王的化神）及（直达）河（大河、黄河）峤岳（峤山）"，此记明确昆仑神龙龙体之上已归葬有百代远古帝王。于是人们当然认为有百代帝王归藏其上的神龙昆仑丘就是神仙天界之风水宝地。至今中国民间仍沿袭"墓底铺龙图，墓顶饰七星"的原始葬制即为明证。

但是，一当昆仑巅葬满了故先王先帝，那么从黄帝、颛顼推行帝王世袭制以后，其后代子孙称帝并辞世后又该归葬于何地？黄帝时期许多重大事件又可能发生在哪里呢？按逻辑沿推，其后世帝王和一些重大事件必然归葬、发生于昆仑神龙向南延伸的山脉——龙脉之上。

可是又如何确认其为真龙脉呢？早期风水"定下"了一条非常苛严的规制：龙脉必须有源出龙洞、龙泉的龙涎、龙津等真龙之水一路南下相送；无真龙水或非真龙水或北向逆流皆非真龙脉。诚如"龙脉辨要"谓"后倚来龙，双水夹送，止聚龙穴，大河以界"为真龙脉。另按早期风水"有龙必有穴""龙真穴亦真""龙假穴亦假"之说：天下真龙只一，天下真龙穴亦只一。"真龙之穴位于

图25.08　从灵龟鳌背山至神龙昆仑丘

真龙之脉聚结处""觅龙点穴，全赖水证，龙非水送无以明其来，穴非水界无以观其止""大河以界"等说表明，真龙之脉必位昆龙之水两侧附近，真龙之穴必位于昆龙之脉与大河（黄河）相交之处。"马坡蚩尤观""邵原西泰山黄帝会诸侯处"的发现证明此说的正确性（图25.09）。

那么龙穴又谓何义？据早期风水说，龙脉、龙穴亦为帝王辞世后之"最吉葬地"。但自夏初地球转入新冰期后，夏王朝王都亦迁出昆仑之丘。于是风水家又改称昆龙为最吉葬地，并称昆龙为真龙，称龙穴为潜龙、储君之地，称帝君、储君系"位乎上之君道"，称周边之围护砂山为"伏乎下之臣道"。把龙穴的地位抬升至仅次于昆龙的地位。

以上就是原创于原始社会末期、奴隶社会初期以昆仑神龙、龙脉、龙穴为本根的风

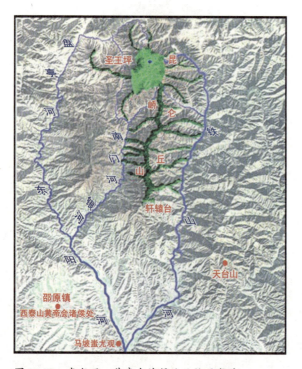

图25.09　蚩尤观、黄帝会诸侯处必位于龙脉

水宝地说的由来。

2. 认证龙穴之"三证大法"

那么如何确认真龙穴呢？早期风水提出"以龙证穴""以水证穴""以砂证穴"的所谓"三证大法。"

第一证，以龙证穴。

即"龙真穴真，龙假穴假""天下真龙只一，天下真穴只一""神龙首北，龙尾透南""中轴正势，脉透止河""龙脉聚结，气象万千"。若无昆仑真龙者则非真龙之穴。

据此，在昆仑神龙认证之后，其龙穴必位于大河之阳的龙脉聚结处"孤山崖"。

第二证，以水证穴。

"以水证穴"其要点有六："昆龙真水"；"双水夹送"；"天门地户"；"金城环抱"；"穴前交合"；"大河以界"。

（1）双水夹送

所谓"双水夹送"，是指源于昆仑龙体东、西两侧的两条河流汇流后把真龙之水全部正势向南送入龙穴之中，不得有少许流失。若无"双水夹送"之水证者便不是真龙之穴。

昆仑丘周圆如削，从龙首顶门至龙尾尾间，四周崖壁（当地呼"龙崖"）发育无数深涧与涌泉，称龙涧、龙泉。其出流之水称龙津、龙涎。龙津、龙涎奇迹般地全部分流入龙体东、西两侧，东曰铁山河，西曰盘亭河、东阳河。铁山河、盘亭河向南流至龙尾以南13千米的"大路村"便合并流入逢石河、逢石湖至孤山峡，最后"止于大河"。大河即黄河。从龙首顶门至大河全长39千米（图25.10）。

以上是说，昆龙真水唯有经"两水"夹送至于龙穴者方能称真龙穴。真龙穴是十分完美的大吉好兆之穴。

"昆龙真水"是风水形势宗原创于此的重证之一；"两水夹送"入龙穴是风水形势

宗原创于此的重证之二。

（2）天门地户

"天门地户"，昆龙真水入流龙穴处谓"天门"，出流龙穴处谓"地户"。风水学认为天门宜开，地户宜收。所谓天门宜开，是说龙穴入口处上游水面宜开阔，以接纳三水夹送来的昆龙真水；地户宜收，是说龙穴出口处河道宜紧束，以留住好运好兆。若无"天门地户"之水证者便不是真龙穴（图25.11）。

孤山峡上口承接开敞的逢石湖，湖与峡交接处之两侧为俨若天门的悬崖绝壁，古谓"天门"。九曲十八湾的孤山峡两侧，壁立千仞，大气磅礴。孤山峡出口河道收束，两岸峰峙呈"金剪玉刀"，古谓"地户"。

天门地户孤山峡，是风水形势宗原创于此的重证之三。

（3）金城环抱，穴前交合

"金城环抱"，"穴前交合"，是说真龙之水"入穴而聚"，"随龙之水贵有分支，拱揖之水贵在前汇"，"龙脉止聚穴中"，"水流三面绕穴缠护"。风水学把"入穴而聚"之水流称为"交合"，把"坐下而出"之水流称为"元辰"，并谓"元辰之水不宜直流，交合之水宜需分明"。又谓"随龙之水流穴前交合为大吉大贵"。故若无"金城环抱"，又无"穴前交合"之水证者便不是真龙穴。

真龙之水进入孤山峡后，与孤山崖右（西）侧石牛沟水流交合于孤山崖前，三面水流"绕穴缠护"孤山崖，组合成天造地设"金城环抱"态势，因此，孤山崖是名副其实的真龙之穴。

更在穴前水流交合之中央，奇迹般地升起一座高约20米，周圆如削、顶平如毯的牛状石台，当地人自古称其谓石牛，因其似独角而又称其谓犀牛。"石牛"位处大吉大贵交合水之中央，风水天下无双。传说自古至今，

图25.10　北倚昆龙，三水夹送，中轴正势，脉透止河

图25.11　天门

尤其大禹、宋朝年间在大吉大贵的石牛之上发生过许许多多兆示储君登大位等天兆（见本章"二、龙脉龙守和龙、麟、凤、龟四灵神兽是风水学第二本原"），故当地人坚信此石牛是天地间神牛（图 25.12）。

"孤山崖金城环抱""石犀牛穴前拱揖"是传说于古今民间"水陆道场"的出处。金城环抱是风水形势宗原创于此的重证之四；穴前交合是风水形势宗原创于此的重证之五。

水流三面绕穴缠护，穴前水流拱揖交合。石牛位处大吉大贵交合水之中央，风水天下无双。传说宋时石牛曾兆示赵匡胤登大位。

图 25.12　金城环抱，穴前交合

（4）大河以界

世间万物有始有终，真龙必有源，龙脉、龙水、龙穴终有止。真龙之脉，真龙之水，真龙之穴正势顺势，脉透止河，全长 39 千米，大河以南已非真龙之脉，亦无真龙之水，更无真龙之穴。故若无"大河界止"之水证者则不是真龙穴。

"大河以界"是风水学形势宗原创于此的重证之六。

第三证，以砂证穴

砂，泛指龙穴前后左右之环卫诸山，隶属昆龙之主山。龙穴与砂山犹如君与臣，君必位中居乎主位，臣必环周居乎辅位。

砂山，其义非凡，具有严密的地理法则，绝非随意臆构。早期风水认为，"无砂则无穴，砂浅则穴患"。察砂之主要法则有五：圆润秀丽苍郁；"阻御西北不周山大刚风"；"四周高中央下"；麟、龙、凤、龟护卫；近案远朝两备。

（1）圆润秀丽苍郁

指砂山必须端庄、秀丽，草木必须苍郁茂盛，即所谓"布秀呈奇，列列有呈祥之象"。反之，破碎尖削、怪形凶险、草疏木稀、土薄石粦之山则不可为砂山。

（2）"阻御西北不周山大罡风"

顾名思义，穴者，外高内洼者也。故以砂山略高于龙穴，呈卫护龙穴之势为宜。早期风水学对此有两种说法。

其一，因不周山位于昆仑西北，传说共工与颛顼大战不胜而"头触不周山"。"胜者王侯败者寇"，颛顼得胜称帝后，共工与"不周风""西北风"遂成为"逆天道""主杀生"的代名词。于是，从风水角度便称从西北不周山来的"不周风"为主杀主凶的大罡风。此后，风水说便认为在龙穴西北方向必须有能阻御大罡风的砂山作为屏护，以卫护年幼的储君。由此，龙穴之西、西北、北三个方向的砂山必须高于龙穴。

其二，盘古开天辟地时撑破了蛋壳，上壳升为天，下壳沉为地，故天似中央高四周低的穹庐状，地呈四周高中央洼的浅碟状。其后，近四千年百余代帝王皆立都、归藏在盘古开辟的浅碟状天地正中昆仑丘。故风水认为，四周高中央低呈浅碟之地为风水大吉大贵地，储君所在的龙穴四周之砂山也应高于中央龙穴方为上上吉。

（3）麟、龙、凤、龟护卫

龙穴孤山崖并非伏羲出生地成己，四周之"四神砂"亦非真的"四灵神兽"，表明风水家所谓卫护龙穴的"四灵神兽"仅是借景借典借义，而非即景即典即义。为了弥补这一不足，"风水"便采用了多种补救措施。

其一，在龙穴东侧（左青龙）"玄天洞"口由宋代名道刘海蟾刻石"左青龙、右白虎……"但他在"四灵"中央不刻"储君黄龙"却刻三足蟾蜍，以喻自己为仙界大帝。结果，工程尚未完成，刘海蟾便不知去向，相传"得道仙去"。

其二，根据孤山崖周边的实际地望，"风水"便将"前朱雀"换成了"远朝近案"说。

（4）远朝近案两备

所谓"远朝近案"，是说在龙穴之前远处须有可供北向朝拜天帝、帝君、储君之峰，近处须有可供摆设祭品的香案之台。

"风水"认为，案山、朝山皆属主龙脉穴前之山，统称"朱雀"，故朝、案皆位于大河之阳。"风水"还认为："近而低者，案山也；远而高者，朝山也"；"近案贵于有情"，"以端正圆巧，秀美光润，平正齐整，环抱有情为大吉"，"远朝宜高，贵于秀丽"，呈"远峰立笋天涯青"，"近案远朝两备为

大贵地"，"朝山似有情朝拱，特异众山而独秀"，"两水夹送，迢迢远来，拜伏而至"谓"特朝山"，最为上上界（图25.13）。故既无朝山又无案山之砂证者便不是真龙穴。

过石牛拱揖交合之水，与龙穴孤山崖（海拔402米）遥遥相望的即是圆巧光润、顶平齐整今称"孟良寨"（海拔489米）的案山。续向南即为显贵秀丽，立笋天涯青，特异独秀今称"八角山"（海拔536米）的朝山。古时，唯于案山设置香案祭品，朝祭后之祭品尤其"刻石以记"的碑刻必归藏于与龙穴遥相对的案山北坡。登临朝山北向朝祭天帝方为诚为忠。

穴前朝山、案山是风水形势宗原创于此的重证之七（图25.14）。

四、风水形势宗之本义、衍义图经

以上意在阐明中国风水文化之本原本义，厘清初始风水之来龙去脉。实际上，从昆仑神龙，两水夹送，经由龙脉延送龙穴而止于

"两水夹送，迢迢远来，拜伏而至"谓"特朝山"。储君登临特朝山，纵览天下于胸怀。

图25.13　特朝山

"远朝近案两备为大贵地" "近案贵于有情" "远朝贵于秀丽" "远峰列笋天涯青"

图 25.14　龙穴 案山 朝山

大河，以及金城环抱、穴前拱揖交合、案山朝山、天门地户、四方神砂等等初始风水之大要，早年间已有风水家完整表达于《形势宗图经》。这一"图经"是在初始"风水"说的基础之上形成的经验与理念的集合。《形势宗图经》对后世风水学研究与操作具有普遍性指导意义。

遗憾的是，在《山海经》等"昆仑西北"说、汉武帝"昆仑山说"和明中叶王圻《三才图会》"三大干龙"说的误导下，西汉以后，尤其明以后的《形势宗图经》把中原的昆仑（hún lún）丘（虚）误解为西北的昆仑（kūn lún）山。由此可以认定，传说于汉武帝之前但尚未成画的《形势宗图经》为本义图经，汉武帝之后逐渐被讹化，唐、宋尤其明后成画的《形势宗图经》为讹义或称衍义图经。

应该说，"图经"被讹化、衍化是一个较长的历史过程。图 25.15 系推测的汉前形势宗本义图经。本义图经早佚，或者仅停留在口传而从未成图。无论是口传抑或已成图，

从史载或民间传说分析，本义图经与"周公、召公昆仑表杆测景、占星相地、营都洛邑"都有联系，也与西汉初期河上公于龙穴孤山峡结草为庵寻道悟道有关。因其时尚未受汉武帝误导，所以其图经的义理是原始的、真实的。至今龙穴孤山峡左岸仍有"河上公寻道处""结草为庵"等遗迹。汉以后，三国管辂、东晋郭璞、葛洪，唐司马承祯，唐末五代杜光庭等都曾对形势宗图经有过相当研究，且都深入考察过这一带。但受汉武帝及其后世封建帝制影响，为适应社会变革和风水学大众化、社会化的需要，风水家对本义形势宗图经做了多处重大修改：

其一，改中原昆仑（hún lún）丘为西北昆仑（kūn lún）山。

其二，在龙脉之上添加"祖山""少祖山""主山（父母山）"，以示龙脉绵延不绝，年代越近越有生机之意（图 25.16）。

其三，把龙穴之潜龙、储君义扩展至城邑、村镇、阳宅、阴宅等择址选形。

其四，也是最根本性的变革：突破龙脉"大河以界"的规制，将其扩展到"龙脉即山脉""天下山脉皆龙脉"的泛龙、泛龙脉、泛龙穴说。如《管氏地理指蒙》谓："指山为龙兮，象形势之腾伏。""借龙之全体，以喻夫山之形真。"于是乎，无山脉之平原，则"惟田源沟洫夹送而已"。从此，"天下皆为龙脉矣！"

其五，既然天下山脉皆龙脉，那么龙或龙脉必然要区分为主次、干支、阴阳、顺逆、吉凶等。于是风水发展到后期，尤其自明代后，便出现了五花八门、各式各样的龙和龙脉。比如有：以长江、黄河两大水系为界，将中国的山系分为南、北、中"三大干龙"；根据山脉走向分为（正势、侧势、逆势、顺势、回势）

五势龙；根据山脉起伏和形态分为（回龙、腾龙、降龙、生龙、飞龙、卧龙、隐龙、出洋龙、领群龙）九龙，以及八格龙（生、死、强、弱、顺、逆、进、退），或十二格龙（生、死、枉、福、鬼、劫、应、游、否、揖、病、绝）等。

很明显，后世的论义、衍义图经与论义龙已完全脱离了中国风水文化本原本义。至于后世衍义的理气法尤其择日法、符镇法等，已与本义风水丝毫不相关。且风水学认为，在真龙、真脉、真穴之上，任何形式的理气、择日、符镇诸法都是多余且没有必要的，表明唯真龙、真脉、真穴才是天下风水之祖之宗，风水界称此谓"鼎气龙穴"。鼎气，祥

瑞之气、帝王之气。

五、探索风水本原本义之目的与意义

风水文化，源远流长，是中华大文化的组成部分。自古至今，风水在世界华人社会中具有重要影响力，探明风水之本原本义是世界华人共同的期盼。

汉后，尤其唐、宋、明后，本义风水被不断地衍义、演义、论义，其中的许多是有一定科学道理的，但也有一些则被掺进了筮巫成分。因此，正本清源，让更多人认识风水之本原本义，对提高人们识别真伪的能力，对更好地弘扬中国风水文化是有积极意义的。这正是风水文化探源之目的。期望正本清源之后，国人对风水说有个重新认识。探索风水文化本原本义之目的、意义主要集中于两点：

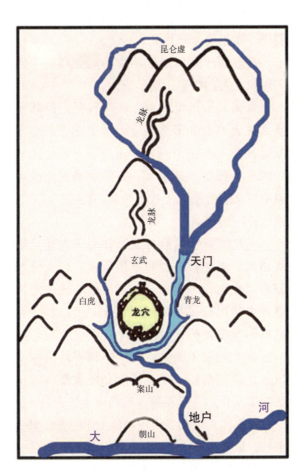

图 25.15 风水形势宗本义图经

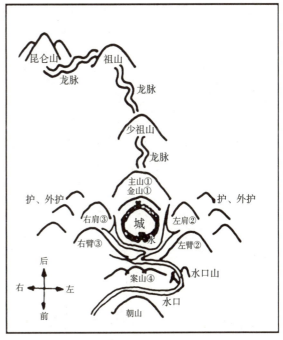

图 25.16 风水形势宗衍义图经

1. 中国风水系起源于原始时代人们对天地人和美关系物性的切身感受与追求。

王屋山区昆仑丘形似某种动物，又与位乎上天之中央的北斗星座以及与闪电、卷风形同，便取名龙（隆），又取名北斗坪；龙体之上满是美丽鲜花，又可供人居住，供人饮食，供人衣裳；自伏羲在天地正中由天龙地龙推演太极八卦以后，人们懂得了时间历法，从此不误农时，过上安定有序的定居生活。于是，那时的人们以为这一切都是神龙所赐，便以神龙作为部落图腾，且四千年内前后更迭百余代帝王皆立都、归葬于昆仑龙体。由此原始先民便认为天地正中昆仑丘是天下最神圣、最美好的地方，由两条龙水送达的龙穴也是未来最美好、最仙圣的地方。

这是原始先民在昆仑丘切身感受到天地人和美相处的物性的、精神的经验总结，也是人们对美好环境、美好生活、美好未来永远的向往和憧憬，以至无论是生者、来者，还是逝后都期盼能与百余代圣王同栖、同归于天下至圣至美的昆仑天墉城。因此说，本义风水并非后世衍义、演义、讹义的唯心的"吉""凶""祸""福"。那时连"风水""堪舆"等词汇及其概念还没有。

同时，生活在满山美丽鲜花、天地正中、天地神龙、百余代帝王所居的昆仑丘之形胜，以现代物理原理分析，亦确与其他地域大不相同。现仅举二例：

（1）昆仑丘，四周高中央低，周圆如削，丘内空虚，犹如巨大的微波天线罩，具有极其强大的聚能作用，可把广漠宇宙微波辐射聚能于丘之中央。而丘中心之高台恰如聚纳微波辐射的天线馈头，吾人久处于此，自如纳天地之灵气，采日月之精华。远古帝王及成汤、周公等皆于此高台祭天祈年，伏羲亦在此定方正位，授时推历，定鼎天地元点。

龙穴所在孤山崖，其形胜完全宗法于昆仑丘，亦为四周高中央低，中心为拔地近二百米的高台。可以说，唯此形胜方能最大限度吸纳聚藏天地日月之真气。故史书记伏羲于此聚纳天地真气而推演太极八卦，开创天地大道，创建太皞（中华）部落，寿高197岁；黄帝于此聚纳天地真气，开创华夏部落，寿高117岁（有说118岁，110岁）。虽说如此高寿有些夸张，但伏羲、黄帝一生为中华民族做出如此巨大功绩，决非短期内能成功。

（2）负氧离子，对人体极有益，当洁净流水由开阔处激流涌经狭窄河段，将产生比平常多几千倍的负氧离子，长期在此生活当能超乎常人的健康长寿。龙穴孤山崖及石牛、朝山、案山等地便是处。

2. 本原本义风水证明中华文化乃超乎人们想象之古远深邃、浩荡博大。

本义风水虽说原创于颛顼时代，但其所宗之五大典据和形势宗七大重证却皆系真实发生和真实存在于八千年前至五千年前昆仑丘的重大历史地理事实，表明中华文化或者说中华文明确系始于八千年前"百王之先""三皇之首"的伏羲。

风水本原系昆仑神龙，并由天龙地龙推演出以定方正位、授时推历为核心的太极八卦和以正统伦理、和合包容为核心的天地大道等中华民族最早的灿烂文化。可以说，无论从何高度评价这些于八千年前昆仑丘开创的古远文化都不为过。而这一切皆成为本义风水之重要典据，足见由本义风水所反映出的中华文化之古远深邃、浩荡博大！

中国风水文化是中华原始文化的重要组成部分，原创于济水之源王屋山区昆仑丘，是中华文明肇启于八千年前伏羲时代的重要见证。

　　昆仑文化不仅在中华大地上传播，还在世界尤其在能清晰见到北斗星、北天极的北回归线以北地区传播。其中流传于非洲北部、墨西哥北回归线附近玛雅文化的金字塔和欧亚、北美北部的萨满文化便是昆仑文化的转移、扩散。

一、圣王坪塔楼山六峰是世界金字塔之本原本相

　　金字塔，古代埃及、墨西哥的一种方锥形建筑物。形似汉字"金"，故汉译称"金字塔"。

　　古埃及金字塔通常是古代帝王的陵墓，著名的胡夫金字塔建于公元前二十七世纪中叶，略晚于我国黄帝百年左右。墨西哥金字塔多为宗教建筑，并用于天象观测，其中亦有帝王陵寝者。著名的太阳金字塔始建于公

元一世纪。

　　传说危地马拉、洪都拉斯、秘鲁、缅甸、印尼、柬埔寨、苏丹等地也有金字塔形建筑，但其纬度普遍低于北回归线。

　　从公元前二十七世纪起的三千多年内，为何世界那么多的地方建造了如此之多的金字塔，这些金字塔为何有如此之多的共性特征？

　　全面考察世界范围内的金字塔，可解读出金字塔的共性特征及分布规律：

　　1.金字塔其形状皆取方锥体，其东西两条边多平行于真子午线，即皆指向北天极（按：几乎所有史料均误释为"指向北极星"）。

　　2.金字塔尤其墨西哥金字塔之巅多设有祭天神庙。

　　3.金字塔内部多为帝王之陵寝。

　　4.因大气颤动效应，金字塔几乎全部

布在能够清晰望见北斗星座与北天极的地球北半球，尤以北回归线附近居多。而所谓秘鲁的太阳神殿和印尼爪哇的印度教神殿或柬埔寨吴哥窟，实则并非原本意义上的金字塔建筑，顶多只是昆仑文化的再转移。

5. 不但南半球未见金字塔，且北半球40°以北亦不见金字塔。

6. 世称文明古国的中国，至今未发现有人工建造的金字塔，令史界尤其令中国史界大惑不解。甚至认为，既然盘古神话由埃及传入中国，那么金字塔也应由埃及传入中国。

于是，几十年来许多学者在中国苦苦寻找金字塔。

有学者认为山东曲阜"少昊陵"似金字塔。

美国学者说在中国西北发现了金字塔群，但据实地考证仅是秦、汉至唐代的墓葬群。

有说西安半坡遗址的民居中央建有木构草苫的金字塔屋。

有说中山王刘胜陵是金字塔式建筑。

2000年6月9日《参考消息》报道：《俄罗斯科学家称西藏发现世界最大金字塔群》，报道称发现了100多座金字塔和各种古迹，它们分布在海拔6 714米高的冈仁波齐峰周围。塔高达一百米至一千八百米不等。同时还发现巨大的石头人体塑像。据考证，上述仅是一些自然现象。

据《集安文物志》记载集安"将军坟"似金字塔。但"将军坟"系建于公元元年前后，与后期玛雅金字塔建造年代大体相同。（《走进伏羲》）

学者们不倦寻找中国金字塔的精神令人赞许，但如果更多地从科学的、历史的角度去分析，也许人们会由人工建造转向从大自然中去寻找金字塔原型，因为早期人们的知识主要本原于大自然。

与中华神龙、四灵神兽等文化一样，金字塔也不是人们偶然意想出来的，而是大自然中客观存在着的一种类似汉字"金"的自然山体，这座山体古称宛丘、昆仑丘。古时的人们认为位居天中地中的这一座龙形、莲花形、金字形的自然山体昆仑丘是兆示吉祥的神山圣山，于是中国的古帝王们及其部落先民便长期生息、立都并归葬在这座山上。同样，埃及的帝王（法老）、墨西哥等地的帝王也都学此而建造金字塔，并将自己归葬其间。如此而已。本章兹以大量事实将这一过程向世人交代清楚。

据考，世界上最早的金字塔卓瑟王（Djoser）金字塔建于公元前2750年，是埃及第一座金字塔，略晚于黄帝昆仑丘铸铜鼎几十年。

从卓瑟王金字塔到胡夫金字塔到墨西哥诸金字塔，其塔制、塔形和义理皆与昆仑丘圣王坪（宛丘）、六爻等形相同义相通。请看证据。

（一）昆仑圣王坪之形义是金字塔之本形本义

埃及法老和墨西哥帝王之陵寝形制取法于昆仑丘圣王坪的形貌与义理。以下兹从四个方面逐一论证。

1. 从"虚四方"的圣王坪到方锥体的金字塔

《山海经·海外南经》记："昆仑之虚，虚四方。"这是说昆仑丘山体、山脚、山顶呈四方形。原创于昆仑丘的象形字"中"，意谓在方形地域之中心，在天地正中央，在部落联盟之中心立标帜。

（晋）王嘉《拾遗记》记："昆仑山（丘）者，西方曰须弥山，对七星下，出碧海之中。"

（汉）东方朔《海内十洲记》："此乃天地之根纽，万度之纲柄矣。"

（晋）郭璞《山海经图赞》："嵘然中峙"。

《昆仑说》："去嵩高五万里，地之中也。"

据考，昆仑丘与北斗星座形义相同相通：同位天中地中；同为天龙地龙；同为天宫帝都；同称北斗星、北斗坪。

归纳以上诸说，昆仑丘形义具有四大特征：一曰方形地域；二曰位居天地正中；三曰正对北天极；四曰与北斗星座天地呼应，同为神龙。这四大特征使昆仑丘成为当时天下名山。

今天考察圣王坪仍可看到："虚四方""相去正等，面方各五千里""周圆如削，高万一千里""处日月之上""出碧海中"。中国古代"天圆地方""定方正位""授时推历""天帝天子""四极四垣"等概念皆出自此。

赖此种种，尧、舜、禹之前近四千年百余代帝王皆立都、归藏于天帝下都昆仑之丘。

当时昆仑丘不仅在当地人们心目中是尊高神圣的象征，同时也影响了周边其他部落民众，并越传越远。大约黄帝、颛顼以后，昆仑文化逐渐传遍地球北半球尤其北回归线附近及以北诸多地方。仰慕昆仑丘的先民们便仿效昆仑丘"虚四方""正对北天极""位七星下"等形制，以喻帝王们已归藏于"天地正中""已与天帝同在"。这便是天下金字塔皆取方锥体，皆取南北子午向，皆谓其正对北天极，皆言其位七星下之缘由（图

26.01）。

2. 从"虎身人面"西王母、陆吾神到"狮身人面"斯芬克司

凡门都须守护，天宫之门也一样。昆仑圣王坪南门是传说天宫的南天门，南天门外有一尊"人面虎齿""东向立于昆仑上"的天然石像，古人认为它是昆仑天宫的守护神陆吾。又因为羲王之母亲当年曾住居昆仑天宫南门外，所以人们又说这尊石像是羲王母的化神，西王母的化身。这些故事从伏羲时代一直流传到后代，并于战国时代记载于《山海经》。

《山海经·西次三经》："玉山……西王母其状如人，豹尾虎齿而善啸，蓬发戴胜。"

《山海经·大荒西经》："昆仑之丘，有神，人面虎身……有人戴胜，虎齿，有豹尾，穴处，名曰西王母。"

《山海经·西次三经》："昆仑之丘，实唯帝之下都，神陆吾司之。其神状虎身而九尾，人面而虎爪。"

对四千年王都、百余代帝墓所在地昆仑丘来说，无论是"司天之厉声"的女神西王母还是"司天之九部"的昆仑神陆吾，都是强化昆仑天宫神秘性、神圣性的天兆祥瑞。这种天兆祥瑞，对任一国、任一朝代的帝王们来说都是十分需要的。所以在效法昆仑圣王坪形义而建造金字塔的同时，自然也要把"东向立于昆仑上""人面虎身"的西王母或陆吾神一并请到金字塔旁。

但是，非洲北部遍布沙漠草原，其动物种类亦与中国昆仑丘的景观环境、动植物种不尽相同。例如非洲多的是狮子，缺的是老虎。于是，古埃及人把东向立昆仑上，虎身人面

图 26.01　盘亭列嶂（a）、圣王坪（b）、六盩（c）是世界金字塔（d）之本原本相

的陆吾神或西王母换成了东向立金字塔前的狮身人面斯芬克司，并把东向立于昆仑南门改为东向立于金字塔东，天天遥望东方昆仑丘上的西王母。故与西王母一样，斯芬克司亦被塑成女性。以上就是金字塔狮身人面像的由来（图 26.02）。

3. 从昆仑六盩、百余代帝墓到金字塔

昆仑六盩，即昆仑圣王坪中央和圣王坪东沿用于观象测天，授时推历，告民农时的六座石塔。东沿五座石塔呈南北向排列（因

地形起伏，五座石塔并非呈直线排列），石塔塔形取方锥体，东西两条底边的朝向取真子午线向，故于夜晚可见东沿"五盩"正对天帝所在的北天极。（因近数十上百年内北天极刚巧位于北极星附近，故东沿"五盩"也几乎正指北极星）

于是先民认为圣王伏羲所造"五盩"是天地间的神物圣物，后世帝王之墓地或宗教祭天建筑亦应按此形制建造方为吉祥神圣，方可保帝王万年基业。这是埃及金字塔多取南北向排

图 26.02　由虎身人面的昆仑西王母变为狮身人面的金字塔斯芬克司

列的出处之一。不过，西方学者认为埃及金字塔排向或许受南北流向的尼罗河影响。

昆仑丘从北到南有百余座浅丘，丘内归藏有百余代古帝王。因昆仑丘位居天中地中，是天帝之下都，是天龙地龙的化身，又是天地间最美丽的空中花园，故后世帝王和先民无不以身后能归藏昆仑丘为所愿。太皞部落或其后华夏部落民众亦以此为幸，并将此传播世界多地（参见本章图 26.01）。故此埃及、墨西哥金字塔亦多为帝王（法老）归藏地。

4. 从帝王归藏昆仑神龙到墨西哥帕伦克龙凤棺盖

这些美好的愿望随着部落大迁徙而传播到世界多地，其中犹如颛顼绝地天通后，有一部分史称"东北夷"的部落先民早从原始社会晚期起直至春秋、战国、汉、晋、隋、唐年间已陆续横跨冰冻的白令海峡到达北美洲，并顺着北美西海岸南下直抵北回归线附近的墨西哥玛雅一带，同时把神秘神圣的昆仑文化一同带了过去。

上说并非无理无据。请看证据：

（1）"墨西"取音于"宓牺"

在先民看来，伏羲是很神圣的名字。伏，同宓，古又同宓，甲骨文"𤣥"。从宀（房子）从必（表安定），会安处室内义。

"宓"，多音字，发音"mì、fú"。宓，发音"mì"，是密、秘的初文。

前者会状山之屋，后者会神异神秘。故可见此字创字于"建屋于山崖""神异神秘"的昆仑虚。

由此，古时人们又称呼"伏羲"谓"宓(mì)牺"。宓牺与墨西同音，故学者有谓墨西哥之名称本原于宓牺。

除音同外，另有其他多种证据亦可证明墨西哥与伏羲、与昆仑文化密切相关。

（2）金字塔神殿取法圣王坪祭天神台

与圣王坪一样，埃及或墨西哥的许多金字塔顶部多建有祭天神台。不过其一，墨西哥南部金字塔顶部多取平顶形，更近似于圣王坪之形胜，而埃及金字塔多取尖顶形。其二，圣王坪顶面有远古帝王祭天神台和众多远古民居，墨西哥金字塔顶面亦建有神殿；圣王坪内是远古帝王归藏之墓地，故埃及和墨西哥金字塔内部亦多为古帝王墓穴（图26.03）。

（3）墨西哥巴加尔大帝系宓牺（太皞部落）后裔

请观看墨西哥南部的帕伦克金字塔神殿。

神殿墙壁上刻满了许多文字和图案，至今未能释解，故此又称这为"墓志铭神殿"。1949年发现墓志铭神殿下有阶梯通往金字塔内部之墓穴。据考，墓内归葬的是公元615至683年（相当于中国隋末唐初）在位的巴加尔二世。巴加尔二世在位68年，是墨西哥历史上很有作为的一位帝王。在他统治期间，墨西哥从积贫积弱饱受欺凌的落后国家变成了强盛的王国，人民都很爱戴他，故后人呼他为"巴加尔大帝"。从当时的王国艺术家给巴加尔大帝所雕塑像看，巴加尔明显系东方人种。

不过，即便其确系东方人种，但仅凭东方人种一尊塑像，仍然不能证明其必定就是中国人。

（4）巴加尔棺盖图案系中华昆仑文化之缩影

能够证明巴加尔大帝确系中国人之有

图26.03　昆仑圣王坪是帝王祭天神台，墨西哥金字塔顶部是帝王祭天神殿

力证据者当数巴加尔大帝的石棺盖（图26.04）。石棺顶盖雕有精美图案。起初，英国考古学家认为该图案是天外来客乘坐的宇宙飞船，后来又认为其画意是巴加尔大帝跌入地府的神话。还有人猜测巴加尔手中所持之小立方体和小球体是中国"立体易"的模型。总之，学者们皆以各自所从事的专业，按各自的意愿解读该棺盖图案。从发现至今六十余年过去了，仍未有令人信服的解释。

其实，只要用心解读此图案，并不难发现图案之创意及其仿照物。

其一，图案"下方"是巴加尔大帝半坐半躺在莲台和龙身之上，龙"手"已将他上半身渐渐托起，大帝双手呈抓物状。此意谓巴加尔大帝逝后归藏于莲座状神龙之上，并似从莲座状龙首之上复苏并将升入美好天国。

上义明显取法于中国道家昆仑神龙说。例一，远古中华百余代帝王皆归葬于昆仑神龙；例二，圣王坪在原始时期已被公认为是天帝下都，位居天地正中，是帝王升天之天柱、天梯，是天上的城市天墉城，又是莲座。

的确，数一下圣王坪周沿的八座浅丘，再看一下"周圆如削，出碧海中，对七星下"的圣王坪，确似莲座。故几千年来昆仑圣王坪成为道教诸神、佛教诸菩萨、历代古帝王理想中的天国所在。墨西哥巴加尔大帝亦然。

其二，本图案之构图十分奇巧。例一，既需正看，又需倒看。神龙在本图案中位处十分重要的位置。因巴加尔大帝仰躺于神龙怀中，为艺术展现帝与龙之关系，设计者有意将神龙图案"倒置"。将图案"倒看"，神龙则处于图案上方之正中要位，且几乎占

据近半幅图案。神龙之龙首、龙眉、龙眼、龙鼻、龙嘴、龙角、龙髯、龙身、龙肢、龙爪、龙尾等等一应俱全，清晰可见巴加尔大帝犹如圣王伏羲归藏于圣王坪龙角圣地那样位居图案之正中，成为全图案之主角。例二，本图案的设计充分借用了"虚幻与重构"技法中的"阴影错觉效应"，当正、倒观看图案时会产生两种以上完全不同的视觉图形。此种高超设计技艺令世人叹服。

以上，既体现出本图案设计者艺术造诣之精深，也反映出设计者对中华远古文化的通透。

其三，正看图案上端是《礼记·曲礼上》

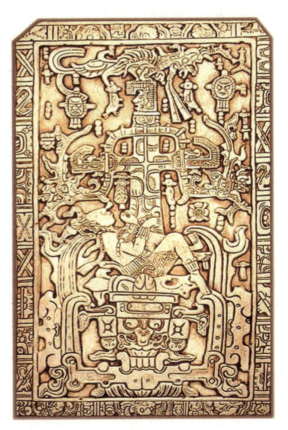

图 26.04　公元七世纪墨西哥帕伦克金字塔内的巴加尔大帝棺盖图案

所记"前朱雀而后玄武,左青龙而右白虎"之朱雀(凤凰)。此构图意为巴加尔大帝在神龙助推复苏后便似萧史弄玉般骑龙乘凤化仙而去,又如伏羲出生于青龙、白虎、朱雀、玄武"四灵神兽"之中央。多么美好的心愿,多么美好的艺术造型!

其四,巴加尔大帝与凤凰之间的中轴线上,饰有一口中国传统金鼎,金鼎之上是"采首山铜,铸鼎荆山下"头戴轩辕冕的黄帝。不过,设计者故意把黄帝塑成不足巴加尔大帝七分之一的肖小之形,似乎是有意呼应流传于当时的所谓:"昔者黄帝治天下,然犹未及伏羲氏之道也。"由上,人们有理由相信墨西哥巴加尔大帝是伏羲(太皞部落)的后裔或伏羲的崇拜者。

其五,在中轴线或在金鼎两侧,还饰有象征吉祥如意的蝠(福)鹿(禄)等图案,四周似乎还饰有中国文化的代表"方块文字"。但其文义仍有待文字学家进一步解读。

以上证据尤其墨西哥帕伦克神殿巴加尔大帝及其棺盖证明昆仑圣王坪与昆仑文化确是金字塔的原型,证明中华民族至迟于上古中古时代已与世界各民族友好交往。

当今,我国有学者多年来在国内苦苦寻觅中国的金字塔,认为埃及、墨西哥等世界多地都有金字塔,古老的中华民族绝不可能没有金字塔。

这种愿望是好的,但是按事物发展逻辑,散布世界多地的人工建造的金字塔在自然界必然有其同一的本原,也必有其同一的本义,这才是历史的,唯物的。

事实证明,在原始时期,大多数人工建筑都是赋予了某种人文内涵的自然物象的仿制品。故此今天的人们不妨调整思想方法,改变研究理路,到天地大自然中,到文明历史更为久远的民族(部落)中去寻找金字塔文化的原型。当然,在现代科学技术支撑下,有朝一日实现巴加尔大帝与"昆仑人"的DNA比对,兴许将发现人类文化史上的奇迹。

二、昆仑圣王坪是世界萨满教本原本体

萨满,是产生于原始社会的一种文化,一种观念。学界有称其为萨满文化,有称其为萨满教。

但以上并未说明萨满教最初的原创时间和原创地。萨满文化到底产生于何时何地,至今学界未有定说。

从唯物史观角度,寻找萨满文化原创地,既要注意"萨满"表象,又要研究萨满义理,而其中尤为重要的是读懂萨满宇宙观。

南京师范大学汤惠生教授在《神话中之昆仑山考述——昆仑山神话与萨满教宇宙观》中归纳了多国学者关于萨满教的论述。概要如下:

自二十世纪二十年代格莱纳(F·Graebner)、史密特(W·Schmidt)和库柏(W·Kopper)诸人从文化人类学角度提出"北极萨满文化圈"理论后,萨满教研究便与人类学等学科联系起来了。

王叔凯《古代北方草原诸游牧民族与萨满教》认为:"萨满教是一种世界性的原始宗教。"

富有光、孟慧英《满族萨满教研究》,徐昌翰《论萨满文化现象——"萨满教"非教刍议》认为:"从文化人类学的视野来看,

它是世界性的原始文化现象。"

美籍罗马尼亚学者艾利亚德（M·Eliade）的萨满教研究名著《萨满教——古代迷狂术》涉及几乎世界各个土著部落宗教及其文化。

德国学者劳梅尔（A·Lommel）等人甚至认为，"整个世界的古代文明都是萨满式文明，萨满文化是曾经在世界范围普遍流行的唯一的文化，萨满教亦然。"

李约瑟《中国古代科学思想史》认为："汉代的巫、觋、仙等均为萨满之属。"

张光直教授《考古学专题六讲》认为："中国古代文明是以萨满教式文明为特征的。"

以上诸多学者均认为萨满教是古代的世界性宗教。

"萨满"是通古斯语的音译，即"巫"的意思。主要流行于亚洲和欧洲的极北部。北美洲因纽特人和印第安人的宗教，性质也与萨满教类似。"至今我国东北满族聚集区仍有大量萨满教信众。

以上明确萨满教主要流行于北半球偏北部而非全球。这是由萨满教宇宙观中的宇宙山（又称世界山）的特征和流传的地域性决定的。请看资料：

其一，据法国萨满教研究者艾利亚德（M·Eliade）分析，宇宙山的特征之一是"宇宙山又称世界山，是世界之中心，是世界至高点"，其山顶正对着北极星（按：应为"正对着北天极"），为日月出没处。

其二，宇宙山是天上、人间、地狱三界的连接处，称天梯，天柱。

其三，据有关宇宙山的记载和传说，"宇宙山"仅见于地球北半球北回归线以北地区。史载如下：

阿尔泰地区的斯基泰人说乌尔干山位居世界中心，中亚地区众多民族均视其为宇宙山，鞑靼人称其为"铁山"，蒙古人和贝尔雅特人称其为"须弥山"。

伊朗 Haraberaiti 山，古日耳曼 Himingbjorg 山，巴勒斯坦 Gerizim 山和 Tabor 山等均被认为是萨满教的宇宙山。

耶路撒冷的哥尔戈达山（Golgotha）是耶稣受难地，被认为是"世界之中心""世界至高点"的宇宙山。

印度的须弥山又有译苏迷卢山者是东方重要的宇宙山。它位于世界中心，其上闪耀着北极星（同上应为"北天极"），既似一朵八瓣莲花的花萼，又似四方须弥座。它宏迈高邈，天上群星围绕它旋转。恒河从天上降到它的顶峰，并经由四条大河流向世界四方。其下为樊桐（地狱）。

西藏苯教认为，苯教源于魏摩隆仁（olmo—lung—ring）的地方。但"魏摩隆仁"疑是西人对佛教语的音译。苯教与藏传佛教一样，其皆本原于冈底斯山之冈仁波齐峰。此峰海拔 6 656 米，是印度河、恒河、雅鲁藏布江的源头，藏族视其为发祥圣地，视其为宇宙山。传其既呈四方须弥座形，又呈八瓣莲花座形，其顶正对北极星（按：应为正对北天极）。视其南坡下之拉昂错，玛旁雍错为圣湖。

综上，萨满教宇宙山具有如下特征：位处地球北半球；正对北天极，并能清晰见到众星环绕北天极；呈四方须弥座形，又呈八瓣莲花座形；位居天地正中，乃日月出没处；位处独流入海，分流四方的大河之源。

据上，今人寻觅萨满教原创地或寻觅萨

满宇宙山原型，只需按古籍所记或按传说中宇宙山之形义，按传说中宇宙山相对于北天极的方位便可按图索骥地找到其原型山体。

（一）宛丘——昆仑丘是萨满宇宙山的原型

经多年考证，王屋山区昆仑丘（非藏疆青昆仑山）圣王坪（有巢、燧人时称宛丘）就是萨满宇宙山的原型山体。

为便于辨识、认证昆仑丘是所谓宇宙山的原型，下面就宇宙山的上述特征与昆仑丘之形义逐一加以比对，用大量的事实证明昆仑丘就是萨满宇宙山的原型山体。

萨满教认为，宇宙山分作三界：上界为天堂，由天神所居；中界为地面，由人类所居；下界为地狱，由鬼魔所居。这一观念最初产生于"昆仑三级：下樊桐，中悬圃，上天庭"之说，后期随着巫文化的产生与发展便逐渐形成一整套的理论与操作手法，称为巫教。关于"昆仑三级"与"萨满三界"说，待后文再行讨论。下面先就宇宙山五大特征与昆仑丘之形义加以比对。为方便比对，兹列以简表 26-1 至 26-5。

表 26-1　昆仑天柱是宇宙山中心柱的原型

萨满宇宙山中心柱说	昆仑天柱说	
整个宇宙分为天上、人间、地下三界，三界由一根"中心柱"相连。中心柱位于世界之中心，故又称宇宙柱、世界柱、天柱、地脐等。神灵、英雄、萨满巫师皆由此中心柱或上天，或下凡或入地。此中心柱统称宇宙山或世界山。（汤惠生《神话中之昆仑山考述——昆仑山神话与萨满教宇宙观》）	"昆仑，天中柱也。"（《河图》）"昆仑，上通璇玑……号曰天柱。"（《海内十洲记》）"昆仑，嵘然中峙，号曰天柱。"（《山海经图赞》）"昆仑，其山应于天最居中"（《博物志·地理略》），"昆仑，其高入天，所谓天柱也"（《神异经·中荒经》），"昆仑之虚，地首也"（《搜神记》）。	 图 26.05　昆仑天柱

比对可见，萨满宇宙山中心柱之原型山体即昆仑天柱，萨满宇宙山原型即昆仑宛丘。

表 26-2　虚四方昆仑宛丘是金字塔状宇宙山的原型

金字塔状宇宙山	虚四方昆仑宛丘	
宇宙山为方形，四面环水，山顶正对着北极星（按：应为北天极），天上群星都围着它旋转。宇宙山为四边形金字塔状。	"昆仑，是高出日月之上，对七星下，出碧海之中"（《拾遗记》），"昆仑，虚四方"（《山海经·海内南经》），"昆仑，方广万里，形似偃盆"。"昆仑，面方各五千里，……金台玉楼，相似如一渊精之阙。"（《海内十洲记》）。	 图 26.06　昆仑宛丘"虚四方"

比对可见，金字塔状宇宙山之原型山体即"虚四方""对七星下"的昆仑宛丘。

表 26-3　昆仑丘"黄帝铸鼎"与"璇玑玉衡"是"宇宙山多金玉"之出处

金玉宇宙山	金玉昆仑丘
宇宙山多金、银、铜、玉等，须弥山、苏迷卢山全部由宝玉和金子构成。	古谓铜曰金，铜鼎即金鼎。至今昆仑丘遗有一百四十多个原始时代的古铜矿洞。"黄帝采首山铜，铸鼎荆山下"（《史记·孝武本纪》）之首山，即龙首山昆仑宛丘。 昆仑丘与北斗星座同称"璇玑玉衡"。"璇玑玉衡"即美玉。

比对可见，宇宙山之多金、银、铜、玉等说皆出自昆仑丘。

表 26-4　八瓣莲花状昆仑宛丘是莲花状宇宙山的原型

八瓣莲花宇宙山	八瓣莲花昆仑丘	
苏迷卢山位于瞻部洲中心，似一朵莲花的花萼，它宏迈高邈，天上群星围绕它旋转。魏摩隆仁呈八瓣莲花状。（《神话中之昆仑山考述——昆仑山神话与萨满宇宙观》）	昆仑圣王坪周圆如削，高入云天，出碧海中。（《拾遗记》《神异经·中荒经》），坪周沿八座浅丘犹如八瓣莲花，或如须弥座。近四千年间有百余代远古帝王立都、归藏其上。	 图 26.07　八瓣莲花昆仑宛丘

比对得知，宇宙山与昆仑宛丘皆为莲花座状。因"昆仑莲花"圣洁、高邈，故被广泛选作道教、佛教、儒家、有道君王等的莲座，或称须弥座。也成为人们心目中世界山的神圣形象。

表 26-5　"昆仑建木"与"析城乔木"是萨满教宇宙树的原型

宇宙树	昆仑建木析城乔木
宇宙树位于四边形金字塔状的宇宙山上，是宇宙之中心，又是登天之天梯，树根深扎入宇宙山底。此树最高最大，分三层。树顶住天帝，并以天鹰、天鸡为象征；树下以马、鹿、狗、羊等动物象征着人类所居，山底以蛇象征恶魔。鹰、蛇为争食而三次交战，最终鹰战胜了蛇。喻天神战胜恶魔，又喻发生在昆仑丘一带的中国远古三次"争帝大战"。 　宇宙树位宇宙之中心，故日中无影。（《神话中之昆仑山考述——昆仑山神话与萨满教宇宙观》《薄伽梵歌》）	"建木在都广，众帝所自上下，日中无影，呼而无响，盖天地之中也。"（《淮南子·地形训》） 　建，竖立；建木，立竿测日影之木。都广，昆仑别名。都广建木，谓众帝上下天地之天梯；因昆仑居天地正中，圣王伏羲于此立竿测景，定方正位，授时推历，故谓："日中无影，盖天地之中也。" 　析城乔木，特指昆仑丘圣王坪鼎湖东侧一株古棠梨树。《淮南子·地形训》《山海经》载，此乔木，修五寻，大五围。至民国时"寿高万年，树窟中可藏数十人，后毁于兵灾"。此树系《山海经·海内西经》"开明北有不死树"之出处。 　"棠梨，华洁白而美丽，实可食，味甜酸"，乃原始先民采摘狩猎时期的食物之一。此树又是传说中炎黄、蚩黄、共颛"鹰蛇争食"而发生三次大战之出处。成者为帝则喻鹰，败者为寇则喻蛇。 　伏羲时已进入"服牛乘马"定居农业时代，故"树下以马、鹿、狗、羊"象征人类所居，很是贴切。

比对可知，伏羲于昆仑丘"立竿测景"和"析城乔木"是萨满教宇宙树的原型。

（二）"昆仑三级"是"萨满三界"的原型

《辞海·萨满教》曰：萨满教，"原始宗教的一种。"认为世界分作三界：天堂为上界，诸神所居；地面为中界，人类所居；地狱为下界，鬼魔所居。后世俗称这为"巫教三界"。巫教三界是萨满教的核心理念，流行于世界多个古老民族。那么，巫教三界最早的出处是什么呢？

1. "昆仑三级"与"巫教三界"

"巫教三界"与"昆仑三级"如出一辙。请看：

《淮南子·地形训》："昆仑之丘，或上倍之，是谓凉风之山，登之不死。或上倍之，是谓悬圃，登之乃灵，能使风雨。或上倍之，乃维上天，登之乃神，是为太帝之居。"这可称之为登昆仑丘能成仙、成神的"神仙三级"。

除"神仙三级"外，昆仑丘还有从丘底到丘顶的"巫教三界"。《水经注·河水》引《昆仑说》曰："昆仑三级：下曰樊桐，一名板桐；二曰悬圃，一名阆风；上曰增城，一名天庭，是为太帝之居。"这就是所谓昆仑虚有鬼魔所居之地狱牢笼、人类所居之空中花园和天神所居之天庭的"巫教三界"。

显然，昆仑"神仙三级"与昆仑"巫教三界"之间存在着本质的差异。

其差异主要体现在各自的初衷与目的的不同。顾名思义："神仙三级"所突出的是神与仙，其目的是宣扬修持真身得道成仙后的长生不死观念，这是道界、道教的重要理念。而"巫教三界"所突出的是神与鬼，其宗旨是宣扬通神通冥的巫师，以达其功利之目的。显然这是巫界、巫教之所图。

不过，无论是"神仙三级"，还是"巫教三界"，在昆仑丘确实都有其得以产生的物象基础。譬如"神仙三级"，源自"丘上有三丘相重叠谓之昆仑丘"之史书记载和源自"丘上有三丘相重叠"之盘亭列嶂等实物证据（图26.08）。"巫教三界"源自昆仑丘"樊桐、悬圃、天庭"的史书记载和圣王坪的地貌形态。

那么"巫教三界"中魔鬼所居的下界"地狱"

图26.08　盘亭列嶂——昆仑丘"神仙三级"原型

是什么，萨满教中的天鹰、天鸡等又是什么？

据考，这些观念都本原于昆仑丘及其附近的桃都山、桃都树。

2. 桃都树与巫教三界

桃都树，最早典出《山海经·海外经》："沧海之中，有度朔之山，上有大桃树，屈蟠三千里。其枝间东北曰鬼门，万鬼出入也。天帝使二神人，一曰神荼（shēn shū），一曰郁垒（yù lǜ），主阅领万鬼。"其后，《括地志》《神异经·东荒经》《风俗通》等等皆从不同角度强化度朔山、桃都树之神异。其中当数《太平御览》描述最为详尽："东南（按：指昆仑丘东南）有桃都山，上有大树，名曰桃都，枝相去三千里，上有一天鸡，日初出，光照此木，天鸡则鸣，群鸡随之鸣。"那么史书中所记载的桃都山、桃都树、天鸡、鬼门、神荼、郁垒等等故事的原创地、原型物在哪里呢？

（1）桃都树与桃都山

在昆仑丘东偏南10千米有山名天台山，

系黄帝之后历代帝王祭天道场，天台山东约40千米沁河东岸有一座自古以来满山生长野桃树的山头名唤桃都山，当年野桃树不下万亩，并由此引来无数以桃为生的猕猴。生长在桃都山上的这些野生桃树人唤曰桃都树。桃都山系灰岩地貌，断崖峭壁，景色旖旎。在桃都树东北方向，有一高耸入云的天成围岩，围岩顶端正中兀立一硕大石鸡，人呼天鸡。日初出，光照天鸡、桃林，金光灿烂。围岩前端有一缺口，煞似城阙，古谓鬼门。鬼门两侧各有一天成石门神。古传围岩内万鬼聚集，但一皆听从两侧门神之号令。门神左名神荼（shēn shū），右名郁垒（yù lǜ）。古传石鸡鸣，天下之鸡随鸣，则万鬼皆蛰敛。有不敛者，神荼、郁垒即将其打入十八层地狱永世不得超度。故古称此山曰"度朔山"。度朔，会引渡脱地狱回人间，俗称超度。"度朔"是巫教极其重要的观念（图26.09）。

以上，本是原创于王屋天台山的与昆仑巫教三界相互配合的一则很完整的巫教故事，但是由于昆仑文化的失落和"王屋天台山"易名为"天坛王屋山"以及中国东方（东夷）

图26.09　沁河桃都山

文化的兴起，故自两汉，尤其自南北朝起，中国道家文化中心便由中原王屋山区逐渐转移到中国东南各地。汉、晋后，道家人士在东南沿海开发许多祭天道场或道观，这些道场或道观有不少便取名"天台山"。于是，久而久之，后世文人便把原创于王屋天台山东南40千米桃都山的故事误传为原创于中国东南沿海的天台。如《太平御览》记"东南有桃都山"，史界通常都释此指浙东"天台山"。

除以上讨论的桃都树外，《淮南子》《山海经》中诸如"赤水""赤陂红波，千劫一竭"，以及正一道《上清经》、孙绰《天台山赋》中诸如"赤城标""玄元始居紫云之阁"（阙）等，原本皆指王屋天台山，但如今皆误指浙东天台山或鲁东日照天台山。

实际上，浙、鲁等地天台山系汉后才刚有其名，远晚于王屋天台山近三千年。这明显是把历史颠倒了。在许多情况下，一处文化的失落，一处地名的讹改，往往导致整个民族史的扭曲。当应引起人们的高度关注。

那么，这沁河东岸的桃都山、桃都树在"巫教三界"这个论题中又能说明些什么呢？为了说清这些问题，必须引出近几十年来在济源、洛阳、西安、四川三星堆等地出土的汉代陶制、铜制桃都树。下文凡系出土之文物则加引号标注"桃都树"，沁河桃都山的桃都树则不加引号，以兹区别。

（2）"桃都树"、桃都山、昆仑丘与巫教三界

在桃都山西南二十多千米的济源市泗涧村汉代墓地，1969年出土了一件陶质文物，经郭沫若先生考证，定名为"桃都树"，现收藏于中国历史博物馆。其后，泗涧村汉墓又出土了另一件更大的"桃都树"。不仅如此，近几十年来，在洛阳、西安、四川三星堆等地都出土了陶质、铜质"桃都树"。

如此之多"桃都树"在中国多个地区出土，表明这一文化现象在中国历史上具有长远的、普遍的、广泛的、重大的影响，表明"桃都树"蕴含着更为深层次的文化内涵。只有更深入地挖掘"桃都树"的内核，才能发现其中蕴藏着原始社会末期一段相当重要的中国与世界文化交往史。为方便分析，请结合图26.10

图 26.10　泗涧村"桃都树"（济源博物馆供稿）

泗涧村"桃都树"与表 26-6"桃都树"的历史文化内涵做相关比对，当可解读出萨满教的根基或宇宙山的原型。

其一，壮美的盘亭列嶂，高悬于碧海中的昆仑天墉城，天帝下都，百余代帝王之都，蓝天之上的雄鹰和桃都山的天鸡是远古时编造天神说的原型。

其二，昆仑丘内部的空洞及其洞穴内奇形怪状的钟乳石、圣王坪西北的万人坑及某些死者、枯颅可怖的形象和桃都山围岩内幽暗而终年不见阳光但围岩之上最早见到阳光的天鸡和围岩出口两侧的神荼、郁垒是编造鬼魔说的原型。

其三，以上之鬼魔说与天神说便构成了萨满教宇宙山理论的、物象的基础，而巫师则成了"人"通神通灵的使者。

其四，出于功利之目的，后世巫师们在原始巫教基础之上又添加了许多谶纬、巫蛊之说，但其已远离原始萨满之本义。

表 26-6　出土文物"桃都树"的历史文化内涵

层级	泗涧"桃都树"	沁河桃都山	王屋昆仑丘	萨满宇宙山	评说
第一层：地狱	形似覆盆，旁有洞口供出入。象征鬼魔所居之牢笼、地狱。以洞居之蛇象征鬼魔。	《山海经》："度朔之山，东北曰鬼门，万鬼所出入也。"桃都山围岩内幽暗而不见阳光，古传关押万鬼等待度朔。由神荼、郁垒阅领万鬼。	昆仑虚。虚，空虚。昆仑虚内皆为岩溶洞穴。原始时期习俗，人逝葬昆仑西北无底洞"万人坑"，死者曰鬼，古谓昆仑虚内为万鬼所居。《昆仑说》："昆仑三级，下曰樊桐，一名板桐。"樊桐，牢笼、地狱也。洞穴内多鬼魔状钟乳石，有蛇。故以蛇象征鬼。故《玄中记》记："昆仑西北巨蛇绕之。"至今圣王坪内洞穴仍多称"妖精洞"。	地狱为下界，鬼魔所居，多蛇。	左四列之所见所说完全一致。可证萨满宇宙山的原型系昆仑宛丘与桃都山。
第二层：地面	形似丘状地面，住居人类。因其时已有狗、羊、马、牛等驯养猎物，故多以此类动物象征人类所居之悬圃。悬圃，空中花园，喻人类美好家园。		《说文解字》："中帮之居在昆仑东南。"故昆仑东南及悬圃之上皆系人类所居的美好家园。昆仑丘顶有远古时的农耕地和羊、狗、马、牛等放牧地。《昆仑记》："昆仑三级，中曰悬圃，一名阆风。"	地面为中界，人类所居。宇宙山下多花草、人类，并驯养羊、犬、马、牛等动物。	除桃都山未见记有人类外，余三者皆一致。可证萨满宇宙山的原型系昆仑丘。

层级	泗涧"桃都树"	沁河桃都山	王屋昆仑丘	萨满宇宙山	评说
第三层：天庭	地面与天柱相接处，形似悬圃之上的丘岗。仍见有犬、羊等动物，亦见有神人之相杂及少数天鸡。人、鸡、犬皆欲升登成仙状。示意此天庭系神人糅杂，鸡、犬、人欲升天者皆需以此为阶。 　二、三层动物皆随着北天星辰绕天极旋转而呈逆时针（注意非顺时针）前行态，示意天下皆崇仰位居北天极（天中央）之天帝。而非指所谓"天道左旋，地道右行"。		在颛顼令重黎绝地天通之前，昆仑天庭是"帝之下都"，是神人糅杂、鸡犬人升天与天神交往之场所。故《论衡·道虚》曰："升天之人，宜从昆仑上。如审升天，宜举家先从昆仑，乃得其阶。"《海内十洲记》："群仙不欲升天者，皆往来（昆仑）也。"其处有积金为天墉城，城上安"金台五所，玉楼十二"。故道士逝后多归藏昆仑丘，谓"驾鹤归来"。至今，昆仑丘已归藏有百余代帝王，百余位仙道。故谓昆仑丘曰："神都仙界。"	天堂为上界，诸神所居。	除桃都山未见神人糅杂外，余三者皆一致。可证萨满宇宙山的原型系昆仑丘。
第四层：天柱	以上所说仅是《山海经·海外经》《括地志》中的桃都山，又名度朔山。"度朔山有大桃树，屈蟠三千里。" 　桃都树主干象征支撑三重天的中央天柱。 　主干有节，节旁横生出许多桃枝桃叶，乃鸟、猴、龙、神仙栖居处。		《海内南经》《海内十洲记》："昆仑虚四方，对七星下。上通璇玑（北斗），号天柱。"《山海经图经》："昆仑，嶻然中峙，号曰天柱。"《河图》："昆仑，天中柱也。"《神异经·中荒经》："昆仑，有铜柱焉，其高入天，所谓中柱也。"《博物志.地理略》："昆仑，高万一千里，应于天最居中。"	天上、人间、地下三层世界由一根中心柱相连在一起。中心柱位于世界之中心，称"宇宙柱""天柱""宇宙山"，为方形。其山正对北极星（北天极），为日月出没处。	除桃都山未见天柱说外，余三者皆一致。可证萨满宇宙山的原型系昆仑丘。
第五层：一重天	天有三重（后扩至九重、三十六重等），距地最近者称一重天。一重天桃枝上栖居多种鸟（群鸡）和小仙，一待天鸡鸣则群鸡随鸣。一重天上之群鸡尚处垂头未鸣态。表明一重天仅居小仙而已。		《昆仑记》："昆仑三级……上曰天庭，是谓太帝之居。"《淮南子.地形训》："昆仑……乃维上天，登之乃神，是谓太帝之居"《海内西经》："昆仑之虚，帝之下都"昆仑丘上有建木、珠树、若木、不死树……，这些树皆成为萨满宇宙树的原型。	蒙古人认为宇宙树长在四边形金字塔宇宙山上，以鹰象征天神，并以宇宙树甜美的果实为食。藏族苯教和印度教认为宇宙树位世界中心，树上有白色金翅莺。满族认为宇宙树上住天神，壮、瑶、苗族认为宇宙树是天梯，树上结葫芦。	除桃都山未见三重天之说外，余三者皆一致。可证萨满宇宙山的原型系昆仑丘。

（续表）

层级	泗涧"桃都树"	沁河桃都山	王屋昆仑丘	萨满宇宙山	评说
第六层：二重天	距地面次近者称二重天。桃枝上栖居龙、鹰、群鸡。以龙、鹰等象征比一重天更神圣。 此二重天上的群鸡尚处于或垂首或平视态，表明二重天仅居小神而已。		归藏昆仑丘称作"驾鹤归来"至今，昆仑丘已归藏有百余代帝王，百余位仙道。故谓昆仑丘曰"神都仙界"。		
第七层：三重天	距地面远者称三重天。神猴象征地位很高的真神。				
第八层：天鸡	天鸡位于"桃都树"第三重天正中之显位，仅以一只天鸡兆示天神之所在，且天鸡已始雄鸣，昭告天之大明，唤醒天下群鸡齐鸣，警告天下万鬼尽速蛰伏。	《括地志》："度朔山有大桃木，上有金鸡（天鸡），日照则鸣，于是晨鸡悉鸣矣。"桃都山桃都树东北向之围岩上兀立有天鸡（石鸡）。	昆仑，百神之所在。意谓百余代帝王立都、主宰、归藏于昆仑之丘。昆仑所在的王屋山区，南太行山区等地常年有鹰等猛禽翱翔于天空，故古人多以天鹰象征天神。		左四者之所见所说完全一致，可证萨满宇宙山之原型乃昆仑丘和桃都山。
第九层：天帝	"桃都树"极顶，系头戴皇冠，至高无上的天帝。意谓天地间一切包括天鸡何时报晓，皆由天帝所主宰。	《海外经》："度朔山上有大桃树……东北有门，万鬼所聚也。天帝使神人管索之。"	天极位天中，为天帝之所居，昆仑位地中为帝王之所居。	宇宙树顶上住着天帝，多以高高飞翔于天际的鹰象征天帝。满族认为，树梢上住着天神。	左四说皆谓天之极住居天帝，表明萨满宇宙山的山体原型系昆仑丘与沁河桃都山。

上述大量证据证明，萨满教的根基或宇宙山的原型就是昆仑丘及沁河桃都山。本章讨论了流传于世界几千年的金字塔和萨满教的来龙去脉，同时也涉及佛、道两教重要的"莲座"文化、"龙凤"文化和前几章讨论过的巴比伦空中花园，以及观象测天、授时推历等原始科学。这些都是形成于中华文明初始时期并对中国历史、中国文化产生过巨大而深远影响的原始文化。

在这些文化的产生与流转过程中，只要

稍加注意便可发现两种现象：一是流转到世界各地的这些文化都与昆仑丘有关，都以昆仑丘的形义为原型；二是流转到世界各地的这些文化多与北斗星、北天极有关，故昆仑文化传播的南界大致在能够看清北斗星围绕北天极运转的北回归线附近，如印度恒河流域、埃及孟菲斯、墨西哥玛雅等地。假如说南半球或赤道附近存有昆仑文化的痕迹，则应属于后世的"再转移文化"，或与昆仑文化无关。如柬埔寨吴哥、印度尼西亚爪哇、秘鲁库斯科等地的塔形神殿建筑。

那么这些文化大约是在什么时期流转到世界各地的？据推测，最早约在"黄帝杀蚩尤两皞"和"颛顼昆仑绝地天通"以后，或更后世的春秋、战国、汉、晋、唐年间。总之，光辉灿烂的中华昆仑文化早在原始社会末期已逐渐传至地球北半球多地。昆仑文化在世界范围的转移和传播，是世界上最早的中外文化交往史。

所谓远古中原人如何到达埃及、墨西哥，这一问题已有很多学者回答清楚：中原人、俄罗斯人、朝鲜人等，自古以来就横跨宽68千米、冰冻的白令海峡，需时不足一天。

千百年来，中国人都笼统地以为"中华"与"华夏"是性质完全相同的同一民族的两个称谓。其实不尽然。

说其不尽然，至少在中华与华夏的取名时序、取名背景、名称本义及在民族史上的地位等多个方面各不相同。

一、中华在先，华夏在后

从文化史角度看，许多名词包括专用名词，通常总是创生单字在先，连缀单字而成词语在后。之后又有了动词、副词、连词等，才能构成语句。再后才能由文学家书写成文章。最后才将这些文章写在石头、羊皮、树皮之上，或刻在龟甲兽骨之上，或铸在铜鼎之上，或刻在竹简之上，或书写在绢帛、纸张之上。这些名词才能依托刻写在载体之上的文章流传于世并为世人所知所识。而这些文章，有些已经散佚，有些尚未发现。史籍中有关中华、华夏、中国三词最早来源如下：

《书·武成》："华夏蛮貊，罔不率俾。"

《诗经·小雅·六月序》："《小雅》尽废，则四夷交侵，中国微矣。"

（晋）桓温《请还都洛阳疏》："自强胡陵暴，中华荡覆，狼狈失据。"[1]

其中，"华夏""中国"等专用名词春秋时见诸文章，而"中华"之词在晋朝才出现。于是我国有些学者便称"中国""华夏"等专有名词在春秋时产生，"中华"在晋朝才创生。其实，专有名词见诸文章的时代并

[1] 引自（清）严可均辑《全晋文》，商务印书馆，1999年版。

不等同于其文辞创生的时代。

那么到底是在何时又是如何创生"中华""华夏"这两个专有名词的呢？

（一）"中华"——天地正中大花园

本书第四章"神异昆仑之一 天中地中"、第九章"神圣昆仑之一 伏羲故里昆仑华虚成己"、第十七章"首批象形文字的创生"，已就象形字"中""华"的原创地和原创环境做过讨论。明确"中"字本义为在天地正中，在四方地域之中，在部落联盟之中立杆为帜，上系飘荡物；"华"字本义为美丽大花园，因这大花园位处昆仑天柱之巅，故屈原《天问》又称其谓"昆仑悬圃"，即空中花园或天宫花园。于是"中"与"华"相连缀，其义即为天地正中美丽大花园。这便是"中华"之本义。

那么"中华"二字创生于何时呢？可以说，单纯解析中华二字的字构、字形、字义很难推知其创字年代。但，假如说从"中华"二字原创于伏羲时代天地正中昆仑丘，再由伏羲据昆仑神龙推演出双龙太极图，那么就能由太极图推演于公元前六十世纪而反证"中华"二字亦同创于八千年前伏羲时代昆仑丘（详见本书第十七章）。

（二）华夏——天宫大花园南鄙

第十一章"神圣昆仑之三 黄帝故里 黄帝墓地"已就象形字"夏"的原创地做过讨论。明确"夏"字像一个手持斧钺的奘大武士形，本义为奘大武士形，最早曾作为华夏古族的图

腾。并由奘大引申"夏"主大，主盛，主热，主南方等。故华夏犹指天地正中大花园之南鄙。鄙，郊；南鄙，犹南郊。同时，"手持斧钺奘大武士"本身又表明华夏时代已进入拥有兵器和军队的前国时代，即已进入到五千年前首次部落战争的炎黄时代。

由上，公元前六十世纪伏羲所在部落称太暤，又称中华，部落中心在天地正中昆仑大花园，即今山西省阳城县西南析城山圣王坪；公元前二十七世纪黄帝所在部落称华夏，部落中心在昆仑大花园之南边，即今河南省济源市西北析城山南端轩辕台至其东侧玉阳山有熊、姬沟一带。

中华早于华夏三千年，期间正处原始公社制转型私有制。帝王亦由原先普天下的禅让推举制改行家天下的世袭制。

二、中华、华夏在文明史上的地位

也许出于颛顼时"不能纪远，乃纪于近"的专制政治，后世对八千年前的中华文化，无论是口史还是信史皆传史寥寥，而对五千年前的华夏文化则相对记之尚详。但其后又历经秦始皇焚书坑儒，汉武帝罢黜百家以及无数次的部落迁徙、改朝换代、战火劫难，中华远古文化乃至华夏文化，多只剩下或说只能剩下以神话形式相传于世。以至包括授时推历、伏羲故里、黄帝归天等非常重大的历史事件，也不得不以"太极八卦""四灵神兽""有龙垂胡须"等神秘、隐秘的笔法

记载于《史记》《尚书》这些流传千秋万代的大部头历史著作中。为此，今天的人们想解开这些远古史亦只能从神话甚至从筮话中才能找到一些答案。原创于远古时期昆仑丘和昆仑南的本义中华文化、华夏文化就是近年从神话、筮话中发现并在昆仑丘、昆仑北、昆仑南考察时得以证实的。

（一）中华文化形成于文明开创期

人类由蒙昧、野蛮进入文明开化，不可避免地要经历"原始科学的启蒙，生产力的发展，生产关系的转型，文化的进步，社会细胞即家庭的出现和适应文明时代的思想意识的形成"这一过程。

经过有巢氏、燧人氏的文明前夜，到伏羲时代已经在原始科学、生产技能、文化知识、思想意识等方面积累了很多经验，具备了文明产生的必要条件。直至今天，昆仑丘上下仍可见伏羲时代观象测天、授时推历的六峜、圭表（表竿测景），种植的糜子，驯养家畜的圈舍，远古人类居住的洞龛，创生文字的自然环境，取火的燧石，祭天的宰牲池，推演太极八卦的天龙地龙等文化遗迹和实物原型。这些证据无不证明伏羲时代已经进入到初始文明阶段。

"中华"二字是伏羲时代创生的首批象形文字中的两个；六峜、圭表也是伏羲时代发明的观象测天，授时推历中的两门科学技术。还有许多无形的文化、无形的科技，因时代迁延、自然环境变异，今人已难以一一

相见。但不能因此说这些原始文化、原始科技未曾存在过。比如说正统伦理、和合包容，本是伏羲"仰则观象于天，俯则观法于地""近取诸身，远取诸物"之后总结出来的由天道、地道规律而引申的人道，不能因为今天的人们见不到、不认识那时的天道、地道就不认可伏羲开创了和合大道理念。和合大道理念正是在也只有在天中地中昆仑丘才能产生。这一道理与哥白尼日心说、伽利略地动说、牛顿万有引力说的发现过程一样。无论是文、理、工科，一种学说的建立不会总是一帆风顺的。这表明人们对某些事物的认识，如同产生初始文明一样，限于多种因素，总会有些地方早些，有些地方晚些，有些人认识早些，有些人认识晚些，绝不可能整齐划一。这也是由事物发展规律决定的。

以上是说，最早的中国文字、中国文化形成于文明开创期，年代定位在公元前六十世纪至公元前二十七世纪，其间历经一百多代古帝王，共约三千年；代表人物是三皇之首伏羲；文明标志是原始科学的出现，在科学指导下定居农业的形成，部落联盟的产生，首批象形文字的创生，族外对偶婚的出现，以和谐大道为核心的社会化管理理念的形成；文明开创地是王屋山区昆仑丘；中华民族开创期的代表性文化统称昆仑文化。

（二）华夏文化形成于文明发展转折期

由伏羲开创的中华早期文化，历经三千

年的和合发展，到黄帝时代，无论在科学技术、生产技能、社会形态、文化程度和思想意识等各个方面，本应有极大的变化，但在记载黄帝时代的中国历史史籍中却似乎并没有看出有多大变化，甚至在社会安定和思想理念等方面，许多历史史籍所描述的黄帝时代反不如伏羲时代。这是为什么呢？

为了便于对比分析这两个时代，以下再简单转录具有代表性的几本古籍文献中有关黄帝的一些史事及其对黄帝的评价：

（汉）司马迁《史记》："轩辕乃修德振兵，叫熊黑貔貅驱虎，以与炎帝战于阪泉之野。……与蚩尤战于涿鹿之野，遂禽杀蚩尤。而诸侯咸尊轩辕为天子，代神农氏，是为黄帝。天下有不顺者，黄帝从而征之，平者去之，披山通道，未尝宁居。"

《史记·五帝本纪》："黄帝崩，葬桥山。其孙昌意之子高阳立，是为帝颛顼也。""帝颛顼生子曰穷蝉。颛顼崩，而玄嚣之孙高辛立，是为帝喾。"

（汉）刘安《淮南子·览冥训》："昔黄帝治天下，而力牧、太山稽辅之，治阴阳之气，节四时之度，正律历之数，别男女，异雌雄，明上下，等贵贱，使强不掩弱，众不暴寡，人民保命而不夭，岁时孰而不凶，百官正而无私，上下调而无尤，法令明而不暗，辅佐公而不阿，田者不侵畔，渔者不争隈……然犹未及虑戏氏之道也。"

兹归纳以上史料，大致可厘出黄帝时代的主要历史概况：

其一，所谓"迎日推策""大挠定甲子""治阴阳之气，节四时之度，正律历之数"是说黄帝时有一位名曰大挠的大臣主持晨考日出，授时推历，告民农时。然此授时推历、告民农时在黄帝前三千年前的伏羲时代已经掌握，并非黄帝时才开创。

其二，所谓"时播百谷草木，淳化鸟兽虫蛾""黄帝制夔鼓，制雷兽骨、指南车，养蚕缫丝，织布制衣，制黄帝礼冠朝服，冶铜铸鼎，造车船……"是说黄帝时有较成熟的农牧业，有初步的手工制作和丝织技术，有采矿冶铜和制作简单木制车船技术。所谓"雷公歧伯医药，伶伦制作乐律，发明踢球"等，是说黄帝时已学会中草药治病，已懂得音乐、体育等娱乐活动。

经三千年发展，黄帝时的生产力较伏羲时确实有较大的提高。

其三，文字的创生决非一时一人之所为，所谓仓颉造文字，实指仓颉在先前三千年间太皞部落已经创生的文字基础之上补充并整理成了文字体系。

其四，所谓"别男女，异雌雄"当指对偶婚的出现。但实际上，对偶婚起始于伏羲时代。

其五，记史中最详尽者莫过于颂扬黄帝称帝后天下和宁及其自身又是如何勤勉，如何忧国忧民。如"万国和，而鬼神山川封禅与为多焉。……劳勤心力耳目……忧天下之不治"。黄帝俨然是一代忧国忧民的好君王。

但历史上另有与上记迥然相反的记载：例如《史记》："轩辕乃习用干戈，以征不享。""与炎帝战于阪泉之野。与蚩尤战于涿鹿之野，遂禽杀蚩尤。""天下有不从者，黄帝从而征之。"《庄子·缮性》："及神农、黄帝始为天下，是故安而不顺。"《庄子注》："神农有共工之伐，黄帝致蚩尤之战，苟且欲安天下，未能大顺群生也。"《逸周书·尝麦解》：黄帝"执蚩尤杀之于中冀"。《盐铁论·结和》："轩辕战涿鹿，杀两曤、蚩尤而为帝。"《战国策·赵策二》："伏羲，教而不诛。黄帝，诛而不怒。"

以上五个方面与黄帝有关的记史，孰是孰非，单凭记史很难评判，故今人莫若以唯物史观为出发点，从社会发展的普遍规律入手解读之。

当社会处于大转折的关键时期，不同利益集团之间总会发生激烈碰撞。当历史从原始公社制进入私有制，帝王由禅让制转为世袭制，原先主张公社制、禅让制、公天下的各部落与新兴的主张私有制、世袭制、家天下的黄帝部落发生了中国历史上最早的"炎黄""蚩黄""共颛"三场大战。

黄帝部落战胜了其他部落之后，按常理必定会采取以下几步措施：命名新建部落名称，因黄帝故里位处天地正中大花园之南侧，故取名新建部落为"华夏"；天下有不顺从华夏者，不顺从黄帝者，则"从而征之"；

反之，为取悦天下，又当采"万国和，鬼神山川封禅""艺五种，抚万民，度四方""劳勤心力耳目""喜忧天下""等贵贱，使强不掩弱，众不暴寡""百官正而无私，上下调而无忧，法令明而不暗，辅佐公而不阿"。所以史书中的黄帝真个是让后人难予评说的两面性人物。

其实，史上历朝历代开国君王何尝不是如此？不如此又何以图天下、治天下、平天下！说到底，这是历史之使然，是历史进程中尤其当值原始公社制进入私有制历史大转折时期的"潜规则"。故本书无意着墨黄帝之善恶功过。在此只拟就伏羲的中华文明与黄帝的华夏文明做一简单比对。

（三）华族开天八千年

综上，中华在先，华夏在后；中华在天地正中，华夏在天中地中南鄙；中华行公天下，华夏始家天下；中华倡导天下大同、和合包容，华夏偏重天下大统、正统伦理。

这就是中国远古文化的特点。这是其一。

其二，按文明时代标准，无论是伏羲时代的中华，还是黄帝时代的华夏，均已跨进了文明时代门槛。不同点主要是伏羲时代的太曤部落联盟（亦即中华）以近者阅，远者来，协和天下，共同发展的和合包容理念，达成部落之间融合；黄帝时代的华夏部落联盟则主要是以武力达成部落之间统一。

那么中国的文明起始点到底应从中华起算还是从华夏起算，以哪种起算法更近唯物史观？

　　为便于说明问题，不妨对比一下"中华部落联盟"与"华夏部落联盟"的主要异同点：共同点是两者都脱离了血缘氏族制而进入到非血缘社会化管理。不同点是前者为公社制，而后者为私有制；前者主大同天下、和合包容、共同发展，后者主大统天下、文治武备。显然，以血缘为基础的氏族式管理抑或以非血缘为基础的社会化管理才是文明与愚昧、文明与野蛮的主要分界线，而公社制抑或私有制只是社会化管理中的两种不同模式，并非文明与愚昧野蛮的分界线。如此认识也合乎人们的常识：愚昧的主要特征是不懂科学，没有文化；野蛮的主要特征是群婚或氏族血缘婚。

　　由此可得结论：由伏羲建立的太皞（中华）部落联盟是中华进入文明时代的起始点。若更从广义讲，太皞部落联盟的建立是中华历史上第一次天下大同。且据《开山图》、《路史》等史书记载，这种大同局面一直延续到三千年后的临炎黄时代，之后又由黄帝在太皞部落联盟基础上建立华夏部落联盟，形成中华历史上第二次规模更大的天下大统。

　　无论是八千年前创建的中华，还是五千年前建立的华夏，都是已经进入文明时代先后相续的同一个伟大民族。

文化转移，又称文化扩散，指原创于一地的文化因种种人为的、自然的因素而转移、扩散到他地并为转移地所接受。前者称文化原创地，其文化称原创文化；后者称转移地，其文化称转移文化或扩散文化。

以伏羲为代表原创于公元前六十世纪王屋山区昆仑丘（今析城山）的文化统称昆仑文化。后因种种人为的、自然的因素，随着太皞——华夏部落民众迁离昆仑丘，昆仑文化便逐渐转移、扩散到四面八方，并在转移地继续发展，最终成为推动中华民族历史前进的文化宗源。在某些转移地，原创文化或发生扭曲，成为影响社会进步的负面因素。

昆仑文化的核心集中体现在六大文明标志（也可称六大文明标准）：以授时推历为代表的原始科学的出现；以科学定居农业为代表的生产力大发展；以部落联盟为代表的社会化管理体制的形成；以象形文字为代表的文化大革命；以族外对偶婚为代表的社会结构大变革；以正统、伦理，和合、包容为核心的社会化管理理念的形成。（以上详见本书第十三至第十九章）

这些文明标志在伏羲之前尚未形成。是伏羲把人类首次从愚昧、野蛮推入文明开化新时代，而且成为指引后世社会前进的指针。

所有这一切天翻地覆的大变革都发生在王屋山区昆（Hun）仑丘，都肇启于人类的认知从昆昆（混）沌沌到仑（伦）理有序的思想大变革时期。故命名这一文化为"昆仑文化"。

那么，如此神圣的昆仑文化是如何发生转移、发展或扭曲的？

一、昆仑文化的转移

世界上许多古老民族都发生过文化转移、失落事件，昆仑文化的转移、扭曲、失落并非偶然。不过，相对于其他文化，昆仑文化的转移、失落是世界史上最为严重的历史文化"失落"事件之一。

文史界称，古代文化失落通常出于三因：一因自然灾害导致古文化毁灭；二因外族入侵致古文化遭洗劫或变质；三因部落迁徙导致原创文化丧失或变异。部落迁徙亦有三因：一因部落人口增多而不得不分批外迁而分部屯居；二因自然环境变异导致原居地不适宜人类居住而被迫举族外迁；三因政治因素驱逐异部落。

据考证，昆仑文化的转移既有自然界气候变异导致部落被迫迁徙的因素，也有部落人口增加而分部屯居的因素，还有因政治驱杀致异部落被逼逃离的因素。大致过程如下：

（一）昆仑文化开创期

公元前六十世纪前，地球进入暖湿初期，沟谷平川地带频发洪水，中原一带有一支活动在今下川、山西沁水阳城李疙瘩或中条山东、涑山北等沟谷平川地带的部落在其首领们（后世称其中为首者谓有巢氏）率领下登上海拔1800米，无旱无涝、温暖舒适的宛丘、石楼山南、琅琊山、鳌背山、峤山定居。

公元前六千年进入燧人氏时代，首次发明了燧石取火。燧石取火是中华原始时期贡献于世人的三大发明之一。随后，伏羲氏时代学会了观象测天，授时推历，基本上结束了采摘狩猎而进入定居农业时代。之后，定居在宛丘的华虚部落首领伏羲以"近者阅，远者来"的理念联合周边各部落创建了太暤部落联盟，实行了社会化管理体制。伏羲时代还推行了对偶婚，施行了正统、伦理，和合、包容的社会化管理理念，太暤部落联盟在人类史上率先进入了文明时代。人们把伏羲在宛丘做的这些天翻地覆的大事业，尤其把观象测天、授时推历比喻为天地从混混沌沌到伦理有序的过程统称谓"开天辟地"，同时又兼称"宛丘"为"昆仑"（混伦）。

以上就是《庄子》《楚辞》《遁甲开山图》《山海经》《三五历纪》等古籍中所记"盘古""伏羲""女娲""开天辟地""昆仑"等名词与故事的由来。

（二）昆仑文化第一次转移

《遁甲开山图》记："王天下十有五代皆袭包羲之号。"这是说伏羲之后的几百年内有十五代帝王皆沿袭伏羲之名号，表明伏羲开创的事业和大道理念深得人心，所以《庄子》记："伏羲氏得之，以袭气母。"这是指伏羲在昆仑丘由天道地道开创和合大道，史称"画八卦，化天下"。

在几百年内，太暤部落所在地昆仑丘一带的经济、社会、文化得以相当快的发展。经济的发展伴随着的是人口的快速增加，而人口快速增加必然导致太暤部落向外迁徙，并在新的地区建立定居点，史称"分部屯居"。当然，这种迁徙是正常、平和、渐进、有序的，外迁距离一般不会很远，且可经常往来于原居地与新居地。由此人们把原居地昆仑丘的生活习俗、生产技能、社会文化等都带到了新居地。

又据《遁甲开山图》"昆仑，百神之所在。""王天下百有余代……"等记，从有巢、燧人、伏羲到炎黄约三千年间，有百余代帝王及其部落民众繁衍生息在昆仑丘。且在这三千年内社会"顺而不一"。顺而不一，即社会安顺但不强求同一。故《庄子·胠箧》曰"则至治已"。社会极是融和，生产力极是发达，人口快速增加。按此推论，三千年间由昆仑丘一带外迁的部落民众不少于数十万。

以上便成为祖居昆仑丘向外迁徙的首批部落民众，也是昆仑文化第一次向外转移。但应该说，昆仑文化在这一时期的向外转移、扩散，不会造成昆仑文化的失落、讹变。相反，这为昆仑文化在更广地域传播和传承打下了很好的基础。

（三）昆仑文化第二次转移

昆仑文化第二次转移、扩散发生在公元前二十七世纪私有制出现后的炎黄至颛顼时期。概况如下：

黄帝、颛顼战胜炎帝、蚩尤、共工部落后，除黄帝、颛顼本部落可定居昆仑丘一带外，其余部落一律被驱离。不但如此，天下所有部落皆不准"纪远（古史）"，而只能"纪（黄帝以来）近史"，也不准以龙、凤等作为图腾标志。于是，许多年后，原先以有巢氏、燧人氏、伏羲、女娲、华虚、太暤、羲王母、昆仑、龙凤、中华、太极八卦（开天辟地，授时推历）等为代表的真实的中国远古史、远古文化便多失落，无人知晓。或者仅剩下一些不知谓何义的空壳外形或一些不知谓何义的名词或一些稀奇古怪的神话故事。这便为后世讹说龙凤，篡化太极八卦，神化伏羲、女娲、羲王母和臆猜昆仑、华虚、中华等埋下了种子。

例一，被驱离昆仑丘的蚩尤、太暤、少暤部落后裔四散逃命。其中一部分沿济水东下逃到今山东西南部定居下来，并与原住民相融合，成为后世的东夷、东北夷等族，其文化史称"龙山文化""东夷文化"；另一部分沿泾、渭河西上逃到今甘肃天水一带定居，成为后世的西戎、氐羌和西南夷等族；其他南逃者成为所谓南蛮，北逃者成为所谓北狄。

这些被迫迁居外地的蛮夷戎狄与被迁居地的民众很快相容相融，同时把先进的昆仑文化和生产技能传播过去，并为被迁居地民众所接受。这些文化称作"昆仑转移文化"，龙山文化便是昆仑转移文化中的典型，故此龙山文化理所当然地先进于其他原始文化。正因此，有学者才提议应把龙山文化作为中华文明起始点。

南北朝时期，氐羌人在长安建立了君主政权，便在原迁居地"成纪"（今甘肃天水一带）大规模追建纪念、祭祀氐羌先祖伏羲、女娲的寺庙等建筑物。于是，西晋皇甫谧、北魏郦道元和今人便误把那些伏羲转移文化当成伏羲原创文化，误把"天水成纪"当作伏羲、女娲故里"昆仑成己"。

例二，同样，沿济水东下山东的逃亡者中又有一部分折南逃到今河南淮阳定居，并在淮阳大规模仿建宛丘和伏羲衣冠冢等纪念、祭祀性建筑物。

于是，皇甫谧、郦道元和今人又误以为伏羲在淮阳推演太极八卦，误以为传说中的宛丘在淮阳，误以为伏羲墓在淮阳。

从以上昆仑文化的产生、转移过程可以明显发觉，所谓文化失落，并非真的失落，其实只是一种因部落迁徙而发生的文化转移现象。一些文化在原创地消失，又在转移地重现。于是乎，今天的人们也可以经由转移文化反演、复原出原创文化。本书所发现的昆仑原创文化，实际上有许多就是由天水、淮阳、洛阳等地的"昆仑转移文化"反推并在昆仑丘得到印证的真实的远古文化。

（四）昆仑文化第三次大转移

昆仑文化的第三次大转移发生在公元前二十一世纪地球新冰期初始的夏朝初期。梗概如下：

公元前二十七世纪颛顼绝地天通以后，昆仑丘仅剩下黄帝、颛顼所在部落的后裔。其时，颛顼、帝喾仍施行帝王世袭制，社会关系多"安而不顺"。安而不顺，即表面安定，实则不顺从。尧、舜、禹年间复行帝王禅让制，天下称颂"尧天舜日"。

大禹时，地球渐入暖湿晚期。其时，大禹所在部落民众仍多有定居昆仑丘等高丘地带者。古籍中所见鲧、禹与昆仑丘相关的故事，如《楚辞·天问》：鲧"永遏在羽山""康回冯怒，地何故以东南倾""昆仑悬圃""增城九重""四方之门"。又如《淮南子·地形训》："禹乃以息土填洪水以为名山，掘昆仑虚以下地。"……表明鲧、禹时代其部落仍定居在昆仑丘。

公元前二十一世纪，历史进入夏朝初期，地球又开始转冷干期，第四纪地质学上称这为"晚全新世新冰期"。因其冰期规模较小，故又称其为"小冰期"。新冰期的到来，使得昆仑丘又旋回古人不宜居住区。据史料，夏少康时王都已迁至原（今河南济源）。夏

末殷初已进入深度新冰期。连年大旱迫使汤王登临神龙化身昆仑丘"焚身祷雨"。上述史实表明夏初时昆仑丘已成无人定居的无人区。

在大自然的无情支配下，新冰期的昆仑人不得不最终离开祖祖辈辈生活了近四千年的昆仑丘而再次沿着济水流域大规模东下进入中国东部大平原，并与第二次向东迁徙的昆仑人相融合，在东部大平原共同推动着"龙山文化"继续向前发展。

自夏初起直至现在约四千一百年，昆仑丘实际上成了无人定居的无人区。于是原本发生在昆仑丘的许许多多巢燧羲时期乃至炎黄、尧舜之故里与墓地等重大的历史事件尽皆一并失落，以致后世衍生出伏羲故里甘肃天水、伏羲墓地河南淮阳、黄帝故里河南新郑、黄帝墓地陕西桥山等不实传说。

昆仑先民最后两次被迫迁离昆仑丘的年代与中国东部早中期龙山文化的年代完全相吻，也与中国从原始公社制进入私有制的历史大转折、与地球由暖湿期转入新冰期的气候变化总趋势呈紧相关，表明人类早期文化的发展，与社会变革、与大自然变迁有着不可分割的关联，也表明昆仑文化才是中华文化之源头，而龙山文化则是昆仑文化流向东部大平原的主流文化。

二、昆仑文化的扭曲

任何文化不可能永远停止在起始点，随着社会向前发展，这些文化必然也会向前发展。但因历史局限性，这些文化或则迷失了本性，或则讹变为荒唐的异端邪说，也或则发展成为推动社会前进的动力。

经历了天灾人祸两次大劫难，昆仑丘成为无人定居的无人区，辉煌的昆仑文化也随着一次次的部落大迁徙而从昆仑丘转移、扩散到四面八方，并在历史长河之中或则被人们遗忘或则一次次地被扭曲而迷失本义。

昆仑文化在历史上曾多次发生讹化，其中最严重的有四次：一是把中华文明发祥地昆仑丘讹变为神仙世界昆仑（kūn lún）山；二是把伏羲故里昆仑丘讹变为甘肃天水，把神圣的龙图腾讹变为毫无意义的蛇；三是把伏羲王都昆仑丘讹变为河南淮阳，把伏羲推演的用于表达原始宇宙观的天地双龙太极图讹变为毫无意义的双鱼太极图，并把授时推历的科学八卦符号讹变为荒诞不经的谶纬命算或讹变为不着边际、胡说八道的代词；四是把八千年前中华人文始祖伏羲讹为五千年前的人文初祖黄帝。

至今所见先秦典籍如《楚辞》《庄子》等皆只记载昆（hún）仑丘、昆仑虚或昆仑，而无记昆（kūn）仑山。此表明先秦时尚无昆（kun）仑山这一地名，同时也无明确记载昆仑丘具体的地理位置和发生在昆仑丘的历史事件，甚至昆仑二字的文义也全然不知。由此，如同听龙的故事一样，人们皆听说有龙，皆听说有昆仑（hun lun），却不知龙在哪，不知昆仑（hun lun）在哪。人们只闻说龙很神奇，只闻说昆仑（hun lun）是圣地。于是自春秋战国、汉晋后，出于风水形势中的功利目的，各地都指称这里、那里是龙、龙脉、龙穴；各地都指称这是海内昆仑（hun lun），那是海外昆仑（hun lun），那是大荒昆仑（hun lun）。就这样，风水家指认了天下无数龙，《山海经》指认了天下有八座昆仑（hun lun）丘。

然直到东晋，仍未认出天下哪山为真昆仑（hun lun），于是郭璞云："昆仑（hun lun）者，高山皆得名也。"

郭氏此说，一则起因于几千年来未找到真实昆仑丘；二则起因于汉武帝命名又高又大的和田南山曰昆仑山；三则起因于传说中的昆仑丘是天庭，是太帝之居，是天帝下都，是高出日月之上的悬圃。如此"真宫仙灵之所宗"的神山圣山，春秋五霸、战国七雄纷纷声称昆仑丘归己。由此《山海经》便指认天下有八座昆仑丘。可见郭璞所云并非全然无据，只是被时代局限了。

（一）文明圣地昆仑丘讹变为神都天界昆仑山

有巢、燧人时的华虚部落主要生息在宛丘、石楼山（其时又称狼牙山，后称琅琊山），伏羲开天辟地后兼称昆仑丘。昆仑，即天地从混混沌沌到伦理有序，犹混沌（浑沦）初开。另外，汉武帝命名新疆和田南山谓昆仑山后，或则因"昆"字是多音字，或则因其时无注音符号，故后世很难考证汉武帝当时所发为"hún"音还是发"kūn"音，总之，从西汉后，昆（hún）仑丘便讹读为昆（kūn）仑山。

自昆仑丘讹为昆仑山后，中国的许多早期历史都说不明白了。比如，《山海经》谓"海内昆仑之虚在西北，帝之下都。""昆仑山在西北，河水出其东北隅。"西汉时又认定"昆仑"在新疆、甘肃一带的昆仑山脉。于是史界有说："汉族早期本居中央亚细亚高原，经由新疆、甘肃入中原。"又有说："西亚两河流域有一仙山曰 Khursag Kurkura，所以昆仑山原在西亚巴比伦，中国的昆仑山名是从外国舶来的。"总之，西汉后尤其明之后，古今文史界只知有昆仑山而不知有昆仑丘。

以上是昆仑丘讹为昆仑山的直接原因。

同时，除昆仑丘讹为昆仑山外，文明圣地幻化为神都仙界也是中国远古、上古史说不清的重要原因。

其实，这一幻化过程很简单：中国古时谓帝王曰圣，圣逝曰神；智者曰贤，贤逝曰仙。古时，昆仑丘归藏有百多位远古帝王，周朝后又有无数高道大贤在昆仑丘修持，故《山海经》《海内十洲记》《遁甲开山图》《博物志·地理略》《淮南子·地形训》等古籍便讹谓昆仑为神都仙界。

经过这两次化变，民族圣地昆仑丘便变成了神都仙界昆仑山。

自从讹为神话昆仑山后，肇启于圣地昆仑丘的中华远古文化就鲜有人理会了。

（二）伏羲故里、王都被讹为甘肃天水及河南淮阳

公元前二十七世纪至前二十一世纪，西迁的蚩尤、两皞部落中的一支定居在今甘肃天水一带；东迁的一支定居在今河南淮阳及大汶口一带，昆仑丘先进的农业、手工业技术和先进思想理念很快被两地原住民所接受。于是两地的生产力和思想文化比之早年有了很大提高和发展。这在近年两地的考古文化层中可以找到明确的佐证：不论是甘肃天水，还是济水中下游，距今四千七百年前之天水或距今四千五百年前之淮阳的文化层皆与太皞伏羲文化不相关；而其后的文化层即龙山文化层则明显有伏羲文化的痕迹。

这些蚩尤、两皞部落后裔远离宗祖地昆仑丘，思乡之情日甚。他们思念故乡神龙，怀念先圣王伏羲、女娲，追忆在"宛丘之上""宛丘之下"歌舞耍玩的岁月，常常追忆在昆仑丘定方正位，授时推历，告民农时的"太极八卦""六壬""晷仪"。可是在天水、淮阳怎么也找不到这些神物圣物。于是，从昆仑丘迁居来此的人们便在甘肃天水找了一块不像龙而更像蛇的"白蛇石扁"权当昆仑神龙；西汉时还在天水一带建了一座城池追名"成纪"；又追建了纪念祭祀伏羲和女娲的神庙。在河南淮阳，追建了宛丘，追建了伏羲衣冠冢，追建了太极八卦台，等等。直到春秋时先民们还在追建的宛丘上下歌舞欢嬉。《诗经·陈风》："子之汤兮，宛丘之上兮……"就是其时的真实写照。

以上种种本都是天水、淮阳两地追建的昆仑转移文化。春秋《左传》尚记"太皞氏以龙纪，故龙师而龙名"，可后朝如战国或西汉《山海经·大荒西经》却按"白蛇石扁"改称为"伏羲蛇身人首"。公元四世纪的西晋和公元五世纪的北魏出了两位名人写了两部名著：西晋皇甫谧在《帝王世纪》和北魏郦道元在《水经注·河水》中把那些天水、淮阳追建的"昆仑转移文化"误当成了伏羲原创文化。于是，自西晋、北魏起直至今日，我国史界便误定甘肃天水为伏羲故里，误定河南淮阳为伏羲王都与伏羲墓所在地。

这是昆仑丘及昆仑文化被扭曲的历史原因。

（三）科学定方正位、授时推历被讹为玄学太极八卦

本书第十四章、第二十三章明确伏羲推演太极八卦之本义是用于定方正位，授时推历，告民农时的图解符号。

原始时期人与人之间无高低贵贱，无剥削压迫，故无占卜命算之需。占卜命算是阶级社会的产物，与本义太极八卦无关。

那么，原本科学的太极八卦是如何被后世讹变为玄学太极八卦的？据史载分析，大致历经三个阶段：

第一阶段，神力化。

唐末五代名道杜光庭在《天坛王屋山圣迹记》中记："黄帝于元年正月甲子，列席王屋山，……于琼林台祷上帝破蚩尤。帝遂敕西王母降于天坛。王母乃召九天玄女，授破蚩尤之策。……"九天玄女，道教神名，传为黄帝之师。以六壬、遁甲、兵符、图策、印剑等授黄帝，遂破蚩尤（《辞海·九天玄女》）。其中图策，即周、汉时之图谶、河图。又，河图即龙图、太极。

以上表明，当历史进入炎黄时代，伴随着私有制和阶级的产生，以天中地中、天龙地龙、天帝天子为核心的神学观念在天地正中昆仑丘随之产生，并被上层社会所利用。于是出于政治、军事目的，黄帝所在部落便故意把当年伏羲为授时推历而推演的天地双龙太极图神力化为九天玄女授黄帝的图策，以达其震慑对方、振奋己方的目的。

第二阶段，筮占化。

同样出于政治目的，周灭商前，一方面大肆宣传商纣王的荒淫无道，另一方面利用人们普遍敬畏天神观念便把伏羲先天八卦中的"天卦位上"故意改为"乾卦位西北"的文王后天八卦，以此告示天下：西北祖地幽的大周取代中原的殷商是上天的旨意。当周朝果真取代殷商后，易界又宣称"伏羲先天八卦为本，文王后天八卦为用"，把周文王

比作开天辟地的伏羲。

周灭商之初，天下尚不稳定。上古大天象学家周公旦又借用伏羲推演太极八卦预测未来时、历之术，在河（大河）洛（洛水）之间占星堪舆，复卜申视。遂卜知洛邑与昆仑丘同位天地正中，于是昭告（召诰）天下：大周营都洛邑"堪与皇天相比肩，是与天地共久长"。（另有学者按字面释谓："大周营建洛邑，从此祭天时，便能够以先祖后稷配享，谨慎地祭祀天神和地神了，从此便可以居于天下之中而治理国家了。"）从此商民归顺，天下安宁。同时，出于政治目的，又把伏羲推演的天地双龙太极图改称为"河图"。为此还编造了"河出图，洛出书"的神话故事和精心塑制了取名"河图"的玉制太极图（另有学者释为"河道为主的河图"），并于成康时作为天兆祥物陈列在"东序"（详见第四章"神异昆仑之一 天中地中"、第二十三章"本义论义太极八卦与河图洛书"）。

大周王朝将太极八卦筮占化的目的，在于宣扬以周代商乃上天旨意，在于彰显周王朝的正统性、神圣性。

在易家看来，周文王的后天八卦与周公旦的占星堪舆，算定了殷商当灭，大周当立的天命。由此，周朝初年太极八卦就成了占卜命算，预测未来的筮占工具。西汉时，筮占风靡上下，事事必占。于是弄虚媚上，欺世造假竟成职业。

第三阶段，玄秘化。

宋朝是文人展示想象的年代，易家对太极八卦的想象更是达到为所欲为的地步。其中最具代表性的是将太极八卦图式化、复杂

化、玄秘化。

伏羲本义太极图只是以天地双龙相绕表达混沌（浑沦）初开的图形，本义八卦符只是以天龙绕北天极旋转，于一年中、一天内在北天夜空留下的八个位相分别表示八个节气的图解符号。可以说，八卦符是非常简单、直观，人人都能看懂，人人都会用的图式历书、图式钟表。

就是这么一张简单的图形，便让原始先民世世代代过上温饱生活。所以说，"把复杂的事变简单了才是科学"。然而北宋年间的一些易学家却把如此简单的太极八卦变复杂了，变成只有少数人"能看懂"，玄而又玄不知有什么用的秘图（详见二十三章"本义诠义太极八卦与河图洛书"）。以致一千年过去了，无数易家画了无数的太极八卦图，却至今仍然是无人能看透的一团迷雾。从那时起便把原本科学的定方正位、授时推历讹变成了毫无意义的玄学太极八卦。太极、八卦如今甚至成了被世人取笑或者取笑别人的负面词"相互推诿""胡说八道"。所以说，"把简单的事变复杂了就是'玄学'"。

三、昆仑文化的发展主流

以上概述了昆仑文化的转移与扭曲。实际上文化扭曲只是昆仑文化发展中的一个侧面，犹如一条大河进入平原区后会出现多条汊流，一种文化被扭曲只不过是这条文化长河中出现的一条条汊流，它永远不可能成为浩荡文化主流。

那么昆仑文化的发展主流是什么呢？归纳史料记载，主要体现在科学的进步、文化的发展和先进的思想理念三大方面。唯有这三个方面的发展和进步才对当时、对后世的影响最大、最广、最长久、最积极。

（一）以观象测天为核心的科学大进步

在近现代授时技术出现之前的几千年间，人类都以观象测天作为授时推历的基本手段。而这一技术最早是由伏羲在八千年前昆仑丘所发明。

伏羲在昆仑丘采用夜考极星、晨考日出、昼参日景三种授时推历技法，其精准度已经基本能满足当时农业生产的需求，故在帝尧以前的三千多年间，授时推历技法基本上未有改动。

经数千年的岁差运动，至帝尧时，伏羲时的"夜考极星"已不适用于尧时天象，故推历误差较大。于是除继续沿用伏羲所发明的其他授时技法外，帝尧又在北向观象测天基础之上增加了南向观象测天：将黄道带上的星座分为十二宫，后又进一步细分为二十八宿，将二十八宿归并为对应春、夏、秋、冬四季天象，并分别借用"四灵神兽"而取四季天象名谓春青龙，夏朱雀，秋白虎，冬玄武。以上统称为"星宿授时"（参见第十四章"太皞伏羲时代原始科学的出现"）。

星宿授时已经顾及闰年的因素，是我国夏历的开始。

其后又因天文岁差的因素，距星常处于以 25 765 年为周期的变动之中，故一般农人嫌其繁杂，于是周初周公旦在伏羲昼参日景（即表竿测景）基础上又增添精细刻度至一度为单位。不过其时的圆周度并非三百六十度，而是一百度。

东汉张衡发明浑天仪，元朝郭守敬改垂式晷仪为斜式晷仪，其目的都是为了提高观象测天、授时推历的精准度。时至今日，我国仍以中科院西安临潼授时台中星仪校正"北京时"。

可见无论怎么改进，在近现代钟表、年历出现之前，观象测天、授时推历的基本原理和技法一直沿用了七千多年。伏羲发明的观象测天、授时推历技法成为中华民族进入文明时代的首要标志，是中国原始时代献给全人类的三大发明之二。伏羲是全人类最早的大科学家！

（二）以象形文字为核心的文化大发展

《书序》记："古者伏羲氏之王天下也，始画八卦，造书契，以代结绳之政，由是文籍生焉。"此记明确中国象形文字最早是在八卦符的启发下创生的。

既然八卦符是以在天运转的八个不同位相的"图符龙"表示八个相应的节气，那么当然也可以其他不同的象形符号表示不同的物体或表示不同的意思。这就是象形文字最早的缘起，也是《易经·乾·坤》中之八龙和《易传·系辞上·象》"六龙以御天"的出处。

是的，人类知识由无知到广博，社会发展由低级到高级，由原始到文明，象形文字亦由简单的独体字到复杂的合体字。一般来说，原创于昆仑丘的首批象形文字多属独体字，只有很少的简单的合体字。其后，随着专有名词和其他词汇量的增加，在独体字的基础之上又新增大量合体字。

这一文字创生过程先后历时几千年，历经……甲骨文、金铭文、籀文、篆文等，直至"三代"中后期才逐渐完善定型。而其中造字高峰期尤其是古今常用的独体字和简单合体字的创生都在昆仑文化早中期。这就是说，中国早期象形文字中的主要部分是在昆仑丘创生的，足见伏羲时代创生的象形文字在推动中华文明前进中所发挥的举足轻重的历史地位。（参见第十七章"首批象形文字的创生"）文字的创生和应用是中华原始时代献给全人类的三大发明之三。

（三）以正统伦理、和合包容为核心的社会化管理理念的形成

当人类社会由血缘氏族关系进入非血缘社会化关系后，必然会产生与之相适应的社会化管理理念。按"存在决定意识"的哲学逻辑，这种理念不可能产生于人们的凭空虚构，而是产生于天地自然。

中国古时尤其信奉大道理念，而大道理念的核心则是本原于伏羲于八千年前在昆仑丘仰则观象于天（天道），俯则观法于地（地道），近取诸身，远取诸物而始作的八卦。

八卦除用作"授时推历""文籍生焉"外，还用于由天道、地道而引申的"人道"。道界谓，伏羲由仰观"日月星辰各循其道"（伦理之出处），"亿万斯年环中不休"（正统之出处）的天道和俯察"天下万类生生不息"（和合之出处），"大千世界和合包容"（包容之出处）的地道而引申出以"正统、伦理，和谐、包容"为核心的社会观、自然观、哲学观。后世统称此谓"和合大道"或"和谐大道"。

在中华历史上，和谐大道理念为原始社会的和合大同，为阶级社会的君临天下，为家庭、社会、国家关系的维系，为道、儒、

法等诸子学说的创立和发展奠定了物象的和理论的基础。"道"的产生把自然伦理引申到人类的社会管理、思想方法、道德规范、行为准则等各个方面，构建了中华几千年的思想体系，成为独具特色的中华文化。故鲁迅先生说："中国的根柢全在道教。"而所有这一切全都本原于八千年前伏羲在昆仑丘由天龙地龙推演的太极八卦。

自公元前六十世纪至前二十一世纪，前后长达近四千年的世界第一古都昆仑丘，先由以太皞伏羲为代表的百余代古圣王，以和合大道为理念，率领千百万部落民众缔造了伟大的太皞（中华）部落联盟；后由以轩辕黄帝为代表的几十位古帝，以文武兼善为理念，缔造了伟大的华夏部落联盟。这就是一部概略的中华初始文明史，一部有别于世界其他古老民族的远古史。相信随着对昆仑丘科学的考古发掘，一部振奋世界的中华远古史诗定将奉献于世人。

后记

海峡两岸同宗共谱中华开天史

诚然，重新捡拾已经遗佚了八千年的中华初始文明史并非易事，故十七年来，台湾中国文化大学著名教授金荣华先生，不辞辛劳多次登临昆仑丘考察并悉心指导，亲自执笔撰文为中华初始文明史定方正位。本书是海峡两岸学者为了同一个中华民族，同一部中华文明史，怀着同一颗虔虔心愿，同心协力共同谱写中华文明史诗的开篇。

长达十七年的考证，又有多少人为中华开天史做出贡献。为考证伏羲故居风姓氏族成己村落、炎黄墓地轩辕台，邵原镇原北片书记翟钢炮受伤多次。他详细介绍了传自远古发生在当地的凤凰台、鳌背山、娃娃崖、双合寨等有关伏羲、女娲的故事及其编创故事的实体原型，为中华文明发祥地的最终认定提供了极其重要的证据。为考证《史记·孝武本纪》所记黄帝升天西龙须之上的七十余座人形山头，阳城县横河镇主管旅游开发的原主任郭锁社摔断髌骨。本书著作者在此向他们对中华开天史的贡献致以由衷的敬意。

长期以来，所谓"中华文明五千年""中华文明多源说"，所谓"伏羲故里甘肃天水""伏羲王都、墓地河南淮阳""黄帝故里河南新郑""黄帝墓地陕西桥山"等史说似乎已成史界定论，中华文明史已然自我封顶于五千年。

面对此情此景，本书著者紧紧依靠当地政府和群众开展科考调研工作。2001年，河南省济源市邵州文化教育研究会杨择令、翟明战、翟明东、翟明亚、翟钢炮等；2005年，河南省济源市政协任传国主席、市人大党组郝清嫩书记等；2011年，山西省阳城县政协张星社主席、县领导李国平主任、县政府郭向阳副县长、阳城县旅发委主任姬敦虎、阳泰集团郭志雄、梁家库和析城山文化研究会研究人员成安太、武忠明、郭树基、孟社旗、蔡光炬、石向伟、王小圣、刘伯伦、石永乐、吉阳恺等。大胆破除条框束缚，从唯物史观出发，肩负历史责任，各方出资、出智、出力先行先探。不久，济源市小沟背景区、黄河三峡景区、王屋山景区、五龙口景区、市文旅集团，阳城县政协办公室、山西析城山旅游公司、蟒河景区、皇城相府景区，长春中龙文化信息咨询公司、长春深巷文化传媒有限公司和中科院长春分院，中科院东北地理研究所等有关人员合力相助，并借助中科院国家天文台长春人造卫星观测站的天象仪，以天文岁差为基础反复验证传说于远古时代的"天中地中""天龙地龙""太极八卦""飞龙在天""群龙无首""龙尾伏辰""携日月以指极""杓极夹角""斗极角距"等古天象，终于明确断代中华文明、中华易道、钻木取火、燧石取火、授时推历、象形文字等科学发现、科学发明全都肇启于公元前六十世纪有巢氏、燧人氏、伏羲氏时代，明确晋豫边界古称宛丘、峤山、轩辕台，今称析城山、圣王坪、大罗岭、玉皇顶的昆仑丘是中华文明发祥地。为保证考察人员安全，十余年间，时任邵原镇小沟背村茹书记，横河镇银河村赵书记和许多村民陪同科研人员披荆斩棘，吃住山野，跑遍析城山、大罗岭、鳌背山、不周山、天台山（今称王屋山）、醴泉、瑶池、游洞、王母洞等山山水水、洞洞龛龛。凡此种种都激励着科研人员誓把中华民族这一段开天史诗考明白，保护好，开发好。待到云开雾散，普天之下当齐声颂扬八千年前开创中华文明的人文始祖百王先伏羲大道圣德！

原拟以"年代概念"取本书名曰《中华文明八千年》，但有学者认为，国人听惯了"上下五千年"，恐短期内尚难接受"文明八千年"，莫如暂以"地域概念"取书名《中华文明圣地昆仑丘》，孰是孰非，诚请社会各界议论。